优化劳动力市场空间格局，促进经济高质量发展

# 2020 中国劳动力市场发展报告

## ——构建新发展格局背景下的劳动力市场空间演变

China Labor Market Development Report 2020:
The spatial evolution of labor market under the background of building a new development pattern

赖德胜 苏丽锋 李长安 朱 敏 等 著

北京师范大学出版集团
BEIJING NORMAL UNIVERSITY PUBLISHING GROUP
北京师范大学出版社

**图书在版编目(CIP)数据**

2020 中国劳动力市场发展报告/赖德胜等著. —北京：北京师范大学出版社，2022.4
ISBN 978-7-303-27812-1

Ⅰ.①2… Ⅱ.①赖… Ⅲ.①劳动力市场—研究报告—中国—2020 Ⅳ.①F249.212

中国版本图书馆 CIP 数据核字(2022)第 027617 号

营销中心电话 010-58807651
北师大出版社高等教育分社微信公众号 新外大街拾玖号

2020 ZHONGGUO LAODONGLI SHICHANG FAZHAN BAOGAO
出版发行：北京师范大学出版社 www.bnup.com
北京市西城区新街口外大街 12-3 号
邮政编码：100088
印 刷：北京虎彩文化传播有限公司
经 销：全国新华书店
开 本：787 mm×1 092 mm 1/16
印 张：23.5
字 数：400 千字
版 次：2022 年 4 月第 1 版
印 次：2022 年 4 月第 1 次印刷
定 价：120.00 元

策划编辑：王则灵 责任编辑：王则灵 钱君陶
美术编辑：王齐云 装帧设计：李尘工作室
责任校对：段立超 王志远 责任印制：马 洁

**课题总顾问**

赵人伟　中国社会科学院荣誉学部委员

**课题顾问（以姓氏音序排序）**

吕国泉　中华全国总工会政策研究室主任
莫　荣　国家人力资源和社会保障部中国劳动科学研究院副院长
王亚栋　国际劳工组织劳动力市场政策高级专家
杨宜勇　国家发展和改革委员会社会发展研究所所长
余兴安　国家人力资源和社会保障部中国人事科学研究院院长
张　莹　国家人力资源和社会保障部就业促进司司长
张车伟　中国社会科学院人口与劳动经济研究所所长

**课题负责人**

赖德胜　中央党校（国家行政学院）社会和生态文明教研部副主任

**报告撰稿人（以姓氏音序排序）**

卜　涛　北京交通大学博士研究生
蔡宏波　北京师范大学教授
常欣扬　北京师范大学助理研究员
陈建伟　对外经济贸易大学副教授
高春雷　北京市工会干部学院讲师
高　曼　北京信息科技大学讲师
高　瑞　郑州大学硕士研究生
郭旭林　中国政法大学硕士研究生
韩丽丽　北京师范大学助理研究员
何　勤　首都经济贸易大学教授
黄金玲　北京师范大学博士研究生
赖德胜　中央党校（国家行政学院）教授
李　飚　郑州大学讲师
李长安　对外经济贸易大学教授

李新娥　北京联合大学副教授
廖　娟　首都师范大学副教授
刘亚红　北京交通大学博士研究生
孟大虎　北京师范大学编审
彭　刚　西南财经大学副教授
石丹淅　三峡大学副教授
苏丽锋　对外经济贸易大学教授
孙志军　北京师范大学教授
唐代盛　北京市交通大学教授
田永坡　中国人事科学研究院研究员
王　琦　北京联合大学副教授
王新媛　北京交通大学博士研究生
徐懿凡　北京师范大学硕士研究生
杨智姣　对外经济贸易大学博士研究生
张倩倩　对外经济贸易大学博士研究生
赵方瑜　英国伦敦大学硕士研究生
朱　敏　北京师范大学副教授

# 目　录

# 第一篇

## 中国劳动力市场的空间演变

# 第一章 中国劳动力市场空间格局的形成

## 第一节 研究劳动力市场空间格局的意义

改革开放40多年来，随着中国从计划经济向市场经济的转轨，劳动力资源的配置效率逐渐提高，大规模的劳动力迁移为中国工业化和城镇化提供巨大推力，并逐步形成了中国劳动力市场的空间演变特征。2020年中央提出，加快形成以国内大循环为主体、国内国际双循环相互促进的新发展格局，其核心要义为劳动力市场改革提出了新的要求。由于我国地域广阔，东部、中部、西部和南北经济发展级差与地理差异构成了不同层次的劳动力市场结构，使劳动力要素配置具有宽广的市场空间和调整余地。对劳动力市场空间格局演变及其特征进行系统梳理，有利于更加全面地把握我国不同区域间劳动力供需现状和存在的问题，为构建新发展格局提供理论支撑。

### >>一、研究劳动力市场空间格局有利于促进构建新发展格局<<

2020年是具有里程碑意义的一年，我国全面建成小康社会实现第一个百年奋斗目标，同时要系统地规划我国“十四五”时期经济社会建设任务，开启全面建设社会主义现代化国家新征程，向第二个百年奋斗目标进军。在我国实现“两个一百年”奋斗目标的历史交汇点，全球正处于百年未有之大变局，第三次经济全球化浪潮步入深度调整阶段，国内经济要实现高质量发展，迫切需要为经济发展注入更强的内生动力。在此背景下，国家提出要全面构建高质量的现代化经济体系，推动形成以国内大循环为主体、国内国际双循环相互促进的新发展格局。构建基于“双循环”的新发展格局是中央在国内外环境发生显著变化的大背景下，推动经济向更高层次更高质量发展的重大战略部署，必将对中国各领域改革产生深远影响。

我国拥有全球最大规模的劳动力和中等收入群体，内需潜力是我国经济发展最大的优势，完善国内循环体系释放更大内需潜力需要优化劳动力市场空间格局，不断提高劳动力要素配置效率。我国有 9 亿劳动年龄人口，平均受教育水平持续上升，劳动技能不断提高，为“人才红利”的持续释放提供了保障。构建国内循环体系要从提升供给端硬实力的角度出发，有效利用好劳动力资源，激发创新活力，推进产业转型升级。例如，新基建、工业互联网等存在较高技术壁垒的产业，应该加大创新投入力度，降低对国外技术的依赖，向内部供给转变。同时，供给端硬实力的提升也将为相关企业开辟新市场，带来新动能，激发内需潜力，进一步推进相关产业的转型升级。因此，从劳动力市场空间格局角度入手，梳理我国不同区域间劳动力数量、质量、流动以及就业等特征，有利于掌握我国劳动力市场基本状况，也是将改革劳动力要素市场化配置体制机制与构建国内大循环新格局有效对接的必然要求。

布局国内循环的核心在于要更多地依赖国内市场，通过构建完整的内需体系促进消费升级，一是要进一步激发消费潜力，二是缩小贫富差距，拉动中低收入者消费增长。2019 年我国人均 GDP 已突破 10 000 美元，消费潜力和释放空间不断增加，但要继续保持经济高质量增长，稳步提升消费者收入水平促进消费升级，还需要不断提高劳动力市场化水平，实施更加积极的就业政策，为中低收入者创造更多高质量就业机会，尤其是在疫情期间围绕稳就业、保就业工作，需要针对性地解决好重点群体就业问题。由于我国不同区域劳动力市场化水平差异明显，不同群体就业质量、收入水平、消费能力以及消费偏好也存在很大差别，因此从空间格局视角研究劳动力市场发展，有利于更加准确地把握我国不同区域之间劳动力就业和收入状况，能够为构建内需体系新格局提供经验支撑。

完善国内国际双循环，实现国内与国际劳动力市场有效衔接与深度互动，有利于拓展中国劳动力市场空间格局，扩大与深化贸易合作，提升我国在全球价值链中的地位。随着经济全球化以及我国深度参与和融入全球价值链，我国劳动力要素禀赋的比较优势正在发生深刻转变。一方面，我国生育率降低、老龄化程度提高导致适龄劳动力人口供给减少；另一方面，新兴市场经济体，特别是东南亚、中亚等地区的劳动力市场的竞争优势迅速提升。在此背景下，我国劳动力能否做出适应性调整，更加统一、灵活、有效地同时活跃于国内国际两个市场，对于中国经济具有重大意义。事实上，目前中国经济与世界经济已经形成了你中有我、我中有你的紧密关系。其中，最为显著的特征便是生产要素的跨国流动，中国劳动力已然成为全球劳动力市场的重要部分，中国人参与全球产业分工的身影遍及世界各地，而来自世界各地的人也正在海内外投身于中国经济。研究中国劳动力市场的国际空间格局，总结其主要特征和变化趋势，可以为中国劳动力进一步拓展国际空间、深化贸易合作、形成国内国际双循环提供新思路。

## >>二、研究劳动力市场空间格局有助于实现更充分更高质量就业<<

优化劳动力市场空间格局，有助于实现更充分更高质量就业。只有实现充分就业和高质量就业，才能将人力资本的潜力转换成经济增长的强大势能，才能激发我国超大规模市场优势，真正支撑和发挥双循环新格局对经济社会发展的促进作用。未来一段时期，我国就业形势持续向好的内在基础仍然存在，但更充分更高质量就业也面临一些挑战。一方面，充分就业的压力将长期存在。我国每年需要在城镇就业的新成长劳动力有 1 500 多万人，另外有近千万的城镇登记失业人员和新增农村劳动力转移到城镇就业，但随着我国经济发展进入新阶段，经济增长的下行压力将持续加大，影响了就业岗位的创造和维持，就业压力很大。另一方面，就业质量有待提高。近年来，我国的就业质量不断上升，但总的来说仍然不能满足多数求职者的需求。例如，有的工作稳定性差，工资收入比较低，工作时间长，被动加班现象比较普遍，有的平台型从业人员的权益保障还不到位。破解就业难题、促进更充分更高质量就业，要充分考虑中国劳动力市场的区域特征，从区域视角来研判劳动力市场的发展状况，以便更加全面地把握总体和各区域之间的关系，利用好区域间劳动力市场差异对不同技能劳动力的吸纳作用。将不同区域劳动力市场特征统一起来思考改革的对策，将会更加有效地解决就业问题。例如，将不同区域产业结构与就业结构结合起来；将不同区域劳动力市场的岗位供给数量与劳动力存量、流动规模结合起来；将不同区域工作岗位类型、结构与劳动力知识和技能结构结合起来；将城市群发展战略与劳动力市场地域空间转变结合起来；将科技革命、产业革命与劳动力市场重构结合起来；将城乡劳动力市场结合起来；等等。无论是短期应对，还是从长期发展看，要实现更加充分、更高质量就业，都应坚持创新、协调、绿色、开放、共享的理念，加强劳动力市场区域观念，积极创新和完善劳动力市场宏观调控，把我国劳动力市场的空间回旋优势发挥出来。

改革开放 40 多年来，中国劳动力市场空间格局逐步演变，劳动力资源在区域间的配置不断优化，人口红利得到充分开发。尤其是近年来，劳动力市场地域空间和线上空间得到进一步拓展，劳动力市场的回旋空间不断增加，正在为经济发展创造第二次人口红利。影响中国劳动力市场空间格局形成的因素主要包括四个方面：一是产业布局调整，二是交通运输活动，三是人口结构变化，四是国家区域经济发展战略。党的十九大报告规划了中国区域经济的新版图，提出构建区域协调发展的新机制。然而，中国劳动力市场的空间分布格局与区域协调发展战略规划还存在差距，劳动力过度集聚于发达地区，而欠发达地区劳动力匮乏的问题依然突出。探索中国劳动力市场的空间格局是把控劳动力市场大局、解决好就业问题、促进经济高质量发展的基础性工作，具有重要的实践价值。

## 第二节　世界主要发达国家劳动力市场空间发展变化过程

发达国家在 20 世纪初叶和中叶经历了工业化和城市化的高潮，经济发展水平不断提高，并产生了一些世界级的大都市圈，如纽约大都市圈、东京大都市圈和巴黎大都市圈。近几十年发达国家相继进入后工业化和“后人口转变”时代，其城市化水平渐趋稳定，并不同程度地出现了一些“逆城市化”的新特点，主要表现为大城市劳动力迁入增长速度减缓，甚至绝对数量减少，中心城市人口和产业大量向郊区扩散。

### >>一、美国劳动力市场空间格局的发展变化过程<<

美国早期的劳动力市场主要呈现出向城市区聚集并逐步向大都市快速转变的空间演化特征，形成了聚集化空间优势。19 世纪中期，蓬勃发展的工业革命推动了大规模的城市化，尤其是铁路的快速延伸，加速了城市化发展，劳动力不断向城市转移，形成了高密度的劳动力市场空间格局，劳动合同、工资、工作时间等方面的法律法规不断健全，城市劳动力市场制度建设逐步完善。到 1850 年，工业化加强导致城市的宜居性日益降低，越来越多的美国中产阶级希望在城市边缘区居住，居民点逐渐向都市区之外聚集，城市外新的制造业中心开始出现。从 1860 年开始，城市开始蔓延到周边的乡村地区，不断扩大的劳动力迁移潮流促使功能齐全的大都市快速形成。随着汽车的普及和高速公路网络的拓展，城市外围居民区相互接连，城市半径不断从市中心向外推移。第二次世界大战后，美国人口流动的限制条件逐步放宽，人口流动从城市向郊区逆转，再度出现了劳动力流动的离心化特征，但在 20 世纪 70 年代以前，从总体上看美国仍然处于人口向都市圈集中的城市化与郊区化阶段①。

20 世纪 70 年代以后，就全美而言，随着社会发展向逆城市化阶段转变，劳动力市场也进入了快速转变时期。一是大城市劳动力数量逐渐减少，中小城

① Molloy R., Smith C. L. and Wozniak A., “Internal Migration in the United States,” *Journal of Economic Perspectives*, 2011, 25(3): 173-196.

市中劳动力规模不断增加，劳动力市场的空间格局逐渐翻转；二是随着人口从都市圈中心区向边缘区迁移，产业空间布局不断外移，劳动力市场郊区化加速；三是非都市圈劳动力市场比重增加，农村地区的劳动力增长高于城市地区；四是劳动力市场的重心从老工业化地区向新工业化地区转移，即东北部和中西部的大城市劳动力市场比重减小，南部和西部各州的劳动力市场比重增加。

进入21世纪以来，随着产业布局及其经济结构的调整，尤其是受新一轮科技革命、金融自由化和经济全球化的影响，美国去工业化的态势日趋明显，制造业在国家经济中的比例长期处于较低水平，出现了劳动力流动的二次逆转现象，因此劳动力市场格局也出现了新的特征。例如，各地区制造业就业总量不断减少；制造业就业老龄化加剧，高技能熟练工人缺口明显；就业中心向科技创新中心加速转移；区域间收入差距持续扩大；等等。与此同时，美国劳动力市场的灵活性和韧性也逐渐增强，劳动力的流动性和劳动参与度不断提升，劳动力在不同地区、不同产业、不同职业、不同工作任务之间的流动更加频繁。

2008年经济危机对美国经济产生了较大冲击，因此美国提出再工业化和制造业回流计划，试图通过促进制造业的增长，实现虚拟经济向实体经济的转移，进而增强国际竞争力和改善就业。许多美国学者认为虚拟经济的过度发展已经动摇了美国经济发展的基础，且引发了愈加严重的失业问题。毋庸置疑，提高就业是美国再工业化和制造业回流战略的关键目标，也是推动美国上述战略出台的重要动力。虽然美国制造业回流战略可能会对美国全产业就业和制造业就业产生深远影响，甚至改变美国未来劳动力市场空间演变轨迹及其特征，但就目前来看，这一战略的效果并不明显，因而总体来讲，美国劳动力市场格局的演变过程主要借助了科技进步和市场的力量。

## >>二、日本劳动力市场空间格局的发展变化过程<<

日本经济社会发展经历了城市化、逆城市化、再城市化三个阶段，劳动力市场格局也呈现出与之相符的演变特征。第二次世界大战后日本经济快速恢复，进入了工业现代化发展的黄金时期，在此过程中城市劳动力需求的快速增加，为农村劳动力的转移创造了良好条件，因此这一时期日本的农业就业人口比例大幅减少，从1955年的41.0%降到了1980年的10.9%，大量雇用劳动力由农村流入城市。随着经济快速发展和城市人口的聚集，城镇化快速推进，逐渐形成了以东京大都市圈为代表的城市群。由于大量人口聚集于特大都市圈内部，交通、居住等问题开始显现，越来越多在城市生活居住的人向城市外围迁移。例如，20世纪

60、70 年代劳动力开始从东京大都市圈以同心圆形式逐步向外围推进[①]，其中处于都市圈中心的千代田区、中央区、港区三个区的劳动力迁入量明显减少，而郊区的劳动力迁入量不断增加。在此之后，日本的郊区化进一步深化，都市圈中心区域的劳动力迁入量不断减少，郊区就业人口持续增加，劳动力流动进入了绝对分散的郊区化阶段。

日本农村劳动力转移分两种类型：一是异地转移，即在经济高速增长初期农村青年劳动力大量涌入城市，远离故土；二是就地转移，随着农村工业迅速发展，在农村及周边的企业吸纳了大量的当地劳动力。就地转移鼓励了农民的兼业行为，他们在从事非农业生产的同时，并不放弃自己的土地经营，以便减少失业风险。这一阶段一半以上的农民变成了保留土地的工人，而且离大城市越近，兼业农户越多。兼业劳动转移方式使农户与土地不能彻底分离，而且政府有关土地使用的法律禁止租赁土地，土地不能集中到少数专业农户的手中，导致日本农业生产率低于发达国家的平均水平。相对于工业劳动生产率来说，从事农业生产的劳动力收入明显偏低，城市工商业仍然对农村劳动力有着巨大的吸引力。在此期间，日本城市郊区经济迅速崛起，基础设施数量不断扩展，质量不断提高，与都市圈中心区域的差距越来越小，郊区产业快速转型升级、新型产业不断涌现，都市圈总体规模向外围延伸，就业吸纳能力越来越强。

城乡收入差距和城市不断扩展带来了更多就业机会，也吸引了更多的农村劳动力向城市流动，大都市圈又开始进入新一轮的城市化阶段，尤其是从 1995 年开始至 21 世纪初期，东京大都市圈继续扩展。从城市之间劳动力流动来看，从 1970 年到 1995 年，大都市圈的发展存在绝对分散的郊区化特征，逆城市化现象十分明显，但之后很快进入了新一轮的城市化阶段，再城市化趋势突出。例如，从 1995 年至 2000 年，城市中心区、内城人口显著增加，内郊区人口变化数量不大，而外郊区人口逐步减少。

综观日本劳动力市场格局演变过程，虽然第二次世界大战后经济快速恢复过程中对劳动力流动的限制不断减少，但政府在总体上坚持了对土地流转等资本的行政性管制，尤其是城市规划对于城市发展起到了决定性作用，因此劳动力流动更多地取决于政府政策的影响效力，劳动力市场格局的形成也主要借助政府各项改革政策的力量，并形成了三个主要特征：一是日本是该时期劳动力转移速度最快的国家；二是土地集中与劳动力转移非同步发展；三是政府对经济社会发展的规划是劳动力市场格局形成的重要影响因素。

---

① Kawabata M. and Abe Y. , "Intra-metropolitan spatial patterns of female labor force participation and commute times in Tokyo", *Regional Science and Urban Economics*, 2018, 68(1): 291-303.

日本劳动力市场格局与其针对国外劳动力的政策关系密切。面对国内劳动力短缺问题，20 世纪 90 年代末期，日本政府开始考虑是否开放国门，让更多的外国劳动力进入日本劳动力市场。2005 年，日本法务省向内阁正式提交了关于输入外国劳动力的计划书，要求内阁认真考虑放宽输入外国劳工的政策，例如，政府可以优先接受能说日语的外国劳工。由于日本农业和林业面临的劳动力短缺状况尤为严重，该项政策优先考虑新的外国劳工进入这两个行业。该计划的宣布，结束了日本劳动力市场长期以来对外封闭的状态。此后，日本的劳动力市场更加开放，形成了国内国际两个市场逐步融合的发展格局。

## >>三、欧盟劳动力市场空间格局的发展变化过程<<

随着经济全球化和区域一体化的深入推进，国家间劳动力流动已经成为一个日益普遍的现象。不同于别的区域和国家，欧盟成员国间的劳动力流动发生在一个由 27 个主权国家组成的近乎无边界的空间。欧盟并非一次性形成，而是随着时间的推移不断扩展和演变而来，甚至也有可能出现成员国退出(如英国脱欧)的情况，因此欧盟劳动力流动在不同时期具有很大差异。欧盟劳动力市场空间格局的发展与欧盟一体化进程紧密相关，在劳动力流动、就业、收入等维度上形成了明显的空间特征。

欧盟劳动力流动原因类别中占比最大的是家庭和工作，而且流动的主要方向是从中东欧国家向老成员国流动，经济形势恶化导致部分发达国家劳动力流出加剧，流入老成员国的劳动力出现回流现象。欧盟内部不同成员国经济社会发展水平差异很大，大量人口有很强的动机从经济较为落后的成员国流入较为发达的成员国。不过，经济较为发达的成员国在有较大数量劳动力流入的同时，也有不少劳动力流出。近年来，德国、英国、波兰和法国是主要流入国，而西班牙、波兰、罗马尼亚、德国、英国和法国是主要的流出国。很多劳动力在流入国的就业质量和生活水平低于其预期，因而一部分移民会选择回到原来的国家。从劳动力净流入数量来看，比利时、丹麦、德国、法国、英国等国家都是劳动力净流入国，意大利在 2015 年经历了从劳动力净流入向净流出的方向转变，这与其近几年经济形势恶化有关。与之形成鲜明对比的是爱尔兰、塞浦路斯、爱沙尼亚和匈牙利，上述国家则分别在 2014 年、2015 年和 2017 年由劳动力净流出国转变为净流入国。

从劳动力的就业身份来看，欧盟各国之间流动的劳动力就业身份层次低于欧盟总体水平，其中雇员占比较高，自营劳动者及拥有雇员的自营劳动者比例较低。近些年欧盟流动劳动力的就业身份中比例最大的是雇员，而且绝大多数劳动力是通过受雇于某企业或机构来实现就业的。从职业类型来看，外来劳动力的职业类型分布主要集中于初级职业和低知识和技术含量的职业，与欧盟总体情况形成明显反差。与欧盟总体相比，外来劳动力中经理、专业人员、技术人员和助理专业人员、文书支持工作人员以及农业、林业和渔业熟练工人的占比都较低。相反，外来劳动力中服务和销售人员、工艺及相关行业工人、工厂与机器操作员和装配工以及初级职业等知识和技术含量较低职业的占比都高于欧盟总体的分布比例。因此，外来劳动力的职业类型呈现出明显的向低知识和技术含量职业倾斜的特点。从收入来看，外来劳动力与欧盟总体的平均收入差别不大，但收入的中位数低于欧盟总体，个体间的劳动收入差异很大。由此可见，虽然欧盟劳动力市场一体化水平较高，但内部仍然存在较为明显的对外来劳动力市场分割的痕迹，即空间一体化格局已经形成，而内部制度安排还有很多提升空间。

欧盟劳动力市场与中国有很多可比之处。首先，欧盟作为一个高度一体化的国家组织和经济体，具备了很多国家的特征和功能，而且从地域和空间范围来看，其劳动力形态与中国具有一定可比性。其次，欧盟在很大程度上简化了成员国之间移民和人口流动程序，与中国正在进行的放松户籍管控改革具有类似性。最后，欧盟内部成员国经济社会发展水平也很不平衡，尤其是东欧和西欧成员国之间差距悬殊，犹如中国西部和东部之发展差异。由于中国和欧盟在经济社会的客观体量上存在诸多相近之处，加之欧盟整体经济社会发展水平高于中国，因而有针对性地学习和借鉴其劳动力市场发展经验具有一定的可行性。

## >>四、发达国家劳动力市场空间格局发展规律总结<<

发达国家劳动力市场空间格局的演变体现出了明显的规律性特征，主要可以概括为四个阶段。第一阶段，劳动力向城市大规模流动，城镇劳动力市场规模不断扩大，尤其是一批大城市迅速崛起带动形成了城市劳动力市场聚集化。第二阶段，城市劳动力市场空间格局发生转变，大城市劳动力数量逐渐减少，中小城市劳动力数量不断增加，大都市圈进一步扩展，产业空间外移，劳动力市场郊区化加速。第三阶段，农村地区的劳动力增长高于城市地区，非都市圈劳动力市场比重逐渐增加。第四阶段，劳动力市场的重心从老工业地区向新工业地区转移，去工业化导致制造业比例降低，就业中心向高端服务业和科技创新中心加速转移。

进一步地，可以总结出劳动力市场格局发展变化的主要推动因素包括四个方面。第一，技术进步推动了劳动力市场空间格局不断演进。在技术进步带来的全球工业化背景下，美国、日本、欧洲等地区的城镇化快速推进，新兴产业蓬勃发展，城市劳动力需求增加。在城市内部就业吸纳能力不断提高的同时，大量的基础设施建设让城市生活设施更加齐备，更加宜居，这也成为了吸引劳动力向城市流动的重要因素。尤其是，农业生产技术进一步提高使农业劳动生产率增加，农村剩余劳动力越来越多，为劳动力向城市转移提供了可能。第二，交通设施建设为劳动力市场空间格局转变提供了基础。随着经济的高速发展以及城市化进程的不断加快，公路、铁路的建设大大改善了不同地理区位及道路沿线地区资源要素的配置效率，对地区劳动力要素的聚集产生了深远影响。发达国家的经验表明，交通状况改善与劳动力市场空间格局变化紧密相关。例如，铁路、公路的延伸加速了劳动力转移，尤其是大城市周边铁路和高速公路拓展、汽车的普及，让城市半径从城市中心不断向外推移，人口在都市区之外的聚集促进了城市外围新制造业中心的出现。第三，劳动力市场制度建设对劳动力市场空间格局的形成具有重要的引导作用。劳动力流动会受到制度性因素的影响，工业化过程往往伴随着城市内部劳动力市场制度的快速完善，这就必然会引导劳动力流动，并不断巩固城市内部的劳动力市场格局。例如，随着日本国内劳动力流动的限制条件逐渐放宽，人口向城市快速聚集。同样，欧盟逐步取消各国之间劳动力流动限制后，内部劳动力市场格局也发生了明显变化。此后，随着劳动力市场一体化水平的提高，城市外围区域的劳动力市场制度也更加健全，因此劳动力流动从城市向郊区逆转，呈现出了劳动力流动的离心化特征。值得注意的是，日本的土地流转政策对城乡劳动力市场格局转变产生了深远影响，这对我国的劳动力市场改革具有重要的参考价值。第四，区域经济发展不平衡是劳动力市场格局转变的根本动力。经济发展不平衡是造成劳动力在区域间流动的根本原因，美国城市间劳动力流动、日本城乡间劳动力流动以及欧盟内部不同成员国之间的劳动力流动，都与不同区域经济社会发展水平差异密切相关，这种差异对劳动力流动带来的“推—拉”作用是劳动力市场空间格局转变的根本动力。同样，需要指出的是，欧盟劳动力市场空间发展至今，仍然存在较为明显的内部与外来劳动力市场分割的痕迹，即空间一体化格局已经形成，而内部制度安排还有较大提升空间。这也为认识我国劳动力市场格局及其内部问题提供了借鉴。

## 第三节　改革开放以来中国劳动力市场空间格局的形成

改革开放以来，中国逐步形成了东中西三个具有较强区域特征的劳动力市场空间格局，其演变过程与经济发展和产业结构布局改变紧密相关。随着产业布局的不断调整，中国南北方在经济发展、资源禀赋、制度设计方面的差异逐渐显现，劳动力市场格局的南北差异也更加明显。同时，中国劳动力市场空间格局由“单向梯度东移”模式，逐步转变为东强西弱的非对称“双向迁移模式”，劳动力迁移继续向东部地带集中，与此同时，迁移吸引中心在量上出现了多极化，在质上呈现出强势化，逐步形成了北京、上海两大全国级强势吸引中心，带动了劳动力市场空间格局演变。

在空间上，中心城市的扩散表现为城市沿主要交通轴线圈层状蔓延。在蔓延过程中，中心城市加速向周边地区发展，并与次一级的中心城市融合形成更大一级的都市圈，因此扩散的结果往往是劳动力在更大的空间尺度上实现集聚。从劳动流动和劳动力市场空间格局形成过程来看，中国的劳动力市场变革主要经历了四个发展阶段。

## >>一、劳动力流动起步阶段，城乡劳动力市场空间边界开始松动（1978—1983 年）<<

改革开放初期到 1983 年是中国劳动力流动的起步时期。改革开放初期，农村实行家庭联产承包责任制，把大量的农村隐性剩余劳动力从土地上解放出来，形成了规模巨大的农村剩余劳动力资源。由于当时城镇地区的就业制度改革还未明显推进，城乡之间的户籍制度以及以此为基础建立起来的二元社会结构对农村剩余劳动力向城市迁移形成阻碍，实际上这个时期的农村劳动力向城市迁移还受到严格的控制。

这一时期，国家出台多项举措推动乡镇企业发展，鼓励农村剩余劳动力向乡镇企业转移，在全国形成了乡镇企业劳动力市场逐渐壮大的演变特征。例如，苏南地区率先创造的“离土不离乡”“进厂不进城”的农村剩余劳动力转移模式，成为当时中国农村劳动力“就地转移”的主流模式；乡镇企业也相应成为当时吸纳农村转移劳动力的巨大“蓄水池”。因此，在这一时期，改革开放并未带动劳动力向城市迁移的同步增长，城乡之间劳动力迁移在整体上仍主要延续改革开放以前的基本趋势，人口迁移量大致保持在 1 400 万～2 300 万人①，每年省际迁移人数及迁移率基本在 100 万人和 1‰以下②。

## >>二、劳动力流动逐步增强，大城市劳动力市场空间明显扩展（1984—1992 年）<<

1984 年至 1992 年是中国劳动力流动逐步增强的时期。在这一时期，随着改革开放的深入和城市内部经济的发展，作为“蓄水池”的乡镇企业已经难以容纳越来越多的农村剩余劳动力，“离土不离乡”“进厂不进城”“就地转移”和“就地流动”

---

① 跨世纪的中国人口（综合卷）编委会：《跨世纪的中国人口（综合卷）》，北京，中国统计出版社，1994。

② 王桂新：《改革开放以来中国人口迁移发展的几个特征》，载《人口与经济》，2004(4)。

的模式有待突破。与此同时，为了适应经济发展的需要，政府对人口迁移尤其是农村剩余劳动力转移、流动的控制开始有所缓和。特别是 1984 年 10 月颁布的《国务院关于农民进入集镇落户问题的通知》，放宽了农民迁入城镇的标准，为农村剩余劳动力向城市流动创造了有利条件，成为新中国成立以来对户籍制度及农民就业政策的首次重大改革。

这一阶段，城市内部制度改革快速推进，原有的保障就业或安置就业制度开始受到冲击，城市建设和制造业的快速发展创造并提供了越来越多的农村劳动力迁入、就业的机会，城市劳动力市场空间容量不断扩大，使农村剩余劳动力向大城市迁移成为可能。这一时期，政府部门相继出台了以促进农村劳动力到城镇就业为目的的政策，并加强了对城镇外来劳动力的统一管理。长期城乡分割的二元劳动力市场集聚起来的迁移流动势能逐步得到释放，农村剩余劳动力开始由原来的“离土不离乡”“进厂不进城”“就地转移”“就地流动”模式，向“离土又离乡”“进厂又进城”“异地转移”“异地流动”模式转变，并由主要向小城镇迁移流动逐步发展到向各级城市甚至特大城市迁移流动，表现出趋势扩大、态势增强的演变特征。

但此间政府也先后出台了一些政策，对农村劳动力向城镇的迁移实行了管控。这在一定程度上减缓了农村劳动力向城市流动的速度，使这一阶段城镇劳动力市场空间的扩展保持了稳步增强的趋势。

## >>三、劳动力流动高度活跃，劳动力市场一体化空间格局快速形成(1993—2011 年)<<

1993 年至 2011 年是中国劳动力流动的活跃期，劳动力市场逐渐打破了原有的城乡二元分割现状，劳动力市场一体化空间格局快速形成。1992 年邓小平发表“南方谈话”以后，中国进一步加大了改革开放的力度，由此带来了东部沿海地区城市开发及经济建设高潮。中国加入世界贸易组织以后外资、外企的大举进入，更有力地刺激了东部沿海地区城市经济的高速增长，创造了充足的就业机会，为劳动力流动创造了巨大空间。同时，城市住房、粮食及日常生活用品供给的市场化，逐步消除了没有户籍的外来人口在城市就业、生活的后顾之忧。特别是进入 20 世纪 90 年代后期，延续 40 余年的户籍制度开始了新一轮的改革。例如，国务院 1997 年 6 月批转了《小城镇户籍管理制度改革试点方案》，并在有关省市进行了为期两年的试点，有效促进了劳动力流动和劳动力市场一体化进程。

在这一阶段，为了吸纳和安置更多劳动力在城市就业，上海、广州、厦门等一些大城市自行出台了类似“蓝印户口”“居住证”制度等新政策，初步打开了农村人口入迁居住地的大门。在此期间，地区、城乡之间经济发展不平衡逐渐加剧，收入差距拉大，有更多的中西部地区、农村地区劳动力向东部地区城市流动，人口流动规模急剧膨胀，劳动力流动进入高度活跃期。这一时期，中国劳动力省际流动规模快速上升，劳动力市场空间向东部地带集中迁移的“极化”趋势更加明显。

## 四、劳动力流动有所放缓，劳动力市场空间多中心集聚格局逐渐形成(2012 年至今)

从 2012 年开始，中国经济逐渐进入从高速增长转向中高速增长的新常态，经济结构不断优化升级，经济增长呈现出从要素驱动、投资驱动转向创新驱动的新特点。在此背景下，国家实施了一系列区域性发展战略，加之 2012 年起全国劳动年龄人口数量逐年减少，我国从西向东的大规模劳动力流动趋势有所缓解，劳动力市场开始向多中心聚集的空间格局演变。随着国家西部大开发的深入推进，西部地区经济发展使得当地就业的机会不断增加，西部劳动力向外流动逐渐放缓。2012 年前后，劳动力从西部地区流出的数量开始逐渐减少，流入中部地区的数量开始逐渐增加，向东部地区的流动有所减缓。事实上，由于家庭和个体在迁移决策时更加关注迁移成本和收益，迁移流动趋于理性化，加之西部大开发、成渝经济圈、中原城市群、长江中游城市群等一系列区域性经济发展战略的实施，西部和中部劳动力迁移的“理性回归”趋势开始显现。但由于区域间经济发展水平差异明显，东部劳动力流入依然显著，东部地区仍然是中国最重要的劳动力吸纳承载区。需要指出的是，虽然中、西部仍然是主要的劳动力流出地区，但一些新兴的城市群，特别是目前城市化程度较高的区域，对于劳动力的吸引力越来越强，成为劳动力流入的重点地区，多中心聚集格局逐渐形成。具体而言，这一阶段中国劳动力市场格局演变主要呈现以下特点：劳动力市场极化现象逐渐明显；劳动力市场格局呈现南北差异；就业岗位创造能力异质化显现；劳动力市场的时空边界不断变化；劳动力市场空间逐渐重构；城乡劳动力市场融合度上升；劳动力市场回旋空间增加；劳动力市场国际空间不断拓展。

# 第二章 中国劳动力市场空间演变特征

## 第一节　劳动力市场极化现象逐渐明显

近年来，大量研究发现发达国家劳动力市场普遍经历了中等技能职业工作岗位大量流失、高技能和低技能型的工作机会大量增加。这种现象被研究者们定义为劳动力市场极化(labor market polarization)。相应地，随着新增就业机会在技能分布上的不平衡变化，劳动力市场的工资率、技能积累同时开始显现出两极分化的趋势。缺乏灵活性的劳动力市场制度、技术进步与全球贸易发展是驱动两极分化的重要因素。类似地，近年来我国劳动力市场也开始出现极化的现象。进一步分析发现，我国区域之间劳动力市场的稳定型就业、灵活型就业与高技能型就业都出现了一定的极化趋势，主要体现为，东部地区和东北地区之间呈现两极分化，且东部地区的高技能型就业和灵活型就业规模都出现明显增长。

### >>一、劳动力市场极化的背景：发达国家的经历<<

劳动力市场极化是指劳动力市场的就业、工资、工作时间等指标的分布出现两极分化的趋势。在经验研究中，最主要的极化形式是高技能型职业和低技能型职业的需求上升，而中等技能型职业的需求逐渐萎缩。通常，职业的两极分化也伴随着技能溢价的差异性变化。在美国，研究者们注意到劳动力市场极化与服务业的兴起密切相关，自 20 世纪 80 年代以来，美国低技能服务业职业相对快速增长，而不同技能职业的增长份额差异非常大①。而后来的研究将美国就业极化现

① Autor, D. H. and D. Dorn, "The Growth of Low-Skill Service Jobs and the Polarization of the US Labor Market", *American Economic Review*, 2013, 103(5): 1553-1597.

象出现的时间追溯到了 20 世纪 50 年代①，与底薪工人和高薪工人相比，中等薪水工人的就业和平均工资的增长自此开始处于下降状态。在欧洲，劳动力市场极化现象同样普遍。对一些西欧国家的研究发现，1993 年至 2010 年的就业机会增长两极分化趋势非常明显。② 劳动力市场极化现象不仅在发达国家转型的过程中出现，还广泛存在于发展中国家。世界银行于 2016 年出版的一份数字红利研究报告显示，发展中国家劳动力市场也经历了不同程度的空心化(hollowing out)，一些日常事务性职业在数字化技术应用过程中逐渐被替代，而一些低技能职业的劳动力需求却快速增长。

为什么劳动力市场会出现就业与工资的极化现象？大量研究对此展开了讨论。劳动力市场的极化不仅反映了劳动技能供给结构的变化，还反映了各职业技能组的分布变化，工资差异的职业解释力随时间发生了变化。③ 从劳动供给因素来看，发达国家普遍经历了高等教育扩张。受过高等教育的劳动力供给相对扩张，引起技术偏向型技术进步，从而促进高技能型职业的需求增加。另外，信息与通信技术进步极大地提升了信息沟通的效率，技术应用加速刺激了相应的劳动力需求。而大量低技能的移民进入欧美发达国家，对劳动力市场中低技能职业带来较大冲击，从而推动形成劳动力市场的技能溢价和工资极化。但是，技术因素主要解释了高技能劳动力需求的推动因素，而要全面地解释高技能端和低技能端劳动力需求的同时上升，就需要结合消费结构转型的因素。如果将劳动力市场极化与结构转型结合起来，那么就业极化的驱动因素还可以包括人口需求的结构性变化。这是因为，消费者的偏好结构决定了消费结构，由收入增长引起的消费结构变化驱动了生产结构的变化。一旦消费者的消费偏好更趋向于多样化，多样化的服务业必然会大量兴起，带动低技能型服务业职业需求的多样化，而专业性程度较高的职业会被自动化和人工智能大范围地替代。此外，贸易、劳动力市场制度也是导致劳动力市场空心化的重要因素。发达国家通过与发展中国家基于产业链分工开展贸易，将大量岗位外包给发展中国家。这些发达国家劳动力市场的日常性、重复性工作岗位大量流失，加速劳动力市场空心化。

---

① Bárány, Z. L. and C. Siegel, "Job Polarization and Structural Change," *American Economic Journal: Macroeconomics*, 2018, 10(1): 57-89.

② Goos, M., A. Manning and A. Salomons, "Explaining Job Polarization: Routine-Biased Technological Change and Offshoring," *American Economic Review*, 2014, 104(8): 2509-2526.

③ Acemoglu, D. and D. Autor, "Chapter 12 - Skills, Tasks and Technologies: Implications for Employment and Earnings," in Card, D. and O. Ashenfelter, *Handbook of Labor Economics*, 4Elsevier, 2011: 1043-1171.

## 二、我国劳动力市场就业增长的区域极化趋势明显

在第三产业快速发展、技术加速进步与对外贸易持续增长等多重因素综合作用下，近年来我国劳动力市场也表现出不同维度的极化特征，包括技能维度和区域维度。目前已经有研究注意到我国技能维度的制造业就业极化现象①，本部分重点关注区域维度的极化。通常，就业极化研究需要长时间跨度的微观大数据才能较为清晰地刻画出职业分布极化的趋势，而目前可得的中国微观数据难以满足这一要求。有鉴于此，本部分拟借助地级市层面的数据，通过描述城镇新增就业、城镇私营与个体就业、城镇户籍人口的变动趋势，来刻画我国劳动力市场的空间极化趋势。

### (一)稳定型就业的区域极化

在描述我国区域间新增就业机会的极化趋势之前，我们有必要简单介绍现有地市级数据中就业数据的统计口径。我国现有的就业统计制度下，城镇就业人员按就业身份分为雇员、雇主、自营劳动者、家庭帮工和依赖性合同工；城镇就业人员按就业类型主要包括单位就业人员、私营和个体就业人员以及其他就业人员。一般而言，单位就业较为稳定，社保覆盖率较高，而私营和个体就业较为灵活，社保覆盖率较低。因此，本部分的分析将单位就业划为稳定型就业。城镇单位就业数据涵盖了全部国民经济行业，数据的统计范围是市辖区，不含市辖县。利用市级数据分析，我们可以发现区域层面的单位就业极化现象明显，主要由以下特征事实所支撑。

第一，城市层面平均工资水平与未来的城镇稳定型就业净增长规模呈正相关。换句话说，平均工资越高的地区，在城镇单位就业机会方面越倾向于净增长。为了说明这一趋势，我们将 2013 年各城市城镇单位在岗职工平均工资(元/人，取对数)与该城市 2013—2018 年城镇单位就业净增长规模(万人)之间的关系进行了拟合，并把得到的曲线关系绘制成图 2-1。很明显，图中展示的是在岗职工平均工资与未来 5 年就业增长规模之间的正相关关系。也就是说，那些平均工资越低的地区，未来 5 年内更可能经历城镇单位就业的净减少而不是净增加；而那些平均工资越高的地区，未来 5 年内城镇单位就业规模净增加的可能性更大。尤其值得强调的是，当样本城市的工资水平超过一定临界值之后，城镇单位就业

① 吕世斌、张世伟：《中国劳动力“极化”现象及原因的经验研究》，载《经济学(季刊)》，2015(2)。

仅仅出现净增长，而不再出现净减少。这表明高工资的区域劳动力市场产生了更多的劳动力需求。

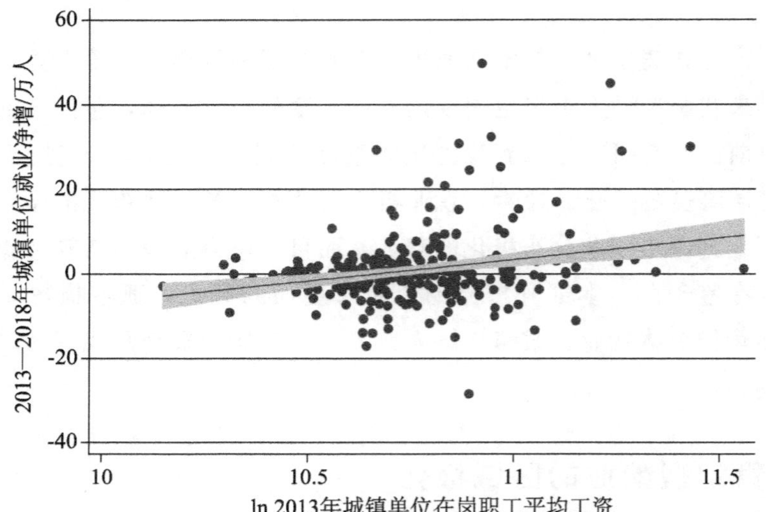


**图 2-1　城市平均工资水平与单位就业增长**

数据来源：据中经网统计数据库城市统计数据(市辖区)整理而得。

第二，工资水平与未来城镇单位就业净增长规模正相关主要表现在东部地区的城市，而东北地区的工资水平与城镇单位就业增长负相关。考虑到我国东、中、西部地区性劳动力市场发展差异较大，区域异质性非常强，我们根据国家统计局关于东部地区、东北地区、中部地区和西部地区的划分标准，将样本城市分为四大区域，并分别绘制了城镇单位在岗职工平均工资水平与城镇单位就业净增长规模之间的关系图，如图 2-2 所示。

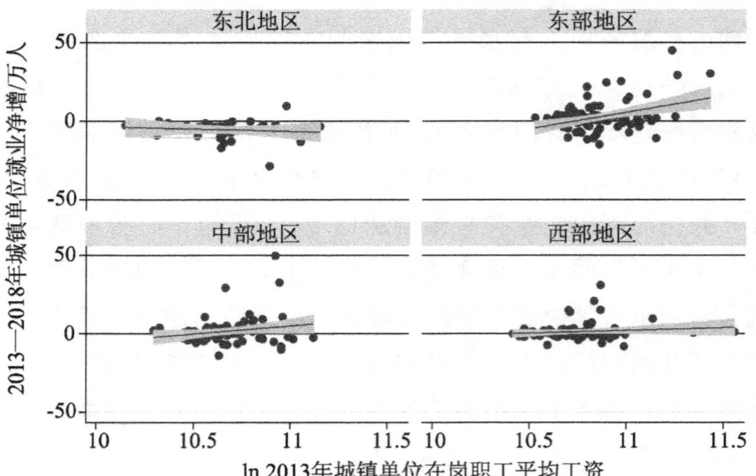


**图 2-2　分区域城市平均工资水平与单位就业增长**

数据来源：据中经网统计数据库城市统计数据(市辖区)整理而得。

图 2-2 显示出我国当前劳动力市场区域极化的第二大特征事实，即城市平均工资水平与未来单位就业净增长规模之间关系的区域异质性。一方面，东部地区城市的平均工资水平普遍较高，主要工资水平落在 10.5～11.5 的区间，中部地区和西部地区的主要工资水平落在 10.5～11 的区间，而东北地区则落在10～11 的区间；另一方面，东部地区的城镇单位就业净增长大于 0 的城市普遍较多，中部地区和西部地区城市单位就业净增长大于 0 与小于 0 的城市样本数量大体相当，而东北地区城市单位就业净增长小于 0 的样本相对更多。多重因素作用下，东北地区的工资水平与就业净增长规模之间明显负相关，而西部地区基本上没有明显的倾斜关系。

另外，根据城市样本统计数据，从 2013 年到 2018 年，东部地区 87 个城市城镇单位就业净增长规模为 208.54 万人，中部地区 80 个城市贡献的单位就业净增长规模为 121.45 万人，西部地区 89 个城市净增长规模为 109.3 万人，而东北地区 34 个城市单位就业人员净减少了 188.89 万人。

综合上述数据判断，以城镇单位就业净增长表征的劳动力市场发展趋势，在城市空间层面表现出了明显的极化现象。东部城市平均工资水平比较高，同时贡献了相对更多的单位就业净增长，而东北地区工资水平相对较低，且单位就业人数发生了明显减少。

## (二)灵活型就业的区域极化

私营和个体就业，可以在一定程度上代表城镇劳动力市场的灵活型就业。私营企业从业人员包括私营企业投资者和雇工，个体从业人员包括个体经营者和在个体户劳动的家庭帮工(无酬)和雇工(有酬)。由于样本数据没有分别报告私营企业就业与个体就业，我们以总和的口径来进行分析。参照前文的做法，仍然以 2013 年城镇单位在岗职工平均工资水平为横轴，2013—2018 年城市私营和个体就业净增长规模为纵轴，绘制成图 2-3。

根据图 2-3 显示的工资分布上的城镇私营和个体就业增长，我国城市地区私营与个体就业的趋势仍然体现为一定程度的区域间两极分化。具体分析如下。

第一，随着工资水平的持续提升，城市平均工资水平与未来的城镇私营与个体就业净增长规模呈正相关。在城市平均工资水平的分布上，采用二次曲线对 2013—2018 年城市私营与个体就业净增长进行拟合，结果发现开口向上的 U 形曲线较好地拟合了就业净增长与平均工资水平之间的关系。因为我们采用的是市级层面的平均工资数据，而不是劳动者个体层面的工资数据，所以工资分布的极大值与极小值范围与真实分布相比有所缩小，曲线的左侧部分受到一定限制。但是，从图中仍然能够观察到工资分布均值的右侧，工资水平与城镇私营和个体就

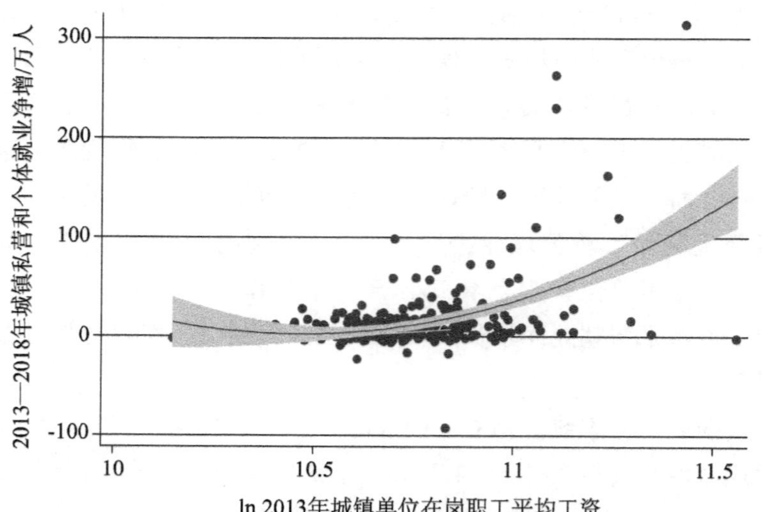


**图 2-3　城镇平均工资水平与私营和个体就业增长**

数据来源：据中经网统计数据库城市统计数据（市辖区）整理而得。

业净增长规模的正相关关系。尽管不能将这种相关关系直接解释为因果关系，但是仍然可以从工资水平与就业增长的关系中预判劳动力市场的发展趋势。结合前文的分析结论，工资水平越高的城市，城镇单位就业、私营与个体就业都会持续增加。实际上，单位就业是城镇劳动力市场中工资待遇较好、工作稳定性较强的一类就业，而私营和个体就业是灵活性更强的一类就业，因此劳动力市场极化在城市内部劳动力市场的一个重要表现是稳定性就业和灵活性就业同时增加，而半稳定半灵活性就业相对缩减。

第二，上述正相关关系主要表现在东部地区城市，而东北地区的工资水平与城镇私营和个体就业增长负相关。我们将总体样本划分为东部、东北、中部和西部四大区域，分别绘制曲线关系图，具体见图 2-4。根据图 2-4 的结果，区域间劳动力市场两极分化主要体现在东部地区城市与东北地区城市之间。在东部地区城市，平均工资水平越高的城市，其私营与个体就业的净增长越可能大于 0，因此表现为正相关关系，而西部地区展现出一种微弱的负相关，中部地区和西部地区关系并不明显。

进一步的统计结果发现，样本中，东部地区 87 个地级城市私营和个体就业 2013—2018 年的净增长规模为 2 789.59 万人，同期西部地区 89 个地级城市的私营和个体就业净增长规模为 579.3 万人，中部地区和东北地区私营和个体就业的净增长规模分别为 709.16 万人（80 个地级市）、73.17 万人（34 个地级市）。由此可见，东部地区创造灵活就业的能力也大大高于中西部地区和东北地区。

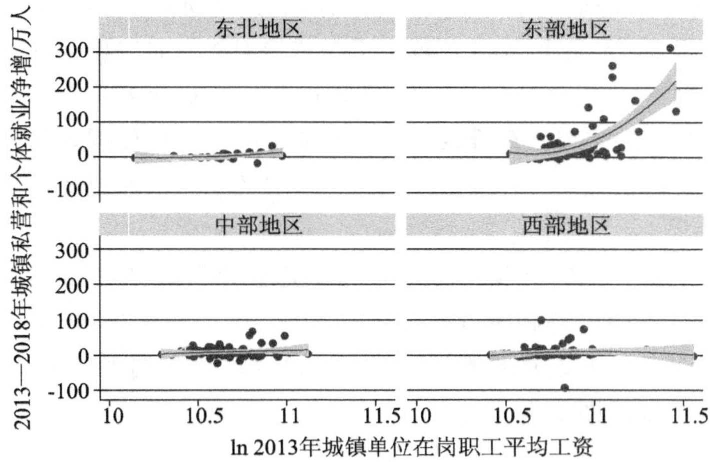


**图 2-4　分区域城市平均工资水平及私营与个体就业增长**

数据来源：据中经网统计数据库城市统计数据(市辖区)整理而得。

## (三)高技能劳动力就业分布的区域极化

高技能劳动就业具有一定的行业集中特点。从我国各行业就业现状来看，科学研究与技术服务业从业人员一般是高技能劳动力，因此可以通过科学研究与技术服务业的就业规模变化来描述高技能劳动力就业的区域分布状况。

我们将 2013 年各城镇在岗职工平均工资与 2013—2018 年科学研究和技术服务业从业人员净增长规模的关系绘制成图 2-5。

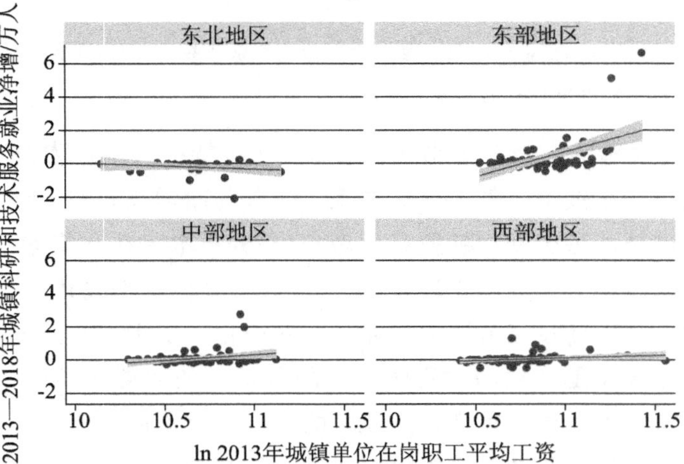


**图 2-5　分区域城市平均工资水平与科学研究和技术服务业就业增长(2013—2018 年)**

数据来源：据中经网统计数据库城市统计数据(市辖区)整理而得。

根据图 2-5，东部地区与非东部地区城市的科学研究和技术服务业从业人员的增长规模趋势迥异。东部地区表现出正相关的趋势，而中西部地区的趋势特征并不明显，东北地区甚至出现了一定的负相关。这意味着，在 2013—2018 年，高技能型劳动力就业主要往东部地区高工资城市集中，中西部地区的低工资城市难以有效吸引到高技能型劳动力的净流入，东北地区城市甚至经历了高技能型劳动力的净流出。

与此同时，为了检验高技能劳动力流动趋势特征的稳健性，本部分研究也尝试扩大了时间区间，将起始时间设置为 2008 年，考察 2008—2018 年的科学研究和技术服务业从业人员规模与 2008 年城镇单位在岗职工平均工资水平之间的关系，并绘制成图 2-6。

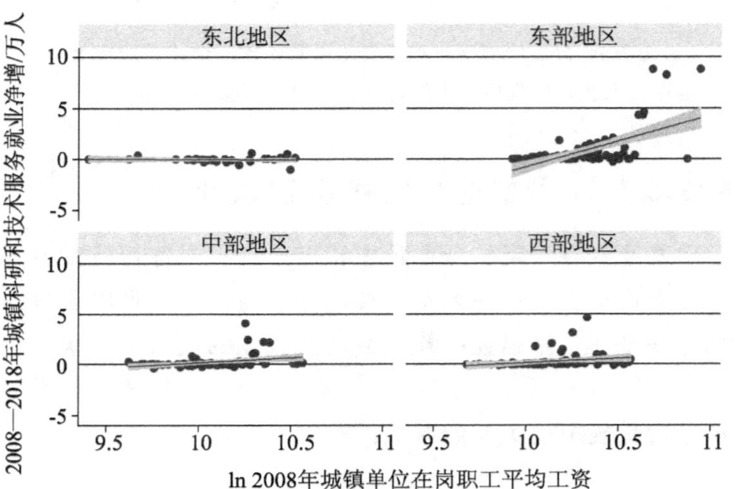


**图 2-6　城镇平均工资水平与科学研究和技术服务业就业增长(2008—2018 年)**

数据来源：据中经网统计数据库城市统计数据(市辖区)整理而得。

根据图 2-6 显示的高技能型劳动力流动 10 年特征，不难发现，总体上仍然是东部地区城市的技能型劳动力就业展现出显著的净增长趋势，中部地区和西部地区部分城市的技能型劳动力就业有所增长(部分样本落在 0 值的上方)，而东北地区几乎没有高技能劳动力的正增长(拟合曲线与 0 值水平线几乎重合)。

值得强调的是，高技能劳动力就业分布的极化，实际上与我国高技能劳动力供给的区域分布极化是一致的。我国高技能劳动力的主要供给端——高等教育，在区域上的分布并不均衡。东部发达地区的高等教育资源丰富，而中西部地区的优质高等教育资源较为稀缺，严重供不应求。而在就业倾向上，东部地区每年培养大量的毕业生留在东部地区城市就业，中西部地区城市每年培养的大量毕业生往往选择流入东部地区城市就业。劳动力市场的区域极化加剧了高技能劳动力区域分布的极化。

## (四)人口增长的区域极化

人口流动和集中趋势，往往与就业增长趋势保持高度一致。随着我国就业增长在空间分布上出现极化趋势，常住人口的分布也开始出现分化。具体而言，工资水平较高的东部地区城市常住人口近年来不断增加，而东北地区常住人口不断减少，中西部仍然处于快速城镇化的过程中。为了更好地描述人口分布的区域变化，本部分使用常住人口和户籍人口两种口径来分析。

**表 2-1　2010—2018 年区域间地级市常住与户籍人口变动趋势/万人**

| | 常住人口 | | 户籍人口 | |
|---|---|---|---|---|
| | 2010—2015 年 | 2013—2018 年 | 2010—2015 年 | 2013—2018 年 |
| 东北地区 | 7.5(35) | —29.8(35) | —232.56(35) | —329.54(35) |
| 东部地区 | 631.4(84) | 1 069.31(64) | 1 682.93(84) | 1 594.49(64) |
| 中部地区 | 505.59(87) | 605.73(82) | 1 831.92(87) | 1 039.34(82) |
| 西部地区 | 541.71(128) | 763.62(125) | 1 102.54(128) | 904.71(125) |

数据来源：根据 EPS 数据平台中区域经济数据库各年度数据整理而得；样本不包括直辖市，含自治州；括号内是地级辖区的人口数目。

与此同时，我们将直辖市的常住人口与户籍人口变动情况报告在表 2-2。

**表 2-2　2010—2018 年直辖市的常住人口与户籍人口变动情况/万人**

| | 年份 | 常住人口 | 年底总户籍人口 |
|---|---|---|---|
| 北京 | 2010 | 1 961.2 | 1 257.8 |
| | 2013 | 2 115 | 1 316.3 |
| | 2015 | 2 170.5 | 1 345.19 |
| | 2018 | 2 154.2 | 1 375.8 |
| 上海 | 2010 | 2 302.7 | 1 412.3 |
| | 2013 | 2 415 | 1 432.3 |
| | 2015 | 2 415.27 | 1 442.97 |
| | 2018 | 2 423.78 | 1 462.38 |
| 天津 | 2010 | 1 299.3 | 984.9 |
| | 2013 | 1 472 | 1 003.97 |
| | 2015 | 1 546.95 | 1 026.9 |
| | 2018 | 1 559.6 | 1 081.63 |

续表

| | 年份 | 常住人口 | 年底总户籍人口 |
|---|---|---|---|
| 重庆 | 2010 | 2 884.6 | 3 303.5 |
| | 2013 | 2 970 | 3 358.4 |
| | 2015 | 3 016.55 | 3 371.84 |
| | 2018 | 3 101.79 | 3 403.64 |

数据来源：据 EPS 数据平台中区域经济数据库年度分市数据整理而得。

根据表 2-1 和表 2-2 报告的数据，不难发现我国人口在空间上的分布动态同样具有类似于就业空间的极化特征。尤其是除四大直辖市外，东北地区城市户籍人口和常住人口都表现出减少的趋势，东部地区、中部地区和西部地区城市户籍人口和常住人口明显增长，直辖市仍然吸引了大量的常住人口。

首先，东北地区城市常住人口和户籍人口都在减少，且户籍人口减少的幅度高于常住人口。根据表 2-1 中的数据，2013—2018 年东北地区 35 个城市的户籍人口减少了 329.54 万人，同期常住人口减少了 29.8 万人，户籍人口比常住人口的减少幅度高出了约 300 万人，表明东北地区户籍人口外流明显。相比 2010—2015 年，东北地区的户籍人口呈现出加剧流出的特征，而同期常住人口还有轻微的正增长。

其次，东部地区城市常住人口和户籍人口都在增加，且户籍人口的增长幅度明显高于常住人口，表明东部地区城市在前一阶段流入的常住人口逐渐转换为户籍人口。统计范围为不含直辖市的 64 个东部地区城市，2013—2018 年常住人口增长 1 069.31 万人，而同期户籍人口增长 1 594.49 万人。相对而言，表 2-2 中北京、天津和上海三大直辖市的人口流动数据显示，2013—2018 年直辖市人口流入规模明显放缓，这表明特大城市的人口控制政策取得了阶段性成效。

再次，中部地区 82 个城市 2013—2018 年的户籍人口增长规模显著高于同期常住人口增长规模，不过相对于 2010—2015 年有所放缓。结合东部地区城市数据，2016 年以来我国总体上人口城市化程度有所放缓，且中部地区 82 个城市的人口吸纳能力显然低于东部地区 64 个城市。

最后，西部地区 125 个城市 2013—2018 年常住人口增加了 763.62 万人，而同期户籍人口增长了 904.71 万人。与东部地区和中部地区城市相比，西部地区尽管城市数量非常多，但是单个城市吸纳的常住人口规模相对较小，反映出城市的承载力还非常有限。

## 第二节　劳动力市场格局呈现南北差异

新中国成立以来，我国劳动力市场格局基本遵循东、中、西的梯度转移，以及“黑河—腾冲线”(胡焕庸线)两侧东密西疏的分布特征。这既是由我国地理因素导致的人口宜居分布需求所致，也是新中国成立后产业结构布局所致。随着地方经济从“唯GDP论”到协调发展变化，我国南北方在经济发展基础、自然环境特征、城市首位度、产业结构、营商环境、城市宜居度等各方面的差异逐渐显现，随之而来的是劳动力市场格局的南北差异更加明显。

## 一、我国南北方的划分标准

2013年以来，我国南北差异问题逐渐显现。学者从多个角度发现，我国南北经济差距正在扩大，而且呈现蔓延态势。关于南北划分，学者提出不同的划分方式。盛来运等(2018)从经济地理角度把河南和山东两省划为南方省份。① 赵建安(1998)、周民良(2000)、欧向军等(2006)、郝寿义和曹清峰(2019)等均以全国地理中位线的北纬35°线为界，以北为北方区域，将东北、西北、华北(包括河南、山东)共15个省(区、市)划为北方区域，其余的华东、中南、西南共16个省(区、市)划为南方区域。② 本文亦采用此种划分方法。北方省份包括北京市、天津市、河北省、山东省、河南省、山西省、内蒙古自治区、辽宁省、吉林省、黑龙江省、陕西省、甘肃省、青海省、宁夏回族自治区以及新疆维吾尔自治区。南方省份包括上海市、江苏省、浙江省、安徽省、福建省、江西省、湖北省、湖南省、广东省、广西壮族自治区、海南省、重庆市、四川省、贵州省、云南省以及西藏自治区。

**表2-3　南北地区划分标准**

| 作者 | 划分依据 | 划分标准 |
| --- | --- | --- |
| 盛来运等(2018) | 经济地理视角 | ➢ 北部地区有13个省份，分别是黑龙江、吉林、辽宁、内蒙古、河北、北京、天津、山西、陕西、宁夏、甘肃、新疆、青海<br>➢ 其余18个省份(不包含香港、澳门和台湾)为南部地区 |

① 盛来运、郑鑫、周平等：《我国经济发展南北差距扩大的原因分析》，载《管理世界》，2018(9)。

② 赵建安：《中国南北区域经济发展的互补性研究》，载《地理研究》，1998(4)；周民良：《经济重心、区域差距与协调发展》，载《中国社会科学》，2000(2)；欧向军、沈正平、王荣成：《中国区域经济增长与差异格局演变探析》，载《地理科学》，2006(6)；郝寿义、曹清峰：《后工业化初级阶段与新时代中国经济转型》，载《经济学动态》，2019(9)。

续表

| 作者 | 划分依据 | 划分标准 |
| --- | --- | --- |
| 赵建安(1998)、周民良(2000)、欧向军等(2006)、郝寿义和曹清峰(2019) | 以全国地理中位线的北纬 35°线为界 | ➢ 北方地区包括北京、天津、河北、山东、河南、山西、内蒙古、黑龙江、吉林、辽宁、陕西、甘肃、青海、宁夏、新疆 15 个省份<br>➢ 南方地区包括上海、江苏、浙江、安徽、福建、江西、湖北、湖南、广东、广西、海南、重庆、四川、贵州、云南、西藏 16 个省份(不含港澳台地区) |

## >>二、南北方就业差异的特征事实<<

### (一)南方就业总量始终高于北方，且从 2015 年后差距逐渐拉大

根据统计，2012 年以来南北经济表现差异明显，且呈现加速发散的势头。①2018 年，在南方 16 个省份中仅有重庆市与海南省的经济增速低于全国均值，而北方 15 个省份有 8 个省份经济增速低于全国均值。然而，我国劳动力市场的南北差距与经济水平的南北差距变动趋势并非完全一致，而是从 2015 年逐渐呈现扩散趋势。从峰值来看，1982 年、1994 年、2011 年和 2018 年出现南方就业人员

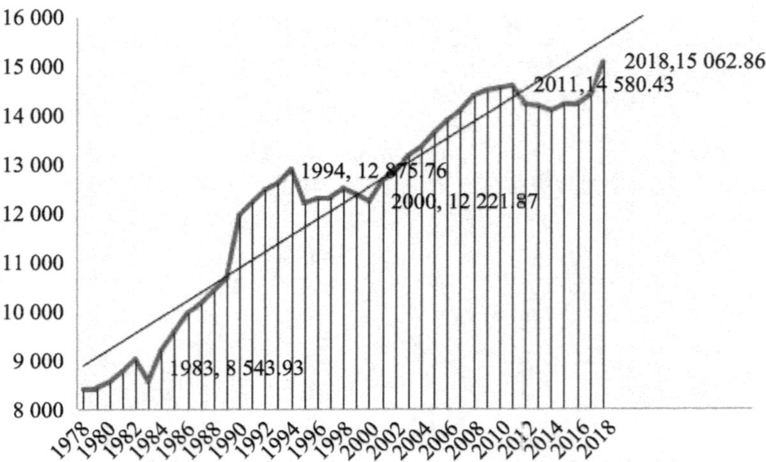


图 2-7　南方高出北方就业人员数量及变化趋势

数据来源：据《中国统计年鉴》整理得到。

① 郭妍、张立光：《我国区域经济的南北分化及其成因》，载《山东社会科学》，2018(11)。

数量高出北方就业人员数量的峰值，对应着我国改革开放以来包括“下海潮”“下岗潮”、中国制造 2025 战略等几个重要经济发展节点，且与南方劳动密集型制造业集聚和北方工业衰退所致的下岗分流密切相关。从图 2-7、图 2-8 可以看出，2010 年以来，我国南方就业人员高出北方就业人员的数量总体呈现下降趋势，但在 2016 年后又有所上升，且 2018 年与 2011 年水平接近。南北方就业总量差距与供给侧结构性改革带来的劳动力市场流动趋势密切相关。

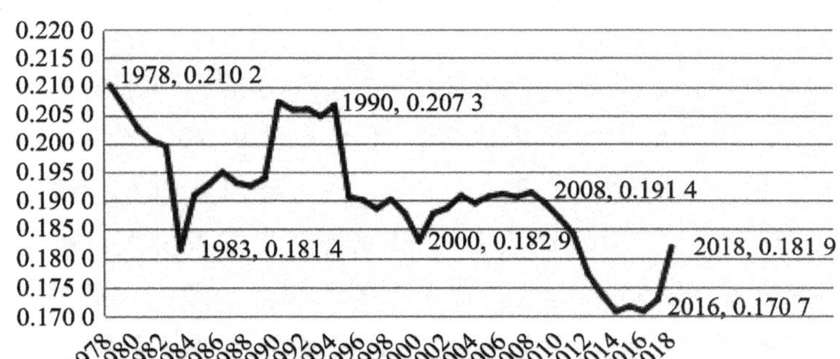


**图 2-8　南方占比高出北方占比幅度的年度变化**

数据来源：据《中国统计年鉴》整理得到。

## (二)南北方人口流入差距拉大，且南方城市人口流入更加明显

从图 2-9 可以看出，2019 年北方省份的人口机械增长率为−3.27%，南方省份的人口机械增长率为 10.65%，北方比南方低 13.92%。北方省份的常住人口

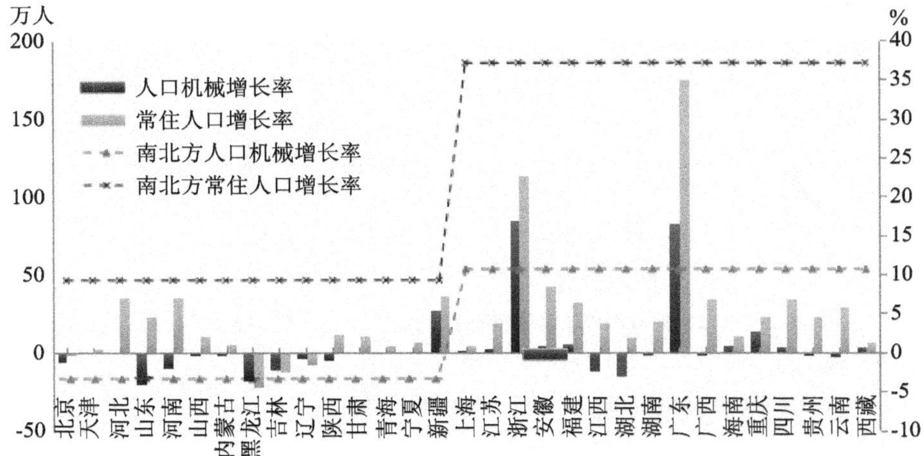


**图 2-9　2019 年各省份人口机械增长率和常住人口增长率情况**

数据来源：国家统计局和各省(区、市)统计公告。

注：人口机械增长是指一个地区在一定时期内由于人口迁入和迁出而引起的人口数量变化。

增长率为 9.24%，南方省份的常住人口增长率为 37.09%，北方省份比南方省份低 27.85%，南方和北方流动人口变动差异明显。其中，2019 年全国人口净流入最多的省份为浙江和广东，分别为 84.1 万人和 82.61 万人，同期东北三省合计净流出 33.13 万，其中辽宁、吉林和黑龙江人口净流出分别为 4.1 万人、11.03 万人和 18 万人。

## (三)北方人口平均受教育水平高于南方

由图 2-10 可以看出，我国 2010—2019 年南北方的人口平均受教育年限都在显著增长。其中，从算数平均结果来看，北方省分从 2010 年的 8.72 年增长到 2019 年的 9.576 年，年均增长幅度为 9.8%；南方省份从 2010 年的 8.038 年增长到 2019 年的 8.981 年，年均增长幅度为 11.7%。北方省份人口平均受教育水平高于南方，而南方省份人口平均受教育水平的增幅快于北方。此外，从加权平均结果也可以得到同样的结论，只是南北方的受教育水平差距缩小。需要指出的是，由于南方省份中包含西藏自治区的数据，而西藏自治区的平均受教育水平低于全国平均水平，这在一定程度上拉低了南方省份的，尤其是东南沿海地区的平均受教育水平。

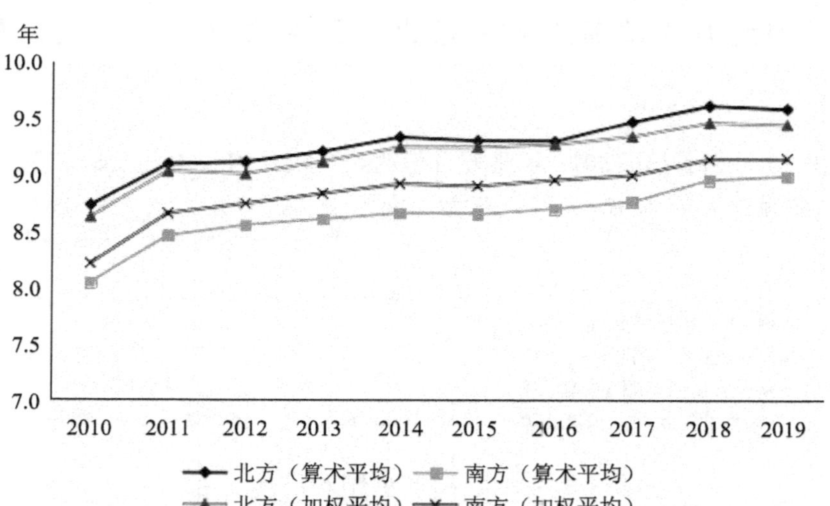


**图 2-10　2010—2019 年我国南北方就业人口平均受教育年限对比**

数据来源：据《中国人口和就业统计年鉴》整理得到。

注：受教育年限按照学者常用算法，即受教育年限＝小学占比×6＋初中占比×9＋高中占比×12＋本科/专科占比×16＋研究生占比×19。

### (四)南方就业质量高于北方

由图 2-11 可以看出，2016—2018 年全国就业质量指数总体呈稳步上升趋势，南北方省份的就业质量均有较大幅度提升。其中，北方省份就业质量指数从 2016 年的 33.587 上升到 2018 年的 35.647，增幅为 6.13%；南方省份就业质量指数从 2016 年的 36.480 上升到 2018 年的 41.280，增幅为 13.2%。南方就业质量高于北方，且就业质量增幅高于北方。可见，南北方在劳动力市场格局上的分化趋势越发明显，且南方在月平均工资、未充分就业比例、超时工作比例、合同签订率等就业质量指标上有较大优势。不仅如此，我国东部沿海地区领跑全国，就业质量指数最高且上升趋势持续，而东北和黄河中游地区就业质量指数偏低。北方省份中的内蒙古、辽宁、吉林、甘肃、河北、黑龙江和河南在各分项指数上普遍排名落后，且历年排名变动不大，就业质量在全国处于较低水平。①

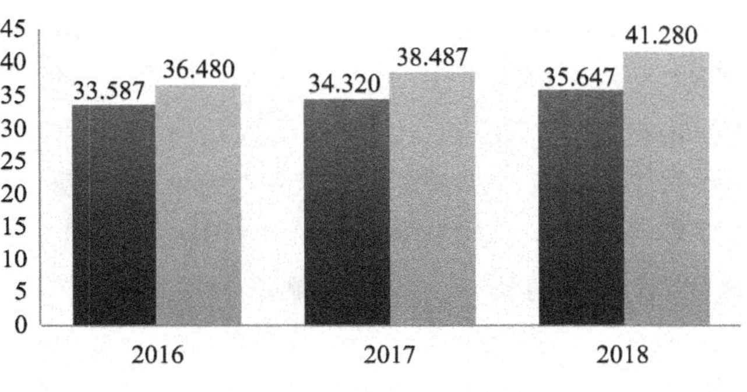


**图 2-11　2016—2018 年我国南北方就业人口就业质量指数对比情况**

数据来源：笔者根据《中国城镇就业质量指数研究》一文中关于“2016—2018 年 30 个省(区、市)就业质量年度总指数”重新整理得到。其中，南方省份中缺失西藏自治区数据。

## >>三、南北方就业差异的原因分析<<

### (一)经济水平差距扩大

2007—2012 年，南北方 GDP 增速基本保持一致，北方 GDP 增速甚至略快于南方。而从 2013 年开始，这种状况出现了较大转变。这一时期，南北经济表现差异明显，GDP 占全国比重的差距由 14.22%扩大到 2017 年的 22.10%，累积上

① 人口和就业统计司课题组：《中国城镇就业质量指数研究》，载《调研报告》，2020(6)。

升 7.88 个百分点，超过 1978 年至 2012 年的总和，人均 GDP 差距由 139.88 元扩大到 982.87 元，年均增长 47.69%，显著高于之前的 5.34%。① 这一时期北方总体增长放缓，西北和东北地区经济增速明显下滑，京津冀地区发展活力逐步降低，GDP 占全国的比重由 9.76%下降到 9.56%。山东、河南依靠传统要素集聚的增长方式，经济体量大而不强。南方形成了以长三角和珠三角为核心增长极带动内陆经济发展的格局，沿海省份经济转型加快，内陆省份后发优势显著增强。2017 年，贵州、重庆、云南、江西、安徽经济增速位居全国前列，长三角和珠三角地区 GDP 占全国的比重分别上升到 25.65%和 9.22%。新时期中国区域发展格局形成了以京津冀、长三角、珠三角、成渝地区为核心增长极的菱形结构。②

### (二)人口和就业承载能力差距扩大

我国发展进入新常态以来，南北地区人口和就业承载能力差距逐步扩大，产业转型升级和提质增效推动南方高端制造业和生产性服务业发展，加速人口和就业规模的扩大。南北人口规模差距由 2012 年的 2.14 亿人上升到 2017 年的 2.26 亿人，就业规模差距维持在 1.42 亿人。以就业人员中大专及以上学历人数指标来衡量人力资本水平可以发现，南方人口和就业规模扩大带动了人力资本水平提升，南北人力资本水平差距由 2012 年的 1 483.14 万人扩大到 2017 年的 3 723.08 万人。西北和京津冀地区人力资本水平占全国的比重呈逐步下降态势，分别由 9.84%和 11.02%下降到 8.88%和 10.07%。南方人力资本水平增长较快，产业转型态势较好。长三角、珠三角、成渝地区人力资本水平占全国的比重分别由 19.98%、6.23%和 6.44%上升到 21.35%、8.07%和 6.76%。③

### (三)区域经济发展格局的影响

南方全面响应“一带一路”倡议，形成了以上海、江苏、浙江、广东、福建、重庆、四川为核心的内陆沿海双向开放发展格局。从全国 GDP 前 50 强城市可以看出，2002—2017 年，我国南方城市发展速度显著高于北方，且南北方经济强市的数量差距在扩大，GDP 前 50 强城市中，北方城市总量从 2002 年的 26 个锐减到 2017 年的 15 个，南方的城市发展经济优势更加显著(见图 2-12)。研究指

① 杜宇、吴传清：《中国南北经济差距扩大：现象、成因与对策》，载《安徽大学学报(哲学社会科学版)》，2020(1)。

② 樊杰、梁博、郭锐：《新时代完善区域协调发展格局的战略重点》，载《经济地理》，2018(1)。

③ 杜宇、吴传清：《中国南北经济差距扩大：现象、成因与对策》，载《安徽大学学报(哲学社会科学版)》，2020(1)。

出，经济发展水平的区域分布格局在东南方向上发生旋转，东北—西南方向的经济发展水平差异演变成沿海—内陆方向，进而演变为目前东南—西北方向的经济发展水平差异的格局特征。①

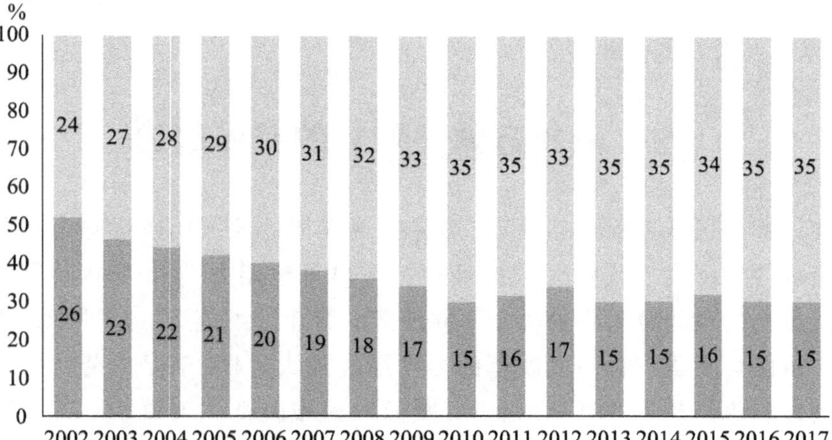


**图 2-12 全国 GDP 前 50 强城市的南北方数量对比(2002—2017 年)**

数据来源：根据《中国城市统计年鉴》整理得到。

从县域角度看，我国县域经济对于经济发展和城镇化推动作用越发凸显。根据《2020 中国县域经济百强研究》，百强县中 68 个县域位于我国东部沿海地区，多处于长三角、京津冀和粤港澳大湾区等城市群周边。以南北方划分，南方百强县共有 66 个，北方百强县共有 34 个[主要集中在山东省(16 个)和河南省(7 个)]，南北方的县域经济差异较为显著。

## (四)工业化进程过早衰退

一方面，工业化进程过早衰退降低了各地区的工业产业需求，这使得重化、能源、资源等工业产业的发展速度开始下降，最终导致以这些产业为主导的北方经济增速开始大幅度下滑。另一方面，工业化进程过早停滞也意味着地区工业产业的发展进入了存量竞争时代，南方与北方的工业省份围绕固定的市场份额展开激烈竞争。南方工业大省(如江苏省与广东省)的政府能力明显强于北方地区，最终南方区域夺取了存量市场的较大份额，从而维持了经济较快增长，而北方不仅直接受到了工业化进程减缓的影响，还间接受到了南方区域竞争的影响，最终导致南北经济增速的分化。此外，不同省份面对工业化早衰这一事实时的经济和产

① 樊杰、王亚飞：《40 年来中国经济地理格局变化及新时代区域协调发展》，载《经济地理》，2019(1)。

业转型策略也影响了就业调整。以山东省和江苏省为例，两省在 2009 年以前的经济结构较为相似，但 2009 年后出现分化。2009 年，山东第二产业贡献率为 63.7%，较 2008 年提高 7%；江苏第二产业贡献率 54.1%，较上年下降 3.9%。而同年山东第三产业贡献率为 31.9%，较 2008 年下降 6.8%，江苏第三产业贡献率 43.2%，较上年上升 2.7%。①

### >>四、南北方就业差异的发展趋势<<

目前，我国区域发展总体呈现“尊重客观规律，发挥比较优势，增强中心城市和城市群等经济发展优势区域的经济和人口承载能力”②的基本特征。未来我国劳动力市场的空间分布将取决于不同地区的就业吸纳能力、产业承载力、就业环境等。目前，我国户籍制度改革的力度继续加大，《关于促进劳动力和人才社会性流动体制机制改革的意见》指出，全面取消城区常住人口 300 万以下的城市落户限制，全面放宽城区常住人口 300 万至 500 万的大城市落户条件。随着落户难题和流动人口子女教育问题逐渐解决，劳动力市场流动可能性前所未有，“以脚投票”使得主动性逐渐回到劳动者手中。总体而言，在特大城市普遍继续坚持“收紧口子”的户籍政策不变的前提下，我国劳动力市场的南北差异会进一步呈现。

目前，我国北方劳动力受教育年限仍有一定优势，但是随着南北方经济发展差距逐渐扩大，我国南方地区劳动力增长速度会逐渐增加，进而拉大南北方的就业总量差距。同时，随着制造业转型升级，我国南北方对于不同技能劳动者的用工需求将发生较大变化。南方地区对于中高技能劳动力的用工需求会高于北方，而北方就业人口的劳动者素质和受教育年限优势会逐步丧失。这一问题值得关注。

## 第三节　劳动力市场就业岗位创造能力异质化显现

“新经济”驱动下，劳动力市场不断变革，供需结构、劳动要素的相对价格、流动性等方面发生了显著变化。“三新”经济带来了直接和间接就业创造效应。2017 年、2018 年和 2019 年，我国“三新”经济带来的总就业规模分别为 16 566 万人、15 752 万人和 15 148 万人，呈现逐年递增趋势。分区域来看，不同经济圈高技术产业就业情况差异显著。粤港澳、长三角高技术产业吸纳就业能力较强，京津冀、成渝等地区则相对较弱。

---

① 郭妍、张立光：《我国区域经济的南北分化及其成因》，载《山东社会科学》，2018(11)。

② 习近平：《推动形成优势互补高质量发展的区域经济布局》，载《求是》，2019(24)。

## >>一、经济发展带动劳动力市场整体岗位创造能力提升<<

2019 年，全国劳动力市场就业形势趋稳。三大产业中，服务业吸纳就业最多，产业结构的持续优化为岗位创造提供了动力。分析经济总量和就业总量的变动不难发现，经济总量呈现线性增长，就业总量出现拐点。2015—2019 年，全国 GDP 从 187 319 亿元增加到 990 865 亿元，第一产业增加值从 2015 年的 21 807 亿元增加到 2019 年的70 467亿元，年均增速达到 8.7%；第二产业增加值从 2015 年的 88 082 亿元增加到 2019 年的 386 165 亿元，年均增速达到 11.1%；第三产业增加值从 2015 年的77 430亿元增加到 2019 年的 534 233 亿元，年均增速达到 14.8%。整体来看，2012 年，第二、三产业增加值分别为 244 639 亿元和244 856 亿元，第三产业增加值首次超过第二产业；2015 年，第三产业增加值占比第一次突破 50%，这种趋势一直持续至今。2019 年，第三产业增加值占比达到 53.9%，为我国经济稳定发展和就业增长做出重要贡献(见图 2-13、图 2-14)。

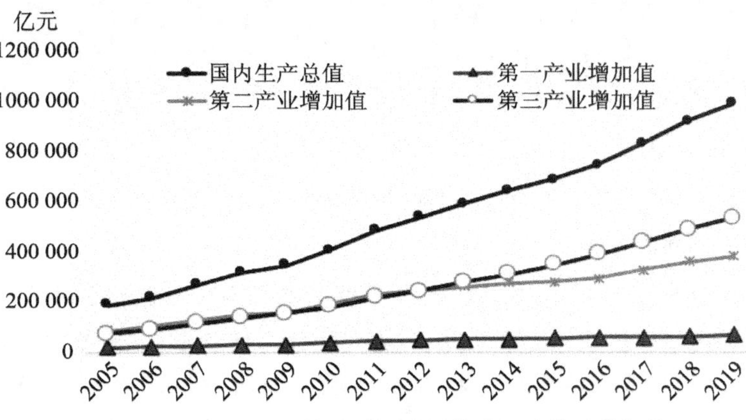


**图 2-13　2005—2019 年国内生产总值和三次产业增加值**

数据来源：国家统计局。

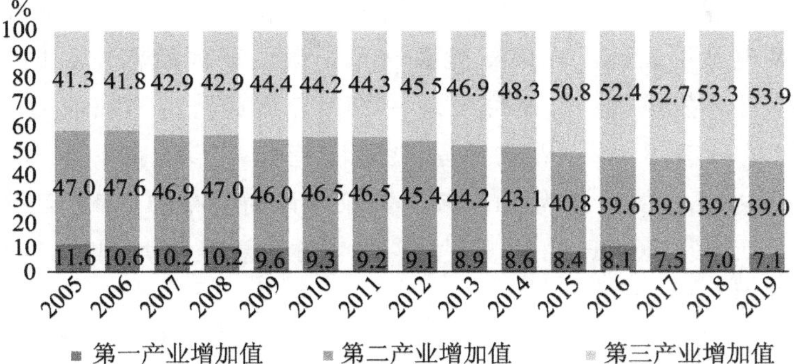


**图 2-14　2005—2019 年三次产业增加值占比**

数据来源：国家统计局。

经济发展带动就业。中国从业人员数从 2015 年的 74 647 万人增加到 2017 年的 77 640 万人，之后呈现下降趋势，2018 年、2019 年分别为 77 586 万人和 77 471万人。从业人员总量呈现先上升后下降的趋势。这与老龄化趋势加快、劳动年龄人口减少有关。从就业结构变化来看，第一产业从业人员数从 2015 年的 33 442万人减少到 2019 年的 19 445 万人，年均下降速度为 9.6%；第二产业从业人员数从 2015 年的 17 766 万人增加到 2012 年的 23 241 万人，之后呈现下降趋势，从 2013 年的 23 170 万人减少到 2019 年的 21 305 万人；第三产业从业人员数从 2015 年的 23 439 万人增加到 2019 年的 36 721 万人，年均增加速度为 3.3%。十五年内第一产业净减少人口为 13 997 万人，第三产业净增加就业人口 13 282 万人。

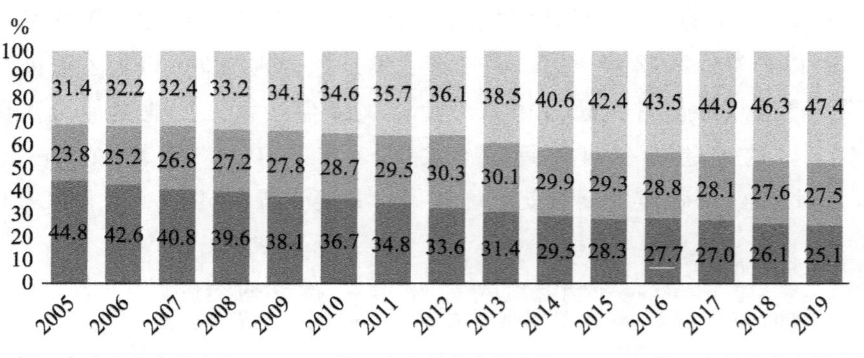


**图 2-15　2010—2019 年三次产业从业人员占比**

数据来源：国家统计局。

在进一步分析带动就业的根本原因过程中不难发现，新经济所发挥的作用尤为重要。2016 年，"新经济"第一次被写入政府工作报告。报告指出，当前我国发展正处于关键时期，必须培育壮大新动能，加快发展新经济。经过五年的发展，新经济规模已经跃上新台阶。2018 年国家宣布"在上海设立科创板以及试点注册制"，给科技企业发展带来更大空间。2020 年政府工作报告特别强调，要加强新型基础设施建设，发展新一代信息网络，拓展 5G 应用，建设数据中心，增设充电桩、换电站等设施，推广新能源汽车，激发新消费需求，助力产业升级。新经济被再次注入发展动力。研究发现，2007 年新经济占增加值为 21 222 亿元，占 GDP 的比重只有 8.0%。[①] 之后呈现递增趋势，2016 年，新经济增加值为 10 857亿元，占 GDP 的比重为 14.6%。国家统计局公布的 2019 年新经济增加值为 161 927 亿元，占 GDP 的比重达到 16.3%。新经济增加值年均增速达到 18.45%。(见表 2-4)

① 张车伟、杨伟国、高文书：《2017 人口与劳动绿皮书——中国人口与劳动问题报告：新经济新就业》，21～25 页，北京，社会科学文献出版社，2017。

表 2-4 我国新经济的增加值规模和占 GDP 的比重

| 年度 | 项目 | 第一产业 | 第二产业 | 第三产业 | 合计 |
|---|---|---|---|---|---|
| 2007 | 规模(亿元) | — | — | — | 21 222 |
| | 占 GDP 比重(%) | — | — | — | 8.0 |
| 2012 | 规模(亿元) | — | — | — | 66 027 |
| | 占 GDP 比重(%) | — | — | — | 12.3 |
| 2016 | 规模(亿元) | — | — | — | 108 587 |
| | 占 GDP 比重(%) | — | — | — | 14.6 |
| 2017 | 规模(亿元) | 5 998 | 54 253 | 69 326 | 129 578 |
| | 占 GDP 比重(%) | 0.7 | 6.6 | 8.4 | 15.7 |
| 2018 | 规模(亿元) | 6 227 | 62 453 | 76 689 | 145 369 |
| | 占 GDP 比重(%) | 0.7 | 6.9 | 8.5 | 16.1 |
| 2019 | 规模(亿元) | 6 685 | 70 443 | 84 799 | 161 927 |
| | 占 GDP 比重(%) | 0.7 | 7.1 | 8.6 | 16.3 |

注：2007 年、2012 年和 2016 年的数据来自《人口与劳动绿皮书——中国人口与劳动问题报告》；2017—2019 年的数据来自国家统计局。

新经济对各个产业就业都具有一定拉动作用，新增 GDP 和就业总量中相当一部分源自新经济的贡献。张车伟等(2017)分析认为，利用“投入产出表”提供的行业关联关系，可以推算新经济对经济增长的直接贡献和间接贡献；借助国家统计局发布的分产业的就业人数，可以计算新经济的就业规模和拉动其他行业就业的规模。按照这种计算方法，我们利用 2017 年的投入产出表估算了 2017—2019 年的“三新”经济拉动三次产业就业人数和占比情况(见表 2-5)。

表 2-5 我国新经济就业规模和占就业总量的比重

| 年份 | | 2017 | 2018 | 2019 |
|---|---|---|---|---|
| 直接效应(万人) | 第一产业 | 1 919 | 1 948 | 1 845 |
| | 第二产业 | 3 559 | 3 662 | 3 886 |
| | 第三产业 | 5 688 | 5 628 | 5 829 |
| | 小计 | 11 166 | 11 238 | 11 560 |
| | 占全部就业人数比重(%) | 14.4 | 14.5 | 14.9 |
| 间接效应(万人) | 第一产业 | 65 | 68 | 74 |
| | 第二产业 | 3 404 | 3 892 | 4 329 |
| | 第三产业 | 513 | 554 | 603 |
| | 小计 | 3 982 | 4 514 | 5 006 |
| | 占全部就业人数比重(%) | 5.1 | 5.8 | 6.5 |

续表

| 年份 | 2017 | 2018 | 2019 |
|---|---|---|---|
| 总就业规模（万人） | 15 148 | 15 752 | 16 566 |
| 占全部就业人数比重（%） | 19.5 | 20.3 | 21.4 |

注：2007年、2012年和2016年的数据来自《人口与劳动绿皮书——中国人口与劳动问题报告》；2017—2019年的数据是根据2017年投入产出表核算获得。三次产业以及合计新经济的增加值规模都是直接贡献数据，即新经济本身的增加值数据。

结果显示，2019年我国“三新”经济带来的总就业规模为16 566万人，占总就业规模的比重为21.4%。其中，直接带动就业11 560万人，占总就业的比重为14.9%，间接带动就业5 006万人，占就业总人口比重为6.5%。2018年我国“三新”经济带来的总就业规模为15 752万人，占总就业规模的比重为20.3%。其中，直接带动就业11 238万人，占总就业的比重为14.5%，间接带动就业4 514万人，占就业总人口比重为5.8%。2017年我国“三新”经济带来的总就业规模为15 148万人，占总就业规模的比重为19.5%。其中，直接带动就业11 166万人，占总就业的比重为14.4%，间接带动就业3 982万人，占就业总人口比重为5.1%。

从合计数据来看，2017—2019年“三新”经济拉动就业总人数年均增加394万人，年均增速为4.6%，其中，直接拉动就业人数年均增速为1.7%，间接拉动就业人数年均增速为12.1%。这表明新经济对就业的拉动作用主要体现在间接拉动效应方面。分产业来看，新经济对不同产业的拉动作用差异较大，对第三产业就业的直接贡献高于第一、第二产业，对第二产业的间接贡献最大。

## >>二、广东、江苏成为高技术产业就业吸纳高地<<

2018年，广东省高技术产业从业人员平均人数最高，达到389万人；江苏省位列第二，为222万人。广东、江苏成为吸纳就业的高地。浙江、河南、山东、四川四省份高技术产业从业人员平均人数在50万人至100万人之间；上海、江西、福建、湖南、湖北、安徽、重庆、北京、陕西、河北十省份在20万至49万人之间；其他省（自治区、直辖市）小于20万人。

在高技术产业从业者群体中，高端人才分布与该产业就业分布具有高度相似性。从各地区高技术产业研究与试验发展（R&D）人员情况数据来看，广东、江苏两省在高技术产业R&D人员数、全时人员数、研究人员数指标方面都位于全国领先地位。2018年两省高技术产业R&D人员数分别为349 061人和157 976人，占全国高技术产业R&D人员总数的比分别达到30.4%和13.8%；全时人员数分别为290 658人和123 146人，占全国高技术产业全时人员总数的比分别达

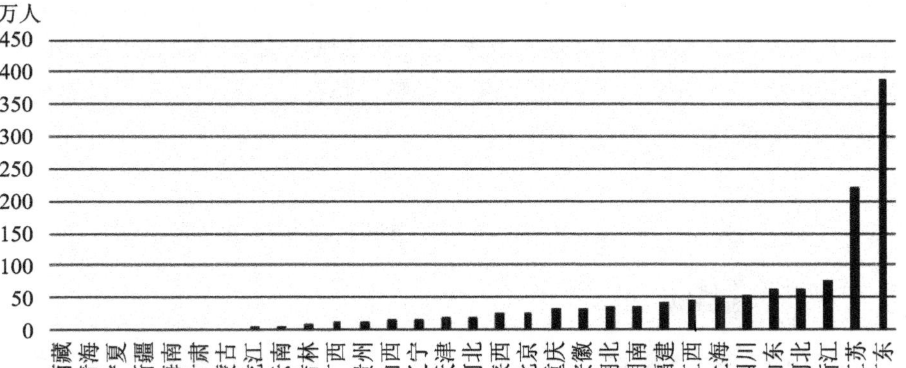


**图 2-16　2018 年全国 31 个省(自治区、直辖市)高技术产业从业人员平均人数**

来源：2019 年《中国高技术统计年鉴》。

到 31.8%和 13.5%；研究人员数分别为 128 709 人和 51 645 人，占全国高技术产业研究人员总数的比分别达到 30.1%和 12.2%。由此可见，以高端技术人员为核心的就业群已经在发达地区形成，新技术成为开辟就业高地的动力源泉。

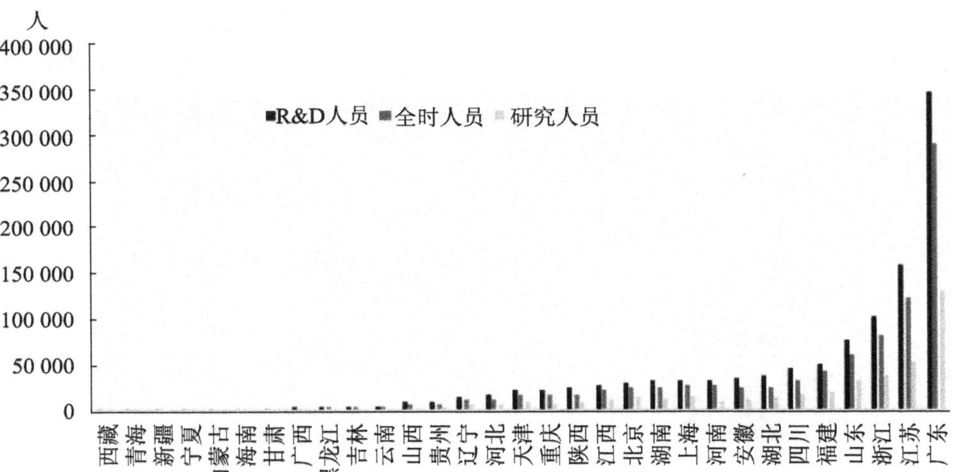


**图 2-17　2018 年全国 31 个省(自治区、直辖市)高技术产业 R&D 人员数、全时人员数、研究人员数**

数据来源：2019 年《中国高技术统计年鉴》。

## >>三、中西部地区正在通过发展高技术产业吸纳高技术人才<<

2014—2018 年，东部地区高技术产业平均从业人数呈现递减趋势(见图 2-18)。

五年间共增加38.3万人。而中部、西部地区高技术产业平均从业人数呈现递增趋势，五年内中部地区增加了26.4万人，西部地区增加了20.1万人。区域均衡发展是国家和地方尤为关注的问题。在未来随着国家战略调整，区域均衡化发展将分阶段、分层次逐步实现。

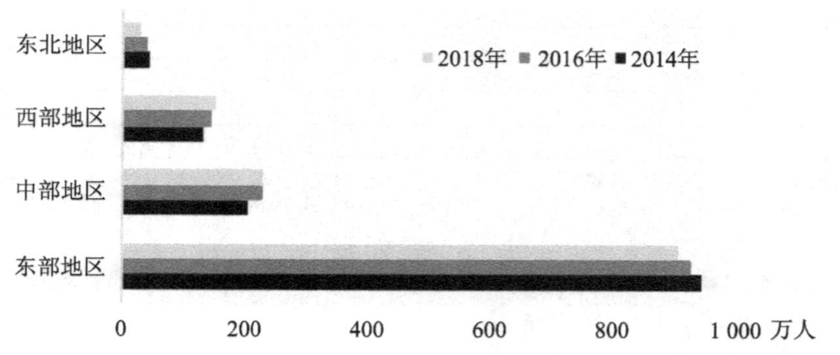


**图2-18 2014年、2016年、2018年分地区高技术产业从业人员平均人数变动情况**

数据来源：2015—2019年《中国高技术统计年鉴》。

大中型高技术企业是拉动人才向中西部流动的主力。2014—2018年，东部地区大中型企业高技术产业的平均从业人数呈现递减趋势(见图2-19)。五年间从773.2万人下降至713.2万人。与此同时，中部、西部地区高技术产业平均从业人数呈现递增趋势，五年内中部地区大中型企业中高技术产业的平均从业人数增加了14.2万人，西部地区增加了11.0万人。

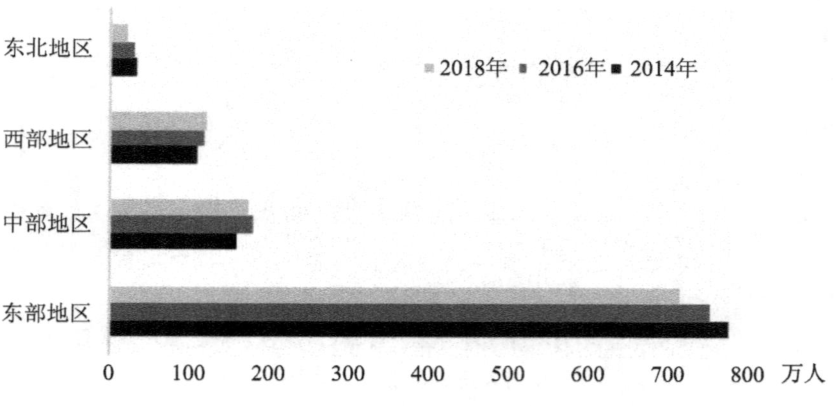


**图2-19 2014年、2016年、2018年分地区大中型高技术产业从业人员平均人数变动情况**

数据来源：2015—2019年《中国高技术统计年鉴》。

高技术产业研发人员主要分布在电子及通信设备制造业，分布情况如图2-20所示。2018年，电子及通信设备制造业共有69.5万研发人员，占高技术产业研发人员总数的比重达到67.0%；医药制造业、医疗仪器设备及仪器仪表制造业分列二、三位，研发人员数分别为 13.5 万人和 10.5 万人，两类行业研发人员数之和占高技术产业研发人员总数的比达到 24.4%。从高技术人员区域分布来看，东部地区集中特征明显(见图 2-21)。医药制造业、信息化学品制造业、电子及通信设备制造业、医疗仪器设备及仪器仪表制造业、计算机及办公设备制造业分别吸纳了 67.3%、76.1%、83.9%、84.9%和 88.4%的研发人员。

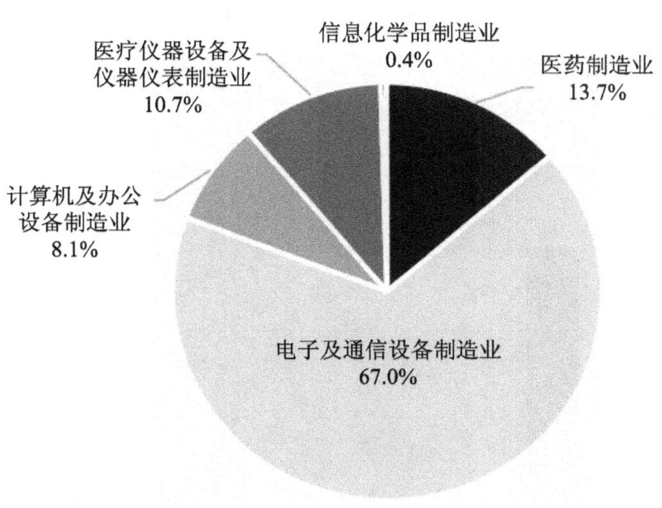


**图 2-20　2018 年全国按高技术产业分研发人员行业分布情况**

数据来源：2015—2019 年《中国高技术统计年鉴》。

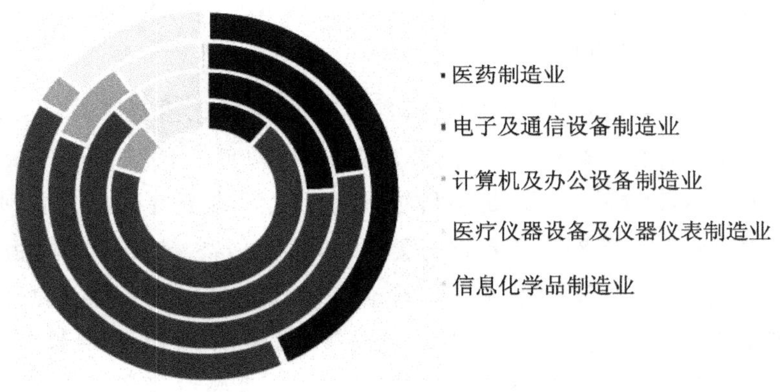


**图 2-21　2018 年全国各地区按高技术产业分研发人员行业分布情况**

注：从内环到外环依次为东部地区、中部地区、西部地区和东北地区。

数据来源：2015—2019 年《中国高技术统计年鉴》。

然而，区域分布的结构差异市场明显。东部地区、中部地区和西部地区的电子及通信设备制造业吸纳研发人员数量最多，超过了地区产业研发人员总量的 50%。但是东北地区医药制造业和电子及通信设备制造业研发人员数占当地高技术产业研发人员总量的比例比较接近，分别为 43.3%和 40.1%。

## >>四、国企民企“携手”促进高技术领域的就业创造与重塑<<

高技术企业中，内资企业是吸纳就业的主力。如图 2-22 所示，2018 年，高技术内资企业从业人员平均人数为 768 万人，其次是外商投资企业和港澳台企业，分别为 277 万人和 272 万人。特别值得注意的是，国有企业在新技术产业中逐渐“隐退”，从业人员平均数仅为 10 万人。

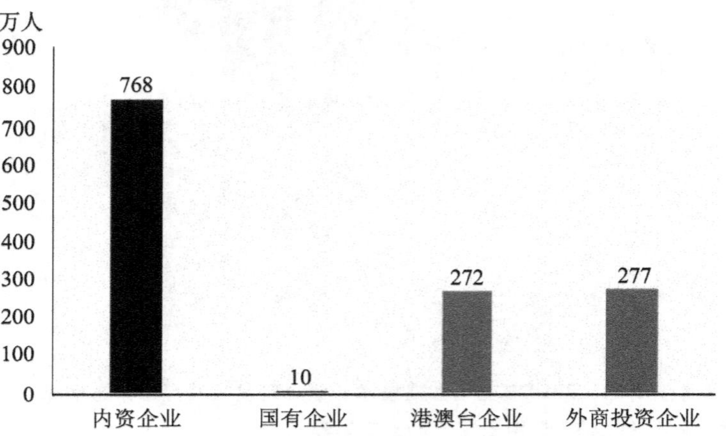


**图 2-22　2018 年各企业类型高技术产业从业人员平均人数**

数据来源：2019 年《中国高技术统计年鉴》。

事实上，2012 年以来国有企业在高技术领域中的比重逐渐减小，2014 年之后达到稳定状态(见图 2-23)。国有高技术企业从 2000 年的 3 759 个减少到 2018 年的 1 600 个。然而“减量提质”是高科技国有企业的典型特征，企业利润总额不降反增，从 2000 年的 248.1 亿元跃升至 2013 年的 779 亿元，之后稳步增长到 2018 年的1 091亿元，实现了翻两番的基本目标。其中，中、西部地区表现尤为突出。中部地区高科技国有企业利润总额从 2000 年的 28 亿元增长到 2013 年的 779 亿元，之后逐年递增，2018 年达到 207 亿元；西部地区从 2000 年的 15 亿元增长到 2013 年的 108 亿元，之后稳步增长到 2018 年的 222 亿元。

从 2005 年开始，高科技国有企业从业人员平均数一直处于稳定状态，特别是在 2013 年之后，始终维持在 150 万人左右(见图 2-24)。且不同地区高科技国有企业就业情况类似，指标稳定，波动较小。2018 年东部地区、中部地区、西部地区和东北地区从业人员平均数分别为 732 万人、290 万人、389 万人和 83 万人；2014 年，四个地区的从业人员平均数分别为 711 万人、234 万人、387 万人和 118 万人。就业稳定性和国有企业“瘦身增效”有关，虽然企业数量减少，但是利润总额增加，企业有更强的就业承载能力。

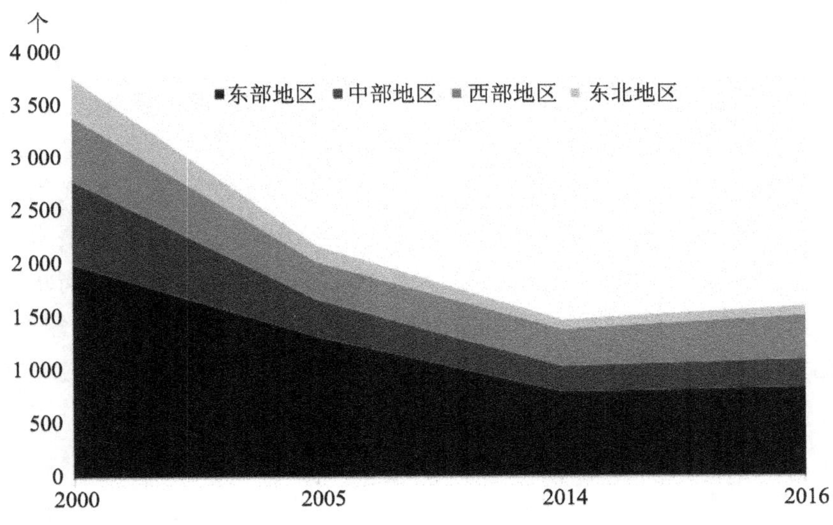


**图 2-23　2000—2018 年部分年份国有高技术产业数**

数据来源：2011—2019 年《中国高技术统计年鉴》。

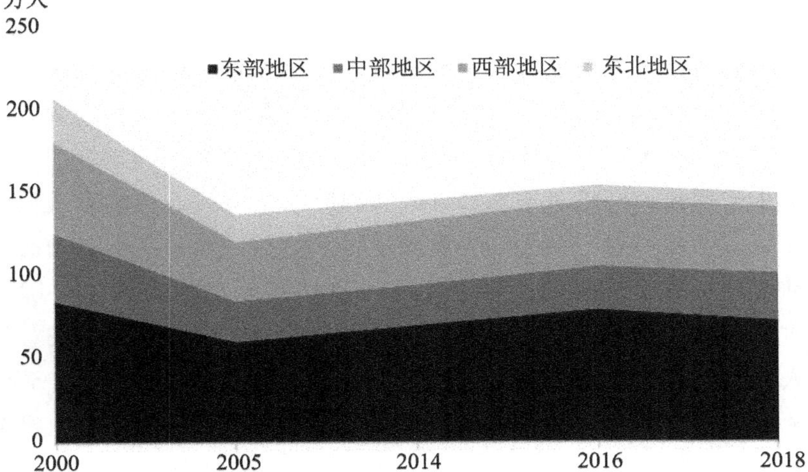


**图 2-24　2000—2018 年部分年份国有高技术产业从业人员平均人数**

数据来源：2011—2019 年《中国高技术统计年鉴》。

## >>五、借助技术转型优化劳动力市场<<

综合以上分析不难发现，发展新技术产业对就业带来的更多的正面效应。决定一个国家就业规模和就业质量的最根本因素是整个国家的经济实力和科技实力。当科技浪潮席卷而来，担心暂时的失业率上升而试图阻止或者减缓技术的进步是因噎废食、削足适履的举措。因为只有一个国家整体的经济实力和科技实力提升了，才可能创造更多财富，进而将这些财富分配给就业困难群体以及无法就业者。相反，如果一个国家没有跟进世界科技发展的脚步，甚至在经济、国防等诸多方面受制于他国，则经济容量继续扩充的可能性很低，难以创造更多就业，也难以保障低收入人群基本生活，仅存的就业机会也只能支持低质量就业。

与此同时，还有四点需要特别关注。第一，新经济的到来也为我们的管理者提出了更高的要求。当完成新基建目标、新技术全面铺开、经济发展水平再迈上新台阶之时，不具备技术、资本等资源的劳动者是否能在教育、转岗培训、再分配以及社会保障等方面分得一杯“国家繁荣”之羹，既不会形成“等、靠”心理，又能感受到国家的关怀，这就需要企业思考社会责任、政府合理调整政策法规。第二，各地资源禀赋、发展基础、发展新经济的适应性都有显著差异，不均衡发展问题要因情况而定，没必要一刀切地搞某一热门产业。例如，东北地区适合先进制药业的发展，可以在中长期内考虑发展壮大这一行业。在条件不成熟的情况下，就没必要强求其智能制造产业像东部地区一样迅速发展。第三，很多学者希望核算新经济对就业的冲击，这在制定社保政策等方面有一定意义。但是，整体失业率保持稳定的情况下，计算新经济创造就业的规模能够反映受冲击人群的就业规模。因为整体就业量不变的前提下，新经济带来的就业岗位增加就是转岗人员和新加入劳动力市场的劳动者总量。短期内，新技术对就业的冲击会引发摩擦性失业，在这种情况下，劳动力市场转岗率高是主要特征。中长期内，防范结构性失业任重道远，新增劳动力的岗前教育和培训是重中之重，否则即便整个国家实现了经济结构优化、经济总量增加且有能力吸纳全员就业，倘若适应新岗位的劳动者匮乏，同样会引发劳动力市场供需矛盾。第四，未来平均劳动时间下降将会成为劳动力市场就业的新趋势，这也可以看作就业质量提升的关键性指标之一。闲暇时间如何利用是劳动力市场未来需要重点关注的话题，读书、社交都是闲暇时间人力资本提升的重要手段。以读书为例，2019年，中国人平均每年阅读量仅为7本，不足以色列、日本等国家的人年均阅读量的1/5。如果劳动者不重视闲暇时间的合理配置，难以真正实现稳定就业和高质量就业。

## 第四节　劳动力市场“时”“空”边界不断变革

“互联网＋”“AI＋”技术背景下，新经济、新业态的出现导致线上就业大量涌现，对劳动力市场空间形成重要影响，打破了既有的时空分布边界，突破了时空束缚。同时，劳动力市场招聘从线下到线上的空间转移，也有效拓展了劳动力市场空间。另外，技术进步的就业替代和就业创造效应进一步重塑劳动力市场空间边界。第四次工业革命的到来，新技术的扩散和应用改变了劳动力市场的工作任务和技能回报，AI 技术、“机器替代”、“人机协作”对劳动力市场冲击。人工智能带来的工作任务和性质变革，减少了对低技能型劳动力的长期需求。同时，技术进步带来的发展红利有利于推动向创新经济的转型，不断释放就业创造效应。随着工作技能的改变，就业形态、工作场所的空间分布也会随着改变，劳动力市场时空边界不断延伸。

## >>一、新技术是劳动力市场时空变革的“无形之手”<<

当前，美国在高端技术领域不断封锁中国。截至 2020 年 6 月，进入美国“实体清单”的中国机构已经超过 300 家，加之劳动密集型产业外移、疫情等因素叠加影响，劳动力成本发生波动。但是，中国凭借新技术领域的优势，一直努力跟进劳动力市场时空变革的步伐。数字经济占 GDP 的比重、信息与通信业规模等指标在世界处于领先地位。随着 2020 年第二季度中国经济增速由负转正，新基建逐步展开，新技术会继续在不同经济领域形成影响，劳动力市场时空变革会持续深化。

如图 2-25 所示，根据世界银行的数据，2018 年美国数字经济规模为 12.34 万亿美元，位列全球第一，中国以 4.73 万亿美元的规模位列第二位。德国、日本、英国、法国的数字经济规模均超过了 1 万亿美元。英国、美国、德国数字经济占 GDP 的比重超过了 60%，世界排名位列前三，中国为 35%，位列世界第九位。同年，数字经济比重超过 30%的国家还有韩国、日本、爱尔兰、法国、新加坡、芬兰、墨西哥。

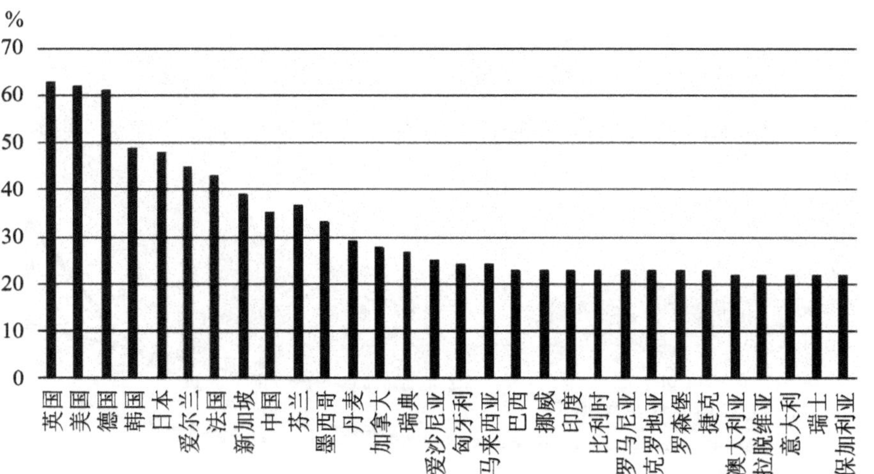


**图 2-25　2018 年全球主要国家数字经济占 GDP 比重**

数据来源：世界银行(World Bank)。

如图 2-26 的信息与通信技术(ICT)制造业和服务业规模数据所示，中国已经成为全球新技术领域的佼佼者。2018 年中国在信息与通信技术制造业占优，总规模达到 5 446 亿美元，排名世界第一，是排名第二的美国的 2.75 倍。与此同时，韩国和日本在该领域竞争实力较强，其规模分别达到 1 687 亿美元和 1 123 亿美元。中国信息与通信技术服务业规模为 4 243 亿美元，排名世界第二，是排名第三的日本的 1.75 倍，但与美国相比差距较大，不及美国(1.3 万亿美元)的三分之一。另外，德国、英国、法国和印度等国信息和通信技术服务业规模也超过 1 000 亿美元，竞争力较强。中国在制造业领域占优但在服务业领域劣势明显。这一方面表明经过改革开放 40 多年的发展，中国制造业不断壮大，并在新阶段转型升级成功；另一方面表明中国在服务业方面的技术实力还很不足，虽然在 5G 等个别技术领域占优，但是很多核心技术还受制于人。尽管估算数据显示第三产业拉动就业占比最高，但是基于不同业态就业的上升空间还很大。

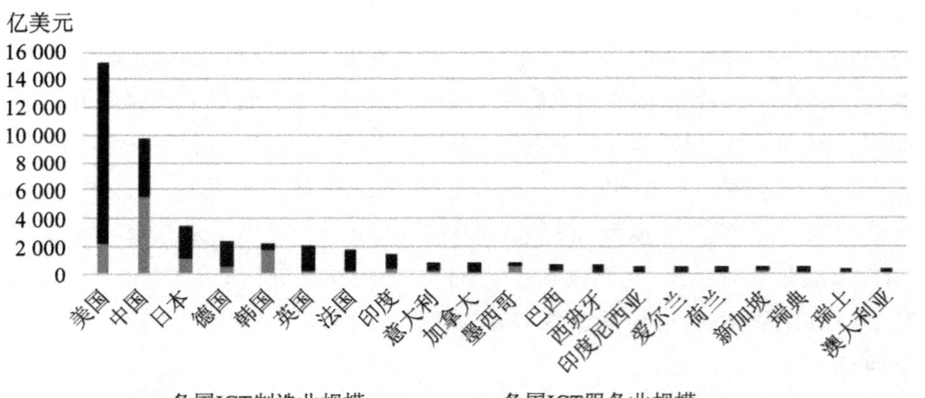


**图 2-26　2018 年全球部分国家 ICT 服务和 ICT 制造规模**

数据来源：OECD，The Yearbook of World Electronics Data，2018。

机器人装备方面的数据也证明了中国在先进制造业方面的优势(见图 2-27)。

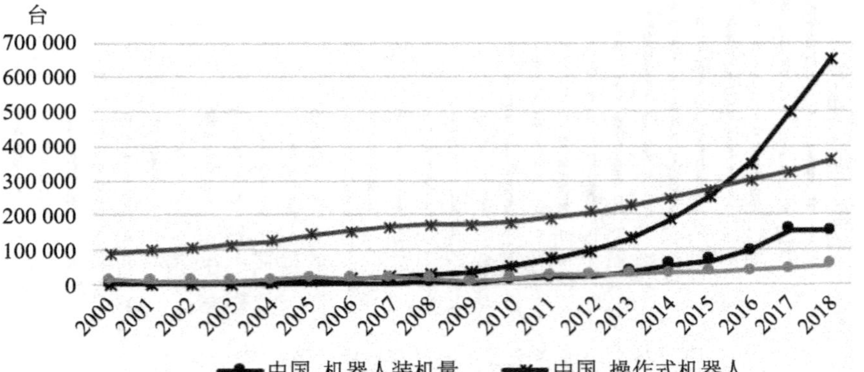


**图 2-27　2000—2018 年中国和美国工业机器人装机量和储备量**

数据来源：世界机器人协会(World Robots)。

2018 年，中国在机器人装机量和操作式机器人拥有量指标上位列世界第一，美国位列世界第二。中国是工业机器人的最大终端用户，年工业机器人装机量达到 15.4 万台，美国为 5.5 万台。与此同时，中国还是操作式工业机器人拥有量最大的国家，2018 年拥有量达到 6.5 万台，美国为 3.6 万台。

## >>二、新战略是劳动力市场时空变革的“有形之手”<<

新战略包括两个层面的布局：一是新基建，二是基于新基建的经济发展策略。在国际技术壁垒高筑、新冠肺炎疫情导致经济重挫的背景下，2020 年 4 月 20 日，国家发展改革委首次明确了新型基础设施的范围，并给出了新基建的定义。新基建是以新发展理念为引领，以技术创新为驱动，以信息网络为基础，面向高质量发展需要，提供数字转型、智能升级、融合创新等服务的基础设施体系。事实上，在此之前，新基建在中国早已开启。2018 年 12 月的中央经济工作会议上，“新基建”一词被首次提出。之后 2019 年 7 月的中共中央政治局会议、2020 年1 月的国务院常务会议、2020 年 2 月的中央全面深化改革委员会第十二次会议、2020 年 3 月的中共中央政治局常务委员会会议，多次就新基建发展策略进行了部署。

虽然“新基建”的概念提出较晚，但是从实践来看各国新基建竞赛早已上演。从 20 世纪 90 年代初的互联网布局，到目前的 5G 规划都可以视为新基建的组成部分。以 5G 为例，当前 5G 商用被多个国家上升为国家战略。欧盟于 2018 年开始商用测试，提出 2020 年各个成员国至少选择一个城市提供 5G 服务；韩国在 2019 年年初宣布 5G 进入商用；美国政府宣布拟投入近 3 000 亿美元用于 5G 基础设施建设；中国也已经向中国移动等四家电信大型企业发布牌照。因此，中国在新基建层面的布局是适应世界潮流、符合科技发展规律的战略性选择。

基础设施建设是围绕新经济的基础性布局，一系列的有关互联网、大数据、人工智能的战略性规划在最近几年相继出台(见图 2-28)。中国除了推动各行业科技转型，还增加了宏观经济风险防范的措施。特别是 2019 年以来，在政府发布的文件中有关“健康发展”“高质量发展”的表述逐渐增多(见表 2-6)。例如，2020 年《关于支持新业态新模式健康发展、激活消费市场带动扩大就业的意见》中特别强调“强化灵活就业劳动权益保障，探索多点执业。探索适应跨平台、多雇主间灵活就业的权益保障、社会保障等政策”。“三新”经济的增长和劳动生产率的提高能否成为工资有增长、就业有保障、教育和培训有机会的基础保障，是确保国家能否高质量发展的重要方面。

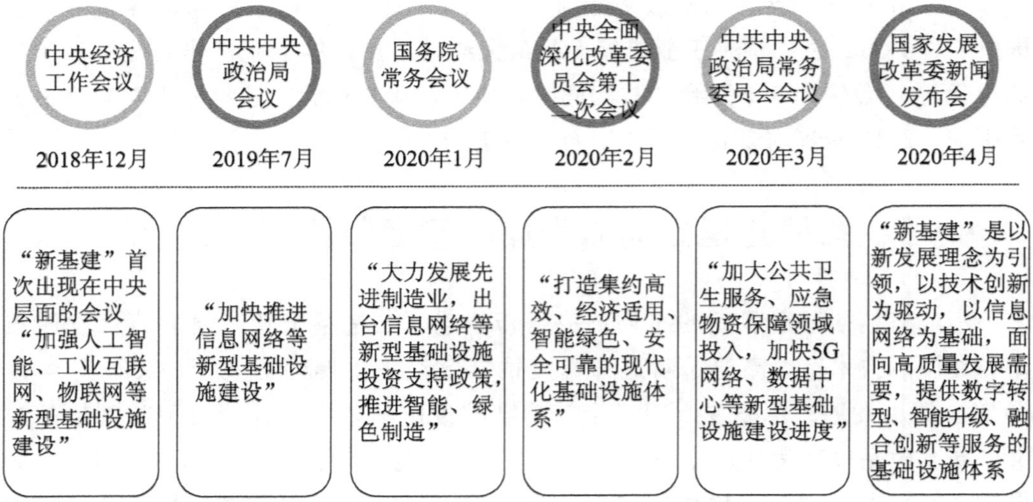

中央经济工作会议
2018年12月
“新基建”首次出现在中央层面的会议“加强人工智能、工业互联网、物联网等新型基础设施建设”

中共中央政治局会议
2019年7月
“加快推进信息网络等新型基础设施建设”

国务院常务会议
2020年1月
“大力发展先进制造业，出台信息网络等新型基础设施投资支持政策，推进智能、绿色制造”

中央全面深化改革委员会第十二次会议
2020年2月
“打造集约高效、经济适用、智能绿色、安全可靠的现代化基础设施体系”

中共中央政治局常务委员会会议
2020年3月
“加大公共卫生服务、应急物资保障领域投入，加快5G网络、数据中心等新型基础设施建设进度”

国家发展改革委新闻发布会
2020年4月
“新基建”是以新发展理念为引领，以技术创新为驱动，以信息网络为基础，面向高质量发展需要，提供数字转型、智能升级、融合创新等服务的基础设施体系

图 2-28　新基建布局进程

表 2-6　2015—2020 年“三新”经济相关政策发布情况

| 2015 | 《关于积极推进“互联网＋”行动的指导意见》《中国制造 2025》 |
|---|---|
| 2016 | 《“十三五”国家信息化规划》《国家信息化发展战略纲要》《新产业、新业态、新商业模式专项统计报表制度》《大数据产业发展规划(2016—2020 年)》《生态环境大数据建设总体方案》《国土资源大数据应用发展的实施意见》《关于加快中国林业大数据发展的指导意见》《农业农村大数据试点方案》《关于促进和规范健康医疗大数据应用发展的指导意见》《政务信息资源共享管理暂行办法》 |
| 2017 | 《新一代人工智能发展规划》《促进新一代人工智能产业发展三年行动计划(2018—2020 年)》《关于深入开展“大数据＋网上督察”工作的意见》《关于统筹推进民政信息化建设的指导意见》《关于促进中国林业云发展的指导意见》《气象大数据行动计划(2017—2020 年)》《政务信息系统整合共享实施方案》 |
| 2018 | 《科学数据管理办法》《银行业金融机构数据治理指引》《推动企业上云实施指南(2018—2020 年)》《关于促进“互联网＋医疗健康”发展的意见》《国家健康医疗大数据标准安全和服务管理办法(试行)》《新产业新业态新商业模式统计分类(2018)》 |
| 2019 | 《智慧城市时空大数据平台建设技术大纲(2019 版)》《推进综合交通运输大数据发展行动纲要(2020—2025 年)》《关于促进平台经济规范健康发展的指导意见》 |
| 2020 | 《关于促进国家高新技术产业开发区高质量发展的若干意见》《关于支持新业态新模式健康发展、激活消费市场带动扩大就业的意见》《关于支持多渠道灵活就业的意见》 |

数据来源：国务院各部委网站。

总之，创新激发经济活力，有活力的经济能够吸纳更多知识技能水平更高的劳动者，最终实现经济转型和就业规模的扩张。2019 年我国经济发展新动能指数(见表 2-7)显示，以 2014 年为基期(2014＝100)，2015—2019 年我国经济发展新动能指数分别为 124.8、159.1、204.1、269.0 和 332.0，环比增长速度均超过

了 20%。2019 年各项分类指数与上年相比均有明显提升，其中网络经济指数涨幅最高。2019 年网络经济指数为 856.5，比上年增长 42.0%，是 2015 年的近 3 倍。这是新基建带动经济增长的典型表现。另外，2019 年其他指数均有增长，创新驱动指数、经济活力指数、知识能力指数和转型升级指数分别为 201.4、313.6、147.2 和 141.4。

**表 2-7　2015—2019 年经济发展新动能指数、分类指数及其增速**

| 指标名称 | 2019 年 | | 2018 年 | | 2017 年 | | 2016 年 | | 2015 年 | |
|---|---|---|---|---|---|---|---|---|---|---|
| | 指数值 | 增速（%） | 指数值 | 增速（%） | 指数值 | 增速（%） | 指数值 | 增速（%） | 指数值 | 增速（%） |
| 经济发展新动能指数 | 332.0 | 23.4 | 269.0 | 31.8 | 204.1 | 28.3 | 159.1 | 27.5 | 124.8 | 24.8 |
| 经济活力 | 313.6 | 7.4 | 292.0 | 9.6 | 266.5 | 18.3 | 225.2 | 46.7 | 153.5 | 53.5 |
| 创新驱动 | 201.4 | 15.6 | 174.2 | 21.6 | 143.2 | 13.5 | 126.2 | 11.2 | 113.5 | 13.5 |
| 网络经济 | 856.5 | 42.0 | 603.0 | 66.5 | 362.1 | 81.1 | 199.9 | 46.7 | 136.3 | 36.3 |
| 转型升级 | 141.4 | 1.0 | 140.0 | 16.3 | 120.4 | 0.9 | 119.3 | 10.6 | 107.9 | 7.9 |
| 知识能力 | 147.2 | 8.3 | 135.9 | 5.8 | 128.5 | 2.7 | 125.1 | 11.1 | 112.6 | 12.6 |

数据来源：国家统计局。

注：为动态监测我国经济发展新动能变动情况，国家统计局统计科学研究所在《新产业新业态新商业模式统计监测制度》和经济发展新动能统计指标体系的基础上，采用定基指数方法，测算了 2019 年我国经济发展新动能指数，并根据最新资料和口径修订了 2015—2018 年历史指数数据。

## >>三、工作场所变革：线上转移、弹性工作特征突显<<

根据 Enrico Moretti(2011)的观点，当生产率发生变动时，劳动力供给弹性越低，生产率变动的对产生的实际冲击效应更多地归结于劳动者①，或者说具备独特专业素质的劳动者在劳动力市场中更有优势。另外，劳动者所在企业的组织形式也发生了变化，垂直化组织模式向扁平化组织模式转变。从岗位层次看，扁平化组织结构越来越多(宁光杰等，2014)②。例如，互联网零售平台使得中间销售链条缩短，从事批发零售业的劳动者面临失业和转岗。因此，不同类别劳动者

① 穆越、吴建峰、周伟林：《劳动力市场空间差异理论新发展》，载《中国社会科学报》，2013(4)。美国经济学家 Enrico Moretti 为 2011 年版的《劳动经济学手册(第四卷)》(*Handbook of Labor Economics*, vol. 4. North Holland, Amsterdam, 2011)撰写了《地方劳动力市场》(*Local Labor Market*)一文，从城市经济学视角阐释了劳动力市场的空间差异。

② 宁光杰、林子亮：《信息技术应用、企业组织变革与劳动力技能需求变化》，载《经济研究》，2014(8)。

就业形态变革直接关系到就业结构和就业质量。

就业形态的空间变革主要体现在工作空间和工作模式两个层面。第一，线下到线上的变化。传统的工作平台、工作空间萎缩甚至消失，线上经济活动越来越多。劳动者工作地点从公司转移到家庭。空间转移导致就业群体变化，劳动力投入的年轻化、技能化趋势显著。这一趋势导致三方面结果。一是低技能、高龄工作者转岗。工作场所变革导致不熟悉网络基本操作的高龄劳动群体转岗甚至暂时性失业。不过社会经济发展使得中、高等收入人群扩增，家政服务、社区公共服务等领域就业需求大幅增加，因此并没有发生大规模失业潮。从这个视角来看，正确认识技术变革并将“经济蛋糕”做大，也是应对就业空间变革的主要思路之一。二是就业年轻化趋势。年轻劳动力对网络知识较为熟悉，加之低技能、低工龄劳动者借助平台经济从事网络销售、平台服务等工作，其岗位供需可以在短时间内达到平衡。三是就业技能化趋势。高技能劳动者从事线上销售设计、智慧平台管理等工作，其岗位供需在短期内难以达到平衡，还存在明显的需求增加、供给不足问题。根据猎聘网《2019 年中国 AI& 大数据人才就业趋势报告》数据显示，在 AI 和大数据人才需求分布前二十的城市中，北京、上海、深圳人才需求占比位居前三。这三地的人才需求占劳动力需求总量的63.1%，然而这三个城市人才供给总量仅为 57.6%(见表 2-8)，人才短缺是大多数城市面临的主要问题。

**表 2-8　2019 年 AI 和大数据人才需求与供给城市分布/%**

| 城市 | 需求 | 供给 | 需求—供给 |
|---|---|---|---|
| 北京 | 29.11 | 26.61 | 2.50 |
| 上海 | 21.53 | 20.40 | 1.13 |
| 深圳 | 12.36 | 10.57 | 1.79 |
| 杭州 | 6.85 | 4.93 | 1.92 |
| 广州 | 5.40 | 4.92 | 0.48 |
| 苏州 | 2.74 | 2.88 | —0.14 |
| 南京 | 2.67 | 2.56 | 0.11 |
| 成都 | 2.48 | 2.22 | 0.26 |
| 武汉 | 1.98 | 1.67 | 0.31 |
| 西安 | 1.04 | 1.30 | —0.26 |
| 重庆 | 0.95 | 1.22 | —0.27 |
| 天津 | 0.92 | 1.16 | —0.24 |
| 厦门 | 0.81 | 0.73 | 0.08 |
| 无锡 | 0.73 | 0.68 | 0.05 |

续表

| 城市 | 需求 | 供给 | 需求—供给 |
|---|---|---|---|
| 长沙 | 0.73 | 0.67 | 0.06 |
| 合肥 | 0.66 | 0.64 | 0.02 |
| 青岛 | 0.60 | 0.59 | 0.01 |
| 郑州 | 0.54 | 0.55 | −0.01 |
| 佛山 | 0.52 | 0.53 | −0.01 |
| 东莞 | 0.50 | 0.43 | 0.07 |

数据来源：猎聘网《2019年中国AI&大数据人才就业趋势报告》。

第二，工作弹性增强，一人一岗到多人一岗或一人多岗的变化趋势十分明显。新经济背景下，工作内容发生前所未有的变化，碎片化、独立化特征明显，敏捷项目制办公模式导致就业灵活性、弹性增强(张军扩等，2018)①。一人一岗的工作模式变为多人一岗或一人多岗的工作模式，工作实体空间减少，但是同一空间下设备利用率大大提高。弹性岗位模式与互联网平台结合，共同打造了各种灵活就业模式，较为典型的模式如新写入《国家职业大典》的"网约配送员"。美团研究院发布的《2020年骑手就业报告》数据显示，2020年有单骑手已经达到295.2万人。其中，25.9%的人有正式工作，8.8%的人同时有其他兼职。特别在疫情期间，兼职骑手的本职工作更加多样化，包括工厂工人、专业技术人员、办公室职员等(见图2-29)。

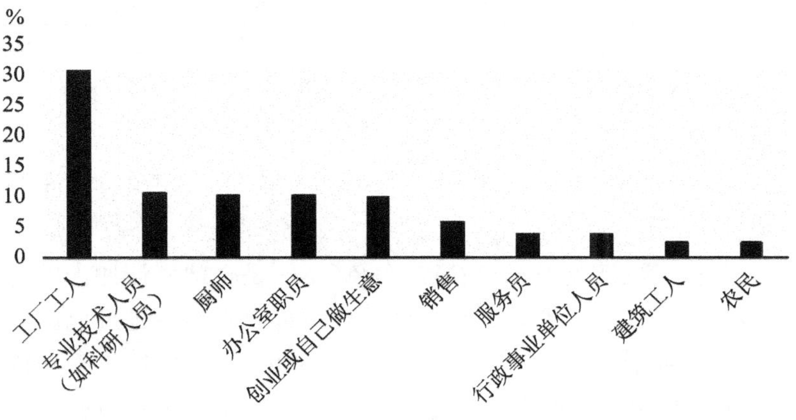


**图2-29　兼职"网约配送员"职业分布**

数据来源：美团研究院《2020年骑手就业报告》。

① 张军扩、叶兴庆、葛延风等：《中国民生调查2017综合研究报告——经济企稳背景下的民生发展》，载《管理世界》，2018(2)。

政府对灵活就业劳动者的关注由来已久，并在 2003 年将灵活就业人员纳入社保体系，原劳动和社会保障部办公厅发布《关于城镇灵活就业人员参加基本医疗保险的指导意见》特别规定“积极将非全日制、临时性和弹性工作等灵活就业人员(以下简称‘灵活就业人员’)纳入基本医疗保险制度范围”。浙江省在 2020 年发布了《浙江省人力资源和社会保障厅关于优化新业态劳动用工服务的指导意见》的公告，内容主要涉及总体要求、用工方式、工时制度改革、社会保险体系、用工管理制度、技能培训、劳动纠纷、组织实施工作等详细内容，灵活就业人员社会保障体系逐步健全。近年来，灵活就业劳动人员数量不断增加。2002 年，自营劳动者和其他类劳动者占比为 15.2%，自营劳动者占比为 13.4%；2018 年，自营劳动者和家庭帮工占比达到 38.4%，自营劳动者占比为 35.6%(见图 2-30)。全职灵活就业人员至少增加了一倍以上①，进一步建立健全灵活就业人员社会保障体系是未来劳动力市场改革的重点。

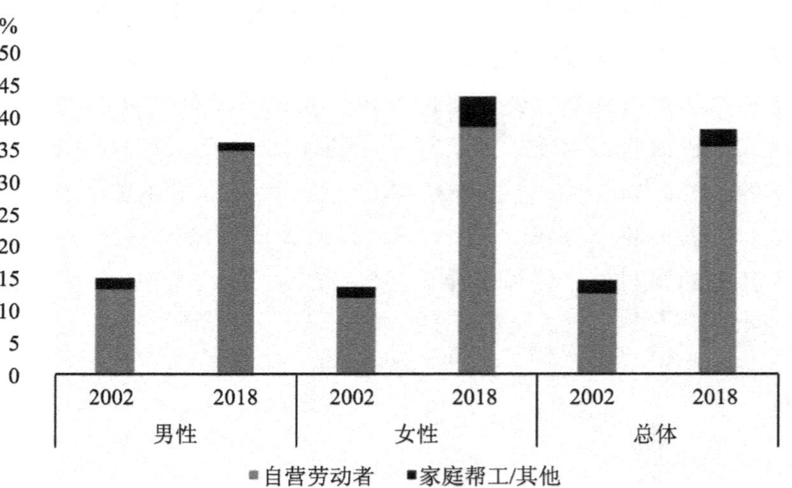


**图 2-30　2002 年和 2018 年自营劳动者和家庭帮工(其他)就业情况对比**

数据来源：国家统计局。

当前阶段，灵活就业承担双重“角色”，一是全球疫情冲击的背景下灵活就业可以吸纳更多劳动者就业，二是灵活就业可以更多地促进形成新经济背景下技术驱动模式的就业形态。2020 年 7 月，国务院办公厅发布《关于支持多渠道灵活就业的意见》，提出拓宽灵活就业发展渠道，优化自主创业环境，加大对灵活就业的保障支持。人力资源和社会保障部也印发了《关于开展人力资源服务行业促就

---

① 国家统计局对就业人员身份的划分包括雇员、雇主、自营劳动者和家庭帮工四类。2002 年国家统计局数据中没有家庭帮工，而是将其纳入了“其他”类型中；2018 年数据统计中包括自营劳动者和家庭帮工。此处的分析将自营劳动者和家庭帮工(或者“其他”)归属于灵活就业人员，当然“雇主”和“雇员”中也包括兼职劳动者，同样属于灵活就业人员，此处是指全职灵活就业人员。

业行动的通知》，其中明确提出支持人力资源服务机构和人力资源服务产业园开展促进灵活就业、就业扶贫等在内的“十大服务”。

## >>四、时间边界调整：工龄延长、工时缩短将成为趋势<<

工作年限延长和工时缩短并存。新技术反哺人力资本，教育、培训、医疗保健升级，人均寿命延长，工作年限延长成为趋势。1990 年，中国人均寿命不足 70 岁，2019 年已经上升至 77.3 岁(见图 2-31)。显然，随着寿命增加，工龄增加将成为必然趋势，而新经济诱发岗位变革，工作内容调整、工作模式转换，长工作周期要求劳动者要树立终身学习的意识，以应对新经济带来的失业风险。

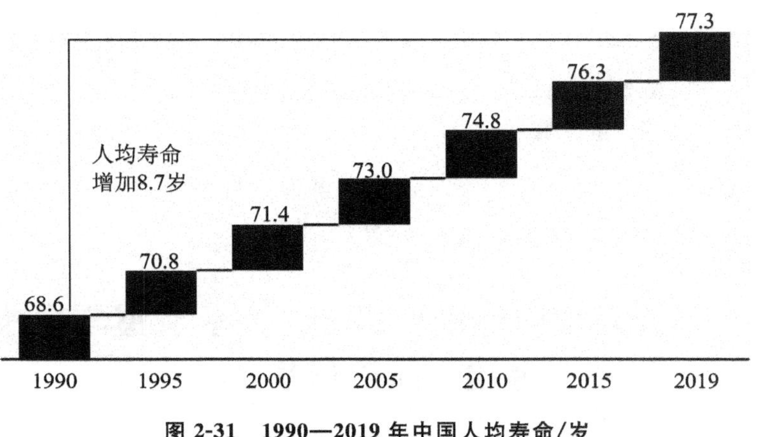


图 2-31　1990—2019 年中国人均寿命/岁

数据来源：国家统计局。

与此同时，工作时间缩短将成为必然趋势，并为学习时间的有效配置提供机会。历史证明，科技革命带来的岗位破坏都是暂时性的，大部分国家劳动力市场周工作时间呈现下降趋势(见图 2-32)。1870 年第二次工业革命时期美国 GDP 首次超过英国，世界主要发达国家周平均工作时间为 65 小时。到 20 世纪四五十年代第三次科技革命时期，周工作时间已经下降到 50 小时以内。2000 年之后，美国、英国、德国等国家平均周工作时间在 40 小时以下。中国从改革开放至今，周工作时间保持在 40 小时到 50 小时之间，高于 OECD 国家平均水平 5～8 小时，其中 2019 年的周工作时间为 46 小时，基本与 OECD 国家 1950—1980 年水平持平。

这一系列的变化都会引发管理模式的变革[①]，特别是对灵活就业的管理，灵活就业需要建立在技术发展适应、现行法规匹配、个人意愿符合、用工单位人力

① 戚聿东、肖旭：《数字经济时代的企业管理变革》，载《管理世界》，2020(6)。

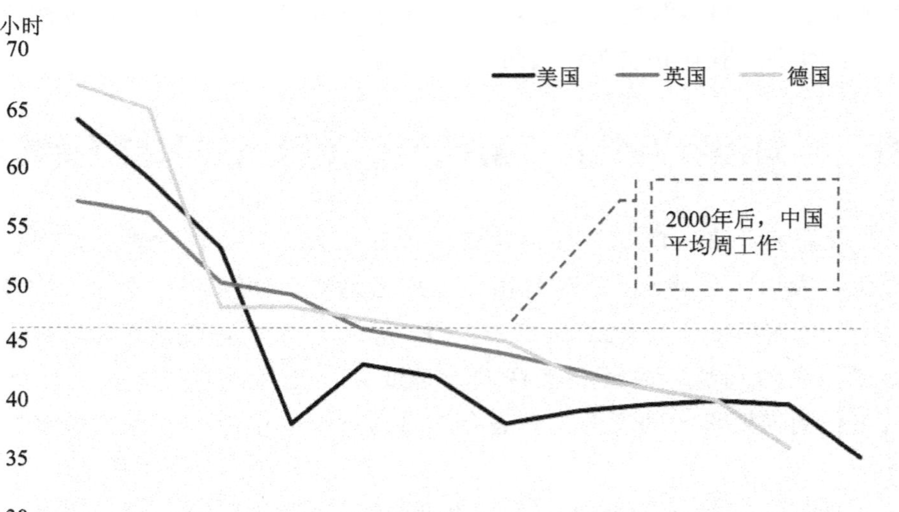


**图 2-32　第二次科技革命以来部分国家周工作时间对比**

数据来源：国际劳工组织(ILO)。

投入合理的基础上，最终表现为个人选择一种或多种就业形式，实现个人对工作内容、形式、收入要求等要素的自由选择。

## >>五、人才空间流动：高技术产业发展与高技能劳动者回流同步<<

中国高技术产业迅速发展，2006 年国家颁布的《国家中长期科学和技术发展规划纲要(2006—2020 年)》提出加速高新技术产业化和先进适用技术推广的政策。如图 2-33 所示，从 2006 年以来，高技术产业出口占制造业出口的比重一直保持在 25%～30%的高位。与此同时，很多发达国家的这一指标呈现持续下降趋势。2006—2017 年，美国的高技术产业出口占制造业出口比重从 30%下降到 15%，日本从 23%下降到 15%，韩国从 32%下降到 14%。高技术产业的发展符合《中国制造 2025》的战略规划。中国作为人口大国，需要在保持制造产业链条完成性的基础上实现产业升级。

产业变革推动人才回流。从 2010 年以来，海外归国人才已经超过 40 万人。根据《中国海归人才吸引力报告》和《2018 年中国海归就业创业调查报告》数据，2018 年中国从美国归来的海外人才占比最多，达到 41%。其次为英国，达到 27%。另外，从澳大利亚、法国归来的海外人才占比都超过了 5%。这些人才中高技能劳动者占比超过了 90%，主要分布在互联网、大数据、云计算、金融等领域。

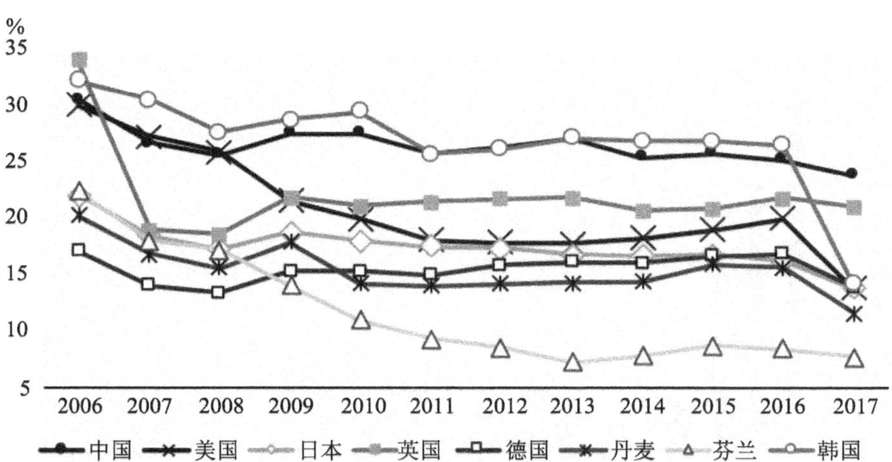


**图 2-33　部分国家高技术产业出口占制造业出口的比重**

数据来源：各国统计局、世界银行。

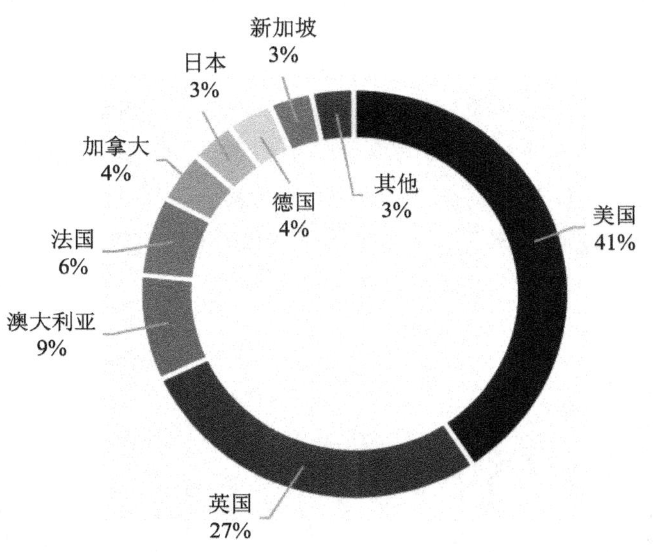


**图 2-34　海外归国人才流出国占比**

数据来源：《中国海归人才吸引力报告》(领英)；《2018 年中国海归就业创业调查报告》(智联招聘等)。

高技术产业发展与高技能劳动者流动同步现象与区域劳动力市场吸引力息息相关。如图 2-35 所示，海归人才中 26％选择了在上海就业，22％选择了在北京就业，这两个城市吸纳了将近一半的人才。另外，深圳、杭州、广州的就业吸引力也较强，选择这些城市就业的海归人才占比分别达到 9％、4％和 3％。

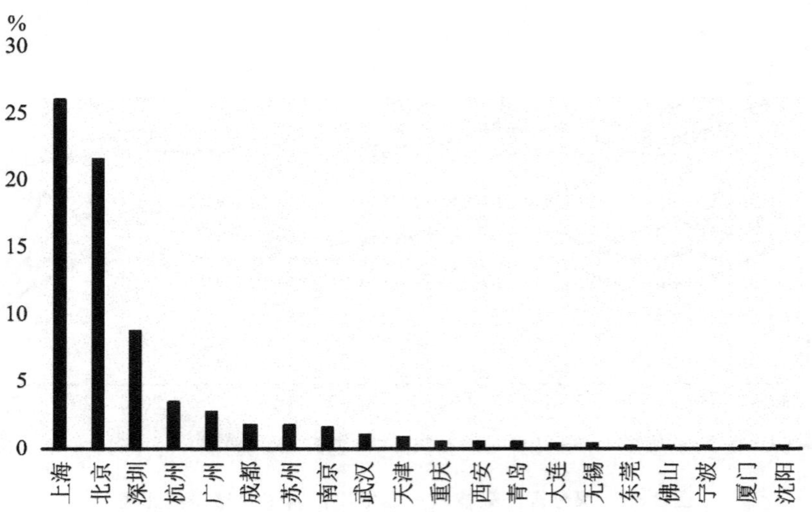


**图 2-35　主要城市吸纳海归高技能人才占比**

数据来源：智联招聘等发布的《2018 年中国海归就业创业调查报告》。

与此同时，高技能、多国工作背景成为海归人才的人力资本优势，这类海归人才月平均收入高出当地劳动者月平均收入 1～3 倍。如图 2-36 所示，以北京为例，海归人才月平均收入达到 25 000 元，是北京市人均收入的 3 倍左右。另外，上海、深圳、杭州、广州的海归人才月平均收入也超过了 2 万元。总体来看海归人才的劳动生产率较高，因此近些年各地区争相吸引优质海归人才回流。

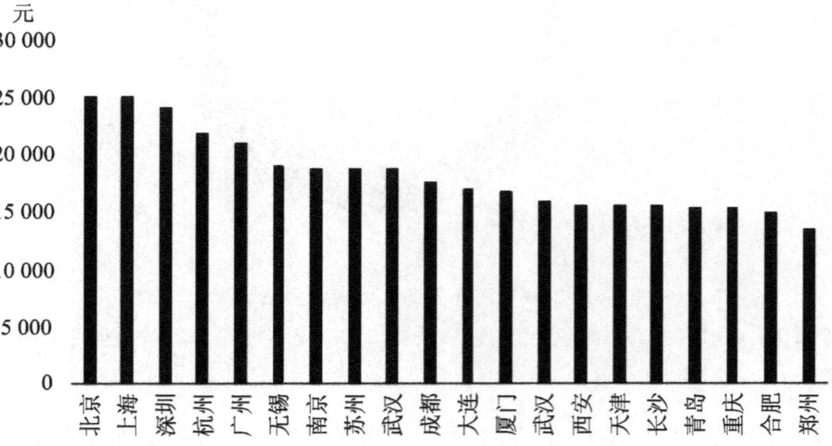


**图 2-36　优质海归人才月收入**

数据来源：智联招聘等发布的《2018 年中国海归就业创业调查报告》。

## 第五节　劳动力市场地域空间逐渐重构

国家城市群发展战略、疫情时期产业集群、科技革命等深刻影响着劳动力市场地域空间重构。城市群或都市圈的集聚效益对劳动力流动和配置也产生了明显空间溢出效应。世界级产业链集群、现代化产业体系和世界级多中心网络型区域协调发展格局通过影响产业再布局进而改变劳动力市场地域空间。新兴现代技术加速了劳动力市场异质化，诱使劳动力在城乡、区域之间分布的不平衡不充分。

### 一、城市群发展战略与劳动力市场地域空间重构

《国家发展改革委关于培育发展现代化都市圈的指导意见》(以下简称《指导意见》)指出，城市群是新型城镇化主体形态，是支撑全国经济增长、促进区域协调发展、参与国际竞争合作的重要平台。都市圈是城市群内部以超大特大城市或辐射带动功能强的大城市为中心、以1小时通勤圈为基本范围的城镇化空间形态。《指导意见》强调，到2022年，都市圈同城化取得明显进展，基础设施一体化程度大幅提高，阻碍生产要素自由流动的行政壁垒和体制机制障碍基本消除，成本分担和利益共享机制更加完善，梯次形成若干空间结构清晰、城市功能互补、要素流动有序、产业分工协调、交通往来顺畅、公共服务均衡、环境和谐宜居的现代化都市圈。到2035年，现代化都市圈格局更加成熟，形成若干具有全球影响力的都市圈。《指导意见》还在推进基础设施一体化、强化城市间产业分工协作、加快建设统一开放市场、推进公共服务共建共享、强化生态环境共保共治、率先实现城乡融合发展、构建都市圈一体化发展机制等方面给出了重点任务部门分工方案和推进路线图。

《中共中央 国务院关于建立更加有效的区域协调发展新机制的意见》强调，实施区域协调发展战略是新时代国家重大战略之一，是贯彻新发展理念、建设现代化经济体系的重要组成部分。建立区域战略统筹机制，统筹发达地区和欠发达地区发展。健全市场一体化发展机制，促进城乡区域间要素自由流动，推动区域市场一体化建设。尤其要按照建设统一、开放、竞争、有序的市场体系要求，推动京津冀、长江经济带、粤港澳等区域市场建设，加快探索建立规划制度统一、发展模式共推、治理方式一致、区域市场联动的区域市场一体化发展新机制，促进形成全国统一大市场。进一步完善长三角区域合作工作机制，深化三省一市在规划衔接、跨省重大基础设施建设、环保联防联控、产业结构布局调整、改革创新等方面合作。

《2019 年新型城镇化建设重点任务》则进一步表示，城镇化是现代化的必由之路，也是乡村振兴和区域协调发展的有力支撑。要按照尊重意愿、自主选择原则，以农业转移人口为重点，兼顾高校和职业院校(技工院校)毕业生、城市间转移就业人员，加大非户籍人口在城市落户推进力度，推动未落户城镇的常住人口平等享有基本公共服务。与此同时，要加快京津冀协同发展、长江三角洲区域一体化发展、粤港澳大湾区建设，支持成渝城市群高质量发展，有序推动哈长、长江中游、北部湾、关中平原、兰州—西宁、呼包鄂榆等城市群发展规划实施。加快出台实施天山北坡、滇中两个边疆城市群发展规划。

通常而言，城市群或都市圈在市场机会、基础设施通达性、地方品质和创新能力等方面更具优势，因此集聚效益和经济社会综合效益往往更加突出，这对人才流动和人力资本配置产生了明显的空间溢出效应①，影响着劳动市场地域空间结构。如《2020 年中国城市人才吸引力排名报告》(以下简称《报告》)显示②，2019 年，人才流动呈现明显的性别、年龄、学历、行业、地域等特征。2019 年上海、深圳、北京在城市人才吸引力方面位居前三，上海则自 2017 年起连续三年第一，广州、杭州、南京、成都、济南、苏州、天津位居前十(见表 2-9)。

表 2-9　2019 年最具人才吸引力城市 100 强

| 排名 | 城市 | 指数 | 排名 | 城市 | 指数 | 排名 | 城市 | 指数 | 排名 | 城市 | 指数 |
|---|---|---|---|---|---|---|---|---|---|---|---|
| 1 | 上海 | 100 | 13 | 郑州 | 31.6 | 25 | 福州 | 15.2 | 37 | 中山 | 10.1 |
| 2 | 深圳 | 85.3 | 14 | 西安 | 29.9 | 26 | 常州 | 14.2 | 38 | 温州 | 10.0 |
| 3 | 北京 | 78.7 | 15 | 东莞 | 29.6 | 27 | 大连 | 13.9 | 39 | 保定 | 9.9 |
| 4 | 广州 | 75.1 | 16 | 青岛 | 28.5 | 28 | 廊坊 | 13.7 | 40 | 徐州 | 9.6 |
| 5 | 杭州 | 69.5 | 17 | 佛山 | 25.3 | 29 | 昆明 | 13.5 | 41 | 潍坊 | 9.3 |
| 6 | 南京 | 53.2 | 18 | 长沙 | 24.8 | 30 | 惠州 | 12.6 | 42 | 烟台 | 9.1 |
| 7 | 成都 | 46.9 | 19 | 无锡 | 24.2 | 31 | 南昌 | 12.6 | 43 | 南宁 | 8.7 |
| 8 | 济南 | 39.4 | 20 | 合肥 | 22.1 | 32 | 太原 | 11.3 | 44 | 扬州 | 8.1 |
| 9 | 苏州 | 37.3 | 21 | 厦门 | 20.8 | 33 | 贵阳 | 11.2 | 45 | 长春 | 7.9 |
| 10 | 天津 | 35.9 | 22 | 宁波 | 19.5 | 34 | 沈阳 | 10.9 | 46 | 呼和浩特 | 7.9 |
| 11 | 重庆 | 33.4 | 23 | 石家庄 | 18.9 | 35 | 嘉兴 | 10.6 | 47 | 海口 | 7.4 |
| 12 | 武汉 | 32.9 | 24 | 珠海 | 16 | 36 | 南通 | 10.3 | 48 | 金华 | 7.1 |

① 空间溢出效应是指某一地区在某一特征(解释变量)上的变化所引致的其相邻地区被解释变量的变动。这种间接影响通过空间交互作用进行传递，并随着空间单元的距离增加而逐渐衰退。

② 《2020 中国城市人才吸引力排名》，http：//finance. sina. com. cn/money/fund/jjzl/2020-05-05/doc-iircuyvi1454158. shtml，访问日期：2020-09-01。

续表

| 排名 | 城市 | 指数 | 排名 | 城市 | 指数 | 排名 | 城市 | 指数 | 排名 | 城市 | 指数 |
|---|---|---|---|---|---|---|---|---|---|---|---|
| 49 | 临沂 | 7.1 | 62 | 新乡 | 5.2 | 75 | 淮安 | 4.3 | 88 | 连云港 | 3.7 |
| 50 | 兰州 | 6.9 | 63 | 开封 | 5.2 | 76 | 眉山 | 4.2 | 89 | 泸州 | 3.7 |
| 51 | 湖州 | 6.9 | 64 | 台州 | 5.1 | 77 | 哈尔滨 | 4.2 | 90 | 银川 | 3.6 |
| 52 | 威海 | 6.9 | 65 | 咸阳 | 5.0 | 78 | 衡水 | 4.2 | 91 | 菏泽 | 3.5 |
| 53 | 绍兴 | 6.7 | 66 | 淄博 | 4.9 | 79 | 许昌 | 4.1 | 92 | 清远 | 3.5 |
| 54 | 乌鲁木齐 | 6.4 | 67 | 秦皇岛 | 4.8 | 80 | 德州 | 4.1 | 93 | 肇庆 | 3.5 |
| 55 | 镇江 | 6.3 | 68 | 绵阳 | 4.7 | 81 | 遵义 | 4.1 | 94 | 日照 | 3.4 |
| 56 | 洛阳 | 6.3 | 69 | 株洲 | 4.7 | 82 | 拉萨 | 4.0 | 95 | 宜宾 | 3.4 |
| 57 | 三亚 | 6.1 | 70 | 盐城 | 4.6 | 83 | 邢台 | 3.9 | 96 | 邯郸 | 3.4 |
| 58 | 唐山 | 6.0 | 71 | 渭南 | 4.5 | 84 | 济宁 | 3.9 | 97 | 湛江 | 3.3 |
| 59 | 张家口 | 5.4 | 72 | 宿迁 | 4.4 | 85 | 江门 | 3.8 | 98 | 周口 | 3.3 |
| 60 | 泉州 | 5.2 | 73 | 泰州 | 4.3 | 86 | 西宁 | 3.8 | 99 | 上饶 | 3.3 |
| 61 | 芜湖 | 5.2 | 74 | 沧州 | 4.3 | 87 | 晋中 | 3.7 | 100 | 宜昌 | 3.3 |

注：(1)表中“指数”是指人才吸引力指数，即为人才流入占比、人才净流入占比、应届生人才流入占比、海归人才流入占比的加权结果。其中，人才流入占比和人才净流入占比分别反映该城市引得来和留得住的能力，应届生人才流入占比和海归人才流入占比反映城市对年轻高学历人才和海归高学历人才的吸引力。(2)人才流入占比＝流入某城市的人才/全国流动人才总量，人才净流入占比＝(流入某城市的人才－流出某城市的人才)/全国流动人才总量，分别反映该城市引得来和留得住的能力。(3)应届生人才流入占比＝流入某城市的应届生流动人才/应届生流动人才总量，海归人才流入占比＝流入某城市的海归流动人才/海归流动人才总量，分别反映城市对年轻高学历人才和海归高学历人才的吸引力。

资料来源：智联招聘，恒大研究院。

分地区看，在全国296个地级及以上建制市(不含三沙市)中，东部、中部、西部、东北城市分别有87个、80个、95个、34个。该《报告》表明，2019年东部、中部、西部、东北人才净流入占比分别为5.8%、－2.4%、－0.2%、－3.2%，东部人才持续集聚，中西部持续流出但有所收窄，东北持续流出且幅度扩大。在人才流入流出占比方面，数据显示，2016—2019年东部地区人才流入占比分别为64.2%、63.2%、60.8%、61.6%。这意味着全国流动人才超六成向东部集聚；中部地区人才流入占比呈上升趋势，而人才流出占比逐年下降；西部地区人才流入占比和流出占比均呈上升趋势；东北地区人才流入占比分别为6.0%、5.9%、5.3%、5.3%，并逐年下降，人才流出占比分别为8.2%、8.2%、8.3%、8.5%，且逐年上升。

分城市看，在全国296个地级及以上建制市(不含三沙市)中，一线城市为4个，二线城市35个，三线城市81个，四线城市176个。2019年一线、二线、三线、四线人才净流入占比分别为−2.7%、1.1%、1.8%、−0.3%，2018年分别为−0.9%、4.9%、−0.3%、−2.3%。在人才流入流出占比方面，2016—2019年一线城市人才流入占比呈下降趋势，人才流出占比基本稳定；二线城市人才流入占比分别为44.9%、46.3%、47.9%、46.4%，呈上升趋势且约半数人才流入二线城市，人才流出占比基本稳定；三线城市人才流入占比分别为20.5%、19.3%、18.6%、20.8%，2019年上升较为明显，人才流出占比逐年下降；四线城市人才流入占比分别为12.2%、11.6%、11.6%、12.6%，2019年上升较为明显，人才流出占比呈下降趋势。

分城市群看，超过60%的人才流向五大城市群。2019年长三角、珠三角、京津冀、成渝、长江中游城市群人才流入占比分别为23%、14%、13%、7%、7%，净流入占比分别为5.0%、2.8%、−4.0%、0.0%、−0.5%。长三角、珠三角人才集聚，京津冀受北京控人影响人才净流出，成渝和长江中游基本平衡。在人才流入流出占比方面，长三角人才流入占比和人才流出占比均呈下降趋势，2019年分别为22.6%、17.6%；珠三角人才流入占比较为稳定，人才流出占比逐年小幅下降，2019年分别为13.9%、11.1%；京津冀2016—2019年人才流出占比分别为14.3%、16.2%、17.0%、17.3%，逐年上升；成渝人才流入占比和人才流出占比均较为稳定；长江中游人才流出占比逐年下降。

在2019年前50强中，东部、中部、西部、东北地区城市分别有33个、6个、8个、3个；一线、二线、三线、四线城市分别有4个、32个、14个、0个，分别占一线、二线、三线、四线城市数量的100%、91%、17%、0%；长三角、珠三角、京津冀、成渝、长江中游城市群分别有12个、7个、5个、2个、3个。

此外，2019年应届生和海归人才流向北上深广的比重分别为24.5%、28.7%，均高于流动人才流向北上广深的比重(20.2%)，应届生和海归更倾向一二线城市。海归人才流入占比前四名分别是北上深广，合计占比28.7%，高于北上广深人才流入占比的20.2%；海归人才流入前十城市还有杭州、成都、南京、天津、苏州、青岛，前十合计占比44.6%，高于前十城市的人才流入占比35.5%。这意味着和流动人才相比，海归人才也更加向一二线城市集聚，尤其是向一线城市集聚。

通过上述分析不难看出，伴随城市群和现代化都市圈发展战略的推进，尤其是一批重大工程和重大项目的实施①，将加速人口流动的空间极化和就业人口的

① 《梳理｜十八大以来我国22项重大工程》，http：//www.xinhuanet.com//2017-09/29/c_1121746096.htm，访问日期：2020-09-01。

空间极化①，而劳动者的受教育程度和职业技能水平则将进一步固化这一态势。在未来城市发展中，都市区外围城市、都市区核心城市、区域性中心城市的效能将进一步释放，劳动力市场地域空间复杂性将会更加明显。

## 二、后疫情时代产业布局与劳动力市场地域空间重构

新冠肺炎疫情是新中国成立以来发生的传播速度最快、感染范围最广、防控难度最大的一次重大突发公共卫生事件。总体来看，越是融入经济全球化程度深、经济发达、人口规模大和人口流动越快的地区，受到疫情的冲击也越大。疫情已对整个世界格局和国际秩序造成很大冲击，疫情暴发所引发的次生灾害超出预期，主要表现为“疫情冲击”(Pandemic Shock)和“舆情冲击”(Panic Shock)的双重打击：经济衰退、社会停摆、治理赤字等众多问题对整个世界经济、社会甚至安全和战略方面都有非常大的影响②。中美经贸关系也正面临着更加复杂的考验。短期来看，新冠肺炎疫情直接差别化地破坏了地理经济的正常运转；长期来看，将考验经济发展韧性，加速国家经济地理重塑③，后疫情时代的“中国策”深刻影响了劳动力市场地域空间变动趋势。

### (一)世界级产业链集群建设与劳动力市场地域空间变动

党的十九大报告曾提出，“促进我国产业迈向全球价值链中高端，培育若干世界级先进制造业集群”④。此次疫情将加速世界级产业链集群建设。究其原因，首先是在疫情的冲击后，增强“韧性”、最大限度降低外部冲击的威胁将成为经济战略行为的重要考量。从区位行为来看，这意味着在未来的区位调整中，企业将更加强调接近供应商和客户，政府在经济发展政策中也将更加重视促进本土化产业链发展。因而，在产业布局中，产业链集聚指向性将加强，本土相对独立的产业链集聚水平将提高。我国产业链区域集群将更加发达。其次是疫情对全球产业链中断性影响带来的动态调整机遇。疫情对全球产业链的中断性破坏，在一段时间内必然给经济运行带来很大困难，但从动态发展角度来看，也为全球强化本土化产业链带来了战略机遇。为有效改变“低端锁定”困境，精准识别补链强链的

---

① 谢伏瞻等：《经济蓝皮书：2020年中国经济形势分析与预测》，18页，北京，社会科学文献出版社，2020。

② 赵可金：《疫情冲击下的全球治理困境及其根源》，载《东北亚论坛》，2020(4)。

③ 杨开忠：《疫情加速重塑国家经济地理》，载《社会科学报》，2020-05-21。

④ 习近平：《决胜全面建成小康社会 夺取新时代中国特色社会主义伟大胜利——在中国共产党第十九次全国代表大会上的报告》，http://www.gov.cn/zhuanti/2017-10/27/content_5234876.htm，访问日期：2020-09-01。

战略机会，强化“四基”(核心基础零部件、先进基础工艺、关键基础材料和产业技术基础)，有序构筑高效的集群“制度—技术—市场”体系，强化产业链核心竞争优势，必然成为我国本土化产业链建设的战略行为，从而加速世界级产业链集群发展①，也将增强不同类型劳动力在区域、产业间的流动。

### (二)国家城市群现代化产业体系形成与劳动力市场地域空间变动

此次疫情将加速以国家城市群为核心、统筹核心与周边地区的城市群经济圈战略的落地。第一，产业链集聚指向性加强将推动地区综合发展。无论是在企业更加接近供应商、客户的过程中，还是在政府加强产业链发展布局中，那些配套条件比较优越的地区都将获得额外的优势。因此，中观生产力布局原则从改革开放后一段时期比较单纯地强调地区专业化，重新回归到强调地区专业化和综合发展相结合上来。培育发展不同层次和尺度的地域生产综合体将成为区域经济发展目标，成为制定实施国家城市群经济圈的战略目标。② 第二，国家城市群经济圈之地域生产综合体必然成为相对独立的现代产业体系和经济体系。如我国京津冀地区、粤港澳大湾区、长江三角洲区域、成渝地区双城经济圈、长江中游经济圈等国家城市群经济圈，由于内外发展条件较为成熟，完全可以在未来的发展中建立相对独立的现代产业体系和经济体系。这将反过来进一步加速各类人才流向这些城市群经济圈。

### (三)世界级多中心网络型区域协调发展格局与劳动力市场地域空间重构

全球性城市是具有全球资源配置能力的城市。③ 为适应和驾驭经济全球化和本土化趋势，我国从 20 世纪 90 年代中期开始提出培育发展扎根本土、辐射全球的全球性城市，并从“十一五”时期着手建设以全球性城市为核心的世界级城市群。根据经济全球化与世界级城市研究小组与网络(Globalization and World Cities Study Group and Network，GaWC)测算，2019 年我国已有香港、北京、上海、台北、广州、深圳 6 个全球性城市(世界一线城市)以及以全球性城市为核心的京津冀、粤港澳、长三角和台湾海峡 4 个世界级城市群。据联合国预测，到 2030 年中国城市化率将达约 70%，对应城镇人口为 10.2 亿，比 2019 年增加近 2

① 杨开忠：《疫情加速重塑国家经济地理》，载《社会科学报》，2020-05-21。
② 杨开忠：《疫情加速重塑国家经济地理》，载《社会科学报》，2020-05-21。
③ 杨开忠：《聚力全球运筹建设全球性城市》，载《重庆日报》，2020-04-20。

亿。这近2亿新增城镇人口的约80%将分布在长三角、珠三角、京津冀、山东半岛、海峡西岸、哈长、辽中南、中原、长江中游、成渝、关中平原、北部湾、山西中部、呼包鄂榆、黔中、滇中、兰州—西宁、宁夏沿黄、天山北坡19个城市群，其中约60%将分布在长三角、珠三角、京津冀、长江中游、成渝、中原、山东半岛七大城市群。这19大城市群以1/4国土面积集聚75%人口，创造88%GDP，其中城镇人口占比78%。① 此外，长三角、珠三角、京津冀三大城市群作为19个城市群中最成熟的三个，以全国5%的土地面积集聚了23.6%的人口，创造了38%的GDP，成为带动我国经济快速增长和参与国际经济合作与竞争的主要平台。除三大城市群，成渝、长江中游两个城市群共覆盖五个省份，是其中规模较大，同时也是最具发展潜力的跨省级城市群，两大城市群以5.2%的土地面积集聚了16.3%的人口，创造了15.7%的GDP，从区位、资源禀赋和近期增长看，成渝、长江中游未来有望成为中国西部地区、中部地区城市群的发展代表。其他14个城市群以14.7%的土地面积集聚了全国35.4%的人口，创造了34.4%的GDP。

然而，与美国等发达国家相比，全球性城市和世界级城市群无论在数量还是在质量方面，都还有较大的差距。美国拥有纽约、芝加哥、洛杉矶、迈阿密、旧金山、华盛顿、休斯敦7个全球性城市和波士华、芝加哥—匹兹堡、圣地亚哥—旧金山、南佛罗里达、休奥尔良5个世界级城市群。其中，纽约、波士顿—华盛顿城市群为一流的全球性城市和世界级城市群。由此可见，为全面建设现代化强国、实现民族伟大复兴，我国应在提升香港、北京、上海、广州、深圳等全球性城市和京津冀、粤港澳大湾区和长三角等世界级城市群的同时，大力培育发展新的全球性城市和世界级城市群，如杭州、南京、成都、重庆等城市，成渝、长江中游两个城市群，形成世界级多中心网络型区域协调发展新格局。这必然会对高端人才与普通劳动力产生双配置与再均衡效应。

## >>三、科技革命、产业革命与劳动力市场地域空间重构<<

放眼当下，“第四次工业革命”正在爆发。移动互联、智能制造、物联网、云计算、机器人、自动汽车、下一代基因组、储能、3D打印、新材料、先进油气勘探开采、太阳能与风能，都已陆续进入产业实践。这次革命刚刚开始，却已颠覆我们的生活、工作和互相关联的方式，无论是规模、广度还是复杂程度，都将与人类过去经历的变革截然不同。世界经济论坛创始人兼执行主席克劳斯·施瓦

① 张自然、张平、袁富华等：《经济蓝皮书夏季号：中国经济增长报告（2018～2019）》，31～39页，北京，社会科学文献出版社，2019。

布(Klaus Schwab)在著作《第四次工业革命》(*Industry 4.0*)中进一步指出，今天的科技变革，是知识经济时代的纵深发展，它催生了新的商业模式，使现有商业模式被颠覆，生产、消费、运输与交付体系被重塑。

为适应经济发展新常态，党的十八大以来，以习近平同志为核心的党中央高度重视科技创新，明确提出实施创新驱动发展战略。创新驱动发展战略是以科技创新为核心的全面创新推动经济持续健康发展的战略。创新驱动发展战略需要牢牢把握产业革命大趋势和集聚人才大举措。我国各地为积极落实中央决策部署和战略安排，加快建设科技创新高地，竞相实施了各类人才政策，各地在各类国家级人才项目基础上，因地制宜，探索出了区域性人才创新工程项目，尽可能地引才用才留才，实现真正聚天下英才而用之。在实践过程中，经济发达、科技水平高、产业体系完整的地区，越有可能抢得先机，吸引到更好更多的人才，从而形成良性循环。而这些地区通常多为沿海发达城市、内陆地区对外开放新高地和国家级城市群以及都市经济圈。而西部地区、民族地区、边疆地区、贫困地区等往往在科技发展、产业变革和人才生态系统方面处于相对劣势地位。人才市场区域分布不平衡和欠发达地区人才匮乏的问题还将持续存在。

另外，新一代信息技术快速发展导致了工作时空多元化、就业方式平台型①，继而催生了数字经济，成为吸纳就业的"海绵"②。借助互联网信息技术、区块链以及相关办公软件进行办公，组织内部各个工作单元可以实现跨地区、跨区域的协作乃至外包③，生产时空、生产方式和工作模式都将发生巨大变化。这种新商业与经济运行模式、新个体经济④带来的新发展动能和就业新空间又在一定程度上促进劳动力市场的城乡融合、地域空间的一体化。

## 第六节　城乡劳动力市场融合度上升

城乡劳动力市场融合发展是与城乡劳动力市场分割相对的概念。⑤ 城乡融合是社会生产力充分发展条件下，由制度变革、技术进步、文化创新共同引致的。它以城乡要素自由流动、功能深度耦合、权利平等化为基本特征，形成新的地域

---

① 曾湘泉：《中国就业市场的新变化：机遇、挑战及对策》，载《中国经济报告》，2020(3)。

② 刘禹行：《稳就业，数字经济大有可为》，载《光明日报》，2020-02-27。

③ 田永坡：《零工经济：撮合而不凑合》，载《中国经济导报》，2020-06-12。

④ 国家发展和改革委员会：《关于支持新业态新模式健康发展 激活消费市场带动扩大就业的意见》，http：//www.gov.cn/gongbao/content/2019/content _ 5392288.htm，访问日期：2020-09-01。

⑤ 赖德胜：《劳动力市场分割与大学毕业生失业》，载《北京师范大学学报(人文社科版)》，2001(4)。

组织结构、均衡化资源要素配置格局、互补型城乡功能形态等，最终实现人的全面发展的动态过程，本质上是城乡优势互补、协同统一的过程①。城乡劳动力市场融合发展既是城乡融合发展的重要内容，又是评价城乡融合发展的具体指标。新时期，国家区域发展政策、乡村振兴战略与新型城镇化以及现代信息技术都对城乡劳动力市场融合发展具有明显助推效应。

## 一、新时代新型城乡关系与城乡劳动力市场融合发展

新中国成立 70 多年来，城乡关系先后经历了三个重要时期，即改革开放前严重偏斜的城乡关系(1949—1978 年)、改革开放后趋于改善的城乡关系(1978—2017 年)和新时代走向融合的城乡关系(2017 年至今)②。

2017 年 10 月，党的十九大报告正式提出把我国城乡关系从统筹发展、一体化发展推进到融合发展阶段。城乡融合发展的途径就是坚持农业农村优先发展，实施乡村振兴战略。2018 年中央一号文件对乡村振兴战略的实施进行了部署，提出了 2020 年、2035 年、2050 年三个时间节点的目标任务，即“到 2020 年，乡村振兴取得重要进展，制度框架和政策体系基本形成。……城乡基本公共服务均等化水平进一步提高，城乡融合发展体制机制初步建立……”“到 2035 年，乡村振兴取得决定性进展，农业农村现代化基本实现。……城乡基本公共服务均等化基本实现，城乡融合发展体制机制更加完善……”“到 2050 年，乡村全面振兴，农业强、农村美、农民富全面实现。”尽管城乡融合是一个长期而艰巨的任务，但按照上述部署，当 2035 年中国基本实现现代化时，城乡融合的任务应该基本实现。

2019 年 4 月 15 日，《中共中央 国务院关于建立健全城乡融合发展体制机制和政策体系的意见》③(以下简称《意见》)发布，从城乡融合角度对上述三个阶段目标进行了细化，即“到 2022 年，城乡融合发展体制机制初步建立。城乡要素自由流动制度性通道基本打通，城市落户限制逐步消除……”“到 2035 年，城乡融合发展体制机制更加完善。城镇化进入成熟期，城乡发展差距和居民生活水平差距显著缩小。”“到 21 世纪中叶，城乡融合发展体制机制成熟定型。城乡全面融合，乡村全面振兴，全体人民共同富裕基本实现。”《意见》还进一步从要素配置、基本公共服务、基础设施、乡村经济多元化发展、农民收入持续增长等方面提出

① 涂圣伟：《城乡融合发展的战略导向与实践路径》，载《宏观经济研究》，2020(4)。

② 孔祥智：《新中国成立 70 年来城乡关系的演变》，载《教学与研究》，2019(8)。

③ 《中共中央　国务院关于建立健全城乡融合发展体制机制和政策体系的意见》，http://www.gov.cn/gongbao/content/2019/content_5392288.htm，访问日期：2020-09-01。

了具体要求，是未来一段时期内促进城乡融合发展的总纲领。城乡融合既是未来的美好愿景，又渗入每一个政策、每一项具体工作之中。党的十九届四中全会审议通过的《中共中央关于坚持和完善中国特色社会主义制度、推进国家治理体系和治理能力现代化若干重大问题的决定》明确指出，要坚持和完善统筹城乡的民生保障制度，满足人民日益增长的美好生活需要。重点是要健全有利于更充分更高质量就业的促进机制。2020 年 5 月 17 日发布的《中共中央 国务院关于新时代推进西部大开发形成新格局的指导意见》进一步指出，大力促进城乡融合发展，有序推进农业转移人口市民化。而《2020 年国务院政府工作报告》则聚焦"六稳""六保"，从乡村振兴、新型城镇化、就业优先政策等方面为新时期城乡融合发展明确了方向和任务，《中华人民共和国乡村振兴促进法(草案)》更是分章分条指明要健全城乡融合发展的体制机制，尤其要鼓励城市人才向乡村流动，建立健全城乡之间人才合作与交流机制。此外，《全国乡村产业发展规划(2020—2025 年)》也明确指出，要坚持立农为农、市场导向、融合发展、绿色引领和创新驱动，引导资源要素更多向乡村汇聚，加快农业与现代产业要素跨界配置，把第二、第三产业留在乡村，把就业创业机会和产业链增值收益更多留给农民。这些战略都为在新的历史方位下高质量推进城乡劳动力融合发展提出了新要求和新路线。

## >>二、城乡劳动力市场融合度上升的主要表征<<

城乡劳动力市场融合发展要求基于要素市场化配置下的人才在城乡之间双向自主有序流动，提高人力资本要素配置效率，进一步激发全社会创新创业就业活力和市场效能。城乡劳动力市场融合发展至少体现在三个方面，即人口在城乡之间自由流动加快、返乡入乡人数日益增多以及农民工就地就近就业比例逐渐提高。

### (一)人口在城乡之间流动加快

户籍制度松动以来，"进城""农转非"成为一代人的记忆。农业转移人口市民化加快推进，越来越多的农村人口进入城市，人口城镇化率显著提升。1978 年，我国城镇人口仅 1.73 亿人，占常住人口比重为 17.92%。如表 2-10 所示，2011 年城镇人口首次超过农村人口。2019 年，我国城镇人口数量达到 8.48 亿人，城镇化率达到 60.60%。根据联合国预测，到 2030 年中国城市化率将达约 70%，对应城镇人口为 10.2 亿，比 2019 年增加近 2 亿；到 2047 年城镇人口达峰值，将增加约 2.76 亿。按照当前趋势推算，未来 2 亿新增城镇人口可能有约 50%、即大约 1 亿人属于乡城迁移，其他则将来自自然增长(如按照自然增长率 4‰推算，

2018—2030 年城镇人口自然增长累计约 4 300 万，占 21%左右）和行政区划变动。这意味着将会有更多的农村人口转入城镇，城乡劳动力市场融合度将稳步提升。

表 2-10　1978—2019 年中国城镇化率

| 年份 | 城市人口/万人 | 城镇化率/% | 年份 | 城市人口/万人 | 城镇化率/% | 年份 | 城市人口/万人 | 城镇化率/% |
|---|---|---|---|---|---|---|---|---|
| 1978 | 17 250 | 17.92 | 1992 | 32 374 | 27.63 | 2006 | 57 706 | 43.90 |
| 1979 | 19 499 | 19.99 | 1993 | 33 351 | 28.14 | 2007 | 59 379 | 44.94 |
| 1980 | 19 139 | 19.39 | 1994 | 34 301 | 28.62 | 2008 | 60 664 | 45.68 |
| 1981 | 20 175 | 20.16 | 1995 | 35 173 | 29.04 | 2009 | 62 174 | 46.59 |
| 1982 | 21 479 | 21.13 | 1996 | 35 946 | 29.37 | 2010 | 63 693 | 47.50 |
| 1983 | 22 270 | 21.62 | 1997 | 36 989 | 29.92 | 2011 | 69 079 | 51.27 |
| 1984 | 24 013 | 23.01 | 1998 | 37 927 | 30.40 | 2012 | 71 182 | 52.57 |
| 1985 | 25 097 | 23.71 | 1999 | 38 855 | 30.89 | 2013 | 73 071 | 53.70 |
| 1986 | 26 361 | 24.52 | 2000 | 45 906 | 36.22 | 2014 | 74 916 | 54.77 |
| 1987 | 27 675 | 25.32 | 2001 | 48 064 | 37.66 | 2015 | 77 116 | 56.10 |
| 1988 | 28 656 | 25.81 | 2002 | 50 212 | 39.09 | 2016 | 79 298 | 57.35 |
| 1989 | 29 540 | 26.21 | 2003 | 52 376 | 40.53 | 2017 | 81 347 | 58.52 |
| 1990 | 30 195 | 26.41 | 2004 | 54 283 | 41.76 | 2018 | 83 137 | 59.58 |
| 1991 | 30 543 | 26.37 | 2005 | 56 212 | 42.99 | 2019 | 84 843 | 60.60 |

资料来源：根据历年国家统计局资料整理。

## (二)返乡入乡人数日益增多

实施乡村振兴战略，离不开既熟悉农村现实情况、又有城市现代产业部门工作经验的返乡劳动力①。农民工返乡创业的实质是把这部分人力资本再从城市转移到乡村，这种转移对今后 30 年实现乡村振兴和共同富裕目标具有至关重要的作用②。自 2015 年以来，党和国家密集出台了支持农民工等返乡创业就业政策，如《关于支持农民工等人员返乡创业的意见》《关于实施开发农业农村资源支持农民工等人员返乡创业行动计划的通知》《关于支持返乡下乡人员创业创新促进农村一二三产业融合发展的意见》《关于促进乡村产业振兴的指导意见》《关于进一步推动返乡入乡创业工作的意见》《关于推动返乡入乡创业高质量发展的意见》《扩大返乡留乡农民工就地就近就业规模实施方案》等，这极大地促进了各类劳动力返乡

① 王铁、熊文、黄先开：《人力资本与劳动力返乡创业》，载《东岳论丛》，2020(3)。
② 李周：《农民流动：70 年历史变迁与未来 30 年展望》，载《中国农村观察》，2019(5)。

创业积极性。农业农村部 2019 年 11 月测算显示，全国返乡入乡创业创新人员已达 850 万人，带动乡村就业超过 3 400 万人，农村返乡入乡创新创业覆盖率达到 83.6%，即每 100 个行政村中有 83.6 个有返乡入乡的创业项目①；当前，在乡创业创新人员达到3 100万，成为助推乡村振兴的生力军②。与此同时，社会资本加速下乡，社会资本下乡主体超过 15 万家，累计投资超过 2 万亿元③。要素聚乡、产业下乡、人才入乡和能人留乡的良性互动局面正在形成，农村创业创新焕发出勃勃生机。

基于全国 27 个省份 2 563 个县域创业者及其创业企业的调研，58 同镇联合清华大学社会科学学院县域治理研究中心、社会与金融研究中心发布的《2020 县域创业报告》④显示，在县域创业者中，返乡创业者占比 50.8%，大学生的占比约为 16%；性别和婚姻状况看，男性占比达 71.1%，80.1%的县域创业者已婚，73.0%已育；按年龄看，县域创业群体中 48.0%年龄为 26～35 岁，30.9%的创业者年龄为 36～45 岁，45 岁以上创业者仅占约 10%，年轻人是创业主力军；从户籍上看，69.6%的创业者为农村户口；从受教育程度看，近 60%的创业者仅拥有高中和初中学历，15.7%县域创业者拥有大学本科以上学历。另外，报告还表明，75.1%的创业者家庭规模在 3～6 人范围内，均值为 3.87 人/户，家庭人口规模高于《中国人口和就业统计年鉴》公布的 2018 年全国地区“县平均户数”3.20 人；县域创业企业多为家庭模式，整体占比达到 65.6%，股份有限公司占比不到 3%。这意味着，以家庭为单位的“夫妻店”“父子店”依然是县域创业企业的主流；从创业行业和规模上，县域创业企业相对集中于第三产业，如批发和零售业、住宿和餐饮业、居民服务业等。这些行业与县域居民生活息息相关，大部分属于生活型服务业。同时，也有一定比例的创业者从事信息传输、计算机服务和软件业，瞄准数字化转型趋势，朝着“线上化”创业目标迈进；88.6%的企业规模在 5 人以下或无雇用，雇员 100 人以上的企业不到 1%。整体而言，相比中西部地区，东部地区聚集了更多的县域创业企业。

---

① 李丹青：《返乡入乡双创人员已达 850 万人》，载《工人日报》，2020-01-10。

② 《全国农村双创人员达 850 万人》，http：//www.gov.cn/xinwen/2019-11/19/content_5453639.htm，访问日期：2020-09-01。

③ 吉蕾蕾：《返乡入乡创业创新人员达 850 万人 农村创业创新正当时》，载《经济日报》，2019-11-21。

④ 经济日报、中国经济网：《58 同镇与清华共同发布〈县域创业报告〉返乡创业者占比过半、企业整体营收 5—7 万》，http：//www.ce.cn/xwzx/gnsz/gdxw/202006/16/t20200616_35144958.shtml，访问日期：2020-07-16。

## (三)农民工就地就近就业比例逐渐提高

《2019 年农民工监测报告》显示①，2019 年我国农民工总量达到 29 077 万人，平均年龄为 40.8 岁，比 2018 年提高 0.6 岁；男性占 64.9%，有配偶的占 80.2%。其中 56%的农民工文化程度为初中，高中、大专及以上分别占比 16.6%和 11.1%。2019 年全国农民工总人数比 2018 年增加 241 万人，增长 0.8%。其中，本地农民工 11 652 万人，比 2018 年增加 82 万人，女性占比 39.4%；外出农民工 17 425 万人，比 2018 年增加 159 万人，女性占比 30.7%。

具体来看，如表 2-11 所示，在外出农民工中，在省内就业的农民工 9 917 万人，比 2018 年增加 245 万人，增长 2.5%；跨省流动农民工 7 508 万人，比 2018 年减少 86 万人，下降 1.1%。省内就业农民工占外出农民工的 56.9%，所占比重比上年提高 0.9 个百分点。分地区看，除东北地区省内就业农民工占外出农民工的比重比 2018 年下降 3.4 个百分点以外，东部、中部和西部地区省内就业农民工占比分别比 2018 年提高 0.1 个、1.4 个和 1.2 个百分点。

**表 2-11　2019 年外出农民工地区分布及构成**

| 输出地 | 流动规模/万人 | | | 流动规模占比/% | | |
|---|---|---|---|---|---|---|
| | 跨省流动 | 省内流动 | 合计 | 跨省占比 | 省内占比 | 合计 |
| 东部地区 | 821 | 3 971 | 4 792 | 17.1 | 82.9 | 100 |
| 中部地区 | 3 802 | 2 625 | 6 427 | 59.2 | 40.8 | 100 |
| 西部地区 | 2 691 | 2 864 | 5 555 | 48.4 | 51.6 | 100 |
| 东北地区 | 194 | 457 | 651 | 29.8 | 70.2 | 100 |
| 合计 | 7 508 | 9 917 | 17 425 | 43.1 | 56.9 | 100 |

数据来源：国家统计局。

东部地区、东北地区吸纳就业的农民工减少，中、西部地区吸纳就业的农民工继续增加。从输入地看，在东部地区就业的农民工 15 700 万人，比 2018 年减少 108 万人，下降了 0.7%，占农民工总量的 54%。其中，在京津冀地区就业的农民工2 208万人，比 2018 年增加 20 万人，增长了 0.9%；在江浙沪地区就业的农民工5 391万人，比 2018 年减少 61 万人，下降了 1.1%；在珠三角地区就业的农民工4 418万人，比 2018 年减少 118 万人，下降了 2.6%。在中部地区就业农民工 6 223 万人，比 2018 年增加 172 万人，增长 2.8%，占农民工总量的

① 《2019 年农民工监测报告》，http：//www.stats.gov.cn/tjsj/zxfb/202004/t20200430_1742724.html，访问日期：2020-06-30。

21.4%。在西部地区就业农民工 6 173 万人，比 2018 年增加 180 万人，增长了 3.0%，占农民工总量的 21.2%。在东北地区就业农民工 895 万人，比 2018 年减少 10 万人，下降了 1.1%，占农民工总量的 3.1%。

此外，新冠肺炎疫情也对农民工短期就业和长期就业产生了明显影响。具体表现为三方面。一是返乡农民工滞留乡村较多。因产业链条接续不畅，特别是服务业复工复市滞后，一线用工需求减少，不少返乡农民工仍滞留乡村。二是返岗农民工出现再次返乡。企业复工复产后，因市场消费不足，出现开工不达产情况。特别是受国外疫情持续蔓延影响，部分外贸企业、制造企业订单取消较多，出现停工限产、裁员降薪，一些已返岗农民工不得不再次返乡。三是本地企业吸纳农民工就业减少。原本在本地乡村企业就业的农民工有 1.17 亿人，但这些企业也因受疫情影响，复工复产较慢，影响在乡农民工就业。如何找准产业就业结合点，采取灵活就业、共享就业、临时兼业等形式，激活就业岗位也将变得十分重要。针对新形势，人社部、农业农村部积极作为，加大工作力度，推动各项政策措施落到实处，已安排 800 多万返乡农民工就地就近就业①。这在一定程度上重塑了城乡劳动力市场结构与形态。

## 第七节　劳动力市场回旋空间增加

伴随着人口规模红利转化而来的产业裂变和分工升级，我国“人口红利”正在逐渐消失。但得益于区域间劳动力市场的互补合作、广袤的国土空间以及不断完善的城市体系，我国正在创造“二次人口红利”，并为产业升级、劳动分工和转移提供足够的回旋空间。同时，人力资本质量的提升是推动长期经济增长的重要动力。我国具有显著的劳动力市场空间回旋优势，通过人口流动和人口集聚优化人力资本配置，并提升人力资本质量，为激活经济发展活力提供强大动力。通常，劳动力市场回旋空间是指基于大规模人口存量和人口流动而形成的劳动力市场调整和优化配置的余地，通过增加回旋空间来提升劳动力配置效率、优化人力资本结构，并提升人力资本质量。劳动力市场空间回旋能力增加可以提升市场规模，包括内部规模（消费市场规模）和外部规模（对外贸易规模），以及提升创新能力，包括个体创新和企业创新。

① 常钦：《800 多万返乡农民工就地就近就业》，载《人民日报》，2020-05-30。

## 一、劳动力市场回旋空间增强的特征表现

### (一)人力资本质量提升为产业升级和调整提供了回旋空间

截至 2019 年，全国各类高等教育在学总规模 4 002 万人，高等教育毛入学率 51.6%，高等教育正式进入普及化阶段。全国共有普通高等学校 2 688 所(含独立学院 257 所)，比上年增加 25 所，增长了 0.94%。其中，本科院校 1 265 所，比上年增加 20 所；高职(专科)院校 1 423 所，比上年增加 5 所。① 从高等教育规模看，2011 年到 2019 年，我国大学毕业生总量从 660 万人增长到 834 万人，年均涨幅高达 26.36%。到 2030 年，预计成熟劳动年龄(25 岁及以上)人口中大学本科毕业生的比例将达到 40%，研究生的比例将达到 10%左右，平均受教育年限将达到 14 年以上，处于劳动年龄的大学本科生毕业人口规模和研究生毕业人口规模将分别达到 2 亿～3 亿和 0.6 亿～0.8 亿。② 一方面，人力资本质量提升为我国劳动力市场减少对国际贸易的依赖，能够对突出重大国际贸易问题和公共安全问题有更有效的应对能力。另一方面，我国拥有门类齐全的制造业部门，以及主动扩大开放并逐步提升质量的服务业部门，人力资本质量提升为我国第二产业和第三产业从以量为主转向高质量发展提供了大量高技能人才储备。同时，人力资本质量提升使得我国产业结构在面对国际竞争时能够在保障相对充分就业岗位的同时有更大的调整空间。劳动力能够在市场上选择合适的工作，且无论就业或流动到何种工作岗位上，都能够获得相对均衡合理的劳动收益。

### (二)制度壁垒破除为缓解区域结构失衡提供了回旋空间

目前我国劳动力流动性增强仍然是大趋势，且呈现一定的新特征。随着我国户籍制度逐步退出历史舞台以及流动人口子女入学教育问题等制度壁垒逐步破除，1978—2010 年，从中西部迁往东部地区的人口以劳动力为主，并且多数未迁户籍，也未带子女，中西部留守儿童现象非常明显。改革开放后，人口大量向经济率先发展的东部地区集聚。1978—2010 年东部、中部、西部、东北地区常住人口分别年均增长 1.39%、0.86%、0.85%、0.73%，常住人口占比分别变化

---

① 2019 年全国教育事业发展统计公报，http：//www.moe.gov.cn/jyb _ sjzl/sjzl _ fztjgb/202005/t20200520 _ 456751.html，访问日期：2020-05-20。

② 王金营、刘艳华：《经济发展中的人口回旋空间：存在性和理论架构——基于人口负增长背景下对经济增长理论的反思和借鉴》，载《人口研究》，2020(1)。

4%、−1.5%、−1.7%、−0.8%。① 2011 年到 2019 年，我国呈现中西部劳动力回流，东部外来人口本地化，东北人口加速流出的变动趋势。

根据《2019 年农民工监测调查报告》，从 2015 年到 2019 年，我国农民工总量从 27 747 万人增长到 29 077 万人，农民工总量增长显著。从区域来看，我国东北地区和西部地区的农民工增长速度最快，分别为 2.2%和 1.7%。

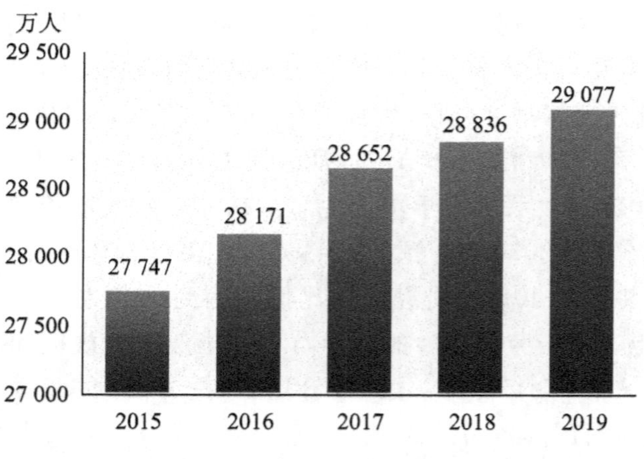


**图 2-37　2015—2019 年农民工规模**

数据来源：《2019 年农民工监测调查报告》。

## (三)劳动力市场的地域和线上回旋空间不断拓展

一方面，我国劳动力市场的地域空间得以拓展。我国积极参与“一带一路”，从开放经济的角度来看，充分参与国际分工，可利用国际人口规模所形成的回旋空间，也可以拓展本国人口的回旋空间，促进本国经济的发展。第一，我国劳务输入人员显著增加。从我国年末在境外从事承包工程人员来看，2000 年总数为 5.46 万人，2004 年首次超过 10 万人，达到 11.46 万人。此后，该值一直保持在 10 万人以上。2014 年，我国年末在境外从事承包工程人员总数首次超过 40 万人，达到 40.89 万人，2015 年该值也为 40.89 万人。不过，2016 年和 2017 年我国年末在境外从事承包工程人员总数略有回落，都是 37 万多人。第二，我国劳务输入人员显著增加。根据中国人力资源和社会保障事业发展统计公报，我国持外国人就业证的人数在 2006—2012 年稳步增长，2012 年达到峰值 24.64 万人；此后，我国持外国人就业证的人数略有回落，2016 年为 23.50 万人。我国持台港澳人员就业证的人数在 2006—2011 年保持增长趋势，2011 年达到峰值 9.46 万

① 任泽平、熊柴、闫凯：《中国人口大流动：3000 个县全景呈现》，https：//www.sohu.com/a/254817891_355756，访问日期：2020-05-30。

人；此后有所回落，2016 年为 8.20 万人。我国持外国人就业证或台港澳人员就业证的人数则由 2006 年的 25.20 万人增长到 2012 年的峰值 33.79 万人，然后回落到 2016 年的 31.70 万人。

另一方面，我国劳动力市场的线上空间得以拓展。随着“5G”等新基建投入的进一步增加，线上办公的基础建设水平会进一步提升，在线办公成为潮流，在线办公的外部接口被迅速打开。2020 年 7 月，国家发展改革委等 13 个部门公布的《关于支持新业态新模式健康发展 激活消费市场带动扩大就业的意见》提出支持 15 种新业态新模式发展，其中明确指出要加快“线上办公”。在鼓励发展新个体经济方面，重点是完善保障制度，适应基于互联网平台的新型就业形态和模式发展，完善自主就业、灵活就业、“副业创新”、多点执业政策，激发市场主体创新创业内生动力。① 研究指出，近几年来远程办公市场持续保持高速增长。如图 2-38 所示，2017 年我国智能移动办公的市场规模在 194 亿元左右，2018 年中国智能移动办公行业市场规模在 234 亿元左右，同比增长 20.8%。2019 年最佳远程办公 Top 100 榜单对超过 51 000 家公司及远程职位发布历史做了分析。该榜单涵盖了包括亚马逊、Apple、VIPKID 在内的全球企业。其中超过 30 家企业为新兴技术企业，另有 20 家以上制造类企业，14 家教育企业，医疗保健领域和金融领域巨头对远程岗位同样需求明显。②

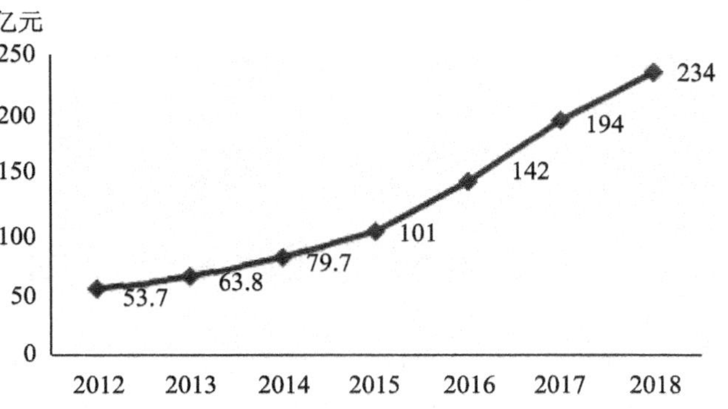


**图 2-38　我国远程办公行业市场规模**

资料来源：《2020 年中国远程协同办公行业发展现状及市场发展前景分析》。

① 《数字经济提速！我国力推 15 种新业态新模式》，https：//www.sohu.com/a/408127032_120506932，访问日期：2020-07-17。

② 《2020 年中国远程协同办公行业发展现状及市场发展前景分析》，http：//www.chyxx.com/industry/202002/837554.html，访问日期：2020-02-26。

### >>二、劳动力市场回旋空间的变化趋势<<

国际货币基金组织预测，全球经济收缩幅度会较早前估计收缩3%或更多，经济复苏存在极大不确定性。世界银行(2020)预测，新冠疫情将使7 100万人陷入极端贫困(按照每天1.9美元的国际贫困标准)，在悲观情景下，贫困人口将增加至一亿人。学者对过去20年中发生的5个公共卫生灾难，包括严重急性呼吸系统综合征(SARS，2003年)、甲型H1N1流感(2009年)、中东呼吸综合征(MERS，2012年)、埃博拉出血热(Ebola，2014年)和寨卡病毒病(Zika，2016年)进行研究发现，公共卫生灾难会加剧收入差距，主要原因是它们会导致大规模的失业，从而对低收入群体造成比对高收入群体更大的影响。而收入差距的加剧会激化社会矛盾，并遏制消费，从而有抑制经济复苏的风险。因此，增加劳动力市场回旋空间将成为刺激消费和经济复苏的重要手段，有助于进一步发挥就业优先政策，并促进就业增长。政府也应为增加劳动力市场回旋空间提供更好的政策保障，激发劳动力市场的回旋潜力。

未来，随着"双循环"新格局的形成，我国将更好地通过发挥内需潜力，使国内市场和国际市场更好联通，更好利用国际国内两个市场、两种资源，实现更加强劲可持续的发展。同时，我国将推动"实行更高水平开放，为构建新发展格局提供强大动力"，通过提升贸易质量，进一步拓展发展空间，优化贸易发展环境。随着内部消费带动、新经济新就业拓展、国际贸易高质量发展三种空间的联动拓展，我国劳动力市场的回旋空间会呈现加速拓展的良好局面。

## 第八节　劳动力市场国际空间不断拓展

中国经济发展取得的成就举世瞩目，经济快速增长的一个重要驱动力就是人口红利。国内庞大的劳动人口规模及其快速提高的平均受教育水平、技能水平保证了投入经济增长的劳动力的数量和质量。不过，随着经济全球化的发展以及中国参与全球价值链的日益深入，中国劳动力要素禀赋的比较优势正在发生深刻变动。一方面，中国生育率降低、老龄化程度提高导致适龄劳动人口供给不如从前；另一方面，新兴市场经济体，特别是东南亚、中亚等国家劳动力市场的竞争优势迅速建立。内外条件和环境的变化交织，加之中国经济由高速增长转为中高速增长，并向高质量变革、效率变革、动力变革快速转变，在此背景下，中国劳动力能否作出适应性调整，更加统一、灵活、有效地同时活跃于国际国内两个市场，对于中国乃至世界经济发展都具有重大意义。

当今世界正经历百年未有之大变局，中国是经济全球化时代的最大受益者之一，近些年来也面临着新的国内外风险和挑战，特别是2020年新冠疫情大流行对全球和中国经济的冲击更是不言而喻。我们相信，危机终将过去，但之后的全面复苏道路依然充满不确定性。越是这个时候，越是凸显出中国经济与世界你中有我、我中有你的紧密关系。其中，一大显著特征便是生产要素的跨国流动，中国劳动力已然成为全球劳动力市场的重要部分：中国人参与全球产业分工的身影遍及世界各地，而来自世界各地的各色人种也正在海内外投身于中国经济。本报告将对近年来中国劳动力市场的空间进行国内国际两大维度的描述，总结主要特征、研判主要趋势，为中国劳动力进一步拓展“一带一路”沿线国家以及世界更多国家和地区的市场空间提供参考。

## 一、中国劳动力参与国际贸易的发展现状

改革开放以来，我国货物和服务的进出口取得了举世瞩目的增长奇迹。这一过程伴随劳动要素的巨大投入，中国劳动力便因此活跃于国内国际两个市场。从1978年到1991年，中国劳动力参与进出口的起步阶段主要是以国有企业对外投资和经济合作为载体进行的劳务输出；从1992年到2001年，中国加快建立社会主义市场经济体制，市场化机制在包括劳动力在内的要素配置领域发挥越发重要的作用，中国劳动力也逐渐在国际市场中获得更大的发展机会；2001年加入世界贸易组织以来，中国加速融入甚至引领经济全球化，特别是2012年以来在全球价值链分工中的地位不断跃迁，中国劳动力市场拥有前所未有的广阔空间。

### (一)中国劳动力参与国际贸易的就业规模

2019年《国务院关于加快外贸转型升级推进贸易高质量发展工作情况的报告》指出，国际贸易直接和间接带动中国就业1.8亿人左右，这一比例占中国就业总量的两成以上。细分来看，基于1998—2013年中国工业企业数据库，以企业出口交货值是否大于0为标准，判别该企业是否为国际贸易相关企业，本报告测算了近年来中国劳动力市场中涉及国际贸易的直接就业人数(见图2-39)。在此期间，在中国进出口企业就业的劳动力维持在2 000万人以上，并略有波动。自2001年中国加入世界贸易组织以来，进出口企业直接就业人数迅速增长，到2007年这一数字已达3 500万人。受2008年金融危机的影响，2009年全球及中国对外贸易大幅下降，我国与贸易相关的就业人数下降了约400万人。随着危机之后贸易活动的缓慢复苏和平稳增长，2013年达到最高值4 210万人，占当年中国就业总数的5.5%。如果考虑国际贸易拉动的国内间接就业，这一占比将会更高。

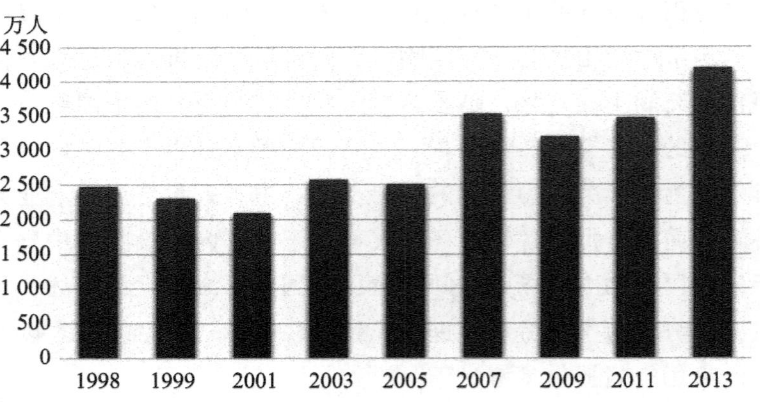


图 2-39 中国劳动力在进出口企业就业人数变化

数据来源：1998—2013 年中国工业企业数据库。

## (二)中国劳动力参与国际贸易的就业结构

根据 2020 年前三个月海关数据，中国工业制成品的出口额已占出口总额的 94%以上，中国劳动力参与国际贸易的主要载体就是以工业制成品为主的货物进出口，以加工贸易为主的制造业仍是吸纳中国就业的最主要力量。

基于中国工业企业数据库的测算显示，2013 年中国制造业中与国际贸易相关的细分行业就业人数最多的前 5 名是计算机、通信和其他电子设备制造业，电气机械和器材制造业，纺织服装与服饰业，通用设备制造业，纺织业(见图 2-40)；就业人数分别约为 674 万人、396 万人、284 万人、264 万人、232 万人，

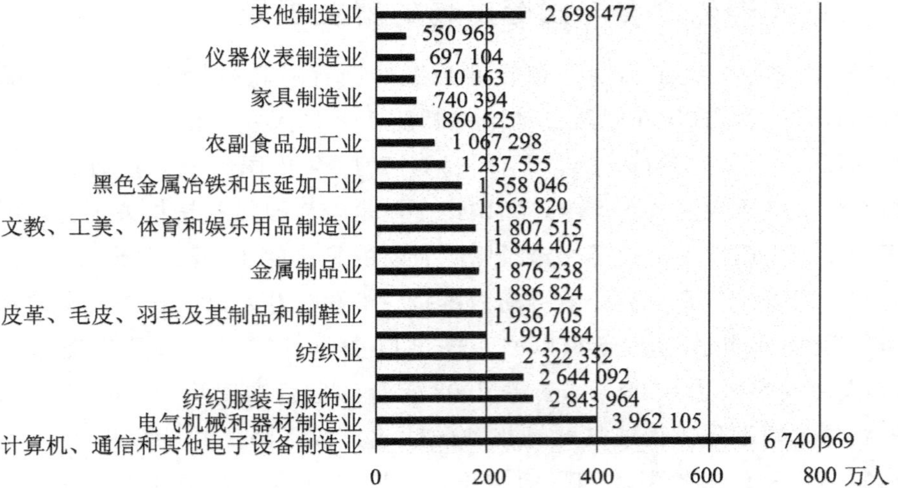


图 2-40 2013 年中国参与国际贸易的制造业就业人数

数据来源：2013 年中国工业企业数据库。

总数占比达44.6%。可以看到，纺织业等中国传统优势制造业仍是吸纳劳动力就业的主要行业，而伴随着计算机相关产业、通用设备制造业等的快速发展，传统优势制造业已经成为中国劳动力参与国际分工的重要行业。

同时，改革开放之后，中国国内服务业发展迅速。2018年中国服务业吸纳劳动力35 983万人，成为中国就业人数最多的行业。其中城镇非私营单位就业人员中，金融业699.3万人，同比增长10.5万人；信息技术服务业424.3万人，同比增长28.9万人；交通运输业819万人，同比减少19.5万人；批发和零售业823.3万人，同比减少23.8万人。国内服务贸易的发展推动中国劳动力向国际服务贸易拓展，尤其像运输业、旅游业等劳动密集型产业，2018年出口金额达到2 799亿元和26 111亿元，分别占当年服务贸易总额的15.9%和14.8%。这将吸纳大量的中国劳动力在国际转移，同时中国劳动力也逐渐活跃在金融、保险、信息技术等国际市场。

## 二、中国劳动力参与国际经济合作的主要特征

国际经济合作领域的中国劳动力输出始于1979年，最初依托国家派出的建筑工程承包项目。20世纪90年代以来发展迅速，目前以对外工程承包和对外劳务合作为主要形式，涉及数十个行业，拓展至每年数十万人和数十个国家、地区。

### (一)中国劳动力参与国际经济合作的对外输出规模

根据《中国统计年鉴》，自开拓国际劳务市场以来，我国各类在外劳务人数由1984年的4.95万人增长至2018年的99.69万人，人数增长近20倍，年均增长率为9.2%。进入20世纪90年代，中国外派劳务人数更是加速增长(见图2-41)。2001年中国加入WTO之前，外派劳务人数已达47.47万人。2008年受到金融危机的影响，需求引致的外派劳务人数增速有所放缓。但自2010年开始，中国参与国际经济合作态势平稳回升，到2015年末在外各类劳务人员已达102.69万人，创历史新高。近些年来，虽然经济全球化发展不确定性增强，在外各类劳务人员人数略有波动，但2018年年末中国在外各类劳务人员仍然保持在99.69万人，比2017年同期增长了1.78万人。可以看出，中国参与国际经济合作的劳务人数规模持续扩大，外派劳务人员总量虽然保持增长，但增速放缓。

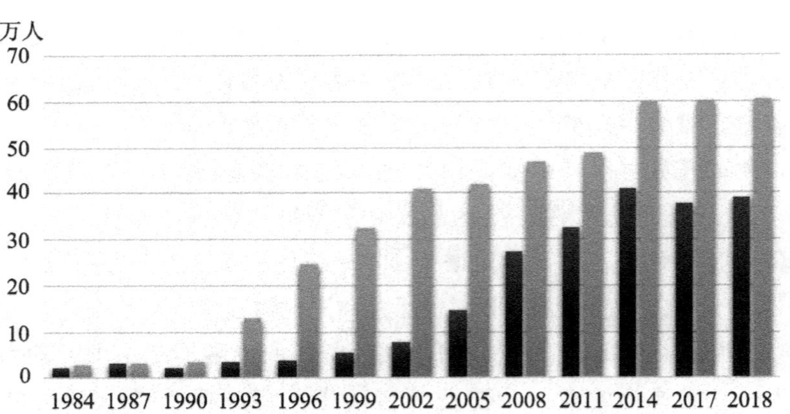


**图 2-41　中国外派劳务年末在外人数**

注：承包工程多为短期的劳务输出，而对外经济合作的时期则比较长，因此对外劳务合作人数总是高于对外承包工程人数。

数据来源：《中国统计年鉴》。

## (二)中国劳动力对外输出的主要地区和行业结构

中国参与国际经济合作的对外劳务派出遍布世界各地，但国别分布呈现明显的不平衡性。目前，外派国家和地区主要集中在亚洲和非洲(见图 2-42)。2018 年，中国对外劳务合作派出 26.5 万人，其中派往亚洲 20.8 万人、非洲 2.3 万人，亚非劳务市场合计份额占到 89%。从具体国家和地区来看，主要分布在日本、新加坡、阿尔及利亚、安哥拉等国，人数分别为 14 万人、9 万人、2 万人和 1 万人。

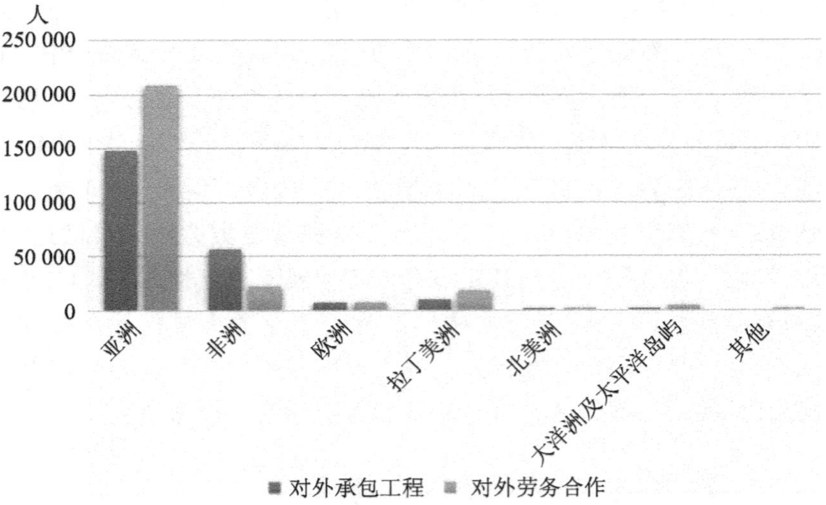


**图 2-42　2018 年中国外派劳务合作人数区域分布**

数据来源：《中国统计年鉴》。

进一步对比承包工程和劳务合作的国家分布发现，劳务合作主要集中在中国周边较发达的或者收入水平较高的国家，而承包工程主要集中在非洲和亚洲的发展中国家。

此外，中国外派劳务高度集中于制造业、建筑业和交通运输业。其中，建筑业的外派劳务人数为 45.4 万人，制造业的外派劳务人数为 15.7 万人，交通运输业的外派劳务人数为 11.8 万人，三大行业的外派劳务人数为总人数达 72.89 万人，占外派劳务总人数的 73%。

2008 年，中国劳动力成本不断上升，劳动力要素比较优势逐渐弱化，中国参与国际经济合作的外派劳务企业面临较大的压力。随着国际劳务市场向中高端转型，中国雇用海外当地人员数量和比例都在不断增加，图 2-43 为 2018 年中国外派劳务人员行业分布情况，中高端劳务合作将是中国参与国际经济合作的重要发展趋势。

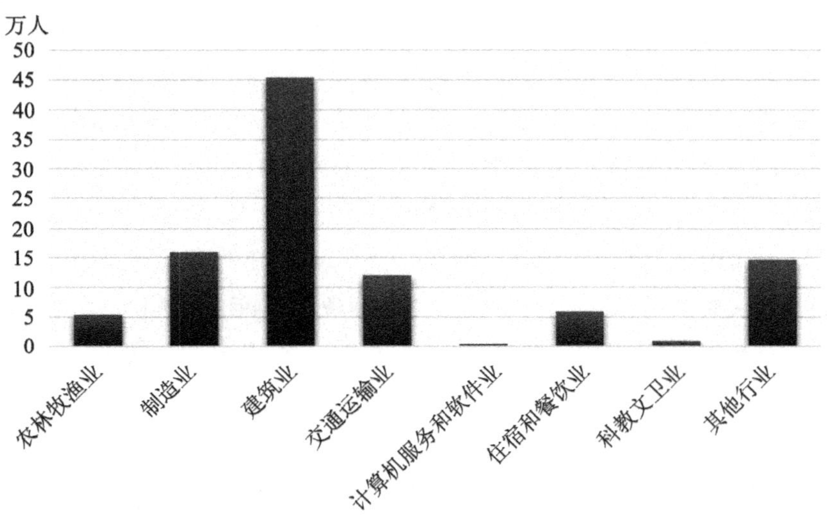


**图 2-43　2018 年中国外派劳务人员行业分布**

数据来源：《2018—2019 中国对外劳务合作发展报告》。

## >>三、中国企业雇用外籍劳动力的全球分布<<

根据联合国经济与社会理事会的估算，2019 年中国境内的外国移民①人数超过 72 万人，且绝大部分来华缘由为商务、就业、学习等。随着中国开放的大门越开越大，越来越多的外国人来到中国，在中国学习、生活、工作并最终留在中

① 与一般意义不同，这里所谓"移民"仅指移动到别国居住的外国人，即在中国境内居住三个月以上或能够确定将居住三个月以上的外籍人员。

国，成为中国劳动力市场的组成部分。现在，中国融入经济全球化的程度空前加深，已经形成“我中有你、你中有我”的紧密关系，在境内和海外的中国企业就是这种关系的重要载体，他们雇用了越来越多来自海内外的外籍劳动力。以往针对外籍劳动力的分析研究通常是以在国内的外国留学生人数、境外来华工作专家人数等作为代理变量，但是外国留学生来中国主要目的是学习，与当前就业并无直接关联。本报告最终以我国境内除了国际组织以外的企业、事业单位、社会团体等雇用的国外及港澳台专家作为外籍劳动力的对象，数据来自联合国、经济合作与发展组织(OECD)、世界经济论坛、国家统计局、国家外国专家局以及《境外来中国大陆工作专家统计调查资料汇编》。

## (一)境内中国企业雇用外籍劳动力

近些年来，在华外籍劳动力人数不断增多。根据公安部出入境管理局的数据，2018 年中国累计发放外国人才工作许可证 33.6 万份，在中国境内工作的外国人已经超过 95 万人，其中持工作签证入境的比重大体稳定在 53%左右，持访问签证入境的比重大体 27%左右。从 2002 年到 2015 年，来中国内地工作的专家人数呈现明显上升的趋势。2015 年在华外籍专家人数达 62.35 万，约 2002 年的 2 倍。其中，2006 年和 2008 年来华外籍专家人数出现负增长，国家相应推出“高等学校学科创新引智计划”和“外专计划”，有效刺激了外籍专家的流入。2013 年“一带一路”倡议实施以来，中外经济、文化等各方面交流大幅扩展。这让沿线国家的更多国外友人了解中国，也使更多的外国人才把中国作为就业创业的选择之一。

1. 中国企业雇用外籍劳动力行业分布

凯业必达对 2019 年来自海外不同国家有着不同教育背景的 1 100 位外籍人才采集了 1 008 份问卷数据，统计归纳最吸引外籍人才来中国的五大行业。32%的外籍人才大多偏好从事商务贸易相关的工作，其次分别是生产制造、IT 互联网、教育培训、金融财务。具体来看，外籍专家包括应聘在中国学校及其他教育机构、新闻出版、医药卫生、科研机构、文化艺术、体育等部门工作的外籍专业人员或管理人员，概括为外国科教文卫专家，也包括在中国政府部门、经济和社会管理部门、工商企业、金融、政法等领域进行长、短期工作的外籍专业人员，概括为外国经济技术和管理专家。近些年来，经济技术和管理类专家人数呈现下降趋势，但是总体占比依然高于外国科教文卫专家。2014 年，外国经济技术和管理专家降幅达 9.28%，2015 年降幅为 2.87%，尤其是制造业下降明显。相反，外国科教文卫专家逐年增长，尤其是教育行业的专家增长速度最快，占比将近 80%。

除了这两类专家，从行业分布来看，教育行业和制造业的外籍专家在人数上占有绝对优势，2015 年分别占比 36.44%和 38.00%；其他行业的外籍专家人数占比都比较低，特别是从事高新技术产业和高端服务业的高端专家比重偏低。2015 年，从事软件、信息等高新技术行业的外籍专家有 1.45 万人次，只占经济技术和管理专家人数的 4.40%。

2. 中国企业雇用外籍劳动力国别特征

根据国务院发展研究中心《国际移民和人才的流动分布及竞争态势》，按照国家外国专家局的数据统计，目前中国大陆工作的境外专家有 52.24%外籍专家来自亚洲，22.04%来自欧洲，20.24%来自北美，其中来自欧洲和北美的外籍专家呈现明显的上升趋势。这里的外籍专家数据来源主要针对经济、技术和管理类境外专家，教科文卫类境外专家，来源地构成如图 2-44 所示。根据联合国数据估算得出，截至 2017 年年末中国香港和韩国是中国内地最主要的外籍专家来源地，来华人数占比相对较高，二者合计占总数的 46.72%；巴西、菲律宾、美国与英国等也是来中国内地工作的外籍专家的主要来源地；澳大利亚、新加坡和日本是人工智能领域外籍专家的主要来源地。

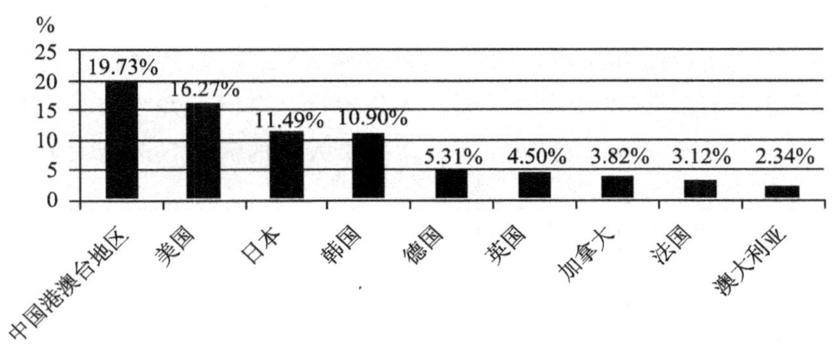


**图 2-44　中国境外专家来源地构成占比**

数据来源：根据国家专家局数据整理。

3. 中国企业雇用外籍劳动力的工资水平

近些年来，中国企业雇用外籍专家工资水平总体呈现不断上升的趋势，根据 2017 年联合国经济及社会理事会数据统计，中国约 25%的外籍专家年平均工资超过 200 万元。2017 年 4 月出台的《外国人来华工作许可》提到，“对中国经济社会发展急需的科学家、科技领军专家、国际企业家、专门特殊人才等‘高精尖缺’外国专家，工资以不低于本地区上年度社会平均工资的六倍；对中国经济社会发展急需短缺的外国专家、专业管理人员和专业技术人员，年薪不低于本地区上年度社会平均工资的四倍”。

除了“高精尖缺”的外籍专家，2007 年香港浸会大学和香港人才管理协会曾联合对内地分布在 10 个城市的 85 家公司进行问卷调查。这些企业中有的雇用外籍劳动力担任经理，有的聘请外籍劳动力担任主管，还有一些外籍劳动力则是一般工作人员。调查数据显示，接受调查的 183 名内地企业雇用的外籍劳动力的薪资水平出现不同程度的下降，包括经理的平均薪酬下降幅度为 14.8%，从 105 万元降到 89 万元；主管薪酬下降 25.5%，从 57 万元降到 42 万元。这表明，虽然受到当年经济景气程度以及劳动力市场供需状况的影响，但内地的本土人才供给增加加剧劳动力市场竞争已是事实。在内地工作的外籍劳动力薪资水平呈现下降态势，一定程度上意味着外籍劳动力与本土劳动力从岗位胜任力、雇主综合评价和薪酬体系待遇等方面日益趋同。

4. 中国企业雇用外籍劳动力的教育水平

根据 2019 年中国国际人才交流与开发研究会发布的数据，来中国内地求职的外籍人才中，本科占比 42%，硕士占比 48%，博士占比 10%，越来越多的欧美本科以上学历的求职者表示有到中国内地就业创业的意愿。目前，中国吸引的外籍人才越来越多且受教育水平越来越高的原因主要可以归结为两个方面：一是随着中国自身发展以及与国际接轨程度快速加深，市场本身的包容度大大提高，许多新兴行业突飞猛进，对于外籍人才来说，他们“不需要受行业传统所限，能做的尝试越多，思想越活跃，个人提升也就越快”；二是随着中国作为世界第二大经济体地位日渐稳固和对外开放不断扩大和深化，在国际舞台上扮演着越来越重要的角色，吸引越来越多高学历和高技术外籍人才的流入自然是大势所趋。

## (二)海外中国企业雇用外籍劳动力

2019 年中国全行业对外直接投资 1 044 亿美元，中国境内投资者共对全球 166 个国家和地区的 5 791 家境外企业开展非金融类直接投资，累计实现投资 988 亿美元。另外，根据《中国对外直接投资统计公报》的数据，2016 年中国对外直接投资企业境外员工数达 286.5 万人，其中雇用外籍员工 134.3 万人，占 46.9%。

“一带一路”倡议实施以来，中国参与国际经济合作的自身直接外派劳务逐渐转为越来越多地雇用东道国外籍劳动力。2018 年年末，中国的劳务合作和对外承包工程企业在“一带一路”沿线国家雇用项目所在国外籍劳动力数量增长到 84.3 万人，对比 2017 年的 74.1 万人增长了 13.8%，较 2012 年增长 40%。在此背景下，海外中国企业累计雇用项目所在国外籍劳动力数量已经超过 500 万人。其中，对亚非地区的就业带动效应更为显著。2018 年这些海外项目聘用的亚非地区当地人员约 80 万人，占总体海外雇用人员的 95%。

## >>四、在华外资企业和港澳台投资企业雇用中国劳动力的主要特点<<

截至 2019 年，中国吸收外资规模已经连续 26 年位居发展中国家首位。当年 1—11 月，全国新设立外商投资企业 36 747 家，同比减少 32.82%，实际使用外资金额 1 243.94 亿美元，同比增长 2.59%。在中美贸易战及外部经济环境不确定性日趋提升的复杂背景下，我国吸引外资金额仍实现同比增长。2020 年 1 月 1 日，中国开始实施《外商投资法》，建立了准入前国民待遇原则和负面清单原则。这将进一步推动中国吸引利用外商直接投资以及在华外资企业的蓬勃发展。

### (一)就业规模

20 世纪 90 年代以来，外商投资企业和我国港澳台投资企业吸纳的中国劳动力呈现平稳增长态势。2001 年年底，外资企业就业人数 671 万人(我国港澳台投资企业与外商投资企业就业人数之和)，同比增长 4.5%，占就业总人数的 0.9%。2001 年加入 WTO 以后，中国吸引外商直接投资进入高速发展阶段，到 2013 年实际利用外资 1 176 亿美元，中国劳动力在外资企业就业人数 2 963 万人，同比增长 33.8%，比 10 年前增长了 10 倍，占当年就业总人数的 3.8%，占城镇非私营单位就业人数的 16.4%。自 2015 年开始，受国际经济环境等多种因素的影响，在华外资企业吸纳就业接连 5 年呈现下降。2018 年外资企业就业人数 2 365万人，同比下降 10.1%。

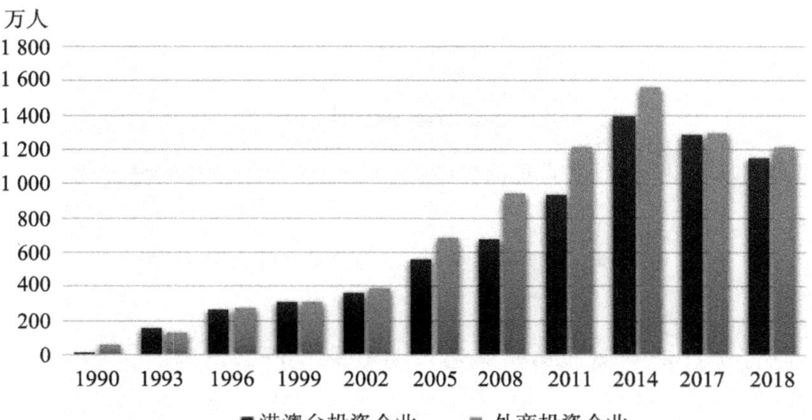


**图 2-45　中国劳动力在外商投资及我国港澳台投资企业就业人数**

数据来源：《中国统计年鉴》。

## (二)就业结构

根据《中国工业经济统计年鉴》的数据，2017 年，制造业仍然是吸引外商直接外资的主要行业，实际使用外资金额占比 31%，也是外资企业中吸纳劳动力最多的行业(见图 2-46)。2017 年，中国外商直接投资企业中制造业就业人数 2 149.65万人，占外资企业就业总人数的 83.3%。但是外商直接投资企业的制造业就业结构与 10 年前相比有所变化，其中一些传统制造业就业人数下降幅度较大，如纺织服装、服饰业就业人数由 2007 年的 218.58 万人，下降到 2017 年的 140.57 万人，降幅约为 35.7%；纺织业由 157.64 万人下降到 73.81 万人，降幅约为 53.2%；运输设备制造业由 111.47 万人，下降到 27.98 万人，降幅约为 74.9%；电气机械和器材制造业、皮革相关制品业等也有不同程度下降。外资企业就业人数增长最多的行业是计算机、通信和其他电子设备制造业，就业人数由 2007 年的 442.72 万人增长到 2017 年的 510.7 万人，增幅约为 15.4%；医药制造业增长幅度较大，由 27.4 万增长到 40.16 万人，增幅约为 46.6%。另外，采矿业和电力、热力、燃气及水生产和供应业两个部门基数较小，波动幅度也较小。

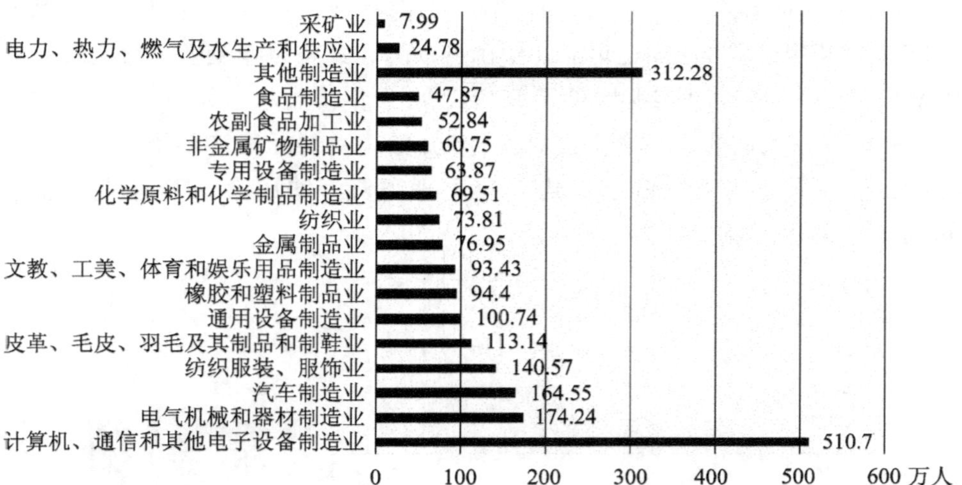


**图 2-46　2017 年在华外商投资企业分行业就业人数**

数据来源：《中国工业经济统计年鉴》。

从外商直接投资来源地结构来看，主要是亚洲、欧盟、北美。2018 年中国劳动力在港澳台投资和外资企业就业总人数 2 365 万人，中国港澳台资企业吸纳就业人数 1 153 万人，占比为 48.8%。2018 年在中国内地新设企业数排名前 5 位的分别是中国香港地区、中国台湾地区、韩国、美国、日本，这些发达国家和地区的在内地(大陆)投资企业为就业人员提供先进的设备和管理经验，且有利于其融入国际市场并参与竞争。

从在华外资企业的工资水平来看，2011 年至 2018 年，在华外商投资企业就业人员平均工资稳居全国第一，分别为 48 869 元、55 888 元、63 171 元、69 826 元、76 302 元、82 902 元、90 064 元、99 367 元，高于城镇单位（2018 年为 82 413元）、国有单位（2018 年为 89 474 元）、城镇集体单位（2018 年为 60 664 元）、股份合作单位（2018 年为 77 751 元）、有限责任公司（2018 年为 72 114 元）等其他单位就业人员平均工资，平均增长率达到 10%左右，并且保持着稳定的增长趋势。

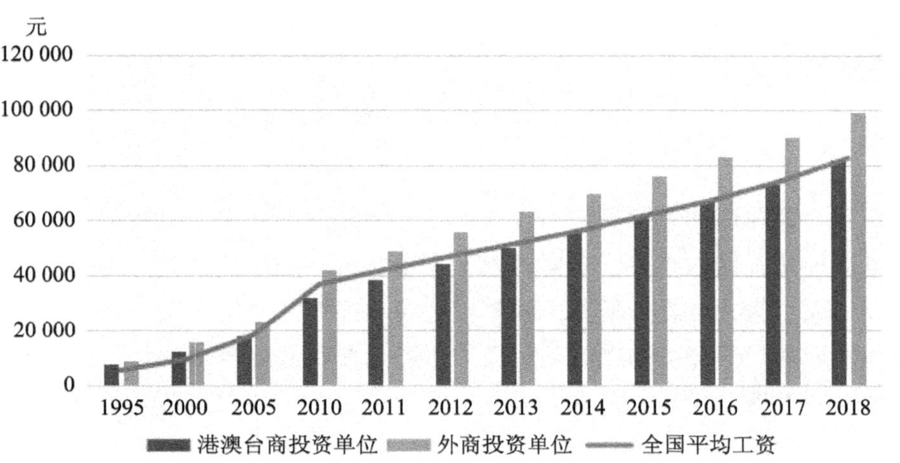


**图 2-47　内地（大陆）劳动力在港澳台商投资及外资企业年平均工资**

数据来源：《中国统计年鉴》。

# 第三章 应对中国劳动力市场空间演变的政策建议

当前，我国劳动力市场空间演变对全社会经济发展提出了新的要求，为此必须采取多种措施加以改善。总体来说，在全面决胜小康社会的关键时期，必须紧扣全面建成小康社会目标任务，统筹推进各项经济社会发展工作。在提供良好的劳动力发展的外部环境的同时，劳动力市场也必须从自身出发，不断改革和促进市场内部的发展，才能从根本上适应中国劳动力市场的空间转变，推动中国劳动力市场的可持续发展。

## 第一节 加快劳动力结构调整，应对就业空间极化

应对劳动力的“空间极化”必须充分考虑市场的规模和基础设施，以及人力资本等相关问题，综合考虑各种因素。

### 一、健全和完善劳动者跨区域流动的就业保障机制

从现阶段经济发展的特点可以看出，发展第三产业是解决就业问题的一个重要方式，它的企业规模相对较小，发展的速度非常快。市场的新陈代谢非常快。但是第三产业的不稳定性也会导致就业风险的产生。目前我国劳动力跨区域流动的保障机制还不够完善，在一定程度上不利于劳动力的自由流动，会提高就业风险发生的概率。所以，在今后一定要建立健全劳动力跨区域保障机制，同时最大限度地解决农民工子女的上学问题，使得劳动力能够更大程度地自由流动。如今，总体上南方劳动的市场化程度比北方高。只有解决了劳动者的后顾之忧，才能最大限度地实现劳动者空间自由流动，解决空间极化问题。

### >>二、实行区域经济发展战略加强合作和交流<<

区域经济发展的不平衡是劳动力进行区域之间流动的重要因素，因为经济发达地区的工资水平相对较高，欠发达地区的劳动力会大量向东部沿海发达地区流动。劳动力的流入会在很大程度上促进东部经济的发展，但也会加大当地的就业风险，劳动力的盲目流动可能会引起劳动力市场的不平衡。所以，一定要加强地区间的区域经济交流和合作，贯彻落实区域发展战略。积极推进西部大开发，振兴东北地区等的老工业基地，促进中部地区崛起，鼓励东部地区率先发展，继续发挥各个地区的优势和积极性。通过健全市场机制、合作机制、互助机制、扶持机制，逐步扭转区域发展差距拉大的趋势，形成东中西相互促进、优势互补、共同发展的新格局。根据各地区不同的资源环境承载能力、基础设施和发展潜力，充分发挥不同地区的比较优势、加强薄弱环节，形成东中西部良性互动。

### >>三、因地制宜制定就业政策<<

目前我国的劳动力分布明显出现区域化现象，在不同的阶段不同的地区有不同的特点，应该根据实际情况因地制宜制定就业政策。目前各地区都相应出台了落户政策，积极引进人才。到目前为止，已经有十多个大城市出台新的落户政策，降低落户门槛，其中也包括天津、重庆两个直辖市。近些年来，随着落户政策的改变，全国的劳动力流动趋势在逐步改变，一些传统的超大城市出现人口流出现象，人口更多地向中心城市和城市群聚集，一些发展前景很好的中西部城市也开始吸引大量人口。总体来说，我国的劳动力市场正在趋于理性，就业风险也在逐步降低。

## 第二节　加强技能培训，弥补劳动者素质短板

劳动力市场空间演变的特征导致劳动力市场就业岗位创造能力区域异质化显现，就业市场供应短缺和过剩并存。当前就业极化的现象给不同技能劳动的就业产生了不同程度的影响，中低技能劳动力会有失业的风险，高技能劳动力则处于有利的地位。针对劳动力错位的现象必须加强教育培育，从根本上提高劳动力的水平，向社会提供更多高质量的劳动力。

## >>一、提高高等教育质量促进各类技能劳动技能提升<<

第一，国家必须持续扩大对于教育的投入，不断改善高等教育的环境和质量。高等教育需要投入大量的资源来购买设备提供相应的支持，较高的教育投入是高质量的教育和科研的保障。一方面，国家必须加大对于顶尖高校的财政支持，提供更多的实验器材和科研设备，加大人才引进的力度，同时继续扩大留学生的比例，鼓励我国优秀人才到国外学习领先的学科领域，并以优厚的待遇吸引学成人才回国就业，为国内市场提供具有全球视野的高端人才；另一方面，继续加大对高职院校的财政支持力度，扩大其办学规模，严格审查其考核标准，不断提高高职院校培育专业型人才的实力。

第二，继续进行教育体制改革。尽管当前我国对教育的重视程度已经很高了，投入了大量的资金，取得了不错的成绩，但是改革仍有较大的上升空间。中国大学培养出的高端人才无法满足当今世界发展的市场需求。在一些领域，我国还缺少专业的人才，只能引进国外的高端人才。巨大的经济投入与所获得的回报不成正比，这与我国教育体系中存在的弊端有一定的关系。教育体系改革必须从体制入手，以行政管理、教育科研人员管理和学生培养等方面入手，逐渐改善教育环境，为培养高质量人才提供良好的宏观环境。

第三，逐步解决教育不平衡的问题。教育的每个阶段都存在着教育不均等的问题，受地理位置、经济水平、人力资源的影响，各地高校之间的教育资源并不均等，一些偏远地区的高校没有足够的资金来配置相应的教学和实验资源，高校的教师外流现象也十分严重。本地经济的发展最重要的还是依靠本地的劳动者来完成，高等教育水平会在很大程度上影响当地的经济程度。在当今科学技术迅速发展的情况下，一些文化程度不高的劳动者被机器代替，而高校没有足够的资源使他们受到相应的技能培训。因此，必须通过行政手段将教育资源向那些贫困地区转移，尤其是扶持相应的科研机构和职业技能学校，支持其根据现有的优势吸纳更多的劳动者学习知识和技能，提高各个水平劳动力的供给。

## >>二、重视技能培训促进中低劳动者技能提高<<

第一，社会各方面必须重视劳动力培训的工作，才能在一定程度上提高技能培训的可行性。一方面，政府必须对此高度重视，积极宣传，做好组织工作，通过各种方式(如网络、广播、传播等形式)进行多方位的宣传，引导劳动者积极、自愿参加培训；另一方面，要动员社会各个领域的人员通过多种形式来支持社会技能培训活动，比如给予相应的政策支持和资金补助等。此外，政府的相关部门必须做好统筹规划工作，根据当地劳动者现状制定相应政策，提供必需的资金支持，发挥主导作用。

第二，提高补贴标准，增加扶持力度。一方面，要适当提高补贴的标准，简化补贴的手续，完善补贴的程序，将补贴及时发放到劳动力的手中；另一方面，加大相关企业对于技能培训的支持力度，提高企业培训补贴标准，引导企业不断增加技能培训的投入力度，增加企业培训的动力。

第三，完善劳动力培训体系建设。首先，要完善职业培训体系，在招生方面严格把关，对于学生的考核标准也应该从单纯的知识考核到技能考核并重。其次，加大学校和企业的合作力度，共同提高劳动者质量。学校负责提高理论知识，而企业则根据自身需求提供实习岗位，提高操作能力，两者共同努力培育符合市场导向的劳动力。最后，要建立严格的职业技能认证机制，提高技能证书的认可度和含金量，在提高劳动技能水平的同时，吸引更多的劳动者参与职业技能培训，提高自身本领。

### >>三、给予用人单位更多的自主权缓解就业错位现象<<

仅仅致力于提高劳动者自身的职业能力无法解决劳动力市场劳动者剩余和劳动者短缺现状并存的问题，必须对此进行大幅度改革。当前，中国高等院校的专业设置、招生数量与市场需求脱节，又不可能在短时间内进行全国大范围的高校专业设置的改革。因此，要在一定程度上给予高校和研究机构一定程度的自主权，以市场需求为导向，灵活地调整招生的专业和人数，为市场及时提供符合条件的劳动者。

## 第三节　实施乡村振兴战略，加快劳动力市场融合

当今社会，科学技术与农业发展密不可分，农业农村快速发展。培育出懂得专业知识、具备先进管理理念的劳动者对于进一步促进经济发展、提高城乡融合度具有重要意义。

### >>一、促进政企合作的新型合作机制<<

在提高农村劳动力自身素质的过程中必须充分发挥政府主导、企业多方积极响应的协同培训机制。政府在整个培训过程中发挥着主要作用，充分利用财政税收对于按时完成职业技能培训并取得职业证书的劳动者给予物质补助；对于取得了重大成果的乡村企业等进行大力宣传，并在财政税收减免和贷款优惠方面给予

鼓励和支持。通过这种手段来树立榜样，发挥模范带头作用，大力吸引企业等经营主体大力投身乡村劳动力的建设。此外，还可以构建企业与高校之间的合作机制，充分利用高校的优秀教育资源，建成一系列的科技示范园区，发挥高科技成果在农业领域的运用，从而更有针对性地规划乡村劳动力的培训课程和培训体系，最大限度地提高乡村劳动力的专业化水平。

为了规范化农村劳动力的培训，提高其培训质量，应该根据不同类型不同特点的劳动力进行系统性的培训，在设置的培训课程方面也应该更加科学。例如，针对已经有一定技能基础的农场主可以进行针对性的培训，以具体的项目为案例设计一系列培训内容，创新教学方式，同时针对不同的学习能力后续展开专业的追踪指导。培训课程设置的内容应该尊重农村劳动力的实际需求。除了这些方面，还要注重新旧知识的衔接和运用，确保其所学技能得到有效运用。

## >>二、提高城镇化水平创造更多就业机会<<

实施乡村振兴战略的最终目的是加快推进农业农村现代化，走中国特色社会主义乡村振兴战略，让农业成为有奔头有吸引力的行业，最终推动国家治理体系和治理能力的现代化。城镇化是乡村振兴战略的重要体现，必须高度重视城镇化发展的质量。

第一，充分利用各地区的资源促进协调发展。比如东部发达地区存在着劳动力资源与土地资源紧张的问题，相应地就应该推进产业结构转型升级。中西地区经济发展相对落后，但是资源丰富，相应地就应该将东部的一些产业向中西部转移，同时还可以增加中西部的就业岗位，大量吸纳农村的剩余劳动力。

第二，进一步完善乡村土地的流转制度，从根本上提高农村的城镇化水平。保证农民在失去土地之后还能够合理就业，避免出现“伪城市化”的现象。政府应该充分尊重农民的权益，及时为其办理相关手续，实行城市居民户籍统一管理制度，并且及时落实社保。积极将农村的剩余劳动力向第二、三产业转移，实现现代农业的规模化、产业化发展。

第三，城乡之间应该形成联动机制。城镇不能只关注自身的发展，还应该考虑周围其他城镇的发展，形成功能互补的一体化城镇区域，以局部的发展来促进整体的发展。完善相关的基础实施，形成便利的交通体系，将城乡纳入一个资源共享的体系当中。

## >>三、完善社会保障体系解决劳动者的后顾之忧<<

目前我国的农村社会保障体系不够健全，保障的范围很小，总体的水平也不高，导致广大农民的幸福感不足。政府必须加强对于农村社会保障方面的投入，如基础设施、医疗卫生、义务教育等方面，有效缩小城乡收入差距。

第一，政府应该完善现有的户籍制度，让进城务工的农村劳动力拥有与城市居民相同的社会福利保障，减轻农村务工人员的社会负担。当前，户籍制度是阻碍劳动力在城乡之间流动的一个重要因素，相应就会提高企业的劳动力成本。户籍制度使得农村劳动力无法融入城市生活，也无法享受到城市的福利和待遇，所以就无法保障持续稳定的劳动力供给。因此必须逐步开放户籍制度，加快农村劳动力市民化身份的转变，保障每个农村劳动力都有平等的权利和机会在城市生活，加快劳动力在城乡之间的流动，降低企业雇用劳动力的成本，促进产业升级和经济增长。

第二，要将农村的保险纳入农村的社会保障体系。农业生产本身就具有不确定性，受自然环境的影响很大，因此有较高的风险。如果有了农业保险，农民的损失能够得到及时的补助，就会使农民的基本生活得到应有的保障。这对提高乡村居民的生活质量有很大的作用，会在更大程度上促进农业的现代化发展，促进当地的经济发展。

### >>四、缩小城乡发展差异<<

乡村振兴战略不仅需要政府的统筹规划，乡村也应该积极发挥作用，主动寻找发展的机遇，因地制宜制订计划。各村镇应该充分发挥当地的自然条件、人文历史和产业发展的优势，实现特色化的发展。一方面，各村镇应该做好宣传培训工作，提高农村劳动力的现代化发展理念，学习社会保障的相关内容，提高自身的综合素质，让村民能够更好地融入城镇中；另一方面，对于城镇居民也要进行相关教育，大力普及现代知识和行为规范，提高整体素质。总体上，要让人们认识到乡村本土人文底蕴深厚，肩负着传承传统文化的重要职责。必须树立文化自信、减少城乡文化差异，同时要大力推进乡村文明建设，以传统文化、家风传统为着重点，充分发挥模范作用。

## 第四节　依托互联网平台，打破劳动力空间边界

在“大众创业，万众创新”的推动下，网络经济和共享经济得到了迅速发展。“互联网＋”经济模式的发展使得劳动者就业模式更加灵活，带来了就业市场的改革。

## >>一、“互联网＋”促进信息交流，激发市场潜能<<

互联网使用的普及为劳动力市场的双方提供了高效、便利的信息传递，为实现就业提供了可能。劳动力是一种生产要素，只有在供给和匹配双方得到平衡时才能促进经济市场的发展。劳动力市场信息的匹配程度是劳动力市场信息沟通顺畅的重要标准，也是劳动力就业的重要因素。互联网的出现和发展，搭建了线上沟通的平台，为劳动力供需双方都提供了有效的信息，不仅缓解了劳动力市场信息不对称的情况，也大大降低了劳动力双方的交易成本。同时，“互联网＋”时代衍生出了许多更有竞争实力的产业，如直播带货的电商经济，还有外卖服务和网约车等。这些行业背后都有强大的潜在需求，反映出人民日益增长的物质文化需求，同时也引领和满足了消费者的结构转型升级，顺应了时代的发展。

在今年的疫情防控中，随之出现形成的“宅经济”为恢复我国经济、创造就业岗位做出了巨大贡献。“宅经济”是随着网络兴起的一个新名词，主要的意思就是在家中上班，在家中兼职，在家中办公或者在家中从事商务工作，它一定程度上降低了失业率。“宅经济”最早的代表商业模式就是淘宝电商，让待在家里的民众看到了新的商业机会，随之衍生的远程办公、社交电商、社交视频等陆续成为在特殊时期的独特商业模式。“宅经济”在疫情背景下发展壮大，当前已经成为地方政府复工复产的重要抓手，也是中小微企业稳定经营的重要手段，正在助力企业复工复产和地方经济复苏，成为经济增长的亮点。在未来，“宅经济”或许成为中国经济增长的重要动力。

## >>二、“互联网＋”给劳动者带来了更大的灵活性<<

互联网的快速发展给作为微观个体的劳动者带来了诸多好处，主要体现在以下方面。第一，降低了劳动者的工作搜寻成本。在传统的劳动力市场中存在着信息不对称的现象，存在着结构性失业的现象，现在互联网求职有效地解决了这个问题。在线求职大大减少了之前求职方式中所需要的交通、中介的费用等，搜寻的成本显著降低，使得求职者获得工作的效率极大提高。第二，提高了就业的灵活性。互联网办公的普及使得劳动者可以自由选择办公场所，使得远程办公和交流成为可能，大大减少了通勤时间，提高了工作效率。第三，给劳动者提供了更多的工作选择。互联网的不断普及，催生了一大批新型的互联网产业，电子商业和互联网公司发展迅速，相关的新型岗位有较好的福利待遇，对于劳动者来说是非常良好的机遇。另外，随着新型产业的发展不免出现传统产业的衰败。这就在客观上要求劳动者必须顺应时代的发展，及时转变思维，提升自身的技能，满足市场需求。

互联网的普及使用也在宏观层面上对劳动力市场产生了一定的影响。一方面，互联网技术对于劳动者就业的数量产生了一定的影响。在短期内，该技术对高技能劳动者有较大的促进作用，因为网络技术对于高技能的工作来说是互补的，有利于提高他们的工作效率。但是对于低技能劳动者来说，互联网的普及很有可能造成失业的现象。从长期看，企业的劳动生产率不断提高，肯定会在一定程度上扩大生产规模，相应地会增加对于部分低技能劳动者的需求量。另一方面，互联网技术不断提高劳动者就业的质量。随着高新技术产业的不断发展，具备互联网技能的高技能劳动者会获得更多的工资收入。高工资作为一种正向的激励，会使得劳动者不断提升其信息技能和整体素质，为自己争取更高的就业岗位和更好的就业回报。

## >>三、“互联网＋”促进企业转型升级<<

我国必须积极完善互联网引领行业转型升级的政策体系，建立推进互联网引领转型升级的协同机制，加快构建互联网的产业集群，增创产业发展的新优势，使得互联网产业成为经济发展的领跑者和排头兵。

首先，要成立促进互联网产业转型升级的专门机构，建立推进互联网引领转型升级的协同机制。建立适应互联网经济发展运行的管理新体系，统筹规划促进其他产业转型升级的相关政策的规划、制定和实施。建立跨行业和地区的大数据云计算发展协同推进工作，真正把政策的规划制定、标准的研究、产业的合作等方面统筹规划成为可以实施的具体政策，打破行业、地区间的壁垒，避免出现“信息孤岛”的现象。

其次，打造金融、产业和科技有效融合的产业链，加大对于互联网企业的信贷支持。建立由政府创投引导的基金为主的金融服务体系，鼓励设立互联网创业投资资金，吸引国内国外道德风险投资和社会资金投向互联网领域。鼓励和引导金融机构加大对于互联网企业和传统企业技术转型升级的信贷支持。创新互联网行业企业融资的管理模式，结合网络信息平台创新无抵押、无担保的信用模式，致力于解决企业融资难的问题，全力支持互联网产业的发展。

最后，要重点打造支撑中小企业转型升级的公共服务平台。利用多方平台建立起重点行业转型升级的应用服务云计算数据中心。加快建设“工业云”等中小企业的公共服务平台，为他们提供及时准确、优质低廉的公共云服务，提高中小企业的互联网应用能力。建业产业链的协同创新服务平台，推动重点技术的研发和使用。重点在优势企业、智能制造、电子商务等领域树立试点示范应用标杆，加快构建基于互联网的产业创新集群，打造新型的网络经济带。

## 第五节　深化国际合作，扩展劳动力国际空间

对于发展中国家来说，劳动力输出是促进国际贸易的一个重要推动力。随着我国经济发展进入新时代，近几年出现的劳动力输出负增长的情况得到了改善，但是仍然存在大量的失业人员，所以必须进一步加深国际合作，促进我国劳动力的输出。

### >>一、拓展对外劳务合作的范围<<

总体来说，全球劳动力市场尚未饱和，发达国家仍然需要大量的劳动力。而当前我国劳动力输出主要集中于亚洲和非洲，应该进一步扩展对外输出范围，推动我国劳动力输出欧美国家有实质性的进展。同时在对外劳务合作中也要提高劳动者的素质，加强医疗、教育、计算机等高端行业的引导，实现跨国劳动力从低技能的农民工向高级人才转变。在转型过程中也要保持中国劳动人员勤奋刻苦、技术熟练、劳动生产率高的传统优势，从而提高中国在国际劳务市场中的综合竞争力。调整对外劳动力的结构首先要改变人力资源结构，促使我国劳动力输出的转型，力求实现我国劳务发展和经济发展的同步转型升级。

在积极推进劳务输出的同时还应该全面开展劳务合作，促进管理和服务的创新，努力实现特色化和差异化经营，建立独特的品牌产业。这是我国劳务合作经营企业发展的方向。随着中国经济的快速发展和海外的拓展，我国传统文化逐渐输出。中医中药、中文翻译、中文导游导购服务、中餐厨师等岗位的市场需求越来越大，这就为我国形成独特的国际劳务合作业务种类提供了可能。

### >>二、持续发挥“一带一路”的引领作用<<

“一带一路”倡议主要是针对基础设施建设项目，其主要目的是加强中国与丝绸之路沿线国家的互联互通。该倡议能够在一定程度上促进全球增长、帮助落后国家解决基础设施问题，受到了沿线国家的一致好评。除此之外，“一带一路”国际合作重大工程项目对于推动全球劳动力市场就业具有重要作用，有望在整个覆盖区域创造大量的就业岗位，吸收大量的劳动人口，解决各国迫切的就业问题。

实践证明，“一带一路”国际合作重大工程项目具有巨大的发展潜能，能够促进各国合作和互利共赢。“一带一路”倡议作为我国全方位的对外开放重大举措，强调共商、共建、共享原则，给国际合作带来了更多道德可能性。其中，

“经济带”的概念就是对于地区合作经济模式的一种创新，具有更高的灵活性和实用性以及很强的可操作性。各个国家都是平等的合作参与者，坚持各国自愿参与、协同推进的原则，发扬着古代丝绸之路的兼容并包的精神。目前，全球各大企业也看到了“一带一路”基础设施建设项目销售、利润和创造就业机会的潜力，各国合作的范围不断扩大，合作领域更加广阔。该倡议必将获得更多国家和企业的赞赏与支持。必须进一步推动项目的发展，开展更大范围、更高水平、更深层次的合作。

## >>三、进一步深化改革开放<<

改革开放是当今中国的鲜明标识，是实现中华民族伟大复兴的必由之路，是应对百年未有之大变局的必然选择。对于全国各地区的企业而言，开放是最大的机遇和最大的动能。

首先，进一步深化改革开放要稳定外资外贸。现在各国的经济高度融合，互相依赖，处于“你中有我、我中有你”的状态，产业链的各个环节环环相扣，上下游联系紧密。在疫情防控常态化的情况下必须大力推动复工复产，保障外贸的产业链和供应链都能正常运转。要加强各国的协调和沟通，保障龙头企业和关键环节恢复生产，同时加快恢复国际物流的供应链，保证国际货运的畅通才能维护全球供应链的稳定。

其次，进一步深化改革开放必须扩大需求。全世界范围内的疫情对全球的生产和消费造成了很大的冲击。我国拥有世界上最大规模的中等收入群体，相应地，也拥有很大规模的消费市场。我国产业体系逐渐完善，劳动力资源优质且丰富，拥有足够的优势和潜能度过此次的疫情。要继续制定相应的政策，扩大进口，扩大需求，更好地满足经济社会发展的需要，不断改善人民的生活水平。同时也要更好地利用外资工作，积极帮助外资企业解决复工复产中的困难，保证标志性的重大外资项目落地，让外资企业吃下定心丸。

最后，进一步深化改革开放必须着眼长远，持续优化营商环境，做好相应的招商工作。现阶段，我国的疫情防控已经取得了一定的成就，企业逐渐复工复产。这为我国进一步投资兴业创造了有利的条件。我国必须抓住这个机会，主动作为，打造更有利的投资环境，实施好相应的外商投资法和配套措施，继续放宽市场准入的要求，持续扩大服务业等行业的开放程度，不断增强外商长期投资经营的信心。

# 第二篇

## 中国劳动力市场空间格局演变专题研究

# 第四章

# 我国就业人口的空间分布及演变研究

就业是最大的民生，就业问题也一直是社会关注与学术研究的焦点。在经济新常态下，我国的就业人口结构及其空间分布发生了重大变化。在新一轮的科技革命中，技术进步、产业结构变革和“新基建”等都可能是驱动就业人口的空间分布演变的重要因素。大多数文献研究基于省级层面实证研究技术、产业等与劳动力人口分布之间的联系。本章利用2002—2018年就业人口数据，从省级就业人口、城市就业首位度和省级就业单位性质三个角度研究我国区域就业中心的空间分布及其演变规律。

## 第一节　我国就业空间分布特征：基于省级层面的分析

我国就业人口分布的总体格局是东部地区密集，中西部地区稀疏，人口向东部地区流动明显。近些年，产业政策调整和人才战略实施使就业空间分布的格局发生重大变化。基于全国第六次人口普查数据的研究分析发现，劳动力人口仍集中在东南沿海地区，但是由于西部开发、中部崛起、东北振兴等政策措施力度不断加大，以及中西部地区的经济快速发展①，这些地区的就业吸纳能力将不断提高，就业人员外流会明显减少。研究发现流动人口由上升到下降的拐点在2015年出现，认为不同地区人力资本的再配置会使一部分人不再成为“流动人口”②，呈现流动人口本地化特征。因此，随着劳动力人口流动趋势的减缓，各省就业格局也发生显著变化。

① 段成荣、吕利丹、邹湘江：《当前我国流动人口面临的主要问题和对策——基于2010年第六次全国人口普查数据的分析》，载《人口研究》，2013(2)。

② 杨芸：《产业变迁视角下的劳动力资源再配置——“新常态”下劳动力分布特征及其解释》，载《管理现代化》，2019(6)。

# >>一、各省就业比重及其变化趋势<<

## (一)京津冀地区

京津冀都市圈地理位置优越 、经济实力雄厚、发展机会多，其就业吸引力大，但技术应用与产业发展对就业人员工作技能要求不断提高，因而就业比重不会大幅激增，而是会维持比较缓慢的上升趋势。相比于北京和天津，河北的就业比重明显下降，河北的就业人员比重从 2002 年的 71.2%下降到 2018 年的 68.8%(见图 4-1)。

河北位于京津冀都市圈的外围，自身地理优势不明显。2018 年北京的产业结构和发展规模已进入后工业化阶段，第三产业比重较大；天津进入“工业化后期”阶段，第二、三产业协调发展；而河北仍处于“工业化中期”阶段，第一产业仍有一定发展规模。① 随着科技发展和产业变革，新机器等投入生产会对低技能就业者造成挤出效应，因此可能会引起河北省相关产业就业比重的下降。

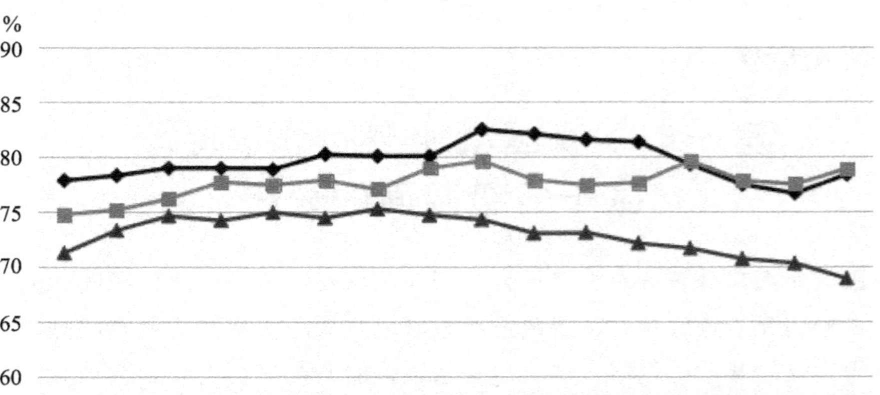


**图 4-1 京津冀地区各省(市)就业人口比重**

数据来源：国家统计局。

## (二)东北地区

由图 4-2 可见，东北三省辽宁、吉林、黑龙江的就业人口比重从 2002 年到

① 俞伯阳、丛屹：《京津冀协同发展视阈下产业结构与就业结构互动机制研究》，载《当代经济管理》，2020(5)。

2018年总体趋势缓慢下降，但下降并不明显。研究发现，东北三省产业优化升级已发展到后工业化阶段，第三产业比重上升，已经成为吸引劳动力的主力。① 但技术水平较低会限制高技能人才的就业规模，造成一部分人才流失，所以产业转型会减缓劳动力外流。总体来说，随着产业结构调整与升级，东北地区的劳动力流失情况得到了改善。

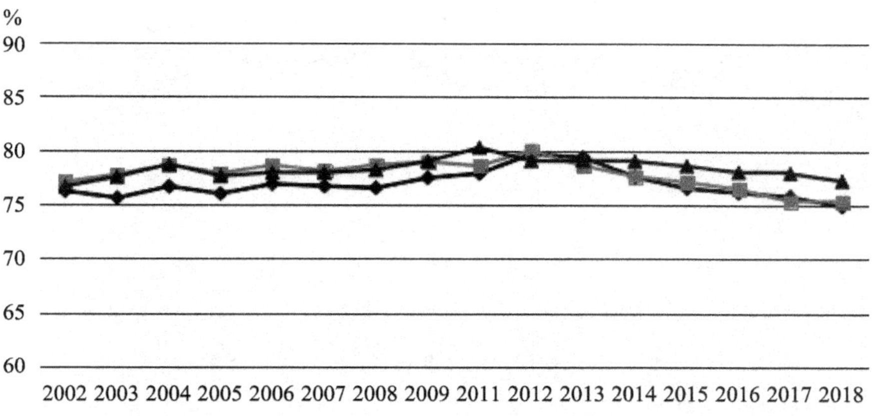


**图 4-2　东北地区各省就业人口比重**

数据来源：国家统计局。

## (三)东南沿海地区

由图4-3可以看出，由于经济发展水平存在差异，沿海省市中的上海、江苏、浙江、福建、广东的就业人口比重都呈现出上升或稳中有升的趋势。其中，上海在2011年前上升趋势较明显，从2002年的76%上升到了2011年的84%，但是从2011年开始下降，到2018年下降至75%。广东省的就业比重上升趋势最明显，从2002年的67%上升到了2018年的75%，但是从2011年开始与其他省份一样上升态势趋缓。第五次人口普查和第六次人口普查的数据研究结果表明，2010年后广东人口流入增速趋势减缓，公共服务、政府投资和金融危机等都可能是这一现象出现的原因。② 所以，金融危机会对进出口等经济领域造成很大影响，使得一些较发达地区的就业机会减少，进而引起劳动力流入放缓。

山东省的就业人员比重从2002年的72.7%下降到2018年的66.8%，山东

① 王炜、郑悦：《产业结构演进对东北三省人口流动的影响及对策分析》，载《学术交流》，2019(6)。

② 齐宏纲、刘盛和、戚伟、刘振：《广东跨省流入人口缩减的演化格局及影响因素研究》，载《地理研究》，2019(7)。

省的人口老龄化进程在不断加快，而传统制造业仍是山东经济的主体。高端产业不足可能是引起山东省就业比重下降的原因。①

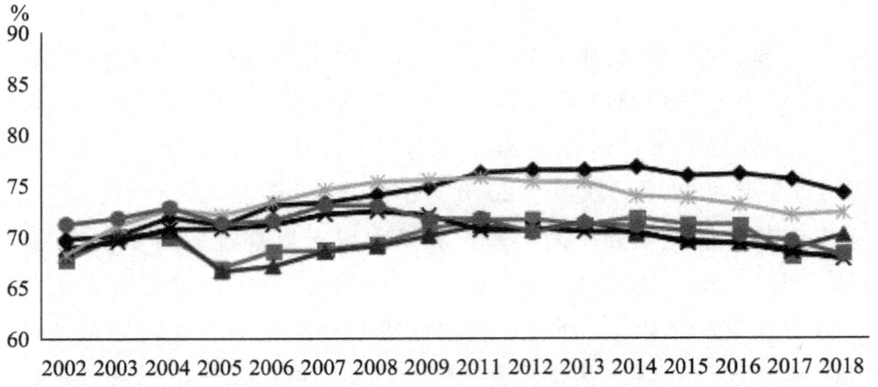


**图 4-3 东南沿海地区各省(市)就业人口比重**

数据来源：国家统计局。

## (四)中部地区

中部地区各省就业比重总体来看是比较稳定的。山西的就业比重从 2002 年的 69.6%上升到 2018 年的 74.1%，湖北的就业比重从 2002 年的 68.1%上升到 2018 年的 72.2%，其他省份上升与下降的趋势不显著，尤其近几年变化趋势更是平缓。

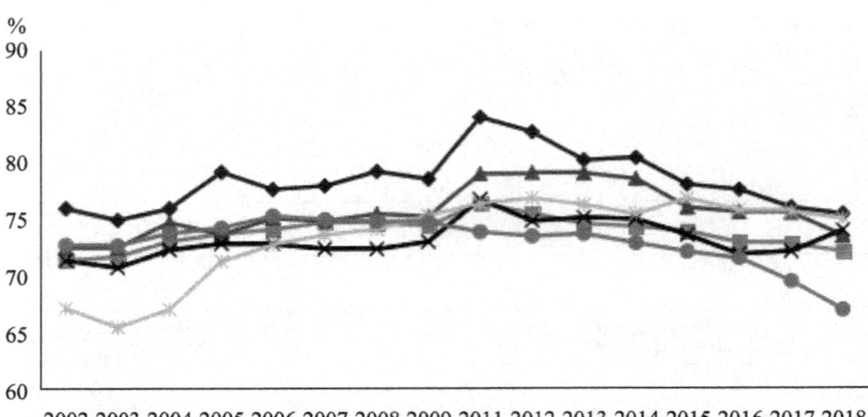


**图 4-4 中部地区省份就业人口比重**

数据来源：国家统计局。

① 李少星、王先芝、纪小乐等：《乡镇尺度上的山东省人口老龄化空间格局演变与影响因素研究》，载《地理科学进展》，2019(4)。

总体来看，随着政策调整、人才引进和产业变革，近些年中部六个省份的劳动力外流的现象已经有所放缓，但是就业人口向东南沿海聚集的趋势仍没有改变。

## (五)西北地区

由图 4-5 可以看出，内蒙古、陕西、甘肃、青海、宁夏、新疆的就业比重总体相近，近年来呈现缓慢上升的变化趋势。由于我国在收入水平、产业结构、公共服务、经济发展等方面的东西差距较大，为了提高西部地区经济发展水平，国家于 2000 年实施西部大开发战略，建设青藏铁路，实施西部支教政策，同时也充分利用西部的资源，如“西气东输”“西电东送”等。这些举措使东西部地区之间形成了良好的互动，促进经济发展，也为西部地区提供了更多的就业机会，减少劳动力外流，提高就业比重。

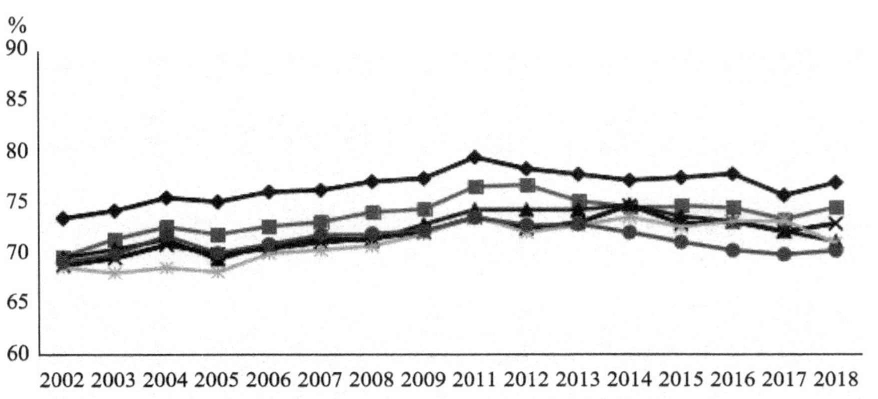


**图 4-5　西北地区各省(区)就业人口比重**

数据来源：国家统计局。

## (六)西南地区

从图 4-6 可以看出，重庆、四川就业人口比重在近几年略有下降，但趋势并不明显；贵州在 2005 年之后的就业比重出现比较明显的上升趋势，但是 2017 年的就业比重又下降到了 66.4%。整体来看，西南地区其他省份的就业人口比重在缓慢上升，但是变化趋势不明显。贵州自然资源丰富，人口增长较快，但是经济发展落后，劳动力主要集中在第一产业，由于发达地区对劳动力吸引力较大，出现明显的劳动力外流。然而，2020 年提出的投资“新基建”给这些地区带来了较好发展机遇，贵州、四川已经成为大数据中心，成渝经济圈的建设也有利于这些地区的经济发展，会逐步提高就业吸引力。

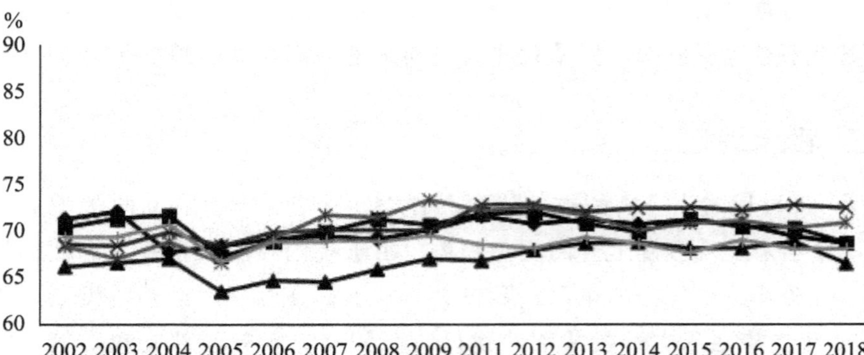


**图 4-6　西南地区各省(区、市)就业人口比重**

数据来源：国家统计局。

## >>二、变化显著省份的区域空间分布特征<<

从图 4-1 至图 4-6 可以看出，就业人口比重显著上升的省份有广东省、山西省、贵州省，就业人口比重显著下降的省份有河北省、山东省。其中，广东省位于珠三角地区，就业人口比重显著上升，可以看出劳动力向珠三角聚集的趋势没有改变；而山西省和贵州省分别位于中部地区和西部地区，就业比重也显著上升，表明劳动力具有向中西部分散的趋势；河北省和山东省位于东部地区，但是就业比重却在显著下降，说明劳动力向京津冀等东部地区聚集的趋势虽然没有根本性的变化，但是已经在一定程度上有所分散。

# 第二节　我国就业空间分布特征：基于城市就业首位度角度

国内大多关于就业分布的研究是基于省级层面，但是也有部分基于城市层面。例如，劳昕(2015)在地级市层面的研究发现，京津冀都市圈、珠三角和长三角仍是人口跨省流动的主要吸引中心。① 首位度在一定程度上代表了城镇体系中的城市发展要素在城市的集中程度。1939 年，马克・杰斐逊(M. Jefferson)提出了城市首位律(Law of the Primate City)，其核心内容是研究首位城市的相对重要

① 劳昕、沈体雁：《中国地级以上城市人口流动空间模式变化——基于 2000 年和 2010 年人口普查数据的分析》，载《中国人口科学》，2015(1)。

性，即城市首位度。本节利用全国 50 强城市的相关数据从城市首位度角度考察就业的空间分布及其演变趋势。具体地，我们选取了 50 强城市中的省会城市及副省级城市的数据来计算就业比重。

## 一、50 强城市就业人口占全省就业人口比重的变化趋势

在 2002—2017 年的 50 强城市中，属于省会和副省级城市的有深圳、广州、哈尔滨、武汉、成都、沈阳、大连、杭州、西安、青岛、南京、太原、郑州、长春、石家庄、昆明、福州、济南、长沙、宁波、烟台、厦门、合肥、南昌、南宁、乌鲁木齐、贵阳 27 个城市。其中，乌鲁木齐和贵阳在连续年份中入选 50 强城市次数较少，因此不做具体分析。

从图 4-7 可以看出深圳、广州、成都、杭州、西安、南京、长春、福州、厦门就业人口占全省就业人口的比重明显上升，其他城市变化趋势不明显。深圳、广州、杭州、南京、福州、厦门都是位于长三角和珠三角的东部沿海城市，是劳动力的主要流入地。成都、西安是位于西部地区的省会，长春则位于东北地区，近些年这三个城市的就业人口比重也在明显上升。所以，无论是从省级层面还是城市级层面来看，就业分布的格局一直都是集中分布在东部发达地区，但是有向中西部及东北地区分散的趋势。

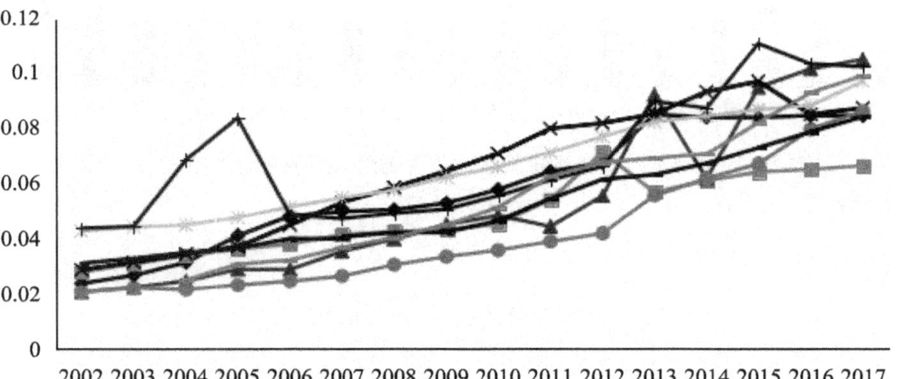

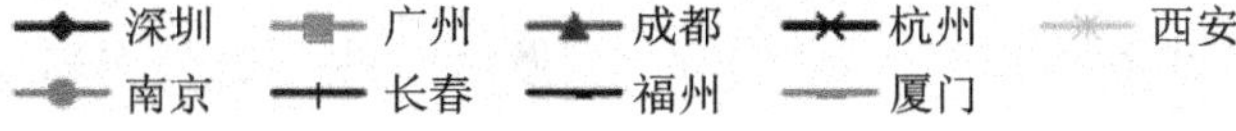


**图 4-7　就业比重显著上升的城市变动趋势**

数据来源：国家统计局。

## >>二、50 强城市就业人口占全国就业人口比重的变化趋势<<

从图 4-8 可以看出，50 强城市就业人口占全国人口的比重有明显的上升趋势，从 2002 年的 46%上升到 2017 年的 54%。在 50 强城市中，来自江苏省、浙江省、山东省和广东省这四个省份的城市较多，其余城市大多是省会城市。所以，从城市层面来看，中西部及东北地区的区域就业中心还是分布在各省的省会城市。而东部地区各省的区域就业中心有一些分布在省会城市，另一些则处于副省级和经济发展水平较高的城市。例如，广州、深圳、厦门这些城市都对劳动力具有较强吸引力。

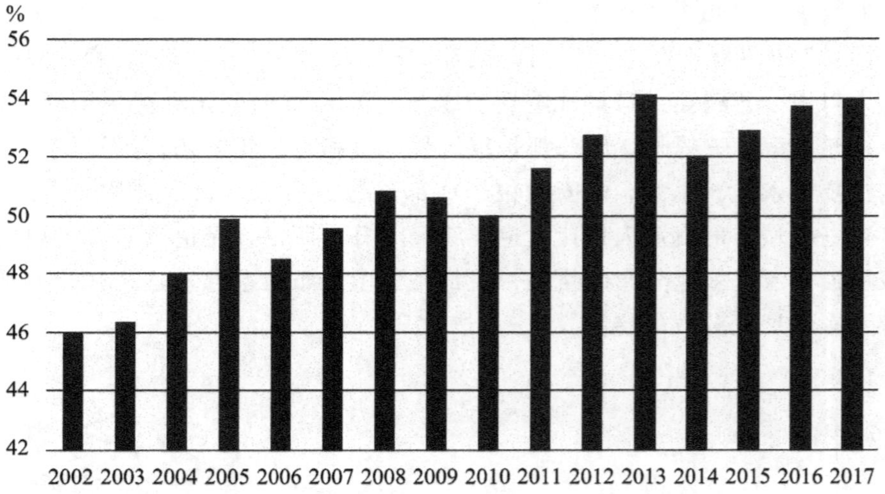

**图 4-8　50 强城市就业人口占全国比重的变化趋势**

数据来源：国家统计局。

## >>三、50 强城市的区域分布<<

一个地区的就业分布状况与演变趋势和当地的经济发展水平密切相关。下面我们从三个角度来考察 2002—2017 年的 50 强城市的区域分布状况，进而研究各区域经济发展水平、就业分布及变动趋势。

### (一)从东中西和东北地区角度考察

按东中西和东北地区划分区域，东部地区包括河北省、北京市、天津市、山东省、江苏省、上海市、浙江省、福建省、广东省、海南省等 13 个省份；中部地区包括山西省、河南省、安徽省、湖北省、江西省、湖南省 6 个省份；西部地区包括重庆、四川、贵州、云南、陕西、甘肃、青海、宁夏、西藏、新疆、广西和内蒙古 12 个省份；东北地区包括吉林、辽宁、黑龙江三省。

由图 4-9 中可以看出，东部地区所占 50 强城市的个数远远高于其他三个区域，从 2002 年的 24 个城市上升到了 2017 年的 33 个城市，每年的个数都在 20 个以上。而其他三个区域中，西部地区经济落后，东北地区只有三个省份且经济相对不发达，因此所占 50 强城市的个数较少，而且从 2002 年一直呈现下降的趋势，从 2002 年的 8 个下降到 2017 年的 4 个。中部地区占 50 强城市的个数相对于西部和东北地区来说较多，而且数量比较稳定，一直维持在 10 个左右。

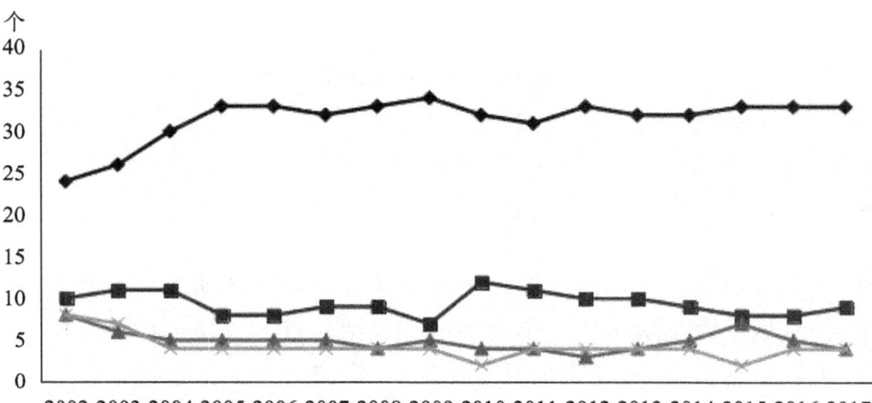


**图 4-9　东中西及东北地区的 50 强城市分布状况**

数据来源：国家统计局。

## (二)从南北角度考察

以秦岭淮河作为分界线，可将我国地理区域划分为南方和北方。北方地区包括北京、天津、河北、山东、河南、山西、内蒙古、黑龙江、吉林、辽宁、陕西、甘肃、青海、宁夏、新疆 15 个省(区、市)。南方地区包括上海、江苏、浙江、安徽、福建、江西、湖北、湖南、广东、广西、海南、重庆、四川、贵州、云南、西藏 16 个省(区、市)(不含港澳台地区)。

总体来看，50 强城市中北方城市个数一直呈现下降趋势，而南方城市个数一直呈现上升趋势。2002 年，南方城市个数是 23 个，北方城市个数是 27 个，北方城市个数多于南方城市个数，但数量相差不大。而在 2002 年之后，北方城市个数少于南方城市个数。到 2017 年北方城市个数是 15 个，南方城市个数是 35 个，北方城市的个数远远低于南方城市的个数(见图 4-10)。

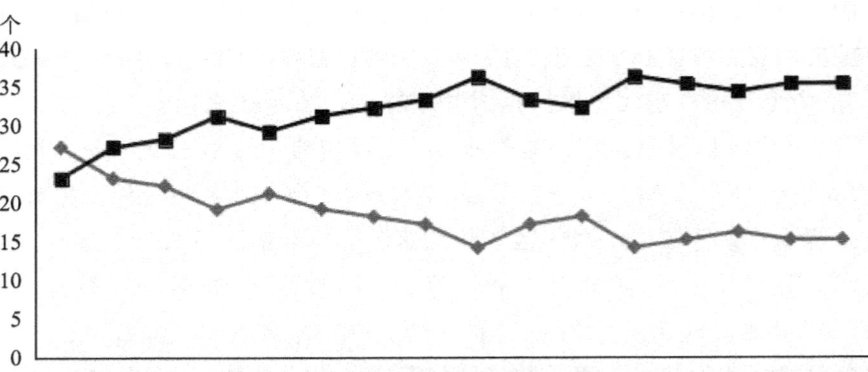


**图 4-10 南北地区的 50 强城市分布状况**

数据来源：国家统计局。

## (三)从六大功能板块考察

我国区域可以分为环渤海地区、东北地区、东南沿海地区、中部地区、西北地区和西南地区 6 大功能板块。环渤海地区包括北京、天津、河北、山东 4 个省份；东北地区包括黑龙江、吉林、辽宁三省；东南沿海地区包括上海、浙江、江苏、广东、福建 5 个省份；中部地区包括山西、河南、安徽、湖北、江西、湖南 6 个省份；西北地区包括内蒙古、陕西、甘肃、宁夏、青海、新疆 6 个省份；西南地区包括西藏、贵州、云南、四川、广西、重庆 6 个省份。

从图 4-11 可以看出，东南沿海地区中的 50 强城市远远高于其他区域，而且

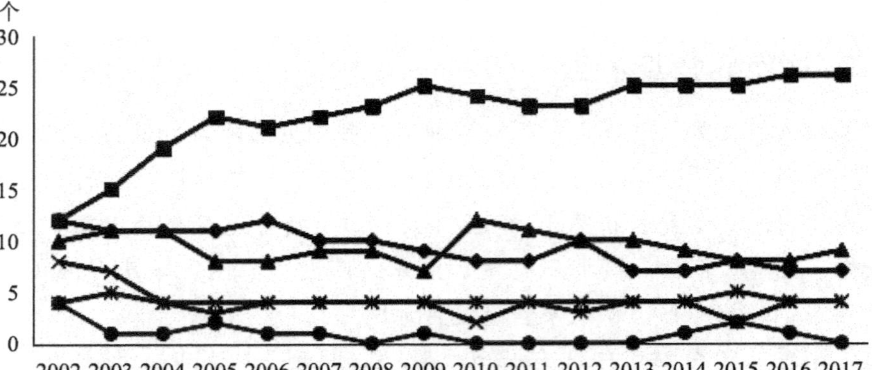


**图 4-11 六大经济圈的 50 强城市分布状况**

数据来源：国家统计局。

呈现明显上升的趋势，从 2002 年的 12 个城市一直上升到 2017 年的 26 个城市；西南地区、西北地区和东北地区中 50 强城市个数较少且呈现下降趋势；中部地区和环渤海地区中 50 强占城市个数一直维持在 10 个左右。

综上所述，由图 4-9 至图 4-11 可以看出，按东中西和东北划分，50 强城市主要集中于东部且城市数量在上升。这主要归因于这些地区较高的经济发展水平带来更多就业机会，吸引劳动力流入，形成区域就业中心。以秦岭淮河为界按南北划分，50 强城市多集中于南方且城市数量在上升，因此南方产业的发展比北方发达，区域就业中心也多集中于南部地区。按六大功能板块划分，50 强城市的一半都集中在东南沿海地区，区域就业中心也多分布于东南沿海。所以，我国总体区域就业中心的分布格局没有发生改变。

## 第三节　我国就业空间分布特征：基于省级就业单位性质的角度

本节利用 2002—2018 年各省份的单位就业人员、私营和个体从业人员的数据，从就业单位性质的角度考察各省份的单位就业人员的就业比重、私营和个体从业人员的就业比重，进而分析各省份的就业空间分布格局及演变趋势。

### 一、各省市单位就业人员、私营和个体从业人员的比重变化情况

总体来看，我国大部分省份的单位就业人员所占比重的变化趋势不太明显，而私营和个体从业人员的就业比重变化趋势比较明显。

#### (一)从单位就业人员角度考察

对各省份单位就业人员比重数据的对比分析可以看出，东部地区的北京、天津、河北、上海、江苏、浙江、福建、广东、海南等地单位就业人员比重缓慢增长。东北地区黑龙江省的单位就业比重明显下降，这可能与东北地区人才流失有关。近几年各地纷纷出台人才政策吸引高端人才落户，中部地区的河南省是人口大省，湖北省的教育资源雄厚，这些省份的单位就业比重上升明显，其他省份则缓慢上升。地处西北的新疆单位就业比重增长较快，其他省份缓慢上升。西南地区的重庆、西藏、贵州的单位就业比重明显增长，其他省份增长缓慢。根据增长极理论的内容，一个区域的经济发展可以依靠优先发展条件较好的少数产业和少数地区，带动其他产业和地区的发展。西部地区的新疆、重庆、贵州等区域经济

中心，优先发展先导产业进而促进整个西部经济发展。

## (二)从私营和个体从业人员角度考察

1. 东部地区

从图 4-12 可以看出，东部地区的上海、北京、浙江、江苏、福建、广东的私营和个体从业人员的就业比重增长较快。例如上海从 2002 年的 16.4%上升到 2018 年的 60.7%，北京从 2002 年的 2.3%上升到 2018 年的 55.8%，而天津、河北的就业比重增速较慢。沿海城市较快的增幅可能是因为：一方面，私营和个体就业人员的输出有一部分是面向出口产业；另一方面，沿海城市自身的经济水平和科技发展较快，会增加更多的创业机会。

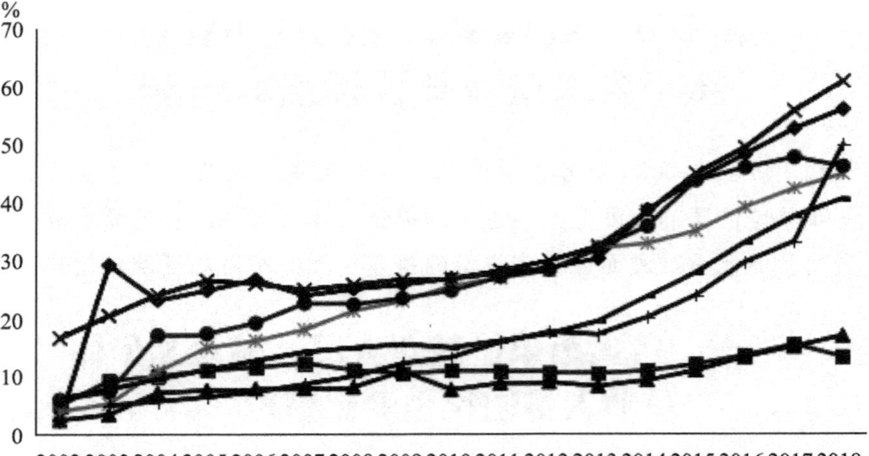


**图 4-12　东部地区私营和个体从业人员比重**

数据来源：国家统计局。

2. 东北地区

从图 4-13 可以看出，东北地区辽宁、吉林和黑龙江的私营和个体从业人员比重较低，增速比较缓慢。东北三省近些年一直都是人口流出省份，而且经济发展水平低，但是东北振兴的方向准、步子稳，通过产业结构的升级和变革培育新产业，寻找新动能，也增加了新的就业机会。相对于单位就业人员缓慢下降的变动趋势，私营和个体从业人员的比重变动趋势缓慢上升，说明振兴东北老工业基地的政策可以减缓东北地区人口外流。

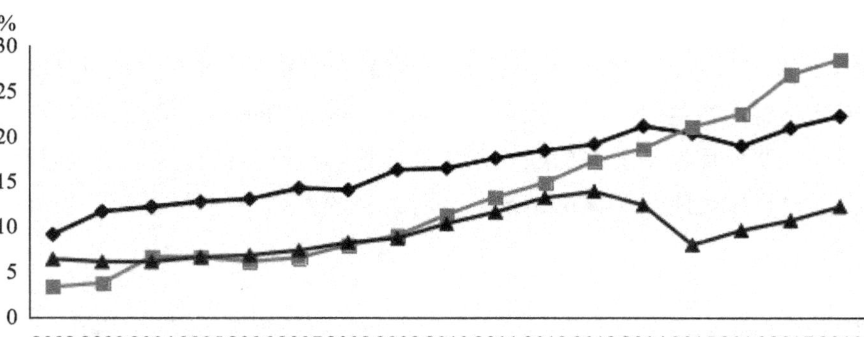


**图 4-13　东北地区私营和个体从业人员比重**

数据来源：国家统计局。

3. 中部地区

从图 4-14 可以看出，中部地区湖北省的私营和个体从业人员比重增长较快，其他省份的增幅没有湖北省显著，但是也都在缓慢增长。研究发现人口结构与产业结构之间有较强的联动效应，两者的协调发展能推动区域经济高质量发展，而中部地区人口结构和产业结构的联动效应存在明显的空间差异，其中湖北的协调性最高，这种良好的互动关系有效带动了就业。①

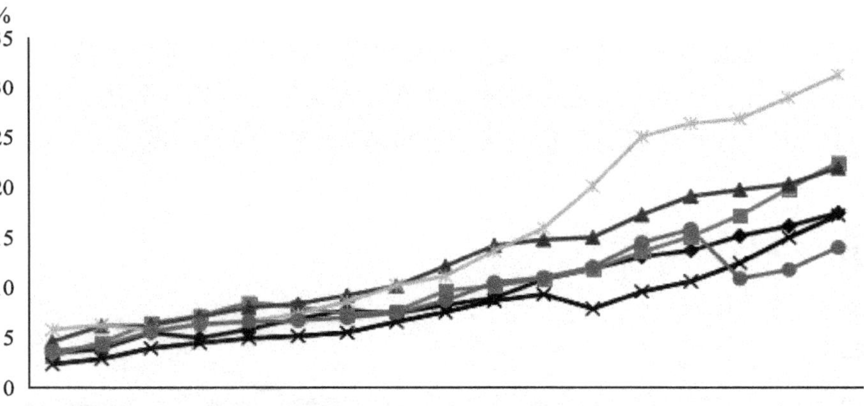


**图 4-14　中部地区私营和个体从业人员比重**

数据来源：国家统计局。

① 赵建吉、王艳华、张洁等：《中部地区人口结构与产业结构的时空耦合》，载《经济地理》，2019(12)。

4. 西北地区

从图4-15可以看出，西北地区各省、自治区的私营和个体从业人员比重增长较慢，近几年有加快的趋势。虽然有西部大开发政策的倾斜，但教育医疗、公共服务、基础设施薄弱使经济发展的起点及条件都远远低于东部地区，所以难免会出现发展动力不足和发展水平不高的情况。随着经济的发展，这种情况会得到改善。

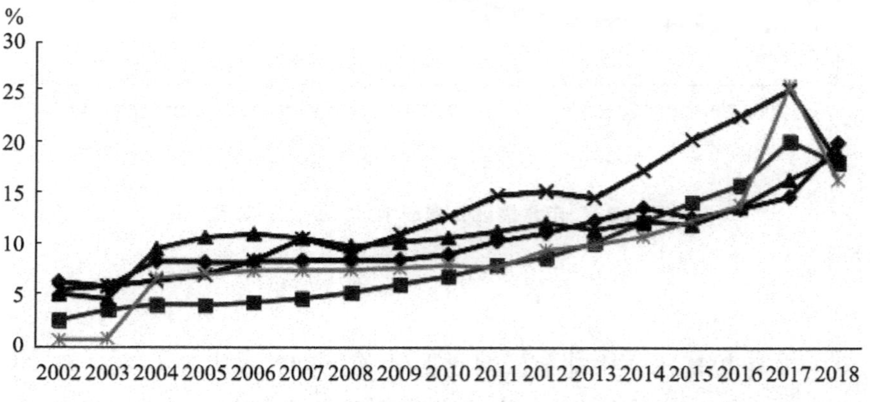


**图 4-15　西北地区私营和个体从业人员比重**

数据来源：国家统计局。

5. 西南地区

从图4-16可以看出，重庆、西藏的私营和个体从业人员比重增长较快，西北地区的其他省、自治区就业比重增长较慢。重庆作为中国西部地区内陆开放高地，与东盟国家保持密切的贸易关系，贸易总额在“一带一路”沿线六大区域中始

**图 4-16　西南地区私营和个体从业人员比重**

数据来源：国家统计局。

终保持领先地位。[①] 近些年，随着旅游业快速发展，西藏地区青藏、川藏等交通网络的建成，加之后续政策倾斜力度增加及产业结构的进一步调整，都会明显促进当地经济的发展。

### >>二、变化显著省份的区域空间分布特征<<

综上所述，单位就业人员比重在东部地区变化不显著，在东北地区有所下降，而在中西部地区明显上升；私人和个体从业人员的就业比重呈现出整体上升的变化特征，特别是东南沿海地区、中部地区的湖北和西部地区的重庆等地特征明显。所以，从就业单位性质考察我国的就业空间分布，劳动力在向东南沿海地区流动的同时出现了向中西部地区分散的趋势。虽然区域就业中心的分布格局没有发生太大的变化，但是已经有了向其他地区转移的新趋势。

## 第四节　研究结论与启示

目前，我国区域就业中心的空间分布正逐步呈现区域分散化、南北差异化、流动分散化、城市集中化等特征。具体而言，从省级就业人口来看，劳动力向珠三角、长三角、京津冀聚集的趋势没有改变，同时，中西部省份开始呈现一定的分散化特征。从城市就业首位度角度来看，50强城市就业人口占全国人口的比重有明显上升的趋势，从2002年的46%上升到2017年的54%。东部地区50强城市的个数远远高于其他三个区域，50强城市中，北方城市个数一直呈现下降的趋势，而南方城市个数一直呈现上升趋势，东南沿海地区50强城市远远高于其他区域。从省级就业单位性质角度来看，东部地区省份(北京、天津、河北、上海、江苏、浙江、福建、广东、海南)单位就业人员比重缓慢增长；东北地区的黑龙江省的单位就业比重明显下降。

当前和今后一段时期，我国就业形势持续向好的内在基础仍然存在，就业总量和就业规模保持良性增长，就业总量矛盾和就业结构性矛盾将持续存在，但就业结构性失衡将成为主要矛盾。因此，政府应当从以下几个方面调整我国就业人口的空间分布。一是重视新基建对就业的带动作用。随着技术突飞猛进，应当进一步研究5G、人工智能等领域的快速发展对未来的就业会产生何种影响。二是重视消费对就业的带动作用。目前我国面临较为复杂的国际经贸环境，要进一步促进内需，带动消费，进一步发挥超大规模市场优势。三是重视创业对就业的带

① 杜瑜、宗会明：《“一带一路”建设背景下重庆与东盟国家贸易格局演变和影响因素分析》，载《世界地理研究》，2020(4)。

动作用。大学生创业、农民工返乡创业等创业活动仍然是促进充分就业的重要途径，要进一步优化创业环境和营商环境，充分利用“互联网＋创业”的技术优势，加强培训，提升劳动者的创业能力，积极发挥城乡两个劳动力市场的优势。

# 第五章 区域劳动力供求特征分析

近年来，影响劳动力市场供求关系的因素发生了巨大变化。从供给看，劳动年龄人口比例下降、劳动者素质逐年提高、劳动参与率下降以及新生代劳动力进入劳动力市场；在需求方面，区域间经济发展不平衡不充分的矛盾依然存在，产业国际、区域间发生较大规模转移，技术进步导致的产业升级和创新，使得劳动力需求的规模和结构发生了巨大变化。从供求匹配的劳动力市场环境看，劳动力市场成熟度不断提高，劳动力流动性日益增强，为供求及时调整、适应经济社会发展需要提供了较好的支撑环境。① 基于这种判断，本章以劳动力市场监测的百城统计数据为基础，从区域层面、职业层面对区域劳动力市场供求变化进行系统分析。

## 第一节 全国劳动力市场的供求状况

### >>一、区域劳动力市场的供给规模<<

从区域看，与上一年同期相比，近年来东部、中部劳动力市场供给人数均略有下降，西部略有上升；在当年的季度环比方面，东部、中部和西部劳动力市场供给的环比增速均呈季节性变化，即第一季度出现较高的正增长，其他三个季度都出现较低的正增长或者负增长。

由图 5-1 可知，与上一年同期相比，东部、中部劳动力市场供给的同比增速大多数季度均在 0 以下，而西部从 2018 年第四季度至 2019 年第三季度同比增速呈上升趋势且均在 0 以上。这说明劳动力市场供给东部、中部均略有下降，而西部地区劳动力市场供给人数却略有上升。

---

① 田永坡：《中国劳动力市场的成熟度测度：2000～2014》，载《改革》，2016(10)。

2017—2019 年，东部、中部和西部市场总体供给的当年环比增速呈季节性变化的特点(见图 5-2)，即第一季度出现较高的正增长，其他三个季度都出现较低的正增长或者负增长。其中，中部和西部的每一年第一季度的环比增速变化高于东部地区，这说明中部和西部地区对人才供给的季度变动幅度较高，而东部地区每个季度的人才供给变化程度比中部和西部更为稳定。

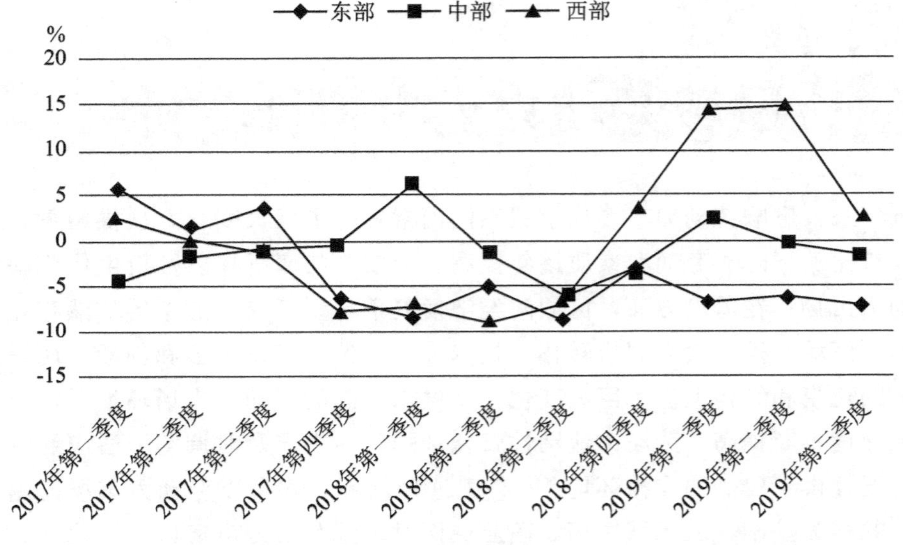


**图 5-1　区域市场求职人数的同比增速变化(与上一年同期相比)**

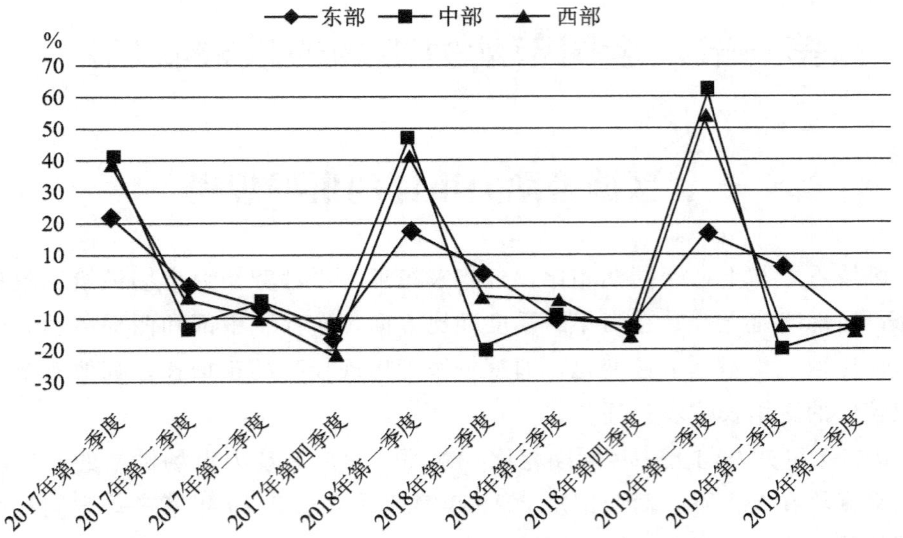


**图 5-2　区域市场求职人数的当年环比增速变化**

## >>二、区域劳动力市场的需求规模<<

从区域看，与上一年同期相比，中部和西部人力资源市场需求近年来有所增加，东部自 2019 年以来市场需求略有下降；在当年的季度环比上，东部、中部和西部人力资源市场需求的环比增速均呈季节性变化，即第一季度出现较高的正增长，其他三个季度均出现较低正增长或负增长。

图 5-3 数据显示，与上一年同期相比，近年来中部和西部人力资源市场需求均有所上升，东部地区需求下降。中部和西部人力资源市场需求同比增速自 2017 年开始基本大于 0 以上，2018 年第二季度西部地区同比增速虽低于 0，但之后季度增速快速上升至 0 以上。而东部地区在 2017—2019 年的同比增速均呈现下降趋势，且 2018 年第四季度开始低于 0，至 2019 年第三季度已经降低至－9.6%。这说明近年来中部和西部人力资源市场需求有所增加，而东部地区略有减少。

如图 5-4 所示，2015—2019 年东部、中部和西部市场总体需求的当年环比增速呈季节性变化的特点，即第一季度出现较高的正增长，其他三个季度都出现负增长。其中，三个区域每一年第一季度的环比增速变化之间，中部最高，西部次之，东部最低。这说明中部对人才需求的季度变动幅度最高。西部对人才需求的季度变动幅度也比较大，而东部地区对人才需求的季度变动幅度较低，说明东部人力资源市场需求比中部、西部稳定。

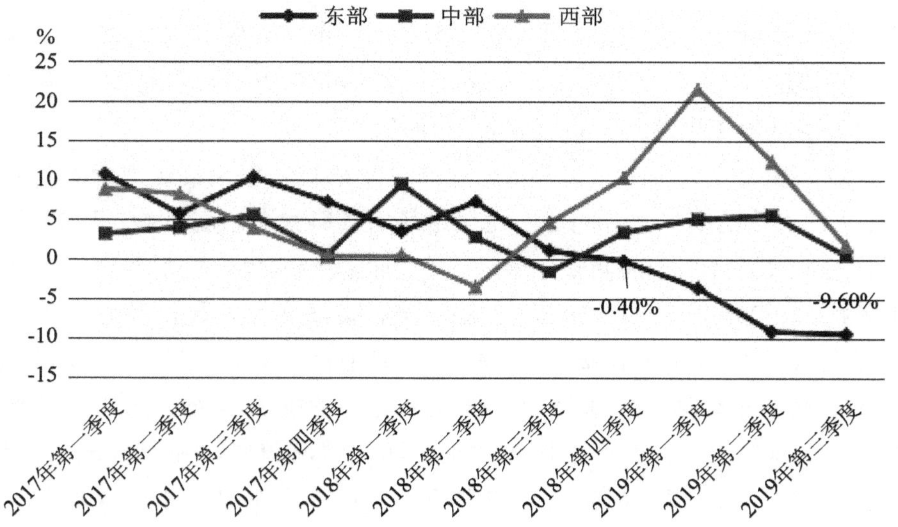


图 5-3　区域市场需求人数的同比增速变化(与上一年同期相比)

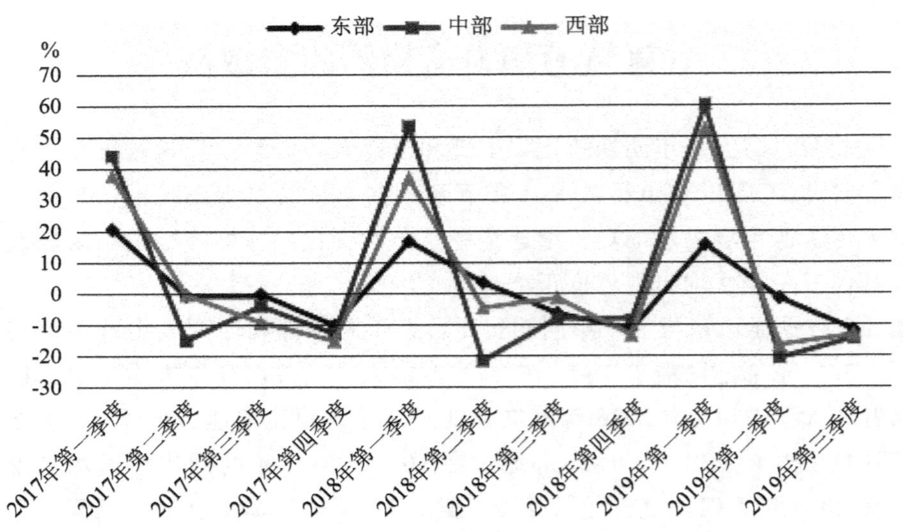


图 5-4　区域市场需求人数的当年环比增速变化

## >>三、区域劳动力市场的供求匹配特征<<

从市场总体来看，近 3 年来岗位空缺与求职人数比率①总体呈上升趋势，且比率都保持在 1.11 以上，说明劳动力需求略大于供给。2017—2019 年岗位空缺与求职人数的比率总体上不断上升，2017 年第四季度首次超过 1.2(为 1.22)，2019 年第一季度已经上升至 1.28，但在第二、第三季度有所下降，仍均超过 1.2，这说明近几年来劳动力需求与供给的缺口不断扩大，特别是 2017 年第四季度以来岗位空缺数不断增加，市场供给出现乏力。

分区域来看，东部、中部、西部地区岗位空缺与求职人数比率近五年来都大于 1，且总体上该比率呈上升趋势，说明市场需求略大于市场供给(见图 5-5)。同时，随着近年来经济结构的调整，劳动力市场也发生调整，中部和西部地区用人需求不断扩大，2017—2019 年西部地区岗位空缺与求职人数比率总体远高于东部和中部地区。中部地区在 2017 年高于东部地区，2018 年略低于东部地区，2019 年又略高于东部地区。这说明中部地区对人才供给匹配情况比西部地区要好，但仍不及东部地区。东部地区人才供给匹配情况较中部和西部地区都较好，但在 2017 年第四季度以来岗位空缺与求职人数比率开始略高于中部地区且均超过 1.2，2018 年第四季度已高达到 1.27，2019 年第二、第三季度不断下降且低

---

① 岗位空缺与求职人数的比率 = 需求人数 / 求职人数，表明市场中每个求职者所对应的岗位空缺数。如 0.8 表示 10 个求职者竞争 8 个岗位。

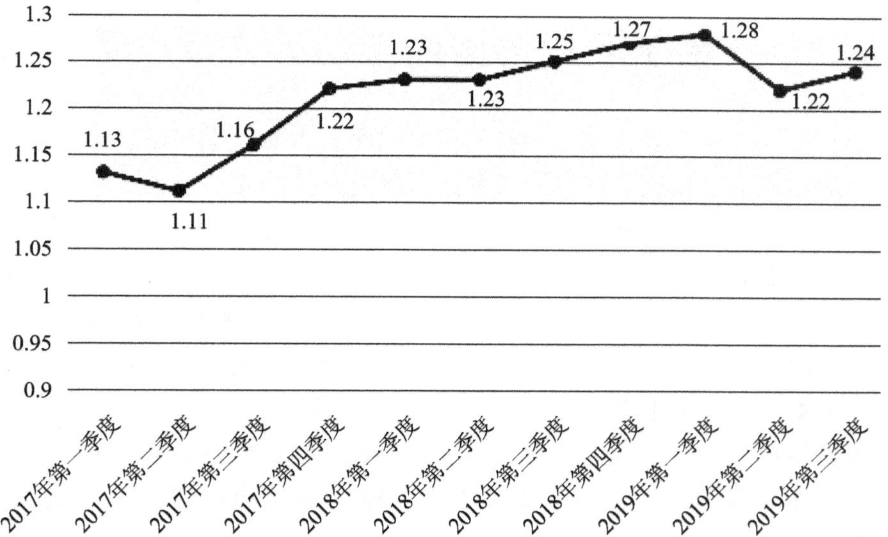


图 5-5 2017—2019 年岗位空缺与求职人数的比率变化

于中部地区，总体上东部地区仍呈上升趋势，这说明东部地区人才供给匹配情况近年来也不容乐观。

从东部、中部、西部地区劳动力市场变化看，劳动力市场岗位空缺和求职人数近 3 年平均的比率：东部地区为 1.18，中部地区为 1.20，西部地区为 1.30(见图 5-6)。这一方面说明在我国劳动力市场需求大于供给且近年来有扩大趋势，另一方面从区域差异来看，在人才供给匹配方面，东部地区的情况比中部、西部地区好。

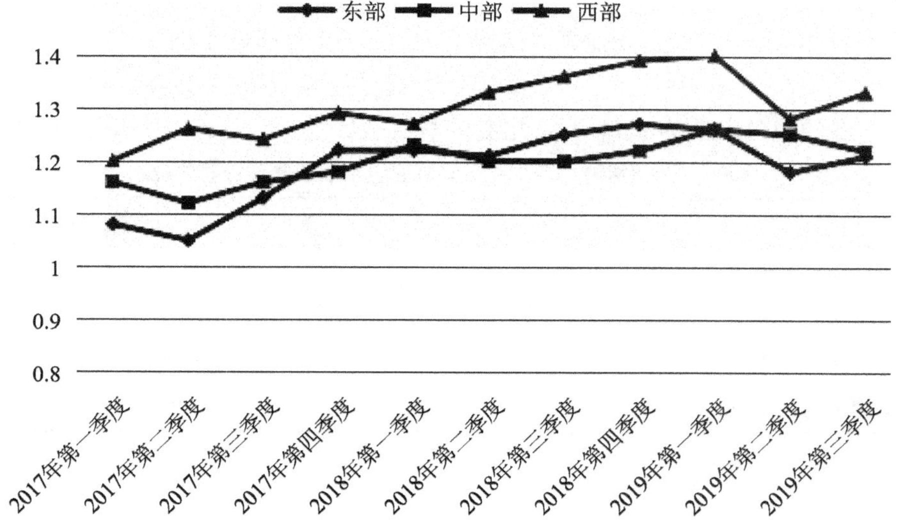


图 5-6 东部、中部、西部岗位空缺与求职人数比率

# 第二节　基于职业层面的劳动力市场供需分析

为了更为深入地了解劳动力市场的供求状况，本节以中国就业培训技术指导中心发布的 102 个定点监测城市公共就业服务机构劳动力市场数据为基础，对供求短缺的职业进行基本分析。该数据自 2019 年第三季度开始公布，截至 2020 年 5 月，该数据已经公布了三个季度，分别为 2019 年第三季度、第四季度和 2020 年第一季度①。该数据以各定点监测城市公共就业服务机构劳动力市场提供的“招聘需求人数”“求职人数”以及职业岗位信息，综合考量岗位缺口数量、填报城市数量等因素，经加工汇总整理形成，按“招聘需求人数”和“求职人数”岗位缺口数量和填报城市数量加权取值后从大到小排列，排在最前面的职业需求短缺程度大于排在后面的职业，职业名称是按照《中华人民共和国职业分类大典(2015 版)》进行分类的。

## >>一、短缺职业排名前 10 职业的总体分析<<

在公布的三个季度的榜单中，供需短缺职业主要分布在第二、第四和第六大类，总体构成比较平稳。三个季度短缺排名前 100 的职业类型分布数量的平均值来看，第二大类(专业技术人员)有 15 个职业，第四大类(社会生产服务和生活服务人员)有 40 个职业，第六大类(生产制造及有关人员)有 40 个职业(见表 5-1)。从不同季度看，上榜职业的名单变化较大。与上期相比，2019 年第四季度，有 24 个职业新进入排行，4 个职业排位不变，34 个职业排位上升，38 个职业排位下降；2020 年第一季度，有 29 个职业新进入排行，比 2019 年第四季度多了 5 个，4 个职业排位没变，32 个职业排位上升，35 个职业排位下降。在短缺人口规模上，2020 年第一季度的缺口人数为 85.0 万，比上一季度增加了 9.6 万人，增长了 14.46%。

**表 5-1　全国招聘求职 100 个短缺职业中职业类型分布情况**

| 时间 | 第二大类 | 第四大类 | 第六大类 |
| --- | --- | --- | --- |
| 2019 年第三季度 | 17 | 42 | 36 |
| 2019 年第四季度 | 14 | 43 | 38 |
| 2020 年第一季度 | 15 | 34 | 45 |
| 三季度平均数量 | 15 | 40 | 40 |

① 《2019 年第三季度全国招聘求职 100 个短缺职业排行》，http：//www.gov.cn/xinwen/2019-11/24/content_5454990.htm，访问日期：2020-07-30。

从三季度职业排名前10的具体变化来看，如表5-2所示，营销员在三个季度中一直稳居短缺职业排名第1；餐厅服务员在2019年第三季度短缺职业排名第5，到第四季度上升到第2，2020年第一季度也排在第3名；保安员在2019年第三季度短缺职业排名第6，2019年第四季度和2020年第一季度均排在第4名；焊工在2019年第三季度短缺职业排名第10，到第四季度上升到第8名，2020年第一季度上升到第6名；商品营业员在三个季度排名前十短缺职业有所下降，2019年第三季度排在第2名，2019年第四季度下降至第5名，2020年第一季度再次下降至第8名；保洁员在三个季度短缺职业排名中变化不大，2019年第三季度排在第7名，2019年第四季度排在第6名，2020年第一季度再次排在第7名；车工在2019年第三、第四季度短缺职业排名均排第9，2020年第一季度排名下降1名，排在第10名。

而收银员、装卸搬运工、家政服务员、房地产经纪人、快递员和包装工等短缺职业排名在三个季度中并不是稳定排在前10。其中，收银员在2019年第三、第四季度短缺职业排名均排第3，但是2020年第一季度跌出前10；装卸搬运工在三个季度排名前10短缺职业变化较大，2019年第三季度排在第4名，2019年第三季度跌出前10，而2020年第一季度再次回归前十，排在第9名；家政服务员在2019年第三、第四季度短缺职业排名分别为第8名和第10名，但是2020年第一季度也跌出前十；房地产经纪人在三季度排名前十短缺职业中，仅在2019年第四季度出现在前十，排名第7，而在2019第三季度和2020年第一季度均不在前十短缺职业排名中；快递员则由2019年第四期的第13名上升至2020年第一季度的第2名，在2020年第一季度首次出现在前10名内，且高居第2名；包装工由上期第20名上升至2020年第一季度的第5名。

**表5-2　短缺职业排名前10职业基本情况**

| 职业排名 | 2019年第三季度 | 2019年第四季度 | 2020年第一季度 |
| --- | --- | --- | --- |
| 1 | 营销员 | 营销员 | 营销员 |
| 2 | 商品营业员 | 餐厅服务员 | 快递员 |
| 3 | 收银员 | 收银员 | 餐厅服务员 |
| 4 | 装卸搬运工 | 保安员 | 保安员 |
| 5 | 餐厅服务员 | 商品营业员 | 包装工 |
| 6 | 保安员 | 保洁员 | 焊工 |
| 7 | 保洁员 | 房地产经纪人 | 保洁员 |
| 8 | 家政服务员 | 焊工 | 商品营业员 |
| 9 | 车工 | 车工 | 装卸搬运工 |
| 10 | 焊工 | 家政服务员 | 车工 |

## >>二、三个季度排名均进入前 10 的职业地区分布<<

通过对三个季度中排名前 10 的短缺职业进行省份分布和区域分布分析，可以发现营销员、餐厅服务员、保安员、焊工、保洁员、商品营业员和车工 7 个职业在三个季度中均排在前 10，这里对这几个职业的区域分布进行具体分析。

### (一)营销员

营销员在三个季度短缺职业排名中均排名第 1，在 2020 年第一季度中共 75 个城市有需求缺口，需求缺口排名前 5 的城市为上海、北京、广州、洛阳和大连，而 2019 年第三季度和 2019 年第四季度具有需求缺口的城市数量分别有 66 个和 62 个。这说明 2020 年第一季度需求缺口有所增大。

从省份分布情况来看，由表 5-3 可知，2020 年第一季度为吉林、安徽、江苏、山东、陕西、四川等省中需求城市数量较多，分别为 7 个、5 个、5 个、5 个、5 个和 5 个；2019 年第三季度为吉林、山东、四川、江苏、陕西、安徽等省中需求城市数量较多，分别为 7 个、5 个、4 个、4 个、4 个和 4 个；2019 年第四季度为四川、安徽、湖北、河南、广东和江苏等省中需求城市数量较多，分别为 5 个、5 个、5 个、4 个、4 个和 4 个；相比较而言，2020 年第一季度同一省份的城市数量有所增加。从分布区域来看，由表 5-4 可知，2020 年第一季度东部城市最多，为 24 个；其次是西部地区为 21 个；中部地区为 16 个；东北部地区为 14 个。这说明目前各地区对营销员需求均较大，且缺口有扩大趋势。

**表 5-3　营销员短缺的城市数量排名前 6 的情况**

| 2019 年第三季度 | | 2019 年第四季度 | | 2020 年第一季度 | |
|---|---|---|---|---|---|
| 省份 | 城市数量 | 省份 | 城市数量 | 省份 | 城市数量 |
| 吉林 | 7 | 四川 | 5 | 吉林 | 7 |
| 山东 | 5 | 安徽 | 5 | 安徽 | 5 |
| 四川 | 4 | 湖北 | 5 | 江苏 | 5 |
| 江苏 | 4 | 河南 | 4 | 山东 | 5 |
| 陕西 | 4 | 广东 | 4 | 陕西 | 5 |
| 安徽 | 4 | 江苏 | 4 | 四川 | 5 |

注：营销员短缺的城市数量排名第 5 和第 6 名数量相同，因此各省排名计至第 6 名。

表 5-4　营销员短缺的城市数量的区域分布情况

| 时间 | 东北地区 | 东部地区 | 中部地区 | 西部地区 | 总计 |
|---|---|---|---|---|---|
| 2019 年第三季度 | 13 | 19 | 13 | 21 | 66 |
| 2019 年第四季度 | 9 | 15 | 20 | 18 | 62 |
| 2020 年第一季度 | 14 | 24 | 16 | 21 | 75 |

## (二)餐厅服务员

餐厅服务员在 2020 年第一季度短缺职业类型排名第 3，共 40 个城市有需求缺口，需求缺口排名前 5 的城市为北京、西安、广州、大连和昆明，而 2019 年第三季度和 2019 年第四季度具有需求缺口的城市数量分别有 54 个和 60 个，这说明 2020 年第一季度总体需求缺口有所减少。从各省(区、市)分布情况来看，由表 5-5 可知，2020 年第一季度，陕西、河南、新疆、吉林和辽宁等地中需求城市数量最多，分别为 5 个、3 个、3 个、3 个和 3 个；2019 年第四季度，安徽、北京、河南、辽宁和青海等地中需求城市数量较多，分别为 5 个、3 个、3 个、3 个和 3 个；2019 年第三季度，江苏、四川、陕西、山东和吉林等地中需求城市数量较多，分别为 4 个、4 个、4 个、4 个和 4 个；相比较而言，2020 年第一季度同一省份的城市数量均有所增加。

从分布区域来看，由表 5-6 可知，在 2020 年第一季度，城市数量均比 2019 年第四季度出现下降。东部地区的城市数量从 2019 年第四季度的 17 个城市减少至 2020 年第一季度的 8 个城市；中部地区的城市数量也从 2019 年第四季度的 15 个城市减少至 2020 年第一季度的 9 个城市；西部地区的城市数量从 2019 年第四季度的 18 个城市减少至 2020 年第一季度的 16 个城市，但仍存在较大缺口，成为城市数量最多的地区；东北地区从 2019 年第四季度的 10 个城市减少至 2020 年第一季度的 7 个城市。

表 5-5　餐厅服务员短缺的城市数量排名前 5 位情况

| 2019 年第三季度 | | 2019 年第四季度 | | 2020 年第一季度 | |
|---|---|---|---|---|---|
| 省份 | 城市数量 | 省份 | 城市数量 | 省份 | 城市数量 |
| 江苏 | 4 | 安徽 | 5 | 陕西 | 5 |
| 四川 | 4 | 北京 | 3 | 河南 | 3 |
| 陕西 | 4 | 河南 | 3 | 新疆 | 3 |
| 山东 | 4 | 辽宁 | 3 | 吉林 | 3 |
| 吉林 | 4 | 青海 | 3 | 辽宁 | 3 |

表 5-6　餐厅服务员的城市数量的区域分布情况

| 时间 | 东北地区 | 东部地区 | 中部地区 | 西部地区 | 总计 |
|---|---|---|---|---|---|
| 2019 年第三季度 | 9 | 16 | 10 | 19 | 54 |
| 2019 年第四季度 | 10 | 17 | 15 | 18 | 60 |
| 2020 年第一季度 | 7 | 8 | 9 | 16 | 40 |

## (三)保安员

保安员是在 2020 年第一季度短缺职业类型排名第 4，共 46 个城市有需求缺口，需求缺口排名前五的城市为广州、北京、大连、西安和青岛；而 2019 年第三季度和 2019 年第四季度具有需求缺口的城市数量均为 47 个。从各省的分布情况来看，由表 5-7 可知，2020 年第一季度吉林、陕西、新疆、福建和山东等地中需求城市数量最多，分别为 5 个、5 个、4 个、3 个和 3 个；2019 年第四季度陕西、新疆、湖南、山东和黑龙江等地中需求城市数量较多，分别为 5 个、4 个、4 个、4 个和 4 个；2019 年第三季度吉林、陕西、山东、广东和四川等地中需求城市数量较多，分别为 6 个、5 个、4 个、3 个和 3 个。

从分布区域来看，由表 5-8 可知，在 2020 年第一季度，东部、中部和东北地区对保安员的需求均不断增加，而中部地区对保安员的需求有所缓解。西部地区的城市数量从 2019 年第三季度的 15 个城市增加至 2020 年第一季度的 19 个城市，成为城市数量最多的地区；东部地区的城市数量 2020 年第一季度保持在 12 个城市；东北地区的城市数量从 2019 年第三季度的 11 个城市增加至 2020 年第一季度的 12 个城市；中部地区也从 9 个减少至 6 个。

表 5-7　保安员职业短缺城市数量的省份分布前 5 位情况

| 2019 年第三季度 | | 2019 年第四季度 | | 2020 年第一季度 | |
|---|---|---|---|---|---|
| 省份 | 城市数量 | 省份 | 城市数量 | 省份 | 城市数量 |
| 吉林 | 6 | 陕西 | 5 | 吉林 | 5 |
| 陕西 | 5 | 新疆 | 4 | 陕西 | 5 |
| 山东 | 4 | 湖南 | 4 | 新疆 | 4 |
| 广东 | 3 | 山东 | 4 | 福建 | 3 |
| 四川 | 3 | 黑龙江 | 4 | 山东 | 3 |

表 5-8　保安员短缺的城市数量的区域分布情况

| 时间 | 东北地区 | 东部地区 | 中部地区 | 西部地区 | 总计 |
|---|---|---|---|---|---|
| 2019 年第三季度 | 11 | 12 | 9 | 15 | 47 |

续表

| 时间 | 东北地区 | 东部地区 | 中部地区 | 西部地区 | 总计 |
|---|---|---|---|---|---|
| 2019 年第四季度 | 9 | 13 | 10 | 15 | 47 |
| 2020 年第一季度 | 12 | 12 | 6 | 19 | 49 |

## (四)焊工

焊工在 2020 年第一季度短缺职业类型排名第 6，共 51 个城市有需求缺口，需求缺口排名前 5 的城市为青岛、徐州、广州、潍坊和常德，2019 年第三季度和 2019 年第四季度具有需求缺口的城市数量分别为 31 个和 41 个，这说明 2020 年第一季度总体需求缺口有所增加。从各省的分布情况来看，由表 5-9 可知，2020 年第一季度，黑龙江、湖南、吉林和江苏等地中需求城市数量较多，均为 4 个；2019 年第四季度，湖南、吉林、江苏和山东等地中需求城市数量较多，分别为 4 个、4 个、3 个和 3 个；2019 年第三季度，吉林、江苏、湖北和湖南等地中需求城市数量较多，分别为 4 个、3 个、3 个和 3 个；相比较而言 2020 年第一季度同一省份的城市数量均有所增加。

从分布区域来看，由表 5-10 可知，2020 年第一季度各地区对焊工的需求均有所增加，其中东部地区对焊工职业的需求最大。东部地区的城市数量从 2019 年第三季度的 8 个城市增加至 2020 年第一季度的 14 个城市，成为城市数量最多的地区；中部地区和西部地区的城市数量均从 2019 年第三季度的 8 个城市增加至 2020 年第一季度的 13 个城市；东北地区的城市数量从 2019 年第三季度的 7 个城市增加至 2020 年第一季度的 11 个城市。

**表 5-9　焊工短缺的城市数量排名前 4 位情况**

| 2019 年第三季度 | | 2019 年第四季度 | | 2020 年第一季度 | |
|---|---|---|---|---|---|
| 省份 | 城市数量 | 省份 | 城市数量 | 省份 | 城市数量 |
| 吉林 | 4 | 湖南 | 4 | 黑龙江 | 4 |
| 江苏 | 3 | 吉林 | 4 | 湖南 | 4 |
| 湖北 | 3 | 江苏 | 3 | 吉林 | 4 |
| 湖南 | 3 | 山东 | 3 | 江苏 | 4 |

注：焊工短缺的城市数量在第 5 名之后均为 2 个城市，因此后续省份不计入排名。

**表 5-10　焊工短缺的城市数量的区域分布情况**

| 时间 | 东北地区 | 东部地区 | 中部地区 | 西部地区 | 总计 |
|---|---|---|---|---|---|
| 2019 年第三季度 | 7 | 8 | 8 | 8 | 31 |

续表

| 时间 | 东北地区 | 东部地区 | 中部地区 | 西部地区 | 总计 |
| --- | --- | --- | --- | --- | --- |
| 2019 年第四季度 | 1 | 39 | 0 | 1 | 41 |
| 2020 年第一季度 | 11 | 14 | 13 | 13 | 51 |

## (五)保洁员

保洁员在 2020 年第一季度短缺职业类型排名第 7，共 38 个城市有需求缺口，需求缺口排名前 5 的城市为北京、西安、广州、大连和青岛，2019 年第三季度和 2019 年第四季度具有需求缺口的城市数量分别为 37 和 44 个。从各省的分布情况来看，由表 5-11 可知，2020 年第一季度，福建、吉林、陕西、安徽和广东等地中需求城市数量较多，分别为 3 个、3 个、3 个、2 个和 2 个；2019 年第四季度，陕西、北京、四川、福建和山东等地中需求城市数量较多，分别为 4 个、3 个、3 个、3 个和 3 个；2019 年第三季度，吉林、福建、广东、山东和湖北等地中需求城市数量较多，分别为 7 个、4 个、3 个、3 个和 3 个；相比较而言，2020 年第一季度同一省份的城市数量均有所减少。

从分布区域来看，各个地区对保洁员仍存在较大的需求，但有所减缓，其中东部地区对保洁员的需求最大。由表 5-12 可知，在 2020 年第一季度，东部地区城市数量维持 13 个，成为城市数量最多的地区；其次是中部地区和西部地区，均为 9 个；东北地区为 7 个，比 2019 年第三季度有所减少。

**表 5-11　保洁员短缺的城市数量排名前 5 位情况**

| 2019 年第三季度 | | 2019 年第四季度 | | 2020 年第一季度 | |
| --- | --- | --- | --- | --- | --- |
| 省份 | 城市数量 | 省份 | 城市数量 | 省份 | 城市数量 |
| 吉林 | 7 | 陕西 | 4 | 福建 | 3 |
| 福建 | 4 | 北京 | 3 | 吉林 | 3 |
| 广东 | 3 | 四川 | 3 | 陕西 | 3 |
| 山东 | 3 | 福建 | 3 | 安徽 | 2 |
| 湖北 | 3 | 山东 | 3 | 广东 | 2 |

**表 5-12　保洁员短缺的城市数量的区域分布情况**

| 时间 | 东北地区 | 东部地区 | 中部地区 | 西部地区 | 总计 |
| --- | --- | --- | --- | --- | --- |
| 2019 年第三季度 | 8 | 13 | 5 | 11 | 37 |
| 2019 年第四季度 | 4 | 16 | 9 | 15 | 44 |
| 2020 年第一季度 | 7 | 13 | 9 | 9 | 38 |

## (六)商品营业员

商品营业员在2020年第一季度短缺职业类型中排名第8，共22个城市有需求缺口，需求缺口排名前5的城市为上海、广州、合肥、潍坊和重庆，2019年第三季度和2019年第四季度具有需求缺口的城市数量分别为46个和52个，这说明2020年第一季度需求缺口有所减少。从各省的分布情况来看，由表5-13可知，2020年第一季度，陕西、山东、广东、吉林和四川等地中需求城市数量较多，分别为6个、4个、3个、3个和3个；2019年第三季度，吉林、辽宁、陕西、山东和黑龙江等地中需求城市数量较多，分别为6个、4个、4个、4个和3个；2019年第四季度，陕西、四川、山东、辽宁和广东等地中需求城市数量较多，分别为4个、4个、4个、3个和3个。

从分布区域来看，2020年第一季度各个地区对商品营业员的需求比之前均有所缓解。由表5-14可知，西部地区的需求城市数量从2019年第三季度的18个城市减少至2020年第一季度的9个城市，但仍是需求城市数量最多的地区；东部地区的需求城市数量也从2019年第三季度的10个城市减少至2020年第一季度的6个城市；中部地区的需求城市数量从8个减少至6个；东北地区从10个减少至1个。

**表5-13　商品营业员职业短缺城市数量的省份分布前5位情况**

| 2019年第三季度 | | 2019年第四季度 | | 2020年第一季度 | |
|---|---|---|---|---|---|
| 省份 | 城市数量 | 省份 | 城市数量 | 省份 | 城市数量 |
| 吉林 | 6 | 陕西 | 4 | 陕西 | 6 |
| 辽宁 | 4 | 四川 | 4 | 山东 | 4 |
| 陕西 | 4 | 山东 | 4 | 广东 | 3 |
| 山东 | 4 | 辽宁 | 3 | 吉林 | 3 |
| 黑龙江 | 3 | 广东 | 3 | 四川 | 3 |

**表5-14　商品营业员短缺的城市数量的区域分布情况**

| 时间 | 东北地区 | 东部地区 | 中部地区 | 西部地区 | 总计 |
|---|---|---|---|---|---|
| 2019年第三季度 | 10 | 10 | 8 | 18 | 46 |
| 2019年第四季度 | 7 | 15 | 11 | 19 | 52 |
| 2020年第一季度 | 1 | 6 | 6 | 9 | 22 |

## (七)车工

车工在2020年第一季度短缺职业类型排名第10，共41个城市有需求缺口，需求缺口排名前 5 的城市为合肥、重庆、潍坊、西安和成都，而 2019 年第三季度和 2019 年第四季度具有需求缺口的城市数量分别为 30 个和 37 个。这说明 2020 年第一季度需求缺口有所增加。从各省的分布情况来看，由表 5-15 可知，2020 年第一季度，安徽、吉林、福建、河南、湖南等地中需求城市数量较多，分别为 4 个、4 个、3 个、3 个和 3 个；2019 年第四季度，安徽、四川、湖南、吉林和福建等地中需求城市数量较多，分别为 4 个、3 个、3 个、3 个和 2 个；2019 年第三季度，江苏、福建、湖南、陕西和吉林等地中需求城市数量较多，分别为 4 个、4 个、3 个、3 个和 3 个。

从分布区域来看，由表 5-16 可知，各地区对车工存在较大需求，中部和东部地区对车工的需求增大。中部地区需求城市数量最多，从 8 个增至 13 个；其次是东部地区，维持在 12 个左右；东北地区也从 5 个增至 9 个；西部地区从 4 个增至 7 个。

**表 5-15　车工短缺的城市数量排名前 5 位情况**

| 2019 年第三季度 | | 2019 年第四季度 | | 2020 年第一季度 | |
|---|---|---|---|---|---|
| 省份 | 城市数量 | 省份 | 城市数量 | 省份 | 城市数量 |
| 江苏 | 4 | 安徽 | 4 | 安徽 | 4 |
| 福建 | 4 | 四川 | 3 | 吉林 | 4 |
| 湖南 | 3 | 湖南 | 3 | 福建 | 3 |
| 陕西 | 3 | 吉林 | 3 | 河南 | 3 |
| 吉林 | 3 | 福建 | 2 | 湖南 | 3 |

**表 5-16　车工短缺的城市数量的区域分布情况**

| 时间 | 东北地区 | 东部地区 | 中部地区 | 西部地区 | 总计 |
|---|---|---|---|---|---|
| 2019 年第三季度 | 5 | 13 | 8 | 4 | 30 |
| 2019 年第四季度 | 7 | 11 | 13 | 6 | 37 |
| 2020 年第一季度 | 9 | 12 | 13 | 7 | 41 |

## >>三、短缺职业排名后 10 的职业的总体分析<<

总体来看，短缺职业排名后 10 的职业分布每个季度差异较大，其中专业技术人员的需求有所增加。如表 5-17 所示，2020 年第一季度短缺职业排名 100 类职业中排在后 10 的是采购员、电子元器件工程技术人员、邮政投递员、药物制剂工、仪器仪表维修工、钢筋工、裁剪工、化工生产工程技术人员、汽车工程技术人员和计算机程序设计员；2019 年第三季度排名后 10 的是裁缝、锅炉操作工、金属热处理工、磨工、化学合成制药工、康乐服务员、中式面点师、西式烹调师、计算机网络工程技术人员、快件处理员；而 2019 年第四季度排名后 10 的为混凝土工、计算机网络工程技术人员、康乐服务员、美发师、涂装工、产品质量检验工程技术人员、裁缝、化工生产工程技术人员、米面主食制作工、起重装卸机械操作工。

从职业类别来看，职业短缺职业排名后 10 中短缺最多的职业类别主要集中在第二、四、六大类中。如表 5-18 所示，2020 年第一季度短缺职业排名 100 类职业中排在后 10 的最多的职业类别是第六大类(生产制造及有关人员)为 4 个占 40%；再者是第四大类(社会生产服务和生活服务人员)为 3 个，占 30%；同时第二大类(专业技术人员)为 3 个，占 30%，比 2019 年第三季度增加 2 个；无第三大类(办事人员和有关人员)和第一大类(党的机关、国家机关、群众团体和社会组织、企事业单位负责人)。

**表 5-17　短缺职业排名后 10 的职业基本情况**

| 排名 | 2019 年第三季度职业 | 2019 年第四季度职业 | 2020 年第一季度职业 |
|---|---|---|---|
| 91 | 裁缝 | 混凝土工 | 采购员 |
| 92 | 锅炉操作工 | 计算机网络工程技术人员 | 电子元器件工程技术人员 |
| 93 | 金属热处理工 | 康乐服务员 | 邮政投递员 |
| 94 | 磨工 | 美发师 | 药物制剂工 |
| 95 | 化学合成制药工 | 涂装工 | 仪器仪表维修工 |
| 96 | 康乐服务员 | 产品质量检验工程技术人员 | 钢筋工 |
| 97 | 中式面点师 | 裁缝 | 裁剪工 |
| 98 | 西式烹调师 | 化工生产工程技术人员 | 化工生产工程技术人员 |
| 99 | 计算机网络工程技术人员 | 米面主食制作工 | 汽车工程技术人员 |
| 100 | 快件处理员 | 起重装卸机械操作工 | 计算机程序设计员 |

**表 5-18　短缺职业排名后 10 的职业类型三季度变化情况**

| 职业类别 | 第一大类 | 第二大类 | 第三大类 | 第四大类 | 第五大类 | 第六大类 |
|---|---|---|---|---|---|---|
| 2019 年第三季度 | 0 | 1 | 0 | 5 | 0 | 4 |
| 2019 年第四季度 | 0 | 3 | 0 | 3 | 0 | 4 |
| 2020 年第一季度 | 0 | 3 | 0 | 3 | 0 | 4 |

## >>四、短缺职业排名后 10 的职业地区分布<<

由于三个季度差异较大，为行文方便，这里仅分析 2020 年第一季度的情况，与上个季度相比，其中采购员和化工生产工程技术人员同为“短缺职业排名前

100”类型，而电子元器件工程技术人员、邮政投递员、药物制剂工、仪器仪表维修工、钢筋工、裁剪工、汽车工程技术人员和计算机程序设计员为“新进短缺职业排名前 100”类型，具体区域分布情况如下。

### (一)采购员

采购员是排名第 91 的短缺职业类型，共 7 个城市有需求缺口，分别为深圳、盐城、十堰、湛江、乌鲁木齐、齐齐哈尔和白山。从各地的分布情况来看，分布在广东省、江苏省、湖北省、新疆维吾尔自治区、黑龙江省和吉林省；从城市数量的分布区域来看，东部地区有 3 个，中部地区有 1 个，西部地区有 1 个，东北地区有 2 个。

### (二)电子元器件工程技术人员

电子元器件工程技术人员是排名第 92 的短缺职业类型，共 5 个城市有需求缺口，分别为重庆、黄山、福州、萍乡和泉州。从各地的分布情况来看，分布在重庆市、安徽省、福建省和江西省；从城市数量的分布区域来看，东部地区有 2 个，中部地区有 2 个，西部地区有 1 个。

### (三)邮政投递员

邮政投递员是排名第 93 的短缺职业类型，共 2 个城市有需求缺口，分别为北京和太原。从各地的分布情况来看，分布在北京市和山西省；从城市数量的分布区域来看，东部地区为 1 个，中部地区为 1 个。

### (四)药物制剂工

药物制剂工是排名第 94 的短缺职业类型，共 4 个城市有需求缺口，分别为南京、通化、大同和新余。从各地的分布情况来看，分布在江苏省、吉林省、山西省和江苏省；从城市数量的分布区域来看，东部地区有 1 个，中部地区有 2 个，东北地区有 1 个。

### (五)仪器仪表维修工

仪器仪表维修工是排名第 95 的短缺职业类型，共 4 个城市有需求缺口，分别为合肥、绵阳、宜昌和泸州。从各地的分布情况来看，分布在安徽省、四川省和湖北省；从城市数量的分布区域来看，中部地区有 2 个，西部地区有 2 个。

### (六)钢筋工

钢筋工是排名第 96 的短缺职业类型，共 5 个城市有需求缺口，分别为兰州、哈密、宜宾、昌吉和株洲。从各地的分布情况来看，分布在甘肃省、新疆维吾尔自治区、四川省、湖北省和湖南省；从城市数量的分布区域来看，中部地区有 2 个，西部地区有 3 个。

### (七)裁剪工

裁剪工是排名第 97 的短缺职业类型，共 8 个城市有需求缺口，分别为齐齐哈尔、荆州、宜昌、宝鸡、南通、长沙、潜江和延安。从各地的分布情况来看，分别分布在黑龙江省、湖北省、陕西省、江苏省和湖南省；从城市数量的分布区域来看，东部地区有 1 个，中部地区有 4 个，西部地区有 2 个，东北地区有 1 个。

### (八)化工生产工程技术人员

化工生产工程技术人员是排名第 98 的短缺职业类型，共 6 个城市有需求缺口，为景德镇、抚顺、淄博、荆州、潜江和西宁。从各地的分布情况来看，分别分布在江西省、辽宁省、山东省、湖北省和青海省。从城市数量的分布区域来看，东部地区有 1 个，中部地区有 3 个，西部地区有 3 个，东北地区有 1 个。

### (九)汽车工程技术人员

汽车工程技术人员是排名第 99 的短缺职业类型，共 4 个城市有需求缺口，分别为重庆、十堰、延边和宜宾。从各地的分布情况来看，分别分布在重庆市、湖北省、吉林省和四川省；从城市数量的分布区域来看，中部地区有 1 个，西部地区有 2 个，东北地区有 1 个。

### (十)计算机程序设计员

计算机程序设计员是排名第 100 的短缺职业类型，共 6 个城市有需求缺口，分别为徐州、昌吉、威海、株洲、包头和兴义。从各地的分布情况来看，分别分布在江苏省、新疆维吾尔自治区、山东省、湖南省、内蒙古自治区和贵州省；从城市数量的分布区域来看，东部地区有 2 个，中部地区有 2 个，西部地区有 2 个。

# 第三节　劳动力供求变动的特点和政策含义

## >>一、供需短缺职业变动的特点<<

### (一)职业构成变化

供需短缺职业构成在不同季度变化较大，既有新的职业进入榜单，也有排名发生比较大的变化。从分季度的统计结果看，与上一个季度相比，每个季度均有新的职业进入榜单。如表 5-19 所示，2019 年第四季度新进入榜单的有 24 个，2020 年第一季度有 29 个；在榜单中，2019 年第四季度和 2020 年第一季度中排名上升的个数分别为 34 个和 32 个，排名下降的分别为 38 个和 35 个。

上述榜单的变化意味着，我国劳动力市场不同季节用工需求的波动，这与总体供求波动的统计变化一致。比如，根据 2015—2019 年这些公共就业服务机构的统计数据，除了 2018 年第一季度和第二季度的求人倍率相同外，其他年份第二季度的求人倍率都会比第一季度低，随后第三季度和第四季度又开始上升，说明不同季节之间存在一定的波动性特征。

**表 5-19　短缺职业排名变化情况**

| 项目 | 2019 年第四季度排名 | 2020 年第一季度排名 |
| --- | --- | --- |
| 新进排名/个 | 24 | 29 |
| 上升排名/个 | 34 | 32 |
| 下降排名/个 | 38 | 35 |

注：新进、上升或下降排名个数均是与上一季度相比所得数据。

### (二)职业构成类别变化

从职业构成类别看，由表 5-20 可知，供需短缺的职业主要分布第四大类(社会生产服务和生活服务人员)、第六大类(生产制造及有关人员)和第二大类(专业技术人员)，排名后 10 的主要分布在第二大类(专业技术人员)、第四大类(社会生产服务和生活服务人员)和第六大类(生产制造及有关人员)。综合三个季度急需紧缺职业的排名情况，我们可以发现，上榜的职业相对集中的类别依次为第四大类(社会生产服务和生活服务人员)和第六大类(生产制造及有关人员)和第二大类(专业技术人员)。平均占比来看，三个季度间，第四大类(社会生产服务和生活服务人员）的占比为 56.06%，第六大类（生产制造及有关人员）占比为 28.88%，第二大类（专业技术人员）的占比为 10.53%。

**表 5-20　供求紧缺职业的种类构成/%**

| | 季度 | 占比 | 平均占比 |
|---|---|---|---|
| 第一大类 | 2019 年第三季度 | 1.12 | 1.32 |
| | 2019 年第四季度 | 1.35 | |
| | 2020 年第一季度 | 1.49 | |
| 第二大类 | 2019 年第三季度 | 11.19 | 10.53 |
| | 2019 年第四季度 | 9.67 | |
| | 2020 年第一季度 | 10.74 | |
| 第三大类 | 2019 年第三季度 | 3.10 | 3.21 |
| | 2019 年第四季度 | 3.15 | |
| | 2020 年第一季度 | 3.37 | |
| 第四大类 | 2019 年第三季度 | 58.00 | 56.06 |
| | 2019 年第四季度 | 60.19 | |
| | 2020 年第一季度 | 50.00 | |
| 第六大类 | 2019 年第三季度 | 26.59 | 28.88 |
| | 2019 年第四季度 | 25.64 | |
| | 2020 年第一季度 | 34.40 | |

注：三个季度排名前 100 的总体分布情况。

在排名前 10 的职业中，其分布也比较集中，主要在第四大类（社会生产服务和生活服务人员）和第六大类（生产制造及有关人员）。从数量看，2020 年第一季度第四大类为 7 个，比 2019 年第三、第四季度均减少 1 个，第六大类为 3 个，比 2019 年第三、第四季度均增加 1 个，无其他类型（见图 5-7）。紧缺职业排名后 10 主要分布于第二大类（专业技术人员）、第四大类（社会生产服务和生活服务人员）和第六大类（生产制造及有关人员），2020 年第一季度三大类分布分别为 3 个、3 个和 4 个，与 2019 年四季度相同；与 2019 年三季度相比，第二大类增加 2 个（见图 5-8）。第四大类减少 2 个，这说明 2019 年第四季度以来排名后 10 的类型中的第二类型职业（专业技术人员）有所增加。

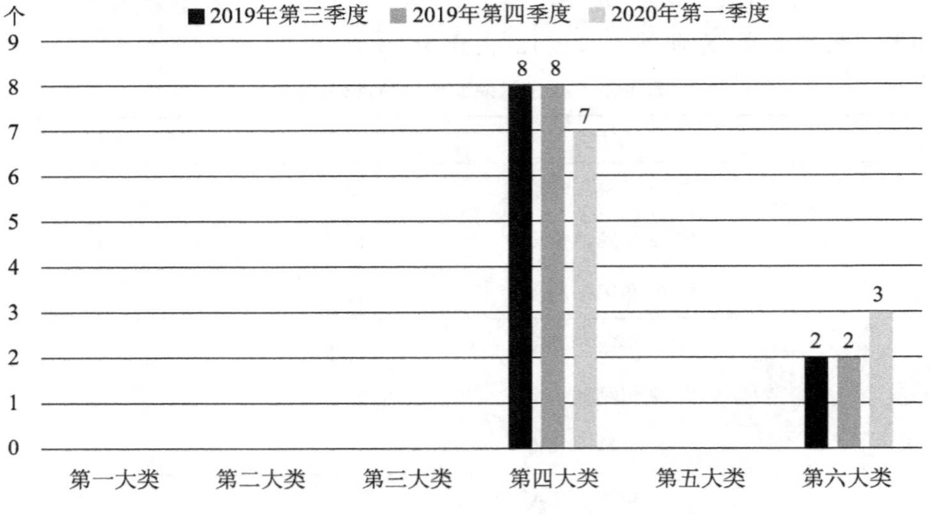


图 5-7 紧缺排名前 10 的职业类别分布

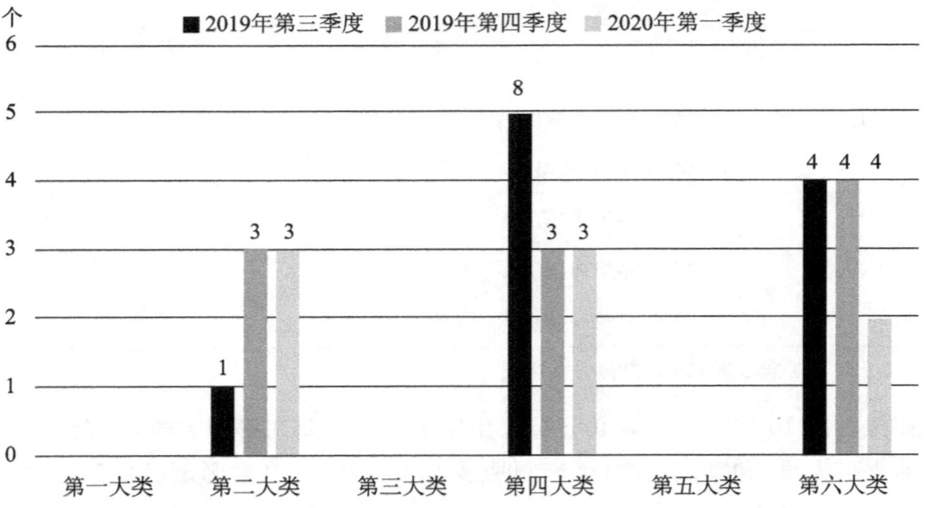


图 5-8 紧缺排名后 10 的职业类别分布

## (三)具体职业种类变化

从具体职业种类来看，排名前 10 的短缺职业类别在三个季度较为稳定，排名后 10 的职业类别在三个季度变化较大。急需紧缺排名前 10 职业类别在三个季度较为稳定。在 2020 年第一季度分别是营销员、快递员、餐厅服务员、保安员、包装工、焊工、保洁员、商品营业员、装卸搬运工和车工。与 2019 年的第三和第四季度相比，快递员、包装工为新进前 10，而营销员、餐厅服务员、保安员、焊工、保洁员、商品营业员和车工 7 个职业一直稳居前 10，特别是营销员一直稳居第一。

**表 5-21 短缺职业排名前 10 的职业排名三季度变化情况**

| | 2019 年第三季度排名 | 2019 年第四季度排名 | 2020 年第一季度排名 |
|---|---|---|---|
| 营销员 | 1 | 1 | 1 |
| 快递员 | 2 | 13 | 2 |
| 餐厅服务员 | 3 | 2 | 3 |
| 保安员 | 4 | 4 | 4 |
| 包装工 | 11 | 20 | 5 |
| 焊工 | 9 | 8 | 6 |
| 保洁员 | 5 | 6 | 7 |
| 商品营业员 | 6 | 5 | 8 |
| 装卸搬运工 | 10 | 14 | 9 |
| 车工 | 8 | 9 | 10 |

短缺程度排在后 10 位的职业类别在三个季度之间的变化较大(见表 5-22)。具体来讲，2019 年第三季度为裁缝、锅炉操作工、金属热处理工、磨工、化学合成制药工、康乐服务员、中式面点师、西式烹调师、计算机网络工程技术人员、快件处理员；2019 年第四季度为混凝土工、计算机网络工程技术人员、康乐服务员、美发师、涂装工、产品质量检验工程技术人员、裁缝、化工生产工程技术人员、米面主食制作工、起重装卸机械操作工，其中新进的有混凝土工、美发师、产品质量检验工程技术人员和起重装卸机械操作工 4 个职业；2020 年第一季度为采购员、电子元器件工程技术人员、邮政投递员、药物制剂工、仪器仪表维修工、钢筋工、裁剪工、化工生产工程技术人员、汽车工程技术人员和计算机程序设计员，其中新进的有电子元器件工程技术人员、邮政投递员、药物制剂工、仪器仪表维修工、钢筋工、裁剪工、汽车工程技术人员和计算机程序设计员 8 个职业。

**表 5-22 短缺职业排名后 10 的职业排名三季度变化情况**

| 排名 | 2019 年第三季度排名 | 2019 年第四季度排名 | 2020 年第一季度排名 |
|---|---|---|---|
| 91 | 裁缝 | 混凝土工* | 采购员 |
| 92 | 锅炉操作工 | 计算机网络工程技术人员 | 电子元器件工程技术人员* |
| 93 | 金属热处理工(77) | 康乐服务员 | 邮政投递员* |
| 94 | 磨工 | 美发师* | 药物制剂工* |
| 95 | 化学合成制药工 | 涂装工 | 仪器仪表维修工* |
| 96 | 康乐服务员 | 产品质量检验工程技术人员* | 钢筋工* |

续表

| 排名 | 2019年第三季度排名 | 2019年第四季度排名 | 2020年第一季度排名 |
|---|---|---|---|
| 97 | 中式面点师 | 裁缝 | 裁剪工* |
| 98 | 西式烹调师 | 化工生产工程技术人员 | 化工生产工程技术人员 |
| 99 | 计算机网络工程技术人员 | 米面主食制作工 | 汽车工程技术人员* |
| 100 | 快件处理员 | 起重装卸机械操作工* | 计算机程序设计员* |

注：*表示与上一季度相比，本季度"新进短缺职业前100"的职业。

## (四)区域分布差异

供需短缺职位的区域分布在不同季度的表现有所差异(见表5-23)。在2019年第三季度，东部地区产生供需短缺职业的城市数量最多，东北、东部、中部以及西部地区，产生供需短缺职业的城市数量分别为193个、358个、279个和332个，占比分别为16.61%、30.81%、24.01%和28.57%；在2019年第四季度，西部地区产生供需短缺职业的城市数量最多，东部地区和中部地区的有短缺职业的城市数量持平，东北、东部、中部以及西部地区，产生供需短缺职位的城市数量分别为185个、360个、360个和429个，占比分别为13.87%、26.99%、26.99%和32.16%；在2020年第一季度，西部地区产生供需短缺职业的城市数量最多，且占比最高达到30.56%，东北、东部、中部以及西部地区供需短缺职位的城市数量分别为203个、357个、326个和390个。

**表5-23　存在供需短缺职业的城市的区域分布情况/%**

| 区域 | 2019年第三季度 | 2019年第四季度 | 2020年第一季度 |
|---|---|---|---|
| 东北地区 | 16.61 | 13.87 | 15.91 |
| 东部地区 | 30.81 | 26.99 | 27.98 |
| 中部地区 | 24.01 | 26.99 | 25.55 |
| 西部地区 | 28.57 | 32.16 | 30.56 |

注：城市个数是指在上榜职业中具有短缺的城市的累计数量，用以说明各区域短缺职业程度问题，城市数量越多，则意味着该区域某类职业的短缺程度越高。

职业类型的区域分布情况上，不同类别的职业，其短缺程度也不相同，各个区域呈现不同特点(见表5-24)。我们以短缺排在前三位的类别加以分析(这三类职业占到前100位短缺职业的95%以上)。总体来看，数据显示，短缺最为突出的是第四大类(社会生产服务和生活服务人员)占50%～60%。其次是第六大类(生产制造及有关人员)，占25%～35%；第二大类(专业技术人员)，占10%左右。而第一大类、第三大类和第五大类职业类型合计不到5%。分区域来看，短缺最多的是第四大类(社会生产服务和生活服务人员)，西部分布最多；排在第二位的是第六大类(生产制造及有关人员)，东部地区和中部地区均有较多短缺；排在第三位是第二大类(专业技术人员)，三个季度短缺最为突出的为东部地区。

**表 5-24　不同类别职业区域短缺情况/%**

| 项目 | 第二大类 | | | 第四大类 | | | 第六大类 | | |
|---|---|---|---|---|---|---|---|---|---|
| | 2019Q3 | 2019Q4 | 2020Q1 | 2019Q3 | 2019Q4 | 2020Q1 | 2019Q3 | 2019Q4 | 2020Q1 |
| 东北地区 | 1.38 | 1.57 | 2.12 | 10.50 | 8.40 | 7.92 | 4.04 | 3.45 | 5.25 |
| 东部地区 | 3.53 | 3.30 | 3.13 | 16.95 | 14.92 | 12.85 | 8.86 | 7.35 | 10.42 |
| 中部地区 | 3.18 | 2.32 | 2.82 | 11.79 | 14.84 | 11.36 | 8.86 | 9.15 | 10.74 |
| 西部地区 | 3.10 | 2.47 | 2.66 | 18.76 | 22.04 | 17.87 | 4.82 | 5.70 | 7.99 |
| 总占比 | 11.19 | 9.67 | 10.74 | 58.00 | 60.19 | 50.00 | 26.59 | 25.64 | 34.40 |

注：三个季度排名前 100 的总体分布情况。

总体来看，在区域分布上，存在着比较明显的结构性。在东中部地区，第六大类(生产制造及有关人员)和第二大类(专业技术人员)的短缺比较明显，个中原因可能是，东部地区产业结构升级，对具有一定专业知识和技能的人才需求增加，同时导致制造业依次向中西部地区特别是中部转移，使得制造业相关的职位人员供给短缺。而在西部地区，第四大类(社会生产服务和生活服务人员)需求则比较旺盛，这种现象的原因可能有两个：一是西部地区长期存在劳动力外流到东部发达地区的情况，加之部分地区人口结构老龄化，造成劳动力特别是农村剩余劳动力短缺，这些劳动力是生产和生活性服务业从业的主要组成部分之一；二是西部地区经济发展水平总体上比东中部地区要低一些，其工业化水平还需要进一步提高，而与人民生产生活密切相关服务业则在一个地区不可或缺，导致服务业相关人员的需求相对旺盛。

排名前 10 的职位区域分布具有同样的特点(见表 5-25)，即西部地区第四大类(社会生产服务和生活服务人员)需求则比较旺盛，且由于第四大类一直居于供需短缺之首，所以排名前十的职业，在西部地区发生供需短缺城市数量最多。2019 年第三季度西部地区短缺城市数量最多为 94 个，其次是东部地区(91 个)，而东北地区和中部地区较少，分别为 63 个和 61 个；2019 年第四季度东部地区短缺城市数量最多(126 个)，其次是西部地区(96 个)，而东北地区和中部地区较少，分别为 47 个和 78 个；但是到了 2020 年第一季度西部地区短缺城市数量再次成为最多的地区，为 94 个，其次是东部地区(89 个)，而东北地区和中部地区较少，分别为 61 个和 72 个。总体而言，西部地区对于短缺职业需求的城市数量较多，且分布的城市数量居高不下，这与我国西部地区近年来岗位空缺与求职人数比率均大于其他区域的结果一致。

**表 5-25　三个季度排名前 10 的短缺职业的区域分布情况/个**

| | 东北地区 | | | 东部地区 | | | 中部地区 | | | 西部地区 | | |
|---|---|---|---|---|---|---|---|---|---|---|---|---|
| | 2019 Q3 | 2019 Q4 | 2020 Q1 | 2019 Q3 | 2019 Q4 | 2020 Q1 | 2019 Q3 | 2019 Q4 | 2020 Q1 | 2019 Q3 | 2019 Q4 | 2020 Q1 |
| 营销员 | 13 | 9 | 14 | 19 | 15 | 24 | 13 | 20 | 16 | 21 | 18 | 21 |
| 餐厅服务员 | 9 | 10 | 7 | 16 | 17 | 8 | 10 | 15 | 9 | 19 | 18 | 16 |
| 保安员 | 11 | 9 | 12 | 12 | 13 | 12 | 9 | 10 | 6 | 15 | 19 | 19 |
| 焊工 | 7 | 1 | 11 | 8 | 39 | 14 | 8 | 0 | 13 | 8 | 1 | 13 |
| 保洁员 | 8 | 4 | 7 | 13 | 16 | 13 | 5 | 9 | 9 | 11 | 15 | 9 |
| 商品营业员 | 10 | 7 | 1 | 10 | 15 | 6 | 8 | 11 | 6 | 18 | 19 | 9 |
| 车工 | 5 | 7 | 9 | 13 | 11 | 12 | 8 | 13 | 13 | 4 | 6 | 7 |
| 合计 | 63 | 47 | 61 | 91 | 126 | 89 | 61 | 78 | 72 | 96 | 96 | 94 |

注：快递员、包装工、装卸搬运工三季度并不同时排名前 10，不统计在内。

## >>二、短缺职位变化的启示和政策含义<<

短缺职位排行的种种特征，对我们理解劳动力市场及相关政策拟定有以下几点启示。

第一，理解供需短缺职位的分布特点要密切经济发展水平与人口结构变化。一方面，我国经济发展进入中高速增长阶段，各个产业仍对劳动力保持相对旺盛的需求；另一方面，我国人口年龄结构正在发生较大变化，人口老龄化程度日益提升。国家统计局公布的《中华人民共和国 2019 年国民经济和社会发展统计公报》显示，2019 年，我国的 60 岁及以上人口达到 25 388 万人，占总人口的比例高达 18%，与此同时，16～59(含不满 60 周岁)下降到 89 640 万人，占总人口的比例达 64.0%。这种年龄上的结构变化，直接导致了劳动力密集型产业劳动力供给紧张。以 2019 年第三季度的短缺职业排行为例，短缺职业主要集中在第四和第六大类(见表 5-26)，两个大类的占比达到了 78%。从这些职业特征看，多数是以劳动密集、青壮年为主。

第二，外部冲击对职位短缺程度短期影响比较明显。外部冲击对劳动力市场的短期冲击是比较明显和容易观察到的，这种冲击既包括大规模的自然灾害和疾病等冲击，如 2003 年的传染性非典型肺炎疫情，也包括战争、经济贸易摩擦等经济社会活动，如 1998 年亚洲金融危机和 2008 年美国次贷危机等①。当然，这

① 赖德胜、蔡宏波：《周期性外部冲击对我国就业的影响及其应对》，载《求是学刊》，2019(46)。

些短期冲击也有可能对劳动力市场产生长远和周期性的影响。

**表 5-26　2019 年第三季度短缺职业排行情况**

| 大类 | 中类 | 种类统计 | 中类占比 | 大类占比 |
|---|---|---|---|---|
| 4. 社会生产服务和生活服务人员 | 4-01. 批发与零售服务人员 | 5 | 5% | 42% |
| | 4-02. 交通运输、仓储和邮政业服务人员 | 7 | 7% | |
| | 4-03. 住宿和餐饮服务人员 | 7 | 7% | |
| | 4-04. 信息传输、软件和信息技术服务人员 | 3 | 3% | |
| | 4-05. 金融服务人员 | 2 | 2% | |
| | 4-06. 房地产服务人员 | 3 | 3% | |
| | 4-07. 租赁和商务服务人员 | 5 | 5% | |
| | 4-08. 技术辅助服务人员 | 1 | 1% | |
| | 4-09. 水利、环境和公共设施管理服务人员 | 1 | 1% | |
| | 4-10. 居民服务人员 | 6 | 6% | |
| | 4-12. 修理及制作服务人员 | 1 | 1% | |
| | 4-13. 文化、体育和娱乐服务人员 | 1 | 1% | |
| | 4-14. 健康服务人员 | 1 | 1% | |
| 6. 生产制造及有关人员 | 6-01. 农副产品加工人员 | 1 | 1% | 36% |
| | 6-02. 食品、饮料生产加工人员 | 1 | 1% | |
| | 6-04. 纺织、针织、印染人员 | 3 | 3% | |
| | 6-05. 纺织品、服装和皮革、毛皮制品加工制作人员 | 1 | 1% | |
| | 6-11. 化学原料和化学制品制造人员 | 1 | 1% | |
| | 6-12. 医药制造人员 | 1 | 1% | |
| | 6-14. 橡胶和塑料制品制造人员 | 1 | 1% | |
| | 6-18. 机械制造基础加工人员 | 12 | 12% | |
| | 6-20. 通用设备制造人员 | 1 | 1% | |
| | 6-22. 汽车制造人员 | 1 | 1% | |
| | 6-25. 计算机通信和其他电子设备制造人员 | 4 | 4% | |
| | 6-28. 电力、热力、气体、水生产和输配人员 | 1 | 1% | |
| | 6-29. 建筑施工人员 | 3 | 3% | |
| | 6-31. 生产辅助人员 | 5 | 5% | |

2020 年第一季度，全球新冠肺炎疫情令我国的经济社会发展深受影响，在劳动力市场上一个显著的变化就是，以集聚性、接触性、劳动密集型为主的服务业的经营活动受到剧烈冲击，因此，第四大类(社会生产服务和生活服务人员)的

短缺职业数量下降。在今年第一季度的“榜单”中，餐饮、酒店住宿、交通等行业受疫情影响，相关职业的短缺程度显著降低，“中式烹调师”“采购员”“道路客运汽车驾驶员”“客房服务员”“后勤管理员”“收银员”“汽车维修工”等 15 个职业排位下降明显①。当然，1 月中上旬的消费季，还在一定程度上缓解了这种影响。相反，第六大类(生产制造及有关人员)在第一季度数量相对上升，这同样与疫情有关，在复工复产过程中，其主要所在的加工制造业等先于或者快于服务业复工，因此，相关短缺的职业数量相比第四大类(社会生产服务和生活服务人员)反而上升了。

由于防疫需要，一些与防疫相关的职业职位需求比较旺盛，内科医师、医用材料产品生产工、缝制机械装配调试工、药物制剂工、裁剪工 5 个职业进入 2020 年第一季度的短缺排行；同时，为了保证产业链和物流顺畅，快递业通过各种措施保障正常运营，高速公路从春节假期到 5 月 5 日一直实行免费政策，这导致与此相关的职业的供给人数短缺程度加剧。在 2020 年第一季度，快递员、包装工和装卸搬运工 3 个职业成为新进前 10 的职位。上述变化也从另外一个角度说明，这个短缺职位排行，对劳动力供需变化的反应是比较敏感灵活的。

第三，应对劳动力市场长期冲击需要未雨绸缪。劳动力市场的长期冲击有时候表现得并不那么突出，但其影响深远，需要做好准备。一个影响职位短缺潜在影响的根本因素是，受技术进步和产业政策调整的推动，我国正在由制造大国向制造强国转变，科技进步对经济增长的贡献日益提升。根据科技部发布的数据，科技进步贡献率达到 59.5%，世界知识产权组织(WIPO)评估显示，我国创新指数位居世界第 14 位。

这种变化传递到劳动力市场上会产生两个变化。一是对具有一定技术和专业知识劳动力需求的增加。相应地，这会对人力资本投资提出新的要求，推动人力资本由数量推动向质量提升转变，因此，第二大类(专业技术人员)在 2020 年短缺职位数量的上升则在情理之中了。二是在技术进步和商业模式创新的推动下，以“工作任务分包”为特征的零工经济快速发展，新经济、新业态不断涌现，用工形式由原来传统的雇佣模式改为商务合作关系(田永坡，2020)②，一些新职业也开始“上榜”。比如，在 2020 年第一季度的“榜单”中，网约配送员、人力资源服务专业人员、企业人力资源管理师、人力资源管理专业人员等第一次进入榜单。网约配送员可以看作当前平台经济创新发展所催生出来的新兴职业代表，是零工

---

① 《2020 年第一季度全国招聘求职 100 个短缺职业排行》，http://www.mohrss.gov.cn/SYrlzyhshbzb/dongtaixinwen/buneiyaowen/202004/t20200421_365988.html，访问日期：2020-07-20。

② 田永坡：《推动劳动力要素流动更顺畅更有序》，载《中国劳动保障报》，2020-06-10。

经济从业者的重要组成部分，此次进榜，充分反映了当前我国经济结构和用工就业模式的变化。人力资源服务专业人员、人力资源管理专业人员则是伴随着人力资源管理专业化和人力资源服务业快速发展所出现的新兴职业。根据人力资源和社会保障部公布的数据，2019 年行业全年营业总收入达到 1.96 万亿元，2016—2019 年，营业总收入的年均复合增长率高达 18.43%；从业人员 67.48 万人，同比增长 5.21%。行业的快速发展对相关从业人员的需求大大增加，从而导致其进入上述供需短缺榜单。对于这些新上榜的职业以及所可能涉及的社会保险管理制度等，需要给予关注，通过职业能力提升、改革和补齐相关社会保障制度的措施，缓解劳动力市场的供给短缺。

需要说明的有两点：一是本章所使用的数据主要来自全国 102 个定点监测城市公共就业服务机构的填报数据，而从整个劳动力市场上的求职行为看，无论是劳动者还是用人单位，其工作搜寻方式日益多元，而且，随着互联网技术的发展，市场化的线上招聘日益增加。根据国家统计的数据，2018 年，城镇失业人员寻找工作的方式中，使用“在职业介绍机构登记”的比例仅为 4.9%，“委托亲友找工作”“浏览招聘广告”“直接与雇主联系”的比例则分比达到了 48.3%、16.5% 和 7.6%。因此，本章对整个劳动力市场情况可能有所偏差或者对某些群体的搜寻行为有所遗漏。这也是未来所需要解决的难题之一。二是理解劳动力资源紧缺程度，除了供需比例，如果再加上了解供需总量的信息，则会更加接近劳动力市场实践。这也是读者在理解本章相关结论的时候需要注意的。

# 第六章 我国人力资本空间集聚及影响因素研究

我国是一个幅员辽阔、人口众多的发展中国家，各地区的资源禀赋、经济发展水平、社会文化差异显著。当前我国社会的主要矛盾已经转化为人民日益增长的美好生活需要和不平衡不充分的发展之间的矛盾。区域发展的不平衡是我国的基本国情。而造成这种区域差异的一个重要原因是人力资本在不同地区的集聚，集聚能够将人力资本的外部性放大，从而扩大溢出效应。一个地区人力资本的集聚往往会受到周围地区的影响，即存在空间效应。本章内容重点关注以受教育程度衡量我国的人力资本水平时，不同区域人力资本的空间分布差异，并利用区位熵和莫兰指数(Moran-I)来测算人力资本的集聚程度和空间相关性。结果发现，2008—2018年，我国东部地区人力资本水平始终高于中西部地区，但中西部地区人力资本水平也实现了高速增长。人力资本的空间分布具有较强的空间效应，相邻地区之间对高水平人力资本的需求存在竞争关系。在影响人力资本空间集聚的众多因素中，产业结构调整和高等教育发展是缩小全国人力资本空间集聚差异的重要因素。因而推动区域产业机构转型升级、优化高等教育资源的配置、实施区域协调发展战略以及深化人力资本要素市场化配置改革，是缓解人力资本空间集聚和缩小地区差异的重要途径。

## 第一节　问题的提出和文献综述

### >>一、问题的提出<<

进入新时代以来，我国在区域发展领域形成了一系列新理念新思想新战略。党的十九大报告提出“实施区域协调发展战略”并将其纳入我国的“七大战略”中来。可以发现，我国区域发展战略经历了从“东、中、西三大地带”到“东部率先发展、西部大开发、东北地区振兴、中部地区崛起”的“四大板块”战略再到现今的“京津冀协同发展、粤港澳大湾区建设、长三角一体化发展、长江经济带共抓大保护、黄河流域生态保护和高质量发展、成渝地区双城经济圈建设”的区域协调发展战略的转变。由此，我国的区域发展迈上了新的台阶。目前看来，我国东部地区发展优于中西部地区，城市发展优于农村，而人力资本被证明是缩小地区差异，促进区域协调发展的重要因素之一。[①] 据国家统计局 2019 年数据，全国流动人口达到 2.36 亿。[②] 这些流动人口选择流入的城市主要集中在上海、广州、深圳、北京，其中上海、广州常住流动人口在 900 万以上，苏州、天津、杭州、成都、宁波、佛山、东莞等新一线城市流动人口也超过了 300 万。[③] 大量人口的流入为这些地区提供了充足的人力资本。人力资本在空间上的集聚一方面使得部分地区在短期内实现跨越式发展，另一方面也抑制了人才流失地区的发展。受到这次新冠肺炎疫情的冲击，很多地区出现了企业裁员、“复工容易复产难”的现象，大量工人工作地集中，但居住地分散，人力资本空间集聚叠加意外的地理隔离加速暴露出了集聚的弊端。这并不利于发挥 14 亿人口所形成的超大规模内需市场的作用。因而，分析我国人力资本空间集聚的演变，探究背后的原因对于形成以国内大循环为主体、国内国际双循环相互促进的新发展格局和实现区域协调均衡发展具有较强的现实意义。

## >>二、文献综述<<

内生增长理论认为人力资本具有技术知识溢出机制或外部性。卢卡斯的人力资本溢出模型指出，人力资本的溢出效应可以解释为向他人学习或相互学习，一个拥有较高人力资本的人对周围人会产生更多的有利影响，提高周围人的生产率。[④] 研究者发现，人力资本对欧盟地区的增长具有积极的空间溢出效应。[⑤] 受

---

① 蔡昉、都阳：《中国地区经济增长的趋同与差异——对西部开发战略的启示》，载《经济研究》，2000(10)。

② 国家统计局，http：//www.stats.gov.cntjsjzxfb/202002/t20200228 _ 1728913.html，2020-07-30。

③ 国家卫生健康委流动人口服务中心，http：//www.chinaldrk.org.cn，2020-07-30。

④ Lucas R E，1988，“On the mechanics of economic development”，*Journal of Monetary Economics*，22(1)：3-42.

⑤ Fingleton，Bernard，and Enrique López-Bazo，2006，“Empirical growth models with spatial effects”，*Papers in Regional Science* 85 (2)：177-198.

过高等教育的人所占比例越高，就业率越高。[①] 这是因为人力资本的外部性会通过集聚而放大。

对于人力资本空间分布的研究首先需要确定的是如何衡量人力资本。人力资本的测量方法各异。一是成本法，即人力资本存量等于初始的存量加上总投资减去折旧。[②]二是收入法，即人力资本存量等于个体在其整个生命周期中收入流的净现值，具有代表性的是 J-F 终生收入法。[③] 终生收入法是以个人预期生命期的终生收入的现值来衡量人力资本水平。三是特征法，以人力资本的某项特征，比如教育程度、工作经验等来构造人力资本指数。[④] 四是世界银行使用的余额法。[⑤] 以未来消费流做出假设，并以这些消费流的净现值为对各国总财富的估计，总财富减去生产性资本和自然资本便是无形资本，无形资本包含了人力资本和国家基础设施、社会资本等。其中，J-F 终生收入法和特征法的使用较为广泛。J-F 终生收入法假定人力资本可以在市场交易，价格以未来终生收入的现值来衡量。采用该方法度量人力资本能够合理地反映出教育、健康等长期投资对人力资本积累的重要作用。特征法在以往的研究中，人力资本的衡量指标一般为受教育程度(如中小学入学率、平均受教育年限、文盲率、识字率)，健康水平及个人能力等。[⑥]

关于我国人力资本空间分布的研究并不是很多。首先，对人力资本的测量研究多是从更为宏观的国家视角。李海峥等(2010)则通过 J-F 法构建多种人力资本指数，发现我国的人均人力资本要比美国和加拿大低，并预测到 2020 年，人力资本总量和人均人力资本增长会放缓。[⑦] 基于 J-F 法计算的《中国人力资本报告 2019》显示，1985—2017 年，中国人力资本总量增长了 10.4 倍，年均增速达

---

① Shapiro, J. M., 2003, "Smart cities: quality of life, productivity, and the growth effects of human capital", *SSRN Electronic Journal*, 88: 324-335.

② Kendrick J W, "The Formation and Stocks of Total Capital", *Nber Books*, 1976, 11(2): 230-240.

③ Jorgenson, D. W. and Fraumeni, B. M., "Investment in Education and U. S. Economic Growth", *Scandinavian Journal of Economics*, 1992, 94: S51-70.

④ Laroche, M. and Merette, M., "Measuring Human Capital in Canada", *Ministry of Finance of Canada*, *Working Paper*, 2000.

⑤ Hamilton, Kirk, and World Bank, "Where is the Wealth of Nations, Measuring Capital for the 21st Century", *The International Bank for Reconstruction and Development*, Washington, DC: World Bank Publications, 2006, Chapter (7): 85-101.

⑥ 李萌、张佑林、张国平:《中国人力资本区际分布差异实证研究》，载《教育与经济》，2007(1)；陈钊、陆铭、金煜:《中国人力资本和教育发展的区域差异：对于面板数据的估算》，载《世界经济》，2004(12)。

⑦ 李海峥、梁赟玲、Barbara Fraumeni 等:《中国人力资本测度与指数构建》，载《经济研究》，2010(8)。

7.7%。张帆(2000)①从成本法的角度以人力资本投资减去折旧来衡量人力资本存量。部分分析了省(市)级人力资本的文献中，朱平芳、徐大丰(2007)②提出“单位人力资本”的概念，估算了1990—2003年中国地级以上城市的人力资本。

其次，我国人力资本的分布在城乡间、区域间存在较大差异。李海峥等(2014)利用J-F终生收入法对1985—2010年我国人力资本分布进行分析，发现我国人力资本总量大幅度增长，但在城乡分布方面呈现出了城乡间差距逐步扩大的态势。发达地区(广东、上海等)的人力资本要远高于落后地区(贵州、甘肃等)。③ 燕安等(2010)以1987—2008年30个省(自治区、市)的数据对人力资本基尼系数进行估计，发现沿海地区由于集聚了大量高素质人才，人力资本对经济增长率的边际产出弹性要高于内陆地区。④

最后，不同类型人力资本的结构性差异。根据Schultz(1961)，人力资本应是聚集在人本身的多种能力的结合，包括知识、技能、智力、体力等。⑤ Becker依据人力资本投资形式，如教育、培训、医疗保健及迁移等把人力资本结构划分为不同类型。⑥ 陈浩(2007)依据投资类型把对人力资本结构划分为基础人力资本、知识人力资本、技能人力资本和制度人力资本。结果发现，在粗放型的经济发展模式下，人力资本很难发挥作用，尤其在内陆地区。⑦ 高远东和花拥军(2012)将人力资本结构划分为基础人力资本、知识人力资本、技能人力资本和制度人力资本，运用空间计量模型探究了1992—2009年中国27个省域的人力资本结构，发现内陆地区需要加强技能型人力资本的投资，而且人力资本在省域间存在空间外溢性。⑧ 赵晓军等(2020)将人力资本结构划分为生存人力资本、健康人力资本、文化人力资本、知识人力资本和创新人力资本五种类型，研究发现，我国在经济发展的不同阶段，对人力资本的要求是不同的。近年来，我国处于工业化进程逐渐深化，产业结构转型阶段，对创新型人力资本的要求显著增加，而且

---

① 张帆：《中国的物质资本和人力资本估算》，载《经济研究》，2000(8)。

② 朱平芳、徐大丰：《中国城市人力资本的估算》，载《经济研究》，2007(9)。

③ 李海峥、贾娜、张晓蓓、Barbara Fraumeni：《中国人力资本的区域分布及发展动态》，载《经济研究》，2013(7)。

④ 燕安、黄武俊：《人力资本不平等与地区经济增长差异——基于1987—2008年中国人力资本基尼系数分省数据的考察》，载《山西财经大学学报》，2010(6)。

⑤ Schultz W., 1961, “Investment in human capital”, *American Economic Review*, 51(3): 1-17.

⑥ Gray S. Becker, 1964, “Human Capital”, *Colombia University Press*, 90-100.

⑦ 陈浩：《人力资本对经济增长影响的结构分析》，载《数量经济技术经济研究》，2007(8)。

⑧ 高远东、花拥军：《异质型人力资本对经济增长作用的空间计量实证分析》，载《经济科学》，2012(1)。

沿海和内陆地区的经济发展差距更有可能是人力资本的结构差异导致的。① 楠玉(2020)以各级教育的平均年限作为人力资本的衡量指标，发现我国初级、中级教育水平已趋近于饱和水平，但是高等教育程度的劳动力比重与发达国家相比，仍有较大差距，且大量人才集聚在事业单位和垄断部门，而科技创新部门缺乏人才。② 刘晔等(2019)以职业类型划分高低技能人力资本，指出人力资本分布呈现东南密集，西北稀疏的特征。其中，高技能人力资本在空间分布上呈集中化的趋势，而一般水平人力资本呈分散化的趋势，且高技能劳动力集聚于沿海特大城市群。③

此外，从人力资本的影响因素来看，中国人力资本的增长主要不是由人口增长导致，而是由教育及其他因素所推动。城镇化与教育程度的提高对人力资本增长具有显著的贡献。另外，地区产业发展状况、工资收入水平、基础设施建设等均是人力资本空间集聚的重要影响因素。④

## 第二节　数据来源与研究方法

### >>一、数据来源<<

本章选择2008到2018年间的《中国统计年鉴》《人口与就业统计年鉴》的省级层面相关数据，研究区域为全国31个省(自治区、直辖市)，不含港澳台地区。⑤ 参考陈得文、苗建军的做法，我们以大专及以上受教育程度的就业人员为指标，结合劳动力的平均受教育年限考察我国人力资本的空间分布状况⑥，并按照各层次受教育人口与总人口的比例进行赋权。其中大专以上学历包括高职、专科、本科和研究生。

---

① 赵晓军、余爽：《改革开放以来中国经济发展阶段与人力资本结构研究》，载《经济科学》，2020(1)。

② 楠玉：《中国迈向高质量发展的人力资本差距——基于人力资本结构和配置效率的视角》，载《北京工业大学学报(社会科学版)》，2020(4)。

③ 刘晔、王若宇等：《中国高技能劳动力与一般劳动力的空间分布格局及其影响因素》，载《地理研究》，2019(8)。

④ Palivos, T. and P. Wang, 1996, "Spatial Agglomeration and Endogenous Growth", *Regional Science and Urban Economics*, 26(6): 645-669.

⑤ 部分分析不包括西藏。

⑥ 陈得文、苗建军：《人力资本集聚、空间溢出与区域经济增长——基于空间过滤模型分析》，载《产业经济研究》，2012(4)。

## >>二、研究方法<<

### (一)区位熵

根据统计年鉴相关数据，选择大专及以上学历劳动人口数来衡量区域劳动人口的人力资本水平，利用区位熵来测算人力资本的集聚程度。区位熵是区域经济学中衡量专业化的重要指标，能够充分比较不同地区人力资本集聚程度。

区位熵是某年某地高学历人口占比与全国平均水平的比值。描述该地人力资本集聚程度在全国范围的位次。公式如下：

$$HC_i = \frac{EC_i}{E_i} / \frac{EC}{E},$$

其中，$EC_i$ 表示区域 $i$ 内总的人力资本数，按照统计年鉴中的大专及以上学历的人口抽样调查数据计算得出；$E_i$ 指的是区域 $i$ 中的总人数；$EC$ 指全国人力资本总数；$E$ 指全国人口总数；$HC_i$ 的数值越大，表示该区域的人力资本集聚程度越高。

### (二)区域人力资本空间相关性检验

为进一步了解分析我国区域人力资本集聚的空间特征，使用全局 Moran-I 指数计算 2008—2018 年区域人力资本的相关性，公式如下：

$$I = \frac{\sum_{i=1}^{n}\sum_{j=1}^{n} W_{ij}(Y_i - \overline{Y})(Y_j - \overline{Y})}{S^2 \sum_{i=1}^{n}\sum_{j=1}^{n} W_{ij}},$$

其中，$S = \frac{1}{n}\sum_{i=1}^{n}(Y_i - \overline{Y})^2$，$\overline{Y} = \frac{1}{n}\sum_{i=1}^{n} Y_i$，$Y_i$ 表示第 $i$ 个地区的观测值，即该地区的人力资本集聚水平，$\overline{Y}$ 为全国人力资本的平均水平，$n$ 为地区数，$W_{ij}$ 为空间权重矩阵。$I$ 的取值范围为[−1，1]，接近 1 时，表示地区间呈现空间正相关，即高值与高值集聚；接近 −1 时，表示呈现空间负相关，即高值与低值集聚；接近 0 时，表示地区间不存在空间相关性。因为知识和教育具有空间溢出效应，空间权重矩阵的选择十分重要，人力资本的分布很可能受地缘关系影响，因而，本章选择传统的车相邻(rook contiguity)，即两个相邻的区域有共同的边，也就是指两个地区在地理空间上有共同的边界。① 得到的二元毗邻矩阵表示为：

① 将海南省视为与广东省相邻。

$$W_{ij}=\begin{cases}0, & i\text{与}j\text{相邻}\\ 1, & i\text{与}j\text{不相邻。}\end{cases}$$

为了进一步探究某地区人力资本水平与周围地区的相关关系，引入局部 Moran-I 指数，公式如下：

$$I_i=\frac{(Y_i-\overline{Y})}{S^2}\sum_{j=1}^{n}W_{ij}(Y_j-\overline{Y})\text{。}$$

其含义与全局 Moran-I 指数相似，若 $I_i$ 是正值，表示区域 $i$ 的高值(低值)被周围的高值(低值)所包围，而 $I_i$ 的负值，则表示区域 $i$ 的高值(低值)被周围的低值(高值)所包围。

## (三)空间杜宾模型

一个地区的人力资本水平可能会受到相邻地区人力资本水平和其他因素的影响。基于此选择建立空间杜宾模型，该模型能够根据空间效应作用的范围和对象的不同，将空间计量模型中自变量对因变量的影响分为直接效应、间接效应(空间溢出效应)和总效应。以此来识别地区人力资本空间集聚的溢出效应。由于 i 省份的人力资本集聚会受到 j 省份人力资本集聚和其他因素的影响。模型设定如下：

$$y_{it}=\rho W'_i y_t+\beta X'_{it}+\gamma W'_i x_{it}+\mu_{it}\text{，}$$

其中，$y_{it}$ 是观测单位 $i$ 在时间 $t$ 上的被解释变量，$i=1$，…，$N$，$t=1$，…，$T$；$W'_i y_t=\sum_{j=1}^{N}W_{ij}y_{jt}$ 为被解释变量 $y_{it}$ 和其临近单位被解释变量 $y_{jt}$ 之间的空间互动项；$\rho$ 是空间回归系数，反映了空间邻近单元对于本空间单元的影响程度；$W'x_{it}=\sum_{i=1}^{n}W'x_{it}$，$W_{ij}$ 是空间权重矩阵 $W$ 的第 $i$ 和 $j$ 个元素；$X$ 是解释变量组成的矩阵，$\beta$ 为本地自变量 $X$ 对 $y$ 的影响，$\mu_{it}$ 是误差项。

被解释变量为大专以上受教育程度就业人员的集聚度。解释变量分别从两个方面进行分析。一是人才需求方面。一般经济发展水平较高的地区，产业结构变迁较快，产业的集聚会影响对人才的需求。我们选择第三产业集聚度反映产业集聚的情况，产业集聚度根据已有文献的方法，采用 $A_i=(I_i/I)/(Area_i/Area)$，$I_i$ 和 $I$ 分别表示 i 地区和全国的第三产业产值，$Area_i$ 和 $Area$ 分别为 i 省份和全国的城区面积。① 工资水平较高的地区更容易吸引人才，采用城镇单位在岗职工平均工资作为反映工资收入的指标。公共服务指标选择公共图书馆的数量。生活环境、空气质量等已经成为现代社会人才流动的重要影响因素，选择二氧化硫排放

① 颜银根：《FDI 劳动力流动与非农产业集聚》，载《世界经济研究》，2014(2)。

量作为环境的衡量指标。此外，为控制内生增长的影响，还控制了地区常住人口数。在培育人才方面，既可能是集聚了外来人才，又可能是本地对于人才的培育比较充足。研究表明，人才集聚和高校集聚具有较强的空间耦合性。① 有研究发现毕业生就业时偏好在就读高校所在地求职。② 因而，我们选择每十万人口高等院校在校生数作为人才培育的指标，如表 6-1 所示。

**表 6-1　变量描述性统计**

| 变量 | 观测值 | 平均值 | 标准差 | 最小值 | 最大值 |
|---|---|---|---|---|---|
| 人力资本集聚度 | 341 | 1.12 | 0.68 | 0.03 | 4.81 |
| 第三产业集聚度 | 341 | 32.64 | 45.91 | 3.18 | 335.09 |
| 每十万人在校大学生数量 | 341 | 2 250.90 | 1091.74 | 0.35 | 6 749.96 |
| 城镇就业人员平均工资(元) | 341 | 51 428.60 | 20 739.19 | 20 597 | 145 766 |
| 公共图书馆数量 | 341 | 98.01 | 45.76 | 4 | 204 |
| 地区常住人口(万人) | 341 | 4 367.95 | 2 761.71 | 176 | 11 346 |
| 二氧化硫排放量(吨) | 341 | 11 921.16 | 46 431.09 | 0.20 | 627 238 |

# 第三节　实证分析

## >>一、人力资本总体分布格局<<

按照东中西部地区划分，劳动人口的人力资本水平总体分布状况如图 6-1 所示。东部地区高中及以下学历的就业人员占比均在下降，而大专及以上就业人员占比在 2008—2018 年上升较快。而中西部地区初中以上学历就业人员占比均上升，仅小学及以下就业人员占比下降。另外，东部地区大专及以上学历就业人员占比远远高于中西部地区。图 6-2 是按东中西部各省份排列的劳动人口中大专及以上受教育程度的就业人口占比，以及 2008—2018 年的增长率。能够看出大专以上学历就业人口所占比重在东、中、西部区域之间存在较大差异。东部地区各省份的高水平人力资本比例更大，其次是中部地区，西部地区相对较小。这也和一直以来我国经济发展以东部沿海地区为中心的格局相符。东部地区的工资水

① Abel J R, Deitz R, 2012, "Do colleges and universities increase their region's human capital?", *Journal of Economic Geography*, 12(3): 667－691.

② 陈春潮、齐婉宁:《大学生就业地域选择影响因素调查——以南京高校学生为例》，载《劳动保障世界》，2018(18)。

平、社会保障、公共基础设施建设等均优于其他地区，对人才的吸引力更大。但就增长速度来说，中西部地区 2008—2018 年增长幅度更大，其中中部地区的平均增长率比东部地区高约 20%，而西部地区则比东部地区高约 40%。

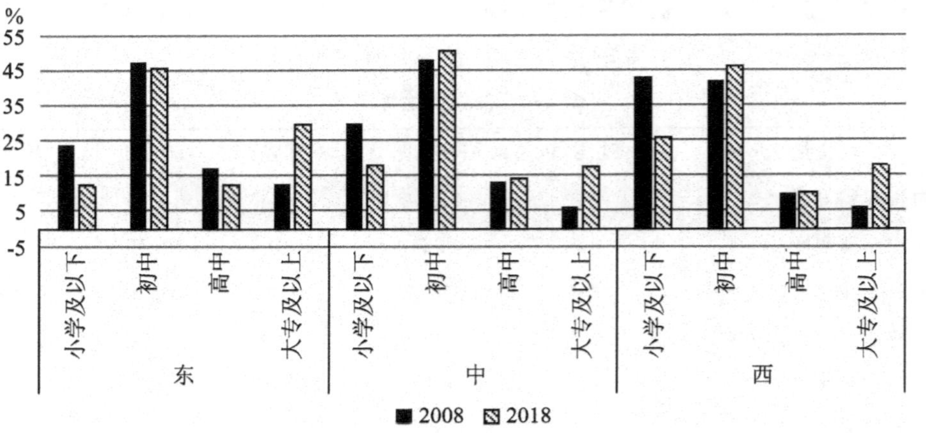


图 6-1　分区域不同教育水平就业人员平均占比

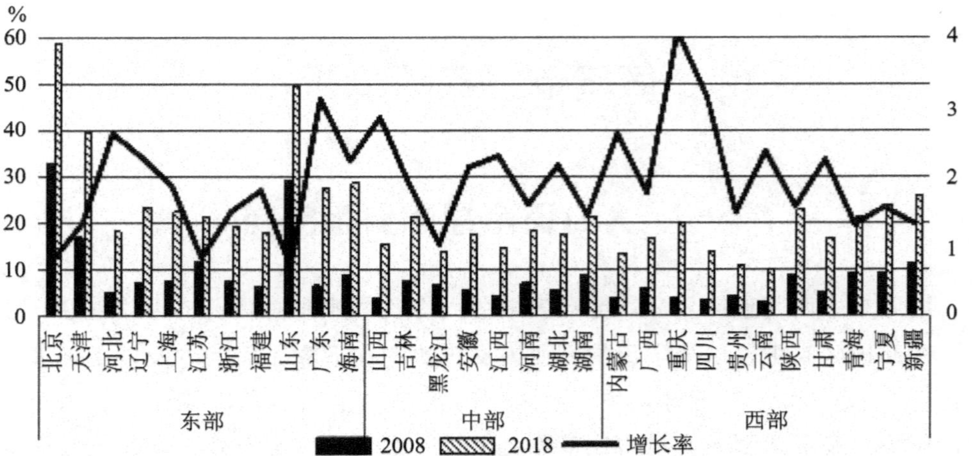


图 6-2　2008—2018 年分区域各省份大专及以上就业人口比例及增长率

另外，以平均受教育年限法来衡量区域人力资本的水平。即：

$$H = E_i p,$$

其中，$E_i$ 表示劳动人口的受教育年限，即小学 6 年，初中 9 年，高中 12 年，大专及以上 16 年；$p$ 表示每阶段教育年限的劳动人口数占总劳动人数的比重。

从图 6-3 可以看出，东部地区的平均受教育年限普遍高于中西部地区，尤其北京、上海已经超过 12 年。西部地区的四川、云南、贵州、西藏等地相对来说受教育年限较低。在这十一年里，我国就业人员的平均受教育年限增长很快，绝大多数省份增长速度超过 1，尤其中西部地区平均受教育年限从 2008 年的不足 6

年增长到 2018 年的 10 年左右。

因而，相比 10 年前我国就业人员的整体受教育程度有了较大提高，同时也说明国家注重发展中西部地区教育事业的战略措施取得了显著的效果。总体来看，东部地区人力资本水平高于中西部地区，但中西部地区人力资本水平提升速度更快。

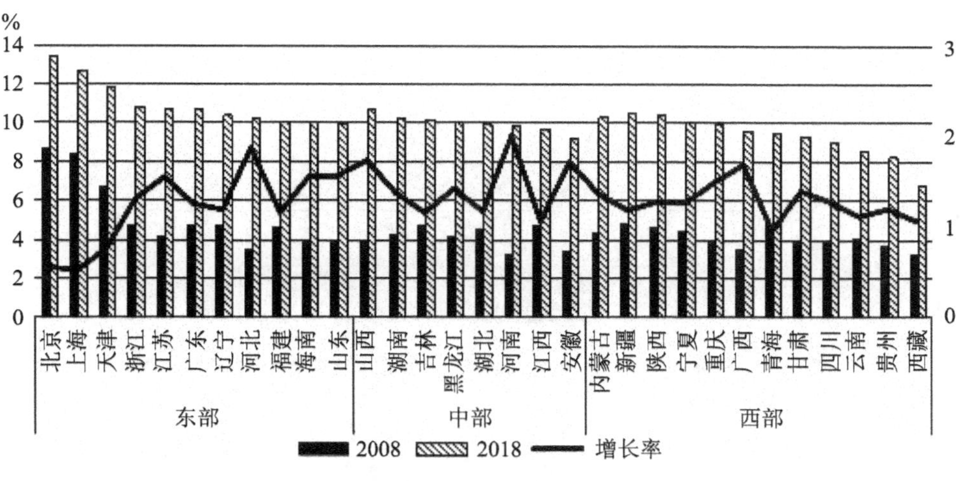


**图 6-3　2008—2018 年分区域各省份平均受教育年限及增长率**

## 二、人力资本的空间集聚演变

我国的人力资本水平不仅在区域间而且区域内部各个省份间还存在较大差距。研究发现，一个地区人力资本水平的分布会受到相邻地区人力资本发展水平的影响。① 在东部地区，北京和上海的大专及以上劳动人口占比最高，中西部地区则是湖南和新疆。

图 6-4 是根据区位熵画出的 2008 年、2013 年和 2018 年人力资本集聚程度核密度图。从图中可以看出 2008 年的峰值最低，且拖尾现象严重，表明人力资本集聚可能出现了极化现象。② 到 2013 年和 2018 年峰值变大，且峰宽变窄，可能是受到 2008 年金融危机的冲击，东部地区就业压力增大，中西部地区劳动力开始回流。这在一定程度上缓解了人力资本集聚的极化，但人力资本集聚现象依然明显。另外，从图中还可以发现 2013 年核密度曲线出现了明显的双峰，而到了

① 刘晔、王若宇、薛德升、曾经元：《中国高技能劳动力与一般劳动力的空间分布格局及其影响因素》，载《地理研究》，2019(8)。

② 陈朝阳、韩子璇、李小刚：《人力资本集聚及空间溢出对产业结构升级的影响研究——基于空间杜宾模型的实证分析》，载《管理现代化》，2019(3)。

2018 年开始出现多个小峰值。人力资本集聚出现新的格局，很有可能是因为近年来国家人才战略和区域发展战略的实施以及一些新一线城市的发展。

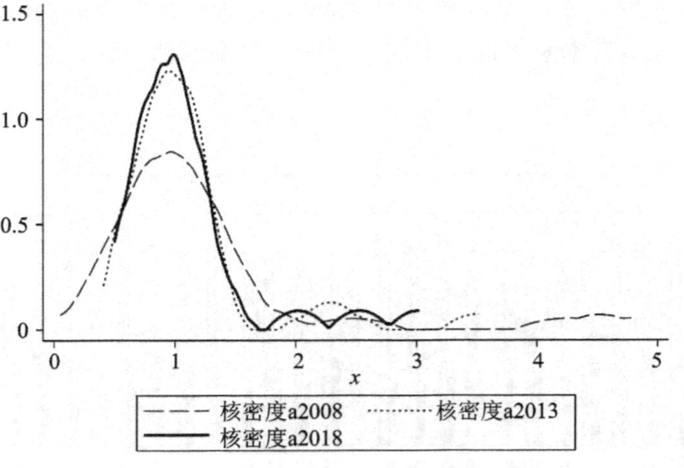


**图 6-4　2008 年、2013 年和 2018 年人力资本集聚程度核密度分布**

## 三、空间相关性检验

我们利用历年《中国人口与就业统计年鉴》计算 31 个省份的劳动人口的平均受教育年限，应用 Moran-I 指数分析各省份的人力资本水平是否存在显著的正向空间相关性。图 6-5 是 2008 年到 2018 年全局 Moran-I 指数分布①，可以看出整体趋势是不断上升的，在 2010—2012 年有所波动，但 2012 年以后稳步上升。这表明区域间人力资本在相邻地理空间上的集聚趋势不断增强。

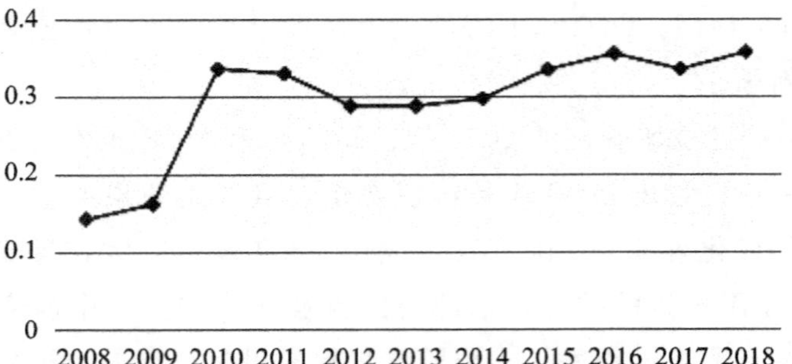


**图 6-5　2008—2018 年全局 Moran-I 指数分布**

图 6-6 是 2008 年和 2018 年各省份的局部 Moran-I 指数散点图，能够更加具体和直观地展示各省份人力资本集聚在地理空间上的关系。其中，第一象限代表

① 2008 年、2009 年检验结果在 0.1 的水平上显著，其他年份均在 0.01 水平上显著。

“高—高”集聚，表明该地区的人力资本水平高于平均值，并且该地区周围地区的人力资本水平也较高，存在空间正自相关。第二象限代表“低—高”集聚，表明该地区的人力资本水平低于平均值，但是该地区地区周围地区的人力资本水平高于平均值。第三象限代表“低—低”集聚，也属于正自相关。而第四象限表示“高—低”集聚。位于第一象限的东部地区是北京、上海、天津、浙江、江苏、广东、辽宁、河北、山东，中部地区是山西。这些地区劳动人口的人力资本存在着比较明显的空间集聚趋势，而且具有显著的空间溢出效应。位于第二象限的省份中部地区居多，东部地区的福建和海南，中部地区的黑龙江、吉林、安徽、河南、江西，西部地区的宁夏，表明这些省份人力资本集聚水平较低，存在人才外流，而且对周围地区外溢效应的吸收和释放均不足。第三象限多为西部地区省份，说明这些地区的人力资本集聚程度低于平均值，并且外溢效应也较小。第四象限的湖南、内蒙古、陕西、新疆四个省份，这些地区人力资本集聚水平相对较高，但邻近省域人力资本水平较低。能够看出，在 2008 年以后的十年间，东部地区人力资本集聚的范围得以迅速扩大，外溢效应有所增强。大部分中西部地区仍然处于人才流失的状态，但中部地区的山西和湖南以及西部地区的内蒙古、陕西因为靠近京津冀和珠三角而吸引了高水平人力资本，如表 6-2 所示。

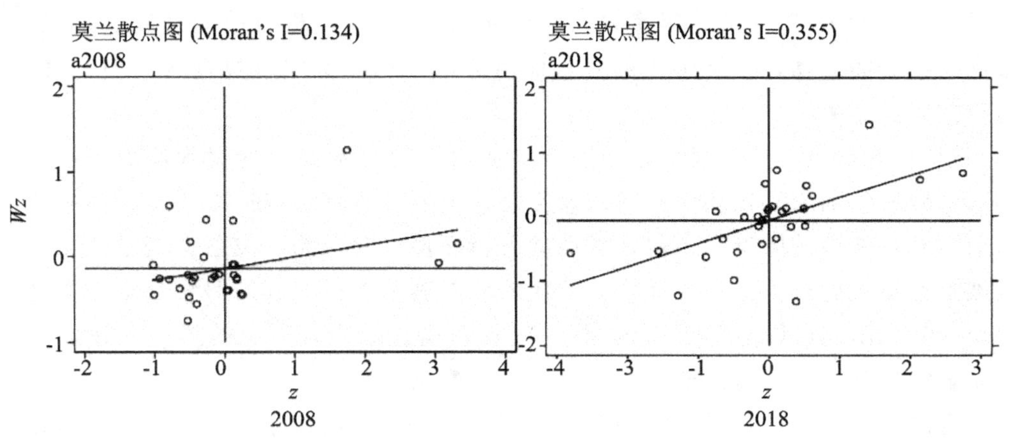


图 6-6　空间散点图

表 6-2　局部空间散点图分布

| | | 第一象限 | 第二象限 | 第三象限 | 第四象限 |
|---|---|---|---|---|---|
| 2008 | 东部 | 北京、上海、天津、福建 | 江苏、河北、海南 | 浙江、山东 | 广东、辽宁 |
| | 中部 | 吉林 | 黑龙江 | 山西、湖南、安徽、河南 | 湖北、江西 |
| | 西部 | | 西藏 | 宁夏、陕西、内蒙古、重庆、甘肃、四川、广西、贵州、云南 | 青海、新疆 |

续表

| | | 第一象限 | 第二象限 | 第三象限 | 第四象限 |
|---|---|---|---|---|---|
| 2018 | 东部 | 北京、上海、天津、浙江、江苏、广东、辽宁、河北、山东 | 海南、福建 | | |
| | 中部 | 山西 | 黑龙江、吉林、安徽、河南、江西 | 湖北 | 湖南 |
| | 西部 | | 宁夏 | 重庆、四川、广西、贵州、云南、甘肃、西藏、青海 | 内蒙古、陕西、新疆 |

# >>四、人力资本空间集聚的影响因素<<

## (一)空间杜宾模型回归分析

如前所述，人力资本的空间分布具有较强的空间依赖性。本部分利用国家统计局 2008—2018 年的统计年鉴数据，根据回归方程(1)进行空间杜宾模型估计。考虑到数据的波动，变量中比例数据保持原值，水平值取对数进入回归。表 6-3 为模型回归结果。

第(1)列是主效应，代表本地解释变量对人力资本空间集聚程度的影响。第(2)、(3)列分别是直接效应和间接效应，其中直接效应既包括本地的解释变量对本地被解释变量的影响，也包括本地的解释变量对邻近地区被解释变量从而对本地被解释变量所产生的反馈效应。间接效应则表示邻近地区的解释变量对本地被解释变量的影响，即空间溢出效应。第(4)列是总效应，表示的是一个地区的解释变量的变动对所有地区被解释变量的平均影响。

可以看出空间杜宾模型的空间项系数(rho)很显著，为－0.34，表明相邻地区的人力资本集聚对于本地区的人才集聚有负向影响。因为邻近地区与本地之间对于高水平人力资本存在竞争效应。第三产业集聚度对于本地高水平人力资本集聚的影响为正，一个地区第三产业集聚度高，就业机会充足，能够吸引更多人才流入。但间接效应并不显著，不能说明邻近地区的第三产业集聚会对本地人才集聚有影响。但是总效应为正，说明了产业集聚不仅影响本地人才集聚，而且对所有地区的人才集聚平均影响显著为正，反映出产业结构的调整增加了对高水平人力资本的需求，是吸引人才的重要影响因素，同时也有利于人力资本在全国范围内的均衡分布。城镇单位就业人员平均工资的直接效应显著为正，说明工资水平是吸引人才集聚的重要影响因素，而邻近地区的工资水平高，很可能与本地区形成竞争，不利于本地人才集聚。

每万人在校大学生数的直接效应为正，而间接效应的结果表明周边地区对于人才的培养对本地有负向溢出效应，说明了一个地区培养的人才越多，不但促进了高水平人力资本在本地的就业，也能够吸引周围地区的高水平人才。从总效应可以看出，一个地区高等教育发展不仅为本地提供人力资本，还对其他所有地区产生正向的平均影响，也是促进人力本空间合理分布的重要因素。公共图书馆的数量反映了一个地区的社会公共服务，对于当地人才的集聚起到了正向的促进作用。另外，如果邻近地区是人口集聚的大城市，则对于本地人才集聚来说，会有负向溢出效应，不利于本地人才的集聚。

**表 6-3　人力资本空间集聚的影响因素回归**

| | (1)<br>主效应 | (2)<br>直接效应 | (3)<br>间接效应 | (4)<br>总效应 |
|---|---|---|---|---|
| 第三产业集聚度 | 0.388***<br>(0.075) | 0.396***<br>(0.076) | 0.057<br>(0.096) | 0.339***<br>(0.078) |
| 城镇单位人员平均工资 | 0.677**<br>(0.284) | 0.715**<br>(0.297) | −0.781***<br>(0.301) | 0.066<br>(0.046) |
| 每万人在校大学生数 | 0.037*<br>(0.030) | 0.041*<br>(0.034) | −0.037*<br>(0.036) | 0.005*<br>(0.008) |
| 公共图书馆数量 | 0.345***<br>(0.051) | 0.356***<br>(0.054) | −0.134<br>(0.091) | 0.222***<br>(0.084) |
| 常住人口 | −0.057<br>(0.111) | −0.021<br>(0.113) | −0.428*<br>(0.234) | −0.449**<br>(0.218) |
| 二氧化硫排放量 | 0.031<br>(0.029) | 0.035<br>(0.031) | −0.040<br>(0.032) | −0.004<br>(0.004) |
| rho | −0.340***<br>(0.087) | | | |
| N | 341 | | | |
| Log-likelihood | 56.9997 | | | |

注：括号内为标准误；* $p<0.1$，** $p<0.05$，*** $p<0.01$。

## (二)稳健性检验

为了检验以上结果的稳健性，根据省会城市的经纬度构建地理距离空间权重矩阵：

$$W_{ij}=\begin{cases}0, & i=j\\ \dfrac{1}{d_{ij}^2}, & i\neq j,\end{cases}$$

其中，$d_{ij}$ 为各省会城市之间的距离。

表 6-4 为基于地理距离空间权重矩阵的空间杜宾模型回归结果，可以看出，空间项系数(rho)很显著，为－0.699。这在一定程度上说明了邻近地区人力资本的集聚度越高，越不利于本地人力资本集聚，这种效应随着距离的增加而减小，相邻地区间存在对高水平人力资本的竞争。第三产业集聚度、城镇单位就业人员平均工资水平、每万人在校大学生数量、公共图书馆数量等均对本地人才集聚有显著的正向影响。在(7)间接效应中，除常住人口外，基本与前文回归结果一致，邻近地区的就业工资水平越高，越不利于本地区人才集聚。同样，总效应表明第三产业集聚程度和每万人在校大学生数量对于所有地区的人才集聚都有显著的促进作用。

表 6-4　稳健性检验结果

| | (5)<br>主效应 | (6)<br>直接效应 | (7)<br>间接效应 | (8)<br>总效应 |
|---|---|---|---|---|
| 第三产业集聚度 | 0.410***<br>(0.080) | 0.411***<br>(0.075) | 0.050<br>(0.129) | 0.362***<br>(0.112) |
| 城镇单位就业人员平均工资 | 0.821**<br>(0.329) | 0.763**<br>(0.304) | －0.819***<br>(0.313) | 0.056<br>(0.057) |
| 每万人在校大学生数 | 0.034*<br>(0.030) | 0.034*<br>(0.030) | －0.030*<br>(0.030) | 0.005*<br>(0.006) |
| 公共图书馆数量 | 0.357***<br>(0.052) | 0.344***<br>(0.052) | －0.398<br>(0.269) | －0.054<br>(0.276) |
| 常住人口 | －0.282<br>(0.299) | －0.274<br>(0.278) | 0.287<br>(0.358) | 0.014<br>(0.121) |
| 二氧化硫排放量 | 0.029<br>(0.029) | 0.028<br>(0.028) | －0.029<br>(0.028) | －0.001<br>(0.003) |
| rho | －0.699***<br>(0.126) | | | |
| N | 341 | | | |
| Log-likelihood | 56.9997 | | | |

注：括号内为标准误；* $p<0.1$，** $p<0.05$，*** $p<0.01$。

## 第四节　结论与建议

近年来，我国人力资本规模不断扩大，平均受教育年限也不断上升，但从空间分布来看，人力资本在不同区域间分布并不平衡，并且集聚趋势明显。经过前文分析，可以得出以下结论。

第一，东部地区水平人力资本水平始终高于中西部地区，但中西部地区的人力资本水平在2008年到2018年的十年间实现了高度增长。

第二，从集聚程度来看，2008年到2018年，我国区域间人力资本在相邻地理空间上的集聚不断增强，但集聚极化现象得到缓解。高水平人力资本在东部地区各省份间具有较强的空间相关性，且存在正的空间外溢效应，而中西部地区各省份人力资本集聚程度不高，外溢效应相对不足。

第三，产业结构调整和高等教育发展不仅仅促进了本地高水平人力资本集聚，更是缩小全国人力资本空间集聚差异的重要因素。

人力资本对地区经济与社会发展起着举足轻重的作用。近年来，人力资本的空间集聚趋势不断增强，但地区间的差距依然较大。一个地区的人力资本集聚有两种途径：一是本地人才培养，二是外地人才流入。鉴于以上结论，提出如下建议。

首先，促进区域产业结构调整和优化升级。人力资本集聚与产业集聚之间是互动促进的关系，二者具有共生效应。产业的转型升级吸引了更多的人才集聚，同时，人才集聚又能够推动产业的发展。随着我国现代农业的发展、制造业的转型升级以及第三产业尤其是高端服务的发展，对于高水平人力资本的需求越来越大。产业的集聚吸引着高素质人才的集聚。尤其是人才流失严重的中西部地区，可以通过产业结构的调整来吸引人才。当前我国人力资本集聚和产业集聚的互动导致区域间的发展不平衡。因而加快推进当前实施的以重点城市群为中心，辐射带动周边地区发展的区域协调发展战略，对于欠发达地区的产业协调发展与人才合理分布来说更为重要。

其次，合理配置教育资源。教育是人力资本形成的重要途径，也是缓解人力资本空间集聚的重要推动力。一个地区高水平人力资本不足、流失严重，不仅仅是因为地区经济发展水平不高，地区吸引力不足，也可能是本地人才培养不够。东部地区不仅经济发展水平高，对人才的吸引力强，而且本地高水平大学众多，高质量人才供给充足。因而要加大对中西部地区教育的投资，保证中西部地区享有平等的教育机会和资源，提高教育质量，提高中西部地区整体的受教育水平。同时，也要改善中西部地区的教育、就业、医疗等基本公共服务，营造适合高层次人才发展的环境和氛围，增加对人才的吸引力。实现人力资本在空间分布上的优化配置。既要避免因过度集聚而产生拥挤效应，又要调整因吸引力不足导致的人才流失，还要增强本地人才培养的能力，实现区域均衡发展。

最后，深化要素市场化配置改革，打破人力资本市场分割和垄断。2018年中共中央、国务院《关于建立更加有效的区域协调发展新机制的意见》指出，要以北京、天津为中心引领京津冀城市群发展，带动环渤海地区协同发展。以上海为中心引领长三角城市群发展，带动长江经济带发展。以香港、澳门、广州、深圳为中心引领粤港澳大湾区建设，带动珠江—西江经济带创新绿色发展。以重庆、成都、武汉、郑州、西安等为中心，引领成渝、长江中游、中原、关中平原等城市群发展，带动相关板块融合发展。能够看出我国的区域发展战略已经从曾经的各管“一亩地”到共下“一盘棋”。而发挥重点城市群的溢出效应，带动周边地区发展，势必要增强地区间人力资本要素的自由流动，打破城乡、户籍制度、性别、身份等对人才流动的制约，畅通人才流动渠道，促进劳动力要素合理畅通有序流动。

# 第七章

# 技术进步、人工智能应用与区域劳动力市场

深入探索人工智能对就业的影响离不开坚实的理论支撑。首先，本章清晰界定相关概念及内涵，以廓清研究对象和研究边界。其次，对中国人工智能的发展现状进行描述，梳理中国人工智能政策文件，并在此基础上分析区域劳动力市场与人工智能应用的关系。最后，为人工智能领域就业提供政策建议。

## 第一节　相关概念和理论基础

### >>一、概念沿革<<

现有文献对技术进步和区域劳动力市场的概念及其关系的讨论已经非常清晰。为了更细化地研究区域劳动力市场与技术进步、机器人、人工智能应用的关系，首先要厘清人工智能、机器人的概念。“人工智能”一词最早提出于 1956 年的达特茅斯会议，指的是对机器进行改进和升级，使其能够具有人类的行为特征，从而可以从事人类能够执行的智能化活动①。从当时的概念界定中可以看出，人工智能技术的理想阶段将会拥有类人特征的机器。与以往所开发技术的操作性相比，人工智能对就业的影响将会更为深刻、更加复杂②。人工智能的基本目标是使机器具有人类或其他智慧生物才能拥有的能力，包括感知(如语音识别、

---

① Moor, J., 2006, “The Dartmouth College Artificial Intelligence Conference: The Next Fifty Years”, *AI Magazine*, 27(4): 87—91.

② 程承坪：《人工智能最终会完全替代就业吗》，载《上海师范大学学报(哲学社会科学版)》，2019(2)。

自然语言理解、计算机视觉），问题求解或决策能力（如搜索和规划、行动），搭建机器人以及支持任务完成的体系架构，如智能体和多智能体。

与以往技术进步相比，人工智能技术的发展既有相似之处，也具有其独特性。[①] 现有研究常将人工智能与其他诸如自动化等概念混淆起来，同时当前学术界缺乏对人工智能的科学定义，导致研究的语境不同、研究对象和研究边界模糊不清，因此研究结论的可比性和可靠性受到质疑。比较容易混淆的概念是人工智能与智能机器人，智能机器人(Intelligent Robot)是指自动执行工作的机器。本报告认为智能机器人是人工智能的一种形态，是人工智能技术搭载在机器载体上的应用，智能机器人相当于身体，人工智能则扮演着大脑的角色，智能机器人是“硬件”，而人工智能是“软件”。本研究在学界和实践界定义的基础上，根据研究问题的语境和本报告关注的焦点对人工智能进行界定。将人工智能的概念定义为通过大数据、算法模型、算力建立的机器模仿人的思考、感知、认知、推理、学习、决策和行动的表达系统，在工作场所和社会承担特别的角色以及在广泛应用场景中实现特定目标任务的机器系统。

根据《2018 人工智能标准化白皮书》，人工智能关键核心技术包括机器学习、知识图谱、自然语言处理、人机交互、计算机视觉、生物特征识别、AR/VR 七个关键技术。现有文献及实践表明，新技术引领下的人工智能应用会在一定范围内对劳动形成替代，将导致人工智能技术进步引致的失业现象发生。根据现有相关文献，大部分学者借鉴和运用西方经济学理论来推演人工智能对劳动力市场的影响，本报告在王君等学者研究的基础上对技术进步与就业关系的相关经济学理论进行了梳理，主要包括经济增长理论、创新和经济周期理论、技术创新经济学派理论、产业经济理论、劳动经济学模型分析等（见表 7-1）[②]。

**表 7-1　人工智能等技术进步对就业影响的相关经济学理论**

| 序号 | 理论类别 | 主要内容 | 具体理论 | 作者 |
| --- | --- | --- | --- | --- |
| 1 | 经济增长理论 | 技术进步促进就业，主要源自生产力的提高带动劳动力需求增加 | 外生增长模型<br>内生增长模型<br>内生化技术的增长模型 | Aghion 等，1998；Romer，1986、1990 |
| 2 | 创新和经济周期理论 | 技术创新会加速经济增长，新旧技术的交替会带来周期性失业危机 | 创新理论<br>经济周期理论 | 熊彼特，1912 |

① 程承坪、彭欢：《人工智能影响就业的机理及中国对策》，载《中国软科学》，2018(10)。

② 王君、杨威：《人工智能等技术对就业影响的历史分析和前沿进展》，载《经济研究参考》，2017(27)。

续表

| 序号 | 理论类别 | 主要内容 | 具体理论 | 作者 |
|---|---|---|---|---|
| 3 | 技术创新经济学派理论 | 技术创新影响技术、制度和管理等的变革 | 技术—经济范式理论 | Christopher&Carlota Perez，1970 |
| 4 | 产业经济理论 | 要素聚集理论 | 产业、生产要素聚集效应；产业与就业匹配理论 | Krugman，1991 |
| 5 | 微观劳动经济学模型 | 从微观层面探寻技术进步与就业的关系 | Canonical 模型 | Acemoglu&Autor，2011；Tinbergen，1974；Rosen，1974、1981、1982；Sattinger，1975、1993 |
|  |  |  | 劳动市场任务分配模型 |  |

上述理论主要从宏观层面探索新技术的运用影响就业的机制，解释技术进步影响就业的技术体系、经济增长、产业结构、制度变革四条路径，分析就业市场带来的直接后果，以了解和预测人工智能技术发展所带来的长短期、消极积极影响，并从劳动经济学的角度阐释技术进步与就业的关系。

从人工智能产业对就业数量的影响来看，已有成果主要围绕人工智能产业和技术进步对就业的“破坏效应”或“补偿效应”展开。一方面，表现为破坏效应。人工智能对于人类就业具有极强的威胁①，造成就业岗位的减少、技术失业等②。另一方面，表现为补偿效应。人工智能通过创造新岗位、新工作，在新领域创造新就业机会等推动就业③。从宏观角度看，人工智能对某个行业的负面影响可能会被其他行业的就业增长所弥补。Dauth(2017)④等学者研究发现，尽管人工智能的出现会导致制造业岗位的流失，但服务业创造了足够多的新岗位以抵消制造业的负面就业影响，甚至增加了社会就业总量，Mann 和 Püttmann(2017)⑤的研

---

① 《离开 OpenAI，Elon Musk“解放人工智能”的疯狂计划将如何实现?》，http://m.sohu.com/a/223467823_99970711，2018-02-22.

② Pajarinen，M.，Rouvinen，P.，2014，“Computerizati on Threatens one Third of Finnish Employment”，ETLA Brief，32(2)：36-42.

③ Bessen，J.，2015，“How Computer Automation Affects Occupations：Technology，Jobs，and Skills. Boston University School of Law”，*Law and Economics Research Paper*，(11)：15-49.

④ Dauth，W.，Findeisen，S.，Südekum，J，et al.，2017，“German robots：The Impact of Industrial Robots on Workers”，*CEPR Discussion Paper*，No. DP12306.

⑤ Mann，K.，Püttmann，L. Benign，2017，“Effects of Automation：New Evidence from Patenttexts”，*Social ence Electronic Publishing*，(1)：19-39.

究也验证了上述结论。王君等(2017)①分别从宏观、微观的角度出发对破坏机制和补偿机制进行了总结与阐述。从时间效应看，人工智能技术的应用在短期会造成较大范围的失业现象②，而长期则会增加社会对就业和劳动力的需求。从就业数量对人工智能产业的影响来看，就业数量对人工智能产业也会产生反作用，但对作用方向的结论存在不一致。一种观点认为，充足的劳动力与产业投资相结合能促使生产力显著提高，从而扩大产业规模。同时，就业数量增加可以提升整体消费能力，扩大消费需求，进一步促进产业规模扩大、经济增长。另一种观点认为，就业数量增加未必促进人工智能产业发展，劳动力的冗余会降低劳动生产率，从而抑制人工智能产业发展。

## >>二、人工智能产业发展与就业结构的关系<<

从人工智能产业对就业结构的影响来看，人工智能将改变各行各业的现有工作情景、工作方式、工作特征、商业模式等，会引起社会工作结构的大规模调整。但这种调整是以工作转变为主要特点的结构性调整。例如，无人驾驶汽车替代传统汽车，将改变该产业的就业生态，小轿车、卡车司机、传统汽车修理人员、汽车制造商、道路维护工人等工种面临失业的风险，但新产业供应商的研究、生产、管理人员，新设备研发企业的研发、技术人员，无人驾驶系统培训、设备检查、维修、安全员等新岗位层出不穷。无论哪个层级结构的劳动者都需要知识技能转换，重新适应人工智能对就业的冲击。从就业结构对人工智能产业发展的影响来看，随着就业人员的劳动生产率提高，一方面通过资本对劳动的替代，减少劳动力成本支出而获得利润，提升企业绩效，推动人工智能产业发展；另一方面随着劳动者素质及科技水平提升，带动就业结构优化升级，可以增强企业在产品研发、运营管理等方面的创新能力，增加产业和企业的高技术含量，反过来推动产业结构优化升级。

## >>三、人工智能产业发展与就业质量的关系<<

从人工智能产业发展对就业质量的影响来看，人工智能技术投入使用的最初几年内通常会伴随较强的工资停滞、劳动力份额下降、生活条件恶劣、贫困加剧

---

① 王君、张于喆、张义博等：《人工智能等新技术进步影响就业的机理与对策》，载《宏观经济研究》，2017(10)。

② Frey C.，B.，Osborne，M. A.，2013，“The Future of Employment：How Susceptible are Jobs to Computerization”，*Technologogical Forecasting and Social Change*，114 (1)：254-280.

等现象。[①] 这需要政府与市场共同发力，使劳动力市场尽快平衡人工智能技术带来的负面影响。正如 Roy 和 Walter(1985)[②]针对产业政策的研究所指出的，要积极发挥供给端作用，如对产业需求人才的培养等，其作用虽然存在一定时滞效应，但由于解决了产业发展所需的推动力，效果较为持久，对未来就业质量的提升有积极价值。随着人工智能技术和产业的成熟，通过劳动生产率的提升，带动劳动者收入的增加和工作时间的减少，提升劳动者的就业质量。从就业质量对人工智能产业发展的影响来看，劳动者报酬的增加可以扩大消费支出、增加全社会消费总需求、促进居民消费转型升级，从而扩大产业规模，实现优化产业结构的目标。

总结以上研究不难发现，传统经济学理论的适用性在人工智能技术领域依然存在。一是破坏性创新理论。人工智能的创新及应用本质上属于破坏性创新。依据破坏性创新理论，可以构建人工智能创新的演进模式、演进过程，揭示人工智能作为破坏性创新的动力驱动产业演化从而影响就业的内在机理。二是创新扩散理论。人工智能对就业的影响方向和程度，取决于人工智能技术的创新和扩散趋势。创新扩散理论为创新扩散 S 曲线的不同阶段对就业规模、结构、质量的影响及预测提供理论基础，同时还可以支持从微观企业层面探讨采纳人工智能技术企业的特征、决策过程及机制，以发现人工智能技术对工作的主要替代方向。三是资源基础理论。采用该理论，可以探究人工智能采纳动机及对就业以及员工的心理和行为的影响机制、路径；分析人工智能下员工的知识技能转移转化机制。四是要素聚集理论。采用该理论，可以分析人工智能产业和就业的动态关系、匹配程度、产业影响就业的宏观作用机制，并为政府宏观调控实现人工智能产业与就业的匹配发展提供理论依据。

## 第二节　中国人工智能产业和劳动力市场特征

### >>一、中国人工智能产业现状<<

根据中国新一代人工智能发展战略研究院发布的数据，截至 2019 年年底，中国共有 797 家人工智能企业，大约占世界人工智能企业总数(5 386 家)的

① Acemogl, U. D., Restrepo, P., 2017, "Robots and Jobs: Evidence from US Labor Markets", NBER Working Paper, No. 23285.

② Roy, R., Walter, Z, 1985, "Reindustrialization and Technology", Logman Group Limited, pp. 83-104.

14.80%，仅次于排名第一的美国(2 169家)。这些企业主要分布在东部沿海和经济发达的省市，其中以北京最多，占比超过40%，广东紧随其后，上海、浙江、江苏人工智能产业也已经颇具规模，拥有企业数都超过了50家(见图7-1)。

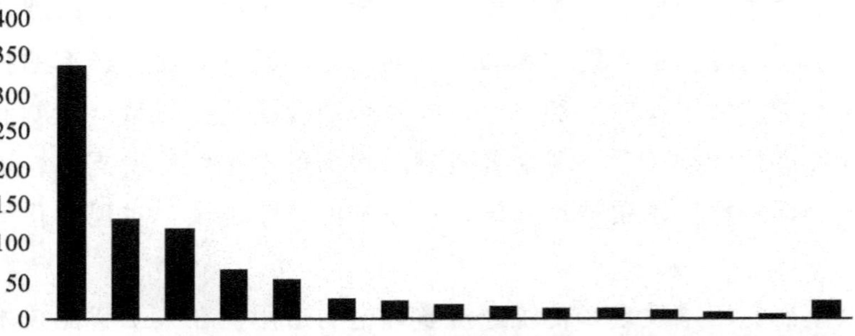


**图7-1　2019年中国各地AI企业数量分布情况**

资料来源：中国新一代人工智能发展战略研究院发布的《中国新一代人工智能科技产业发展报告·2020》《中国新一代人工智能科技产业区域竞争力评价指数(2020)》。

产业的发展离不开核心技术的投入。如报告所述，中国机器人装机量和操作机器人数量居全球首位。设备数量的增加离不开先期研发和技术进步，中国机器人专利申请量也呈现逐年递增趋势，且增长率不断提高，在2010年后增速度加快，2018年达到7万件(见图7-2)。

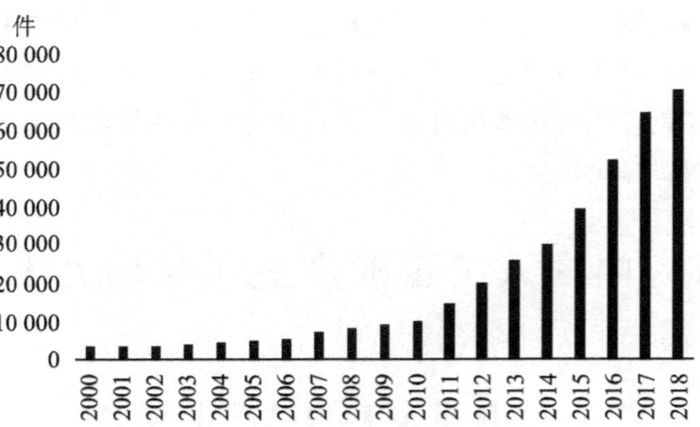


**图7-2　2000—2018年专利申请量**

资料来源：国家知识产权局。

芯片技术是最核心的技术之一，世界各国在芯片领域的竞争已经达到白热化程度。近年来，全球人工智能芯片市场规模呈大幅扩增趋势，总规模从2016年的38亿美元增至2019年的75亿美元(见图7-3)。中国在该领域的投资规模处于领先地位，2019年达到18亿美元。

技术发展与产业融合促进技术商业化应用。《中国人工智能产业路线图

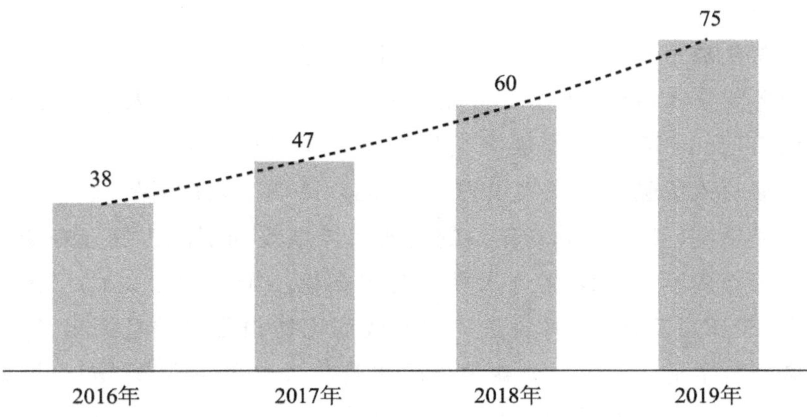


**图 7-3 2016—2019 年全球人工智能芯片市场规模**/亿美元

资料来源：Gartner：Hype Cycle for Artificial Intelligence，2020.

V2.0》数据显示，目前，AI 技术在金融行业的技术应用占比最高，达到 17%；在制造业、电子商务、医疗行业的占比均超过了 8%；在社交媒体、交通物流、交通娱乐、教育、安防等行业的应用占比超过了 5%。中国产业的“全链条”特征促使 AI 技术应用在多领域大放异彩。

## >>二、中国人工智能产业政策<<

产业的迅速发展离不开产业政策配套。中国政府在人工智能领域的战略性布局大致可以分为三个阶段(见表 7-2)。

第一阶段(2015—2016 年)，概念提出和技术积累。2015 年，以智能制造为起点的技术积累开启。“智能制造”首次出现在国家级政府文件中，《中国制造 2025》提出加快推动新一代信息技术与制造技术融合发展，把智能制造作为两化深度融合的主攻方向，着力发展智能装备和智能产品，推动生产过程智能化。同年，国务院印发的《关于积极推进“互联网＋”行动的指导意见》提出，依托互联网平台提供人工智能公共创新服务，加快人工智能核心技术突破，促进人工智能在智能家居、智能终端、智能汽车、机器人等领域的推广应用；要进一步推进计算机视觉、智能语音处理、生物特征识别、自然语言理解、智能决策控制以及新型人机交互等关键技术的研发和产业化。2016 年 3 月，国务院发布《国民经济和社会发展第十三个五年规划纲要(草案)》指出，人工智能被列为“十三五”重大工程。同年，国家发展改革委等部门印发的《“互联网＋”人工智能三年行动实施方案》，提出在重点领域培育全球领先的人工智能骨干企业的任务。紧接着，在国务院发布的《“十三五”国家科技创新规划》中，人工智能被列为“科技创新 2030 项目”重大工程之一。

第二阶段(2017—2018 年)，智能产业推广和智能消费启动。2017 年 3 月，“人工智能”首次被写入政府工作报告，提出了“做强做大产业集群”的目标。2017 年 7 月，国务院发布《新一代人工智能发展规划》，明确提出人工智能发展“三步走”战略目标，到 2030 年中国成为世界主要人工智能创新中心。2017 年 10 月，“人工智能”被写入了党的十九大报告。2017 年 12 月，《促进新一代人工智能产业发展三年行动计划(2018—2020 年)》的发布，详细规划了人工智能在未来三年的具体目标和工作内容。2018 年进入具体落实和稳步推进阶段，1 月《人工智能标准化白皮书(2018)》发布，3 月再次被列入政府工作报告，并且提出了“发展智能产业、拓展智能生活”，10 月中共中央政治局第九次学习组织“人工智能”专题，提出加强人工智能同保障民生相结合，创造智能工作和生活方式，11 月工信部印发《新一代人工智能产业创新重点任务揭榜工作方案》，遴选掌握关键核心技术的单位进行集中攻关。

第三阶段(2019— )，新经济融合和新基建引领。2019 年，“人工智能”第三次出现在政府工作报告中，报告提出拓展“智能+”、为产业赋能。之后在中央全面深化改革委员会第七次会议中提出了《关于促进人工智能和实体经济深度融合的指导意见》，打造智能经济形态。与此同时，科技部《国家新一代人工智能创新发展试验区建设工作指引》提出，到 2023 年布局 20 个试验区，形成具有重大引领作用的人工智能创新高地。2020 年年初，国际经济增长回落，国家围绕人工智能、5G、云计算、大数据等加紧布局新基建。人工智能成为实现“内循环”的新引擎，将加速中国产业链完成新旧动能转化和智能化升级。

**表 7-2 分发展阶段人工智能相关政策文件汇总**

| 发展阶段 | 政策文件 | 政策主要内容 |
| --- | --- | --- |
| 第一阶段（2015—2016 年），概念提出和技术积累 | 《中国制造 2025》(2015) | 提出“智能制造” |
| | 《关于积极推进“互联网+”行动的指导意见》(2015) | 实现技术突破和产业化 |
| | 《国民经济和社会发展第十三个五年规划纲要(草案)》(2016) | 人工智能被列入“十三五”重大工程 |
| | 《“互联网+”人工智能三年行动实施方案》(2016) | 打造骨干企业 |
| | 《“十三五”国家科技创新规划》 | 人工智能被列为“科技创新 2030 项目”重大工程之一 |
| 第二阶段（2017—2018 年），智能产业推广和智能消费启动 | 《新一代人工智能发展规划》(2017) | 到 2030 年中国成为世界主要人工智能创新中心 |
| | 《促进新一代人工智能产业发展三年行动计划(2018—2020 年)》(2017) | 详细规划未来三年的具体工作 |
| | 《人工智能标准化白皮书》(2018) | 发展智能产业、拓展智能生活 |
| | 《新一代人工智能产业创新重点任务揭榜工作方案》 | 培养重点单位 |

续表

| 发展阶段 | 政策文件 | 政策主要内容 |
| --- | --- | --- |
| 第三阶段（2019—），新经济融合和新基建引领 | 《关于促进人工智能和实体经济深度融合的指导意见》(2019) | 打造智能经济形态 |
|  | 《国家新一代人工智能创新发展试验区建设工作指引》 | 打造智能产业试验区 |

资料来源：国家各部委网站。

## >>三、人工智能领域劳动力市场特征<<

### (一)岗位创造与岗位破坏并行

国内外学者和相关研究机构认为，技术进步对劳动力市场既有创造效应也有破坏效应。创造效应是指技术进步导致的新就业岗位的创造以及就业质量的提升。根据 2020 年人力资源和社会保障部联合阿里钉钉发布的《新职业在线学习平台发展报告》数据(见图 7-4)，未来五年，与人工智能技术及其相关的辅助操作人员的需求将达到 700 余万，其中人工智能技术研发人才需求为 500 万。

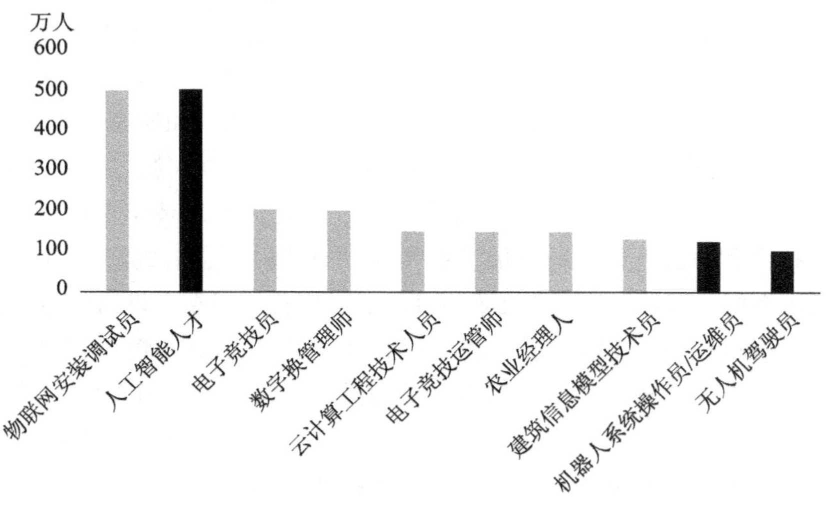


**图 7-4　未来五年新职业需求情况**

资料来源：人力资源和社会保障部与阿里钉钉 2020 年发布的《新职业在线学习平台发展报告》。

破坏效应是指技术进步不仅导致的失业和就业结构变化现象。技术进步引发岗位极化是最突出的特征。Clower(1965)首次提出了“技术性失业”的概念。人工智能的发展会引发大面积技术性失业，每引入一个新机器人，预计将会造成平均 6.2 个工人失业。从技术应用领域来看，产品的研发、采购、生产、销售、售后都会产生各种各样的数据，机器和人的“博弈”从存储和计算开始。德勤研究机构发布的《全球人工智能发展白皮书》将技术的破坏效应拆解分析，认为最终人工智能技术将导致机器对数据生产和应用的全过程覆盖。

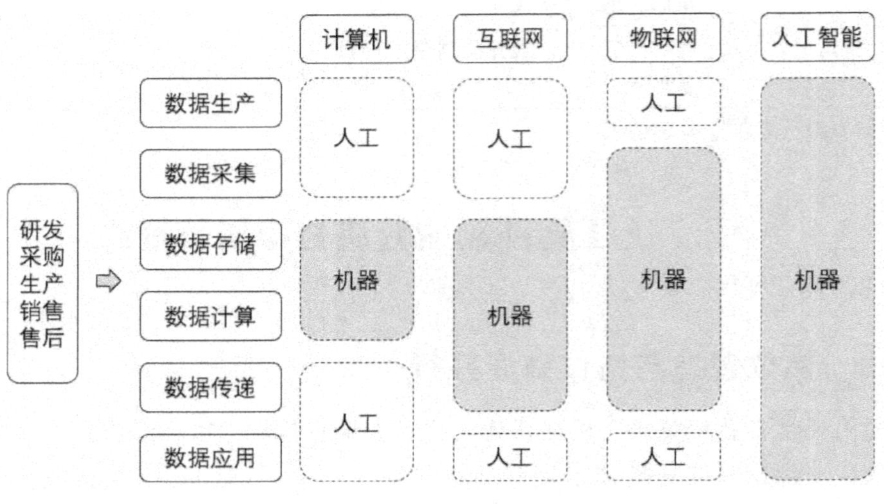


**图 7-5　技术发展与数据应用领域**

资料来源：德勤 2019 年发布的《全球人工智能发展白皮书》。

在未来，由于人工智能的出现，职业变动规模会很大，转岗、工作内容调整是劳动者不得不面临的问题，技能培训需求会越来越多。根据麦肯锡报告数据，到 2030 年，全球有 4 亿～8 亿人面临职业变动，其中有 0.8 亿～3.8 亿人需要学习新技能才能获得就业机会。报告中特别指出中国作为人口大国，将有 1 亿人面临职业变动。但是相比过去 25 年中中国大量农业人口进入第二、第三产业，AI 技术发展导致的就业变动规模是相对较小的。因此，劳动者不必因此过于恐慌，经济体量扩大和消费升级下的新旧动能转换在短期内不会造成新增岗位比消失岗位少，至少在弱人工智能阶段不会发生“断崖式”变化。根据麦肯锡预测(见表 7-3)，到 2030 年，农业机械操作人员、塔吊操作工、生产人员、银行柜台服务人员、餐饮服务人员等会有减少，但是医生、护理员、保姆、计算机专家、设计师等会有大幅度增加。且在中国、印度等人口大国，岗位增加要远多于岗位减少，特别是医生、教师及其他机器辅助人员将呈现大幅增加趋势。

**表 7-3　2030 年劳动力市场不同职业劳动者变动特征预测**

| 职业种类 | 美国 | 德国 | 日本 | 中国 | 印度 |
| --- | --- | --- | --- | --- | --- |
| 医生 | ◎ | ◎ |  | ◎◎◎ | ◎◎◎◎ |
| 护士、医技辅助 | ◎◎ | ◎◎ | ◎ | ◎◎◎◎ | ◎◎◎◎ |
| 保姆 | ◎◎◎◎ | ◎◎◎ |  | ◎◎◎◎ | ◎◎◎◎ |

续表

| 职业种类 | 美国 | 德国 | 日本 | 中国 | 印度 |
|---|---|---|---|---|---|
| 社区服务者 | ◉ | ◉ | ◉ | ◎ | ◎ |
| 教师 | ◎ | ◎◎ |  | ◎◎◎◎ | ◎◎◎◎ |
| 教学辅助人员 | ◎ | ◉ | ◉◉ | ◎◎◎◎ | ◎◎◎◎ |
| 行政人员 | ◎ | ◎ |  | ◎◎ | ◎◎◎ |
| 管理人员 | ◎ | ◎ |  | ◎◎ | ◎◎◎ |
| 财务管理人员 |  | ◎ |  | ◎ | ◎◎ |
| 工程师 | ◎ | ◎ |  | ◎ | ◎◎◎ |
| 科学家 |  | ◎ |  | ◎ | ◎◎ |
| 法律支持工作者 | ◉ |  | ◉ | ◎ | ◉◉ |
| 编程人员 | ◎◎ | ◎◎◎ | ◎ | ◎◎◎ |  |
| 计算机专家 | ◎ | ◎◎ |  | ◎◎ | ◎◎◎ |
| 建筑师、检验员、绘图师 | ◎ | ◎◎ |  | ◎ | ◎◎◎ |
| 建筑工人 | ◎◎ | ◎ | ◉◉ | ◎ | ◎◎◎◎ |
| 塔吊操作工 | ◉◉ | ◉◉ | ◉◉◉ | ◉ | ◎◎ |
| 艺术家和设计师 | ◎ | ◎◎ |  | ◎◎◎ | ◎◎◎ |
| 演艺人员、媒体工作者 |  | ◎ |  | ◎◎◎◎ | ◎◎◎ |
| 私人保健护理员 | ◎ | ◎ |  | ◎◎◎◎ | ◎◎◎◎ |
| 餐饮服务人员 | ◎ | ◎◎◎ |  | ◎◎◎ | ◎◎◎◎ |
| 零售人员 |  | ◎ | ◉ | ◎ | ◎◎ |
| 旅行、住宿服务人员 | ◉◉◉ | ◉ | ◉◉ | ◎◎◎ | ◎ |
| 计算机支持工人 | ◉ | ◎ | ◉ | ◎◎ | ◎◎◎ |
| 银行柜台服务人员 | ◉◉◉ | ◉◉◉ | ◉◉◉ | ◎ | ◎ |
| 管理助理 | ◉ | ◉ | ◉◉ | ◎ | ◎◎ |
| 生产人员 | ◉◉◉ | ◉◉ | ◉◉◉◉ |  | ◎◎ |
| 材料运输操作工 | ◉◉◉ | ◉◉◉ | ◉◉◉◉ | ◉ | ◎ |
| 农业机械操作人员 | ◉◉◉ | ◉◉◉ | ◉◉◉◉ | ◉◉ | ◉ |
| 厨师 | ◉◉◉◉ |  | ◉◉◉ | ◎◎ | ◎ |
| 普通技工 | ◉◉◉ | ◉◉◉ | ◉◉◉ |  | ◎ |

注：图中◎表示就业需求，数量越多表明就业增加幅度越大；◉表示就业减少，数量越多表明就业减少幅度越大。

资料来源：US Bureau of Labor Statistics；McKinsey Global Institute analysis.

## （二）人才需求集中在发达城市、重点领域

根据猎聘网和腾讯研究院的数据，当前 AI 人才需求分布非常集中。如图 7-6

所示，北京最高，占比达到43%；上海、深圳分列第二、三位，占比分别为17%、11%；杭州、广州位列第四、五位，占比分别为7%和5%。五城市占据了人才需求总量的83%。随着新经济形态和新商业模式发展，新技术会导致人才集中度呈现先增强后减弱的“倒U”趋势。当新技术与产业融合度进一步加强且逐渐扩散至不同区域，且随着教育和培训升级，劳动力市场高技能劳动者供给增加时，人才工作地点会转向分散。

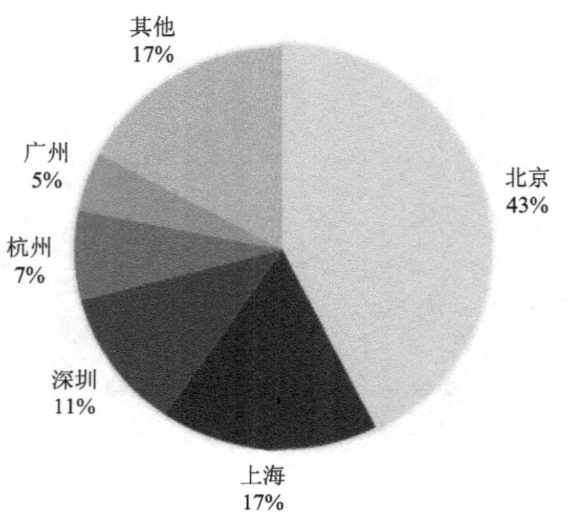


**图7-6　分区域AI研发工程师需求分布**

资料来源：腾讯研究院、猎聘网。

当前，AI人才主要分布在互联网、游戏、软件领域，占比达到了73%(见图7-7)。一方面，这是国家从20世纪90年代以来大力发展信息技术产业的累积效

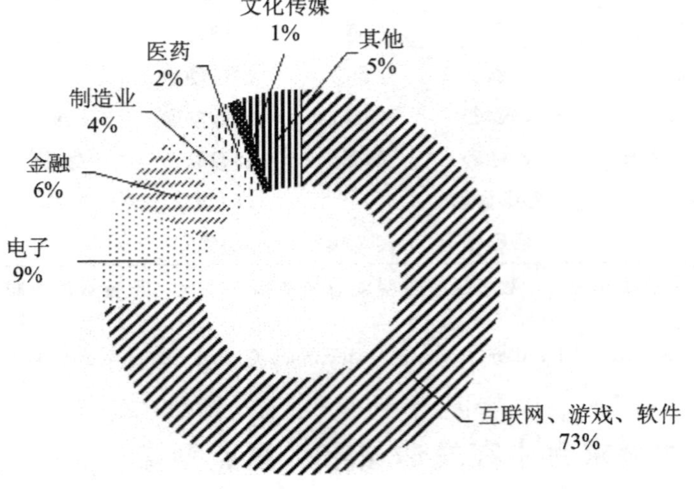


**图7-7　中国AI人才分布领域**

资料来源：CSDN、易观2019年发布的《中国人工智能产业路线图V2.0》。

应；另一方面，随着多产业融合的进一步加快，这些产业积累的人才是最容易向AI领域转型的劳动群体。另外，电子、金融、制造业、医药行业和文化传媒业AI人才占比分别达到9%、6%、4%、2%和1%。

人工工作时间变短、劳动者劳动负担减轻。技术层面的冲击最终表现在工作时间上。根据麦肯锡2017年的预测(见图7-8)，到2030年中国实现自动化的工作时间占比达到16%，德国、美国和印度将达到20%以上，世界平均水平为15%。

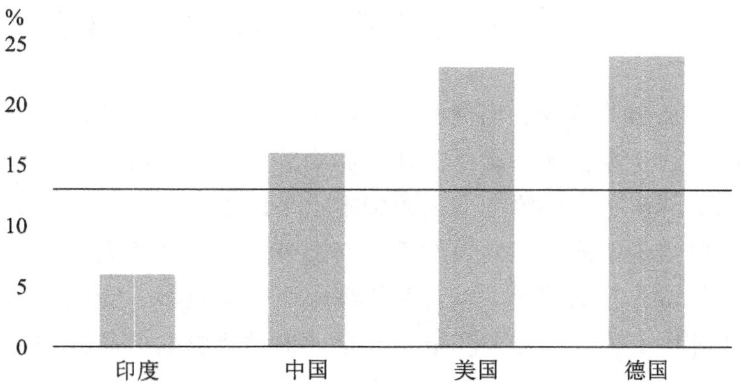


**图7-8　2030年实现自动化的工作时间占比**

资料来源：McKinsey Global Institute，“Jobs Lost，Jobs Gained：Workforce Transitions in a Time of Automation”，2017.

人工智能产业的迅速发展，引发了一场人才争夺战，根据猎聘的统计，2017年人工智能技术类工程师的招聘量是2014年的8.8倍。2014年，AI类工程师和数据类工程师在全部IT技术岗位中的占比分别是2.97%和7.86%，这一数字到2017年分别达到了9.86%和17.59%。

## 第三节　应对人工智能技术和劳动力市场变革的政策建议

### >>一、加强政府、行业协会在人工智能技术变革过程中的推动作用<<

建立由政府部门参加的工作协调机制，统筹研究人工智能产业重大任务、重大政策、重大问题和重点工作安排，指导、协调和督促有关部门和单位落实人工智能产业发展各项政策措施。推进人工智能智库建设，支持各类智库开展人工智能重大问题研究，为培育人工智能产业提供智力支持。与此同时，优化发展环境。加强人工智能相关标准研究，支持人工智能企业开展国家标准制订，参与和主导国际标准制订。充分发挥知识产权服务机构的作用，加强人工智能领域的知识产权保护，健全人工智能领域技术创新、专利保护与标准化互动支撑机制。支持开展人工智能科普活动，提高社会公众对人工智能的整体认知和应用水平。加快研究人工智能带来的就业结构、就业方式转变以及新型职业和工作岗位的技能需求，建立适应智能经济和智能社会需要的终身学习和就业培训体系。

## >>二、完善社会保障制度，做好兜底工作<<

继续完善全社会普及的、均衡的社会保障制度，实现社会保障的现代化。为劳动者提供必要的生存保障，确保工作者和摩擦失业者都能得到最好最适合的工作，确保他们能够从工作中得到与人力资本水平匹配的回报，从而实现社会的稳定。社会保障应当是普遍的，其目的不是接受失业，而是将失业的社会成本内部化，促使政府创造充分的就业、教育和培训。面对新经济、新业态、平台经济等所带来的就业环境变化，政府要积极引导企业提供相应的劳动保护。对弹性就业者给予社会保障上的制度安排，给予其税收上的优惠；对于一些新业态从业者，要逐步将其纳入劳动法制的轨道，在尽快出台劳动基准法的同时，不断探索制定新职业的劳动基准，对相关劳动者的权益进行保护，而不是让其一直游离于劳动法的规制范围之外。

## >>三、重构职业教育体系、增强高等教育机构办学自主性和灵活性<<

促进育人模式的转型，建立适应智能经济和智能社会需要的终身学习和就业培训体系，加强对相关技能的教育和培训。针对这一问题，政府必须为这部分劳动力提供足够的教育和培训机会，让他们及时适应新技术要求，从而帮助其实现再就业。为了确保未来劳动力的就业能力，政府和企业应共同努力，设计和提供以工作为基础的学习和培训体系，积极为学生提供实际的工作机会并让其学习、掌握具体的技能，促进教育、人才培养和劳动力转型，使其适应人工智能、数字经济等的发展要求，提高教育与劳动力市场的匹配度。

# 第八章 产业布局与劳动力流动问题研究

本章基于空间转移视角，对产业布局和劳动力流动问题进行分析：一方面，梳理和构建了产业布局和劳动力流动的理论分析框架；另一方面，在现有宏观数据分析基础上，分析了我国产业结构、就业结构和劳动力流动的现状及趋势。

## 第一节 引言

国家推进和实现工业化的过程，其实也是产业集聚和发展的过程。20 世纪 80 年代以来，科学技术迅猛发展，为了有效适应改革开放以来的新形势，更好地依靠科技进步推动经济建设，实现劳动者素质的进一步提高，我国在产业集聚上开始探索和实践。随着产业集聚的不断推进，我国的劳动力和产业地理格局都发生了翻天覆地的变化。有些行业产能过剩现象凸显，产业开始发生转移。对于东部地区而言，劳动力成本不断增加，土地租金不断上涨，致使有些行业的比较优势逐渐丧失，资源配置效率下降，产业效益逐渐走低。这些产业向成本优势更明显的其他区域转移的倾向越来越明显。2010 年，国务院针对产业转移提出了许多重要的指导意见，如 9 月 6 日发布的《国务院关于中西部地区承接产业转移的指导意见》，进一步加强对产业转移问题的关注。在国家政策支持和大力倡导下，许多汽车、电子、装备制造业企业相继转移至河南、陕西等地区。2016 年，在倡导去产能、去库存、去杠杆、降成本、补短板等要求的供给侧结构性改革背景下，我国大力促进战略性新兴产业的发展，加快调结构、转方式的节奏，驱动产业升级，推动在新常态下实现新发展。

随着经济的发展和产业结构的变化，迫切需要实现劳动力到最需要的工作岗位去。在这个过程中，劳动力的流动数量也发生了大规模的增长，2017 年我国劳动力流动数量已是 1990 年劳动力流动数量的十几倍。根据卫生健康委发布的《中国流动人口发展报告 2018》数据显示，从 2015 年开始，我国流动人口规模发展出现新的变化，实现了从持续上升到缓慢下降的巨大转变。2010 年以来，我国流动人口年增长率与之前相比有明显下降。2010—2017 年，全国流动人口平均年增长率大约为 1.5%，但增长人数仍然十分庞大，2017 年，我国流动人口高达 2.44 亿人，总规模之大，不容小觑。[①] 为了适应产业结构的升级要求，劳动力布局和发展也要进行相应的调整。然而，受内外部多方面因素的制约和影响，劳动力并不能像物质生产资料那样实现在产业部门之间的自由流动，从而在一定程度上成为产业结构顺利升级的障碍。基于此，研究产业结构升级背景下劳动力流动问题，对于促进经济快速平稳发展、实现劳动力市场供需平衡具有重要意义。在这样的背景下，劳动力的大规模流动与产业行业之间的协同程度如何，劳动力流动是否能促进我国产业空间布局的优化，劳动力流动、产业转移对区域产业集聚究竟产生怎样的影响，成为本章亟待解决的问题。

国内外学者对产业升级与劳动力流动的问题开展了很多研究，并取得了很多成果。Krugman(1991)认为，作为劳动力市场中重要的要素之一，劳动力的流动将会推动本地市场规模的扩大，有助于其他产业集聚形势的形成。[②] Ellison 和 Glaeser(1997)对影响美国产业集聚的因素进行了研究，结果显示，在不同产业的集聚过程中，劳动力因素均具有显著的影响效应。[③] Puga(1999)指出，在产业集聚过程中，劳动者的报酬递增具有重要作用，同时，劳动力流动也发挥着不可替代的作用。[④] Crozet(2004)基于欧洲五国 20 世纪 80、90 年代数据开展研究，通过分析发现，在区域产业集聚过程中，劳动力流动具有正向影响效应，劳动力呈现出明显地向市场潜力高的地区流动的趋势。[⑤] Stephan(2010)按照素质高低的不同，将流动的劳动力群体划分为普通劳动力和高素质劳动力，指出普通劳动力的流动在产业集聚过程中发挥着不可小觑的重要作用，不仅如此，普通劳动力常常可以对高素质劳动力产生激励作用，促进其流动，进而对产业集聚程度产生有效影响。[⑥] 当然，也有学者对此问题持不同看法，例如，Krugman 和 Venables 的

---

① http://news.chinabaogao.com/gonggongfuwu/201812/12243Y3312018.html，访问日期：2020-05-30。

② Krugman, P., "Increasing Returns and Economic Geography", *Journal of Political Economy*, 1991, 99(3): 483-499.

③ Ellison, G. and Glaeser, E., "Geographic concentration in US manufacturing industries: a dartboard approach", *Journal of Political Economy*, 1997, 105(5): 889-927.

④ Puga, D., "The rise and fall of regional inequality", *European Economics Review*, 1999(43): 303-334.

⑤ Crozet, M., "Do migrants follow market potentials? An estimation of a new economic model", *Journal of Economic Geography*, 2004(4): 439-458.

⑥ Stephan, R., "Differential labor mobility and agglomeration", *Papers in Regional Science*, 2010(89): 587-606.

研究结果显示，劳动力流动对产业集聚的影响并没有那么明显。① 国内学者也进行了大量相关研究。范剑勇等(2004)基于大量数据分析，检验劳动力流动对产业集聚的影响效应，研究结果显示，劳动力流动对产业集聚的影响受到时间的限制，只有在短期内才会显示出强化作用。② 张文武和梁琦(2011)就劳动力空间变化对产业集聚的影响效应进行了实证分析，认为劳动力要素的空间变化显著地影响了产业集聚程度。③ 高云虹和符迪贤(2015)基于劳动力的异质性，将其分为高技能劳动力和低技能劳动力，同时将该因素引入中心—外围模型中，对不同类型劳动力的流动影响产业集聚的不同效应进行考察。结果显示，当交易成本较低时，两类劳动力的流动对产业集聚均会形成促进作用；当交易成本较高时，两类劳动力的流动并不会很快影响产业集聚，而是要达到某一水平时，才能逐渐形成对产业集聚的影响；从全国范围来看，两类劳动力的流动对产业集聚均具有显著正向影响；从西部地区来看，两类劳动力的流动对产业集聚的影响均不显著；从东部和中部地区来看，两类劳动力的流动显示出对产业集聚完全相反的影响效应。其中，高技能劳动力的流动显示出正向促进作用，而普通能力劳动力的流动则显示出反向影响效应。④ 林理升和王晔倩(2006)的研究结果显示，我国劳动力流动并未呈现出与制造业集聚发展趋势之间的同步性。⑤ 何志芳和赵洪进(2019)认为，东部地区流入人口过多，与之形成鲜明对比，中西部地区人才流失严重。这种形势的持续和发展将严重制约我国产业结构升级，产业结构迈向高级化的进程中面临着劳动力结构不契合、农业科技水平较低和劳动力流动趋势不平衡三个难点⑥。胡尊国等(2015)的研究指出，在多产业协同集聚的背景下，某类劳动力流入规模的扩大会促进所在行业生产率的进一步提高。⑦

综上可知，关于劳动力流动与产业集聚之间的关系，国内外学者尚未得出一致结论。究其原因，可能与劳动力流动和产业集聚的测度方法不同、构建模型不

---

① Krugman, P. and Venables, A., 1995, “Globalization and the inequality of nations”, *Quarterly Journal of Economics*, (110): 857-880.

② 范剑勇、王立军、沈林洁：《产业集聚与农村劳动力的跨地区流动》，载《管理世界》，2004(4)。

③ 张文武、梁琦：《劳动地理集中、产业空间与地区收入差距》，载《经济学(季刊)》，2011(2)。

④ 高云虹、符迪贤：《异质劳动力与工业空间集聚——基于中心—外围模型的扩展分析》，载《财经科学》，2015(11)。

⑤ 林理升、王晔倩：《运输成本、劳动力流动与制造业区域分布》，载《经济研究》，2006(3)。

⑥ 何志芳、赵洪进：《我国劳动力流动对产业结构高级化的影响研究》，载《中国物价》，2019(9)。

⑦ 胡尊国、王耀中、尹国君：《劳动力流动、协同集聚与城市结构匹配》，载《财经研究》，2015(12)。

同等因素有关。纵然如此，仍然可以从现有的大多数文献结论中看出，劳动力流动对产业集聚具有显著的影响。国内外学者在劳动力流动与产业集聚的关系方面做了大量探索，也取得了很多成果。然而，这些研究也存在一些不足之处。通过梳理文献可知，很多研究是在劳动力流动完全自由的假设条件下开展的。在该假设背景下，政府几乎处于被动消极的地位，这恰恰与我国新型城镇化的背景不符，甚至是相悖的。各地方政府颁布实施各种各样的人口准入优先权管理政策，这本身就是充满明显选择性的过程，对于城市规模的扩大和区域经济的发展产生限制或者催化的可能性。

## 第二节　产业布局与劳动力流动的理论分析

为了对产业结构调整和劳动力流动问题进行有效理解和分析，本章梳理和构建了产业布局和劳动力流动的理论框架。一方面，对产业转移的方位和模式进行了分析；另一方面，分别探讨了产业集聚、劳动力流动对产业转移的作用机制，确定了产业集聚、劳动力流动对产业转移影响机理的综合分析框架。

### >>一、产业转移的方位与模式分析<<

#### (一)产业转移的方位分析

产业转移的方位即产业整体或部分迁移的方向和选择的位置。遵循梯度转移的规律，产业转移按照高梯度地区、低梯度地区、更低梯度区域的顺序依次逐渐推进。其中，梯度的基础指的是在不同的区域经济社会发展水平下形成的梯级特征，被视为产业转移的现实基础。产业转移可以分为广义和狭义两种类型。广义的产业转移主要是指劳动密集型产业由从发达国家或地区向发展中国家或地区的转移，是存在于国家之间的外部空间迁徙。狭义的产业转移则指的是存在于一个国家内部区域之间的空间迁徙，是劳动密集型产业从一个国家的发达地区向这个国家欠发达地区的转移。

前文关于我国东中西部产业转移的研究，对应的便是狭义的产业转移方位特征。其中，东部地区产业转移不仅具备一般梯度特征，在一定程度上还呈现出了与产业集聚效应高度关联的特殊性。具体而言，主要归因于两个方面的因素。一方面，东部地区劳动密集型产业转移是集聚效应达到某个阶段的必然结果。随着环境承载压力的不断增大和生产要素成本的不断上升，产业集聚进入不经济阶段。对于劳动密集型产业而言，生存空间日益收窄，产业结构调整和产业转移成为东部地区需要承担的双重任务。另一方面，东部地区产业转移取决于集聚效应和扩散效应的共同制约作用，其中，在集聚效应下，经济活动被吸引到既定区域集中，同时也会产生强大的吸附辐射作用；在扩散效应下，产业在区域内的集聚则会受到阻碍和排斥，促使新的比较优势逐渐形成，从而使得产业形成向外转移以规避劣势的趋势。集聚效应和扩散效应的双重作用决定了东部地区产业转移的方位。

由上述分析可知，对于产业转出地而言，在产业转移的过程中，产业集聚的不经济发挥了一种排斥力作用，形成扩散效应，从而导致产业形成向区域外转移的趋势；对于产业承接地而言，产业集聚的经济效应则发挥了一种拉力作用，能够有效吸引相关产业进入本区域。在两个区域中产业扩散效应和集聚效应的相互抗衡下，产业最终实现从一个集聚区域转出后，进而向一个新区域集聚的趋势。

## (二)产业转移的模式分析

产业转移模式可分为两类，分别为主动产业转移和被动产业转移。主动产业转移是指以资本和技术作为内生因素，以劳动力作为外生因素驱动的产业转移模式。被动产业转移则是指以劳动力作为内生因素，同时伴随着劳动力的回流的产业转移模式。

首先，假设我国有东部地区和中西部地区两个地区，地区编码为 i＝1，2。所有生产要素都用于 X、Y 两种可贸易产品的生产，地区 1 在参与地域专业化分工的过程中主要承担较高级资本密集型产品 X 的生产，地区 2 与地域专业化分工的过程中主要承担较初级劳动密集型产品 Y 的生产。其中较高级资本密集型产品 X 的生产过程需要投入中间产品，而较初级劳动密集型产品 Y 的生产过程只需投入劳动力。两地居民都有 X、Y 两种产品的消费需求，因此，专业化的分工就决定了东部和中西部两个地区可以通过承接产业转移来实现相关产业的引进。其次，假定劳动力市场中不能实现劳动力的自由流动。基于此种环境，主要面临着地区 1 资本向地区 2 劳动密集型产业的流动问题，同时，伴随着在资本的流入，先进技术和管理经验也随之输入地区 2，从而使得整个地区 2 的经济效益逐步提高，进而促进其劳动力比较优势向实际竞争优势的转化。随着资本等要素资源的流入，竞争优势加速凸显，进而将驱动地区 1 劳动密集型产业的转移。以上所述的产业转移模式便是主动产业转移。

与主动产业转移模式不同，被动产业转移模式下假定劳动力市场中可以实现劳动力的自由流动。地区 2 处于较低的经济发展水平，因此，工资差异增加了地区 1 劳动力流入的吸引力。在资本未流动的情况下，随着劳动力的流入，地区 1 的劳动力供给逐渐增加，进而带来工资水平的下降。对于劳动密集型产业而言，其结构调整的步伐也因此变缓；而在这个过程中，地区 2 劳动力供给减少，工资水平逐渐提高，导致在该地区的劳动密集型产业形成比较优势和成为主导产业的过程中受到阻碍和限制。由上可知，实际上，劳动力跨区域的自由流动在一定程度上延缓了劳动密集型产业从地区 1 向地区 2 转移的步伐。在既定工资水平下，流入地区 1 的劳动力规模将逐渐缩小，甚至可能会有“民工荒”现象的出现，因此，带来劳动力成本不断上升，致使地区 1 劳动密集型产业逐渐向地区 2 转移的趋势形成。以上所述的产业转移模式便是被动产业转移。

## >>二、产业集聚、劳动力流动对产业转移的影响作用分析<<

客观存在的二元经济结构造成了劳动力市场分割局面的形成，不同制度环境下，劳动者偏好一个“满意工资水平”。该假设在一定程度上是劳动力流动与要素价格的关联体现。当现实工资收入低于劳动者偏好的“满意工资水平”时，劳动者则会呈现流出的倾向。“满意工资水平”既是劳动者的心理感受，实质上也是对整个市场环境和行业之间的比较与判定。在我国二元经济结构背景下，一方面，劳动力流动存在着制度性障碍；另一方面，在产业转移进程中，政府干预发挥着主导的决定性作用。与此同时，产业内部企业的区位布局在很大程度上也影响着劳动力流动。较高的满意工资水平带来劳动力流出意愿的增强，导致流出区域出现劳动力短缺，进而降低流入、流出两个区域的资本报酬率。在失业率提高的背景下，劳动力流入部分抵消产品需求下降的负面效应，失业者再就业概率的提高也会产生同样效果。

短期内，资本难以实现地区间再配置，因此，相对要素价格不变。基于此，在满意工资水平下，劳动力流动成本对劳动力供给不会产生影响。然而，从长期看，若劳动力要素地区间流动成本差异较大，则可推断不同地区企业规模布局处于不均衡状态，具有中心—外围的产业集聚现象。政府应鼓励地区间要素的自由流动，促进产业布局优化。在产业集聚水平较高的背景下，劳动力流动成本的高低将会对产业转移产生显著影响，劳动力流动成本的降低会增加产业到该地区进行布局的倾向，从而使得承接产业转移更容易实现。产业集聚程度取决于该地区劳动力分布和劳动力存量。尤其是对地区 2 而言，假定在制造业生产过程中，劳动力作为唯一投入，因此，劳动力数量在很大程度上对这类产业空间布局产生影响。当地区 1 和地区 2 的劳动力满意工资水平都提高时，资本报酬差异会造成劳动力流出地区 1。换言之，在既定劳动力满意工资水平下，只有保持地区 1 资本报酬大幅度降低，才能达到劳动力市场均衡状态。而这一过程的实现会导致更多产业会从地区 1 向地区 2 转移。与短期不同，从长期看，随着一个地区劳动力流动成本的提高，劳动力会做出流出该区域的选择。

综上所述，劳动力流动、产业集聚对产业转移具有重要影响。当产业集聚水平较高时，东部地区和中西部地区形成贸易往来，随着制造业规模报酬不递增，产品从东部地区开始逐渐转向中西部地区，导致在中西部地区的市场份额逐渐增加。与此同时，东部地区市场增加了要素需求量，进而导致该地区的要素价格快速增长，从而形成制造业逐渐从东部地区向中西部地区转移的倾向。中西部地区的制造业布局呈现增长，并逐步形成趋向于要素禀赋份额的趋势，这个过程中，东部地区和中西部地区之间要素价格的差异逐渐消失。长期而言，一个地区的要素流动成本与其产业布局规模之间呈现反向关系，即随着东部地区要素流动成本的增加，其制造业的产业集聚程度将逐渐削弱，慢慢向中西部地区转移。

# 第三节　我国产业结构变化分析

2009 年至 2019 年我国三次产业结构产生了巨大的变化。总体而言，表现为以下几方面特征。

## >>一、产业结构调整逐步完善<<

根据配第-克拉克定理，在三次产业发展过程中，产业结构基本向“三二一”的方向发展。我国三次产业结构趋向优化，经济发展动力由第二产业主导向第三产业主导转变，三次产业呈现相互促进、相互支撑的良好发展态势(见表 8-1)。总体而言，三次产业结构由 2009 年的 9.6∶46∶44.4 调整为 2019 年的 7.1∶39∶53.9，第一产业产值比例减少了 2.5%，第二产业产值比例减少了 7%，第三产业产值比例增加了 9.5%。2009 年，我国第二产业占 GDP 比重在三个产业中排名第一。2012 年，我国第三产业占 GDP 比重反超第二产业，位居首位。虽然两个产业占比相差不大，但是，自此之后拉开了我国第三产业占比逐年增长的序幕。2015 年以后，第三产业比重一直保持在 50%以上。截至 2019 年，我国第三产业占 GDP 比重已经高达 53.9%，与其他两个产业之间的差距相对较大。第二产业虽然逐年降低，但所占比重还是相对较大的，2019 年仍然有 39%的占比。

**表 8-1　2009—2019 年我国三次产业结构变化/%**

| 年份 | 第一产业占 GDP 比重 | 第二产业占 GDP 比重 | 第三产业占 GDP 比重 |
|---|---|---|---|
| 2009 | 9.6 | 46.0 | 44.4 |
| 2010 | 9.3 | 46.5 | 44.2 |

续表

| 年份 | 第一产业占 GDP 比重 | 第二产业占 GDP 比重 | 第三产业占 GDP 比重 |
|---|---|---|---|
| 2011 | 9.2 | 46.5 | 44.3 |
| 2012 | 9.1 | 45.4 | 45.5 |
| 2013 | 8.9 | 44.2 | 46.9 |
| 2014 | 8.7 | 43.3 | 48.0 |
| 2015 | 8.4 | 41.1 | 50.5 |
| 2016 | 8.1 | 40.1 | 51.8 |
| 2017 | 7.6 | 40.5 | 51.9 |
| 2018 | 7.2 | 40.7 | 52.2 |
| 2019 | 7.1 | 39.0 | 53.9 |

数据来源：2009—2018 年数据来源于 2010—2019 年《中国统计年鉴》；2019 年数据来源于国家统计局网站的《中华人民共和国 2019 年国民经济和社会发展统计公报》。

## >>二、产业升级明显提速<<

农林牧渔业、工业、交通运输仓储和邮政业、住宿和餐饮业占 GDP 比重整体呈现下降趋势，分别从 2009 年的 9.9%、39.6%、4.7%、2%降至 2018 年的 7.5%、33.9%、4.5%、1.8%；批发和零售业、建筑业、金融业的占比则呈现较为明显的逐年上升趋势，分别从 2009 年的 8.3%、6.5%、6.3%增至 2018 年的 9.4%、6.9%、7.7%。在战略性新兴产业方面，2018 年年末，全国从事战略性新兴产业生产的规模以上工业企业法人单位 66 214 个，占规模以上工业企业法人单位的 17.7%。在高技术制造业方面，2018 年年末，全国共有规模以上高技术制造业企业法人单位 33 573 个，比 2013 年年末增长 24.8%。在研发投入方面，2018 年，规模以上高技术制造业企业法人单位研究与试验发展(简称 R&D)经费支出 3 559.1 亿元，比 2013 年增长 75.0%，R&D 经费与营业收入之比为 2.27%。在文化产业方面，2018 年年末，全国有文化及相关产业法人单位 210.3 万个，比 2013 年年末增长 129.0%；从业人员2 055.8万人，比 2013 年年末增长 16.8%；资产总计 22.6 万亿元，比 2013 年年末增长 118.3%。①

① 国家统计：http：//www.stats.gov.cntjsjzxfb/201911/t20191119 _ 1710341.html，访问日期：2020-05-30。

## >>三、产业集聚程度产生区域性差异<<

对于产业集聚程度的量化，目前学术界应用了很多测度方法，主要分为绝对指数和相对指数两个方面的量化指标。然而，截至目前，尚未形成衡量产业集中度的统一和完善的指标。其中，测量产业集中度的绝对指数包括行业集中度、赫芬达尔指数、熵指数；相对指数包括区位熵(Location Quotient)、空间基尼系数、Eillson-Glaeser 指数等。[①] 本文使用了区位熵测度方法对我国 2009—2019 年第二产业集聚程度进行测算。

$$S_{ir}=\frac{Y_{ir}/Y_i}{Y_r/Y},$$

式中，$S_{ir}$表示产业 $i$ 在区域 $r$ 的熵。该值大于 1 时，表示产业 $i$ 在区域 $r$ 的集中程度较高；反之，小于 1 时，表示产业 $i$ 在区域 $r$ 的集中程度较低。$Y_{ir}$表示行业 $i$ 在区域 $r$ 的产值；$Y_i$ 表示全国行业 $i$ 的产值；$Y_r$ 表示区域 $r$ 所有行业的产值；$Y$ 表示全国所有行业的产值。

表 8-2 显示了 2009—2019 年我国 31 个省份第二产业区位熵指标值的情况。由表可知，整体而言，我国第二产业集聚程度呈现下降趋势。2009 年第二产业区位熵指数值在 1 以下的省份只有 10 个，占比 32.26%；到 2019 年，第二产业区位熵指数值在 1 以下的省份已经增至超过 50%，这表明，绝大多数的省份第二产业集聚程度呈现下降趋势，第二产业规模明显缩减。同时，由表 8-3 可知，近十年来，我国各区域第二产业集聚程度呈现明显差异。北京、上海、海南、贵州、云南 5 个区域一直保持着第二产业的较低发展规模，区位熵指数值均小于 1，第二产业未形成较高的集聚程度。与其相反，江苏、浙江、安徽、福建、江西、山东、河南、湖北、广东、重庆、陕西、青海、宁夏 13 个区域则一直保持着第二产业的较高发展规模，区位熵指数值均大于 1，第二产业形成了较高的集聚程度。除了西藏呈现了第二产业集聚程度逐渐增强的趋势，其他地区均显示了第二产业集聚程度逐年降低的趋势。其中，黑龙江的下降幅度最大，2009 年其第二产业区位熵高达 1.0290，截至 2019 年，该指数值降低幅度达 33.78%。可见，近 10 年黑龙江的产业结构调整取得了较大成效。

---

① 赵鹏、罗福周：《基于行业集中度与区位熵的宝鸡市产业集聚度测度研究》，载《西安建筑科技大学学报(社会科学版)》，2013(5)。

表 8-2　2009—2019 年我国 31 个省份第二产业区位熵

| 地区 | 2009 | 2010 | 2011 | 2012 | 2013 | 2014 | 2015 | 2016 | 2017 | 2018 | 2019 |
|---|---|---|---|---|---|---|---|---|---|---|---|
| 北京 | 0.511 3 | 0.516 3 | 0.496 2 | 0.499 8 | 0.505 2 | 0.492 2 | 0.480 1 | 0.480 7 | 0.469 0 | 0.458 2 | 0.414 6 |
| 天津 | 1.153 6 | 1.128 5 | 1.126 8 | 1.137 8 | 1.146 2 | 1.135 8 | 1.133 1 | 1.056 4 | 1.009 8 | 0.995 2 | 0.904 0 |
| 河北 | 1.131 1 | 1.129 1 | 1.150 8 | 1.160 1 | 1.180 7 | 1.178 9 | 1.174 0 | 1.187 2 | 1.149 1 | 1.095 7 | 0.993 9 |
| 山西 | 1.181 0 | 1.223 4 | 1.269 0 | 1.223 5 | 1.220 1 | 1.139 4 | 0.989 6 | 0.961 7 | 1.076 8 | 1.036 9 | 1.123 2 |
| 内蒙古 | 1.142 4 | 1.173 3 | 1.202 9 | 1.220 1 | 1.221 6 | 1.185 7 | 1.227 7 | 1.177 5 | 0.980 7 | 0.968 5 | 1.016 5 |
| 辽宁 | 1.130 9 | 1.162 5 | 1.175 0 | 1.172 3 | 1.192 9 | 1.160 9 | 1.106 5 | 0.965 5 | 0.969 4 | 0.974 1 | 0.981 8 |
| 吉林 | 1.058 8 | 1.118 1 | 1.141 1 | 1.175 8 | 1.195 9 | 1.219 6 | 1.211 7 | 1.183 0 | 1.155 1 | 1.046 1 | 0.904 7 |
| 黑龙江 | 1.029 0 | 1.079 4 | 1.081 3 | 0.970 8 | 0.931 4 | 0.851 7 | 0.773 7 | 0.713 8 | 0.629 8 | 0.606 0 | 0.681 4 |
| 上海 | 0.867 9 | 0.904 3 | 0.887 6 | 0.856 8 | 0.841 2 | 0.800 7 | 0.773 6 | 0.744 5 | 0.751 3 | 0.732 6 | 0.692 6 |
| 江苏 | 1.172 4 | 1.129 4 | 1.102 9 | 1.104 5 | 1.113 2 | 1.095 2 | 1.111 6 | 1.116 4 | 1.110 4 | 1.095 8 | 1.140 1 |
| 浙江 | 1.127 1 | 1.109 2 | 1.100 9 | 1.099 7 | 1.111 5 | 1.102 7 | 1.117 9 | 1.119 4 | 1.059 3 | 1.028 9 | 1.093 3 |
| 安徽 | 1.060 7 | 1.120 0 | 1.167 1 | 1.202 9 | 1.237 0 | 1.227 6 | 1.209 9 | 1.208 7 | 1.172 1 | 1.134 7 | 1.060 4 |
| 福建 | 1.067 9 | 1.097 8 | 1.110 0 | 1.138 4 | 1.177 1 | 1.202 0 | 1.223 1 | 1.220 8 | 1.176 8 | 1.183 9 | 1.245 7 |
| 江西 | 1.114 1 | 1.165 7 | 1.173 6 | 1.180 3 | 1.211 1 | 1.212 6 | 1.223 4 | 1.191 1 | 1.187 1 | 1.146 9 | 1.133 8 |
| 山东 | 1.213 4 | 1.166 1 | 1.137 9 | 1.132 8 | 1.135 1 | 1.119 2 | 1.138 3 | 1.149 9 | 1.118 7 | 1.082 2 | 1.022 2 |
| 河南 | 1.229 8 | 1.231 8 | 1.231 1 | 1.240 0 | 1.253 5 | 1.178 1 | 1.177 8 | 1.188 6 | 1.168 5 | 1.127 9 | 1.116 3 |

续表

| 地区 | 2009 | 2010 | 2011 | 2012 | 2013 | 2014 | 2015 | 2016 | 2017 | 2018 | 2019 |
|---|---|---|---|---|---|---|---|---|---|---|---|
| 湖北 | 1.013 7 | 1.046 1 | 1.074 6 | 1.107 5 | 1.116 9 | 1.084 5 | 1.111 5 | 1.119 6 | 1.073 6 | 1.067 8 | 1.069 3 |
| 湖南 | 0.947 6 | 0.984 7 | 1.022 9 | 1.044 0 | 1.064 0 | 1.066 6 | 1.078 1 | 1.055 2 | 1.029 2 | 0.976 1 | 0.964 8 |
| 广东 | 1.070 2 | 1.075 7 | 1.068 2 | 1.068 6 | 1.071 6 | 1.070 5 | 1.089 4 | 1.083 7 | 1.045 1 | 1.029 1 | 1.037 8 |
| 广西 | 0.948 3 | 1.013 9 | 1.040 6 | 1.055 1 | 1.080 5 | 1.079 8 | 1.117 1 | 1.127 2 | 0.992 2 | 0.975 7 | 0.855 1 |
| 海南 | 0.583 3 | 0.594 8 | 0.608 7 | 0.620 2 | 0.626 8 | 0.578 1 | 0.575 3 | 0.557 8 | 0.550 7 | 0.557 8 | 0.531 2 |
| 重庆 | 1.149 2 | 1.182 8 | 1.189 9 | 1.152 9 | 1.144 2 | 1.057 6 | 1.094 0 | 1.111 1 | 1.090 1 | 1.006 1 | 1.032 3 |
| 四川 | 1.032 0 | 1.085 2 | 1.127 3 | 1.137 3 | 1.170 5 | 1.130 4 | 1.072 2 | 1.019 1 | 0.955 7 | 0.926 6 | 0.955 9 |
| 贵州 | 0.821 2 | 0.841 2 | 0.827 1 | 0.860 2 | 0.917 0 | 0.961 7 | 0.960 6 | 0.989 5 | 0.988 8 | 0.956 2 | 0.927 0 |
| 云南 | 0.910 8 | 0.959 6 | 0.913 6 | 0.943 7 | 0.951 7 | 0.952 3 | 0.967 3 | 0.960 2 | 0.934 6 | 0.957 1 | 0.879 6 |
| 西藏 | 0.673 6 | 0.694 7 | 0.740 7 | 0.762 6 | 0.820 9 | 0.845 1 | 0.891 5 | 0.930 2 | 0.966 5 | 1.046 1 | 0.960 6 |
| 陕西 | 1.128 3 | 1.157 0 | 1.191 3 | 1.229 8 | 1.257 2 | 1.250 8 | 1.225 7 | 1.220 9 | 1.225 8 | 1.223 7 | 1.191 8 |
| 甘肃 | 0.981 0 | 1.035 9 | 1.017 9 | 1.013 1 | 1.018 8 | 0.988 9 | 0.893 6 | 0.871 9 | 0.847 1 | 0.833 7 | 0.842 4 |
| 青海 | 1.157 8 | 1.185 8 | 1.254 6 | 1.270 0 | 1.297 5 | 1.238 1 | 1.214 9 | 1.212 6 | 1.092 4 | 1.070 6 | 1.003 3 |
| 宁夏 | 1.064 9 | 1.053 8 | 1.079 7 | 1.090 1 | 1.116 3 | 1.125 9 | 1.152 4 | 1.172 3 | 1.132 2 | 1.095 6 | 1.084 8 |
| 新疆 | 0.981 7 | 1.025 2 | 1.048 8 | 1.021 2 | 1.019 7 | 0.983 8 | 0.938 1 | 0.943 2 | 0.981 7 | 0.992 7 | 0.905 0 |

数据来源：2009—2018 年数据来源于《中国统计年鉴》，2019 年数据来源于国家统计局官网地区年度数据库。

## 第四节　产业结构升级背景下的劳动力流动状况及趋势分析

2009 年至 2019 年，我国劳动力在三次产业间的占比产生了巨大的变化，具体如表 8-3 所示。整体而言，我国就业结构变化明显，由 2009 年的 38.1∶27.8∶34.1 调整为 2019 年的 25.1∶27.5∶47.4；劳动力在第一产业流出明显，第三产业劳动力不断流入，两个产业的就业规模呈现此消彼长的发展趋势。前者从 2009 年的 38.1%降至 2019 年的 25.1%，后者则是从 2009 年的 34.1%增至 2019 年的 47.4%。可见，第三产业近 10 年在很大程度上发挥了就业的蓄水池作用。第二产业劳动力经历了先流入再流出的变化过程，这与国家提出的《中国制造 2025》等强国发展战略中提出的促进创新发展、提质增效的指导思想有很大关系。虽然从总体来看第二产业就业结构并未产生较大浮动，但产业内部却由低层次向中高层次转化，产业内部劳动力的综合素质也有了极大的提高。

**表 8-3　2009—2019 年我国劳动力市场就业结构变化/%**

| 年份 | 第一产业就业人数所占比重 | 第二产业就业人数所占比重 | 第三产业就业人数所占比重 |
|---|---|---|---|
| 2009 | 38.1 | 27.8 | 34.1 |
| 2010 | 36.7 | 28.7 | 34.6 |
| 2011 | 34.8 | 29.5 | 35.7 |
| 2012 | 33.6 | 30.3 | 36.1 |
| 2013 | 31.4 | 30.1 | 38.5 |
| 2014 | 29.5 | 29.9 | 40.6 |
| 2015 | 28.3 | 29.3 | 42.4 |
| 2016 | 27.7 | 28.8 | 43.5 |
| 2017 | 27.0 | 28.1 | 44.9 |
| 2018 | 26.1 | 27.6 | 46.3 |
| 2019 | 25.1 | 27.5 | 47.4 |

数据来源：2009—2018 年数据来源于 2010—2019 年《中国统计年鉴》；2019 年数据根据国家统计局官方年度数据计算所得。

纵观近 10 年我国产业结构和劳动力流动的变化可以发现，两者的变化趋势遵循着配第-克拉克定理，劳动力由第一产业向第二产业继而向第三产业循环转移。然而，我国劳动力在三次产业间占比从 2009 年的“一三二”结构调整至今，虽然发生较大变化，已呈现为“二三一”结构，但是与产业结构“三二一”态势仍然不一致。对此，笔者将对我国 2009 年至 2019 年的产业结构偏离度进行了分析。

产业结构偏离度是指各产业增加值的比重与相应的劳动力比重的差异程度，即各产业的增加值比重和就业比重之比与 1 的差。若某一产业的结构偏离度为正，即产业比重高于就业比重，说明该行业相对劳动生产率较高，存在劳动力流入的可能，反之存在劳动力流出的可能。[①] 总体而言，近 10 年来，我国第二、三产业均呈现产业结构偏离指数下降但仍然为正的趋势。这说明第二、三产业相对劳动生产率较高，存在劳动力流入的可能性。第二、三产业的结构偏离度从数值上来看经历了逐年下降的变化。这表明第二、三产业劳动力结构与产业结构的发展匹配程度增加，但其数值一直为正，表明第二、三产业不能只靠资本投资拉动，还需要吸引更多的劳动力进入产业部门发展。而与之相反，第一产业结构偏离指数始终为负，存在劳动力流出的可能性。第一产业结构偏离度一直保持在－0.7以下的水平，说明其劳动效益低，存在严重的隐形失业现象，其劳动力减少速度远低于产值比重下降速度，导致其偏离度越来越远离零值，第一产业的劳动力有巨大流出压力。

**表 8-4　2009—2019 年我国产业结构偏离度**

| 年份 | 第一产业结构偏离度 | 第二产业结构偏离度 | 第三产业结构偏离度 |
|---|---|---|---|
| 2009 | －0.75 | 0.65 | 0.30 |
| 2010 | －0.75 | 0.62 | 0.28 |
| 2011 | －0.74 | 0.58 | 0.24 |
| 2012 | －0.73 | 0.50 | 0.26 |
| 2013 | －0.72 | 0.47 | 0.22 |
| 2014 | －0.71 | 0.45 | 0.18 |
| 2015 | －0.70 | 0.40 | 0.19 |
| 2016 | －0.71 | 0.39 | 0.19 |
| 2017 | －0.72 | 0.44 | 0.16 |
| 2018 | －0.72 | 0.47 | 0.13 |
| 2019 | －0.72 | 0.42 | 0.14 |

数据来源：2009—2018 年数据来源于 2010—2019 年《中国统计年鉴》；2019 年数据根据国家统计局官方年度数据计算所得。

① 王敏：《产业结构升级背景下合肥市劳动力流动问题研究》，载《行政与法》，2018(7)。

# 第九章 交通改善与劳动力市场空间格局

## 第一节 引言

随着我国城市化进程的不断加快，交通运输作为经济发展的助推器，在社会生活和经济发展中扮演着举足轻重的角色。交通运输方式的改善能有效降低运输成本、缩短人们的旅行时间、改善地区地理区位、促进沿线地区资源要素的合理配置，对于地区要素聚集和经济发展产生深远的影响。我国劳动力跨省域流动和迁移主要是通过铁路运输方式实现的，我们主要分析在高速铁路发展影响下我国交通改善与劳动力市场空间格局平衡性变化。本章使用的基本概念、指标、方法与数据来源说明如下。

### 一、基本概念与指标选择

#### (一)区域可达性

交通发展对于城市和区域最直接的影响来自区域可达性的变化。区域可达性是指从一个地方到另一个地方交通的便捷程度，是交通网络中各节点间相互作用的机会潜力①，能够体现经济活动利用特定交通系统从给定区位到达活动地点的便利程度②。高速铁路对劳动力市场空间格局的影响首先体现在可达性上。本章综合考虑 2000—2018 年全国 286 个地级及以上城市的区域铁路发展和经济发展

---

① Hansen, W. G., 1959, "How accessibility shapes land use", *Journal of the American Institute of Planners*, 25(2): 73-76.

② Morris, J. M. and Dumble, P. L., 1979, "Wigan M R. Accessibility indicators for transport planning", *Transportation Research Part A General*, 13(2): 91-109.

水平差异，基于加权平均旅行时间方法，构建包含地区间最短铁路旅行时间、人口以及经济发展指标的区域可达性指数模型，以衡量地区区域可达性及其变化情况。

### (二)劳动力市场空间格局平衡性的衡量指数

劳动力市场是指以市场机制调节劳动力供求双方的决策行为，实现劳动力配置的市场。劳动力市场平衡性是指劳动力市场在价格机制、竞争机制、供求机制的循环往复作用下，通过劳动力流动和价格的波动促成劳动力市场的动态平衡。根据劳动力市场的三大竞争机制，以及劳动力具有数量和质量两方面的特性，本章分别从劳动力市场容量、劳动力市场结构两个方面考察劳动力市场空间格局的平衡性。其中，劳动力市场容量指标为地区全部从业人员数；劳动力市场结构指标为地区产业-就业结构偏离系数。

## >>二、研究方法<<

### (一)指数分析法

本报告分别测算地区区域可达性指数与地区劳动力市场空间格局平衡性相关指数。其中，区域可达性指数运用加权指数法；劳动力市场空间格局指数综合运用数量指数法和质量指数法。

### (二)相关性分析法

本章应用全国 286 个地级及以上城市 0—1 相邻矩阵，通过空间计量中的空间自相关性分析方法，分析我国城市区域可达性与劳动力市场空间格局的相关关系。

### (三)比较分析法

本章按照全国东、中、西部的地区划分①，对比分析不同地区区域可达性变化的差异与劳动力市场空间格局的差异。在此基础上进一步分析区域可达性对劳动力市场空间格局平衡性的影响。

---

① 东部地区包括辽宁、北京、天津、河北、山东、江苏、上海、浙江、福建、广东、海南；中部地区包括山西、内蒙古、吉林、黑龙江、安徽、江西、河南、湖北、湖南；西部地区包括陕西、甘肃、青海、宁夏、新疆、四川、重庆、云南、贵州、西藏。

### (四)得分倾向匹配倍差法

本报告通过倾向得分匹配倍差法(PSM-DID)进一步研究交通改善与劳动力市场空间格局的关系。自然实验评估法 DID(Difference in Difference，DID)能够同时控制政策处理效应和时间效应，在解决因果识别和变量遗漏产生的内生性问题方面具有显著优势。为避免样本选择性偏差，首先应用倾向得分匹配方法(Propensity Score Matching，PSM)，利用地区经济、人口、资源等多个配对指标对某城市是否有高铁的自选择效应进行控制，进而通过倾向得分匹配倍差法(PSM-DID)评估高铁开通对劳动力市场空间格局影响的净效应。

## >>三、数据来源与处理<<

1997 年起，我国铁路进行了六次大规模提速，普通旅客快车的速度从 48.1 公里/时提升至 65.7 公里/时①。其中，2000 年铁路进行了第三次提速，速度首次突破 60 公里/时。一般认为 2008 年我国正式开通运行高速铁路列车(京津冀城际高速列车)。根据 2013 年《铁路安全管理条例》，我国高速铁路是指设计开行时速 250 公里以上(含预留)，且初期运营时速 200 公里以上的客运列车专线铁路，包括“D”、“G”和“C”开头的客运车次。本章将时速 200 公里及以上的客运列车定义为高速铁路列车(以下简称高铁)。在数据处理上，铁路最短旅行时间数据根据 2018 年 11 月“火车票”网站、“12306”网站的最短里程计算所得。查询过程中遵照以下原则：如果两城市间有可以直接通达的旅客列车班次，则选择所有旅客列车班次中旅行时间最短者为两城市间的最短时间距离；如果两城市间没有开通可以直通的旅客列车班次，在遵循最短路径原则的基础上，取所有可供选择的中转站点中距始发地旅行时间最短的城市作为中转点，不考虑在中转点的滞留和待车时间。

同时，考虑数据的可得性，本章研究时间区间为 2000—2018 年，研究目标为全国 286 个地级及以上城市。由于历年行政区划出现变更，286 个城市为通过梳理 2001—2019 年《中国城市统计年鉴》得到的共同城市。本报告各节所应用的数据集一致，下文不再赘述。

---

① 第一次提速为 1997 年 4 月 1 日，最高时速从 48.1 千米提升至 54.9 千米；第二次提速为 1998 年 10 月 1 日，最高时速提升至 55.2 千米；第三次提速为 2000 年 10 月 21 日，最高时速提升至 60.3 千米；第四次提速为 2001 年 10 月 21 日，最高时速提升至 61.6 千米；第五次提速为 2004 年 4 月 18 日，最高时速提升至 65.7 千米；第六次提速为 2007 年 4 月 18 日，时速 200 公里及以上动车组投入使用。

本章指标与数据来源说明汇总如表 9-1 所示。

**表 9-1　指标选取与数据来源说明汇总**

| 研究问题 | | 指标 | 变量 | 数据来源 |
|---|---|---|---|---|
| 交通改善程度 | 区域可达性 | 阻力参数（旅行时间成本） | 地区间最短铁路旅行时间 | 根据 2018 年 11 月“火车票”“12306”网站查询数值计算 |
| | | 综合参数（地区吸引力） | 地区生产总值、年末人口数 | 2001—2019 年《中国城市统计年鉴》 |
| 劳动力市场空间格局平衡性 | 劳动力市场容量 | 全部从业人员数 | 单位从业人员数与个体和私营人员数之和 | 2001—2019 年《中国城市统计年鉴》 |
| | 劳动力市场结构 | 产业—就业结构偏离系数 | 分三次产业就业人口数、分三次产业地区生产总值 | |
| 高铁与劳动力市场空间格局自相关性 | 全局空间自相关性、局域空间相关性 | 莫兰指数 | 区域可达性、全国地级及以上城市 0—1 地理相邻矩阵、全部从业人员数、分三次产业—就业结构偏离系数 | 1999—2019 年《中国城市统计年鉴》；高德地图 |
| 高铁对劳动力市场空间格局影响的净效应 | 被解释变量 | 劳动力市场空间格局平衡性指标 | 全部从业人员数、分三次产业—就业结构偏离系数 | 2001—2019 年《中国城市统计年鉴》；各地《国民经济和社会发展统计公报》；2001—2019 年《中国人口与就业统计年鉴》、2001—2019 年《中国城市建设统计年鉴》；部分缺失数据用插值法补齐 |
| | 核心解释变量 | 高铁政策实施的识别虚拟变量 | 高铁政策虚拟变量与时间虚拟变量之积 | |
| | 控制变量 | 人口分布和聚集程度 | 人口密度 | |
| | | 经济发展水平 | 人均地区生产总值 | |
| | | 政府规模 | 政府一般公共预算支出与地区生产总值之比 | |
| | | 人力资本水平 | 每万人在校大学生数 | |
| | | 医疗卫生服务水平 | 医疗卫生机构每千人床位数 | |
| | | 资源环境 | 人均园林绿地面积 | |

为比较高速铁路开通前后的区域交通改善程度，计算了全国 286 个地级及以上城市的区域可达性及其变化情况。为比较高速铁路开通前后地区劳动力市场空间格局平衡性的变化情况，计算了全国 286 个地级及以上城市的空间自相关系数。为研究高铁开通运行对于劳动力市场空间格局的影响程度，考察了相较于高铁未开通地区，高铁的开通运行对于高铁覆盖地区劳动力市场空间格局平衡性影响的净效应。

# 第二节 中国交通改善

## >>一、中国交通(高铁)发展情况<<

### (一)我国交通运输发展情况

交通运输业的发展是一段人类文明进步、经济社会发展的历史，历史上每一次交通运输方式的变革都引发了地区经济的重大变革。交通运输方式主要分为水路、公路、铁路、航空、管道五类。在社会经济发展的不同时期，不同的交通运输方式占据着不同的地位。在科技尚未发达的古代，水路运输占据主要地位，相比于马车等陆路运输而言，具有运量大、运输成本低、运输线路长、站点多、运输范围广的优势。工业革命的开展使得铁路运输逐渐取代水路运输，在经济发展过程中占据主导地位。与水路运输相比，铁路运输速度快、适应性强、运输能力强、安全性和可靠性更高。第二次世界大战后，汽车的灵活性、航空运输的高速度使得这两种运输方式迅速崛起。

就具体国情和发展现状而言，铁路是我国国民经济的动脉和综合交通运输体系的关键基础设施，其发展至关重要。表 9-2 和图 9-1 分别显示了 2008—2018 年我国交通运输业客运量、交通运输方式占总客运量的比重。数据显示，自 2008 年高铁开通至 2018 年，高铁客运量从 734 万人次增长到 205 430 万人次，高铁客运量占总客运量的比重从 0.03%提高到 11.45%，高铁客运量在 11 年间迅速增加。高铁客运量的增加使得普通铁路的客运量相对减少。2017 年高铁客运量首次超过普通铁路，占比为 9.48%，自 2013 年起普通铁路占总客运的比重在 7.20%～8.38%。水运和民航的客运量虽也不断增加，但所占比例较小，2018 年水运与民航的客运量占比分别为 1.56%、3.41%。公路客运量在当前仍占据最大比例，但自 2013 年出现明显下降，且这一趋势仍在继续。由此可知，普通铁路、公路、水运等传统运输方式的改善空间已饱和，高铁的改善潜力巨大，未来可能会成为客运的主要方式。

2008—2018 年中国交通运输业客运量基本情况如表 9-2 所示。

**表 9-2 2008—2018 年中国交通运输业客运量基本情况/万人**

| 年份 | 铁路 | | 公路 | 水运 | 民航 | 总计 |
|---|---|---|---|---|---|---|
| | 高速铁路 | 普通铁路 | | | | |
| 2008 | 734 | 145 459 | 2 682 114 | 20 334 | 19 251 | 2 867 892 |

续表

| 年份 | 铁路 | | 公路 | 水运 | 民航 | 总计 |
|---|---|---|---|---|---|---|
| | 高速铁路 | 普通铁路 | | | | |
| 2009 | 4 651 | 147 800 | 2 779 081 | 22 314 | 23 052 | 2 976 898 |
| 2010 | 13 323 | 154 286 | 3 052 738 | 22 392 | 26 769 | 3 269 508 |
| 2011 | 28 552 | 157 674 | 3 286 220 | 24 556 | 29 317 | 3 526 319 |
| 2012 | 38 815 | 150 522 | 3 557 010 | 25 752 | 31 936 | 3 804 035 |
| 2013 | 52 962 | 157 635 | 1 853 463 | 23 535 | 35 397 | 2 122 992 |
| 2014 | 70 378 | 165 326 | 1 908 198 | 26 293 | 39 195 | 2 209 391 |
| 2015 | 96 139 | 157 345 | 1 619 097 | 27 072 | 43 618 | 1 943 271 |
| 2016 | 122 128 | 159 277 | 1 542 759 | 27 234 | 48 796 | 1 900 194 |
| 2017 | 175 216 | 133 163 | 1 456 784 | 28 300 | 55 156 | 1 848 620 |
| 2018 | 205 430 | 132 065 | 1 367 170 | 27 981 | 61 174 | 1 793 820 |

数据来源：2019 年《中国统计年鉴》；国家统计局网站。

说明：铁路客运量指一定时期内，铁路实际运送的旅客数量，旅客不论行程远近或票价多少，均按一人一次客运量统计。

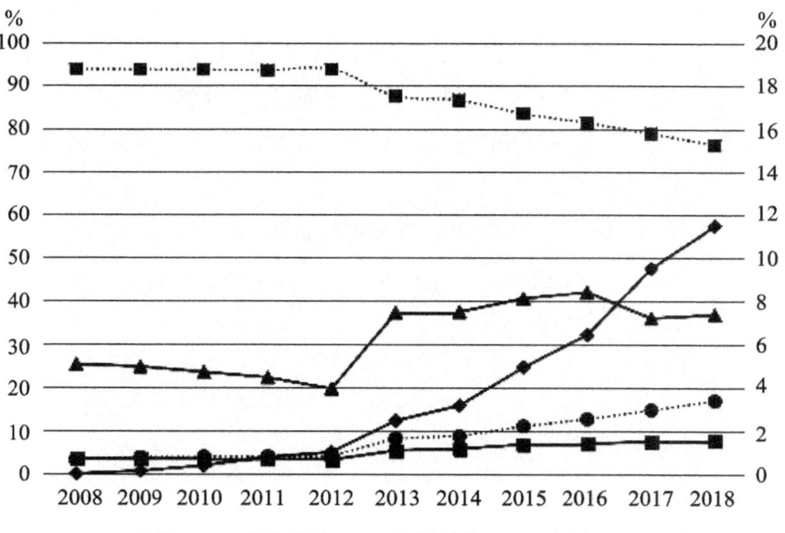


图 9-1　2008—2018 年全国各类交通运输方式客运量占总客运量的比重

## (二)我国高铁发展情况

1. 我国高铁发展情况

随着国民经济的发展和科技水平的提高，社会发展对于交通运输速度和安全的要求越来越高。速度与安全是衡量交通运输特别是旅客运输的重要技术和质量指标。高速铁路作为铁路现代化的重要标志，为改善客运服务质量提供了新契机。

1964 年，日本建设完成世界第一条高速铁路“东海道高速铁路新干线”，缓解了当时东京至大阪沿线城市交通运输的困境，并带来了日本经济的腾飞。其后，高速铁路开始在全球范围内得到迅速发展。我国高速铁路的发展可以分为两个阶段。

第一阶段为 1990—2007 年，主要向德、日、法等国家学习高速铁路发展经验及技术。在这一阶段，我国进行了五次铁路提速。2004 年，国务院常务会议通过第一个《中长期铁路网络规划》，规划了“四纵四横”总长超过 1.2 万公里的快速客运专线网。

第二阶段为 2008 年至今，我国高速铁路产业自主创新阶段。2008 年，我国第一条高速铁路线路——京津城际高速铁路开通，自此我国正式步入了高铁时代。2017 年，国家发展改革委印发的《铁路“十三五”发展规划》(简称《规划》)，计划在 2020 年将高铁里程增至 3 万公里，在建成“四纵四横”主骨架的基础上，高速铁路建设有序推进，高速铁路服务范围进一步扩大，基本形成高速铁路网络。截至 2019 年，我国高速铁路运营里程达到 3.5 万公里，铁路运营总里程达 13.9 万公里①，高速铁路运营里程已提前实现 2020 年达到 3 万公里的目标。全国铁路网络逐步完善，技术进步飞速，铁路运输能力得到极大提升。

2008—2018 年，我国高速铁路基本情况、全国高速铁路与铁路客运量及占比情况如表 9-3、图 9-2 所示。

**表 9-3　2008—2018 年中国高速铁路基本情况**

| 年份 | 营业里程/公里 | 占铁路营业里程比重/% | 客运量/万人 | 占铁路客运量比重/% | 旅客周转量/亿人公里 | 占铁路客运周转量/% |
|---|---|---|---|---|---|---|
| 2008 | 672 | 0.8 | 734 | 0.5 | 15.6 | 0.2 |
| 2009 | 2 699 | 3.2 | 4 651 | 3.1 | 162.2 | 2.1 |
| 2010 | 5 133 | 5.6 | 13 323 | 8.0 | 463.2 | 5.3 |
| 2011 | 6 601 | 7.1 | 28 552 | 15.8 | 1 058.4 | 11.0 |
| 2012 | 9 356 | 9.6 | 38 815 | 20.5 | 1 446.1 | 14.7 |
| 2013 | 11 028 | 10.7 | 52 962 | 25.1 | 2 141.1 | 20.2 |
| 2014 | 16 456 | 14.7 | 70 378 | 30.5 | 2 825.0 | 25.1 |

① 中华人民共和国交通运输部：《国家铁路局关于发布〈2019 年铁道统计公报〉的公告》，2020-04-30。

续表

| 年份 | 营业里程/公里 | 占铁路营业里程比重/% | 客运量/万人 | 占铁路客运量比重/% | 旅客周转量/亿人公里 | 占铁路客运周转量/% |
|---|---|---|---|---|---|---|
| 2015 | 19 838 | 16.4 | 96 139 | 37.9 | 3 863.4 | 32.3 |
| 2016 | 22 980 | 18.5 | 122 128 | 43.4 | 4 641.0 | 36.9 |
| 2017 | 25 164 | 19.8 | 175 216 | 56.8 | 5 875.6 | 43.7 |
| 2018 | 29 904 | 22.7 | 205 430 | 60.9 | 6 871.9 | 48.6 |

数据来源：2019 年《中国统计年鉴》，国家统计局网站。

说明：1. 铁路营业里程又称营业长度，指投入客货运输营业或临时营业的线路长度。2. 铁路客运量指一定时期内，铁路实际运送的旅客数量，旅客不论行程远近或票价多少，均按一人一次客运量统计。

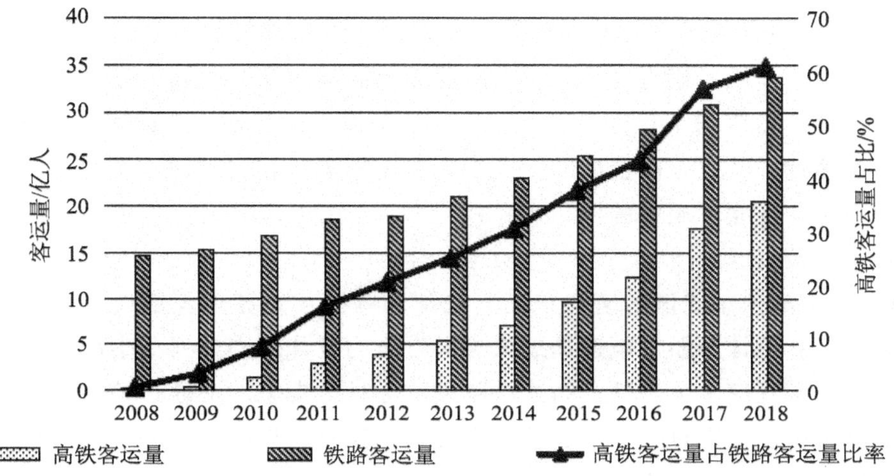


**图 9-2　2008—2018 年全国高速铁路与铁路客运量及占比情况**

表 9-3 数据显示，2008—2018 年，高速铁路营业里程从 672 公里提升至 29 904公里；高铁客运量从 734 万人次增加至 205 430 万人次，占全国铁路客运量的比例从 0.5%增长至 60.9%；高铁旅客周转量占全国铁路旅客周转量的比例由 0.2%增长至 48.6%；高铁客运量占全国铁路客运量的比例快速上升。2017 年，《规划》提出到 2030 年，铁路网规模基本实现内外互联互通、区际多路通畅、省会高铁连通、地市快速通达、县域基本覆盖的远期目标。目前，全国大陆除西藏外的 30 个省份均已实现高速铁路互通互达，增强了地区间的交流联系，为全国范围内资源要素流动和空间聚集提供了有力的交通基础支撑。

2. 我国高铁的竞争优势

与其他交通运输方式相比，高速铁路在改善交通上具有独特的竞争优势：

(1)高速度。我国当前掌握的高铁技术在世界上处于领先水平，已全面掌握了 200～250 千米/时、300～350 千米/时动车组制造技术，设计开行速度 250 千米/时以上(含预留)，初期运营速度 200 千米/时以上。2019 年，中国高速铁路列车最高运营速度 350 千米/时，居全球首位①，是高速公路行车最高时速(120 千米)的2～3 倍。民航客机时速一般 900 千米/时，虽然要快于高速铁路，但机场一般远离市区，并且候机时间相对于高速铁路更长，且就中国目前的情况来说，飞机并不适合短途旅行。高铁速度使得地区之间的时空距离大大缩小，极大提高了我国的交通运输速度。

(2)高密度。2008 年，京沪高速铁路运行之初便保证了 3 分钟一趟的发车密度；京津城际列车平均每 15 分钟就有一趟列车发车，其中两趟列车的最短间隔仅为 5 分钟。2017 年 1 月 5 日起，全国铁路列车运行图进行调整，增开旅客列车 135 对后，全国铁路开行旅客列车总数达 3 570.5 对，其中动车组列车 2 332.5 对②；同时，为了更好满足旅客出行需求，国家铁路部门提高了部分旅客列车运行速度，进一步压缩运行时间，在一定程度上为高速铁路的高密度发车提供了速度上的保证。当前我国共有 773 个开通 G 字头高铁的车站，开通高铁数量最多的长沙南站多达 609 列。高密度的发车大大缩短旅客的候车时间，甚至可做到让旅客随到随走，便利了旅客的出行。另外，相较于飞机和普通火车而言，高速铁路的准点率也较高。

(3)高可靠性。我国高速列车是集控制、机械及计算机等现代技术于一体的综合系统，从设计开始，就遵循故障导向安全的设计原则，列车事故发生率和列车事故的损害程度大大降低。高速铁路被认为是最安全的交通运输方式，虽然中国高铁运营史上出现过事故，但总体来说高速铁路的事故发生率和人员伤亡率要远远低于其他交通运输方式。

(4)节能环保。普通列车、轮船、汽车、飞机等能耗高、尾气污染也比较严重。高速铁路不仅能耗低，而且可实现资源的综合利用。当前的绝大多数交通工具如高速公路和航空都是依靠石化燃料作为能量来源，但高速铁路采用电力机车牵引，其能源来自多方面，如丰富廉价的水力资源。同时，高速铁路的污染性也降到最低，基本上不会产生噪声、粉尘、油烟以及其他废气污染。

---

① 《以创新引领发展——走进"'复兴号'摇篮"》，xinhuanet. com/politics/2019-06/18/c _ 1124639644. htm，2019-11-20。

② 《2017 年 1 月 5 日起全国铁路实行新的列车运行图》，xinhuanet. com/politics/2016-12/05/c _ 129391018. htm，访问日期：2020-01-05。

# >>二、高铁发展对于中国交通的改善<<

## (一)衡量指标

高铁的开通运营提升了沿线城市的空间可达性，空间联系日益加强，极大缩短了城市间的时空距离，为劳动力流动减少了时间成本，导致区域空间形态、功能、发展模式等的深刻变革。一方面，高铁沿线城市可达性普遍提升，使得沿线城市“相对区位”得到优化，人流、物流、资金流、技术流、信息流在城市间、区域间的流动更加便捷和高效。在集聚经济和规模经济的作用下，高铁沿线的新区开发、土地利用、产业布局、基础设施进一步完善，推动了沿线城市与区域经济的发展。另一方面，高铁的建设也带动了站区的繁荣，站区随着开发时序的推进逐渐成为城市中经济活动繁荣和人口密度较高的地区，成为新的增长极。

高速铁路对劳动力市场空间格局的影响首先体现在区域可达性上。本报告综合考虑地区铁路发展和经济发展水平差异，基于加权平均旅行时间方法①，构建全国 286 个地级及以上城市的地区加权可达性指标，以衡量地区的交通改善程度。加权平均旅行时间法是交通节点间通行时间的一种综合计算指标方法，能够通过旅行时间长短反映地区的可达性水平，体现交通发展前后旅行时间变化下地区可达性的变动幅度②。区域可达性不仅与空间区位和交通基础设施水平有关，还与地区的经济发展水平和城市规模等有关，社会经济发展水平的高低影响着劳动力流动的动机和空间方向。考虑到节点规模和经济发展水平对可达性的影响，构建如下加权平均旅行时间距离指标，如下所示：

$$A_i = \sum_{j=1}^{n} (T_{ij} \times M_j) / \sum_{j=1}^{n} M_j ,$$

式中，$T_{ij}$ 为节点 $i$ 到节点 $j$ 的最短旅行时间距离，表示地区 $i$ 与地区 $j$ 之间的阻力参数；$M_j$ 为节点 $j$ 的权重，采用节点城市人口规模和地区生产总值的几何平均值为权重，作为地区综合参数，反映节点规模对人们移动意愿的影响程度，即 $M_j = \sqrt{P_j \times G_j}$，$P_j$ 为城市 $j$ 的人口规模，$G_j$ 为城市 $j$ 的 GDP 总量，$n$ 为除 $i$ 点以外的节点总数。$A_i$ 的值越小表示节点的区域可达性越好，反之，节点区域可达性越差。

---

① Jing, S. and Nian Z., “How Cities Influenced by High Speed Rail Development: A Case Study in China”, *Journal of Transportation Technologies*, 2013, 3: 7-16.

② 孟德友、陆玉麒：《基于铁路客运网络的省际可达性及经济联系格局》，载《地理研究》，2012(1)。

为更直观地反映区域可达性的优劣，将可达性指标 $A_i$ 进行指数化处理，使得可达性指数值越大表示区域可达性越好，计算公式如下所示：

$$A_i{}'=\frac{1}{A_i}\times 100,$$

式中，$A_i{}'$表示进行指数化处理的区域可达性指标，即区域可达性指数。

本报告应用区域可达性指数 $A_i{}'$表示各地区区域可达性情况。根据区域可达性指数 $A_i{}'$的定义，某一地区可达性指数值越大，则表示该地区区域可达性越好。

## (二)区域可达性

2000 年以来，我国铁路客运网络系统经历了 4 次提速，2008 年又开通了高速铁路，大大缩短了城市之间的铁路旅行时间，进而提高城市的区域可达性指数。2000 年和 2018 年全国 286 个地级及以上城市按 31 个省份计算的区域可达性按变化率由高至低排序如表 9-4 所示。

**表 9-4　2000 年和 2018 年 286 个地级及以上城市按省份计算的区域可达性及变化率**

| 可达性改善程度 | 地区 | 区域可达性指数 | | 区域可达性指数变化率 |
|---|---|---|---|---|
| | | 2000 年 | 2018 年 | |
| 高 | 北京 | 4.438 | 20.573 | 3.636 |
| | 天津 | 4.441 | 20.440 | 3.603 |
| | 上海 | 4.362 | 19.459 | 3.461 |
| | 重庆 | 3.896 | 16.650 | 3.274 |
| | 青海 | 2.970 | 12.475 | 3.200 |
| | 河北 | 4.495 | 19.063 | 3.195 |
| | 湖南 | 4.350 | 17.917 | 3.134 |
| | 海南 | 2.274 | 9.175 | 3.028 |
| | 江西 | 4.565 | 18.419 | 3.026 |
| | 贵州 | 3.406 | 13.863 | 3.021 |
| | 河南 | 5.273 | 21.331 | 3.011 |
| 中 | 福建 | 3.609 | 14.437 | 2.993 |
| | 浙江 | 4.240 | 16.810 | 2.968 |
| | 湖北 | 4.915 | 19.434 | 2.937 |
| | 辽宁 | 3.306 | 13.068 | 2.912 |
| | 广东 | 3.206 | 12.477 | 2.881 |
| | 安徽 | 5.059 | 19.318 | 2.817 |

续表

| 可达性改善程度 | 地区 | 区域可达性指数 | | 区域可达性指数变化率 |
|---|---|---|---|---|
| | | 2000 年 | 2018 年 | |
| 中 | 江苏 | 4.528 | 17.303 | 2.784 |
| | 广西 | 3.125 | 11.802 | 2.757 |
| | 陕西 | 4.253 | 15.716 | 2.702 |
| | 四川 | 3.368 | 12.442 | 2.654 |
| 低 | 山东 | 4.432 | 16.052 | 2.589 |
| | 吉林 | 2.723 | 9.452 | 2.513 |
| | 甘肃 | 3.103 | 10.348 | 2.359 |
| | 新疆 | 1.590 | 5.333 | 2.305 |
| | 山西 | 4.238 | 13.873 | 2.268 |
| | 内蒙古 | 3.170 | 10.385 | 2.229 |
| | 云南 | 2.565 | 8.178 | 2.153 |
| | 黑龙江 | 2.219 | 6.764 | 1.979 |
| | 宁夏 | 3.239 | 9.437 | 1.900 |
| | 西藏 | 1.491 | 3.984 | 1.671 |

表 9-4 数据显示，2000 年区域可达性指数最大的为河南省(5.273)；区域可达性指数最小的为西藏(1.491)；中位数为福建(3.609)。2018 年，区域可达性指数最大的为河南(21.331)；最小的为西藏(3.984)；中位数为山西(13.873)。区域可达性指数越大表明地区可达性越好。按区域可达性指数由大至小排序，2000—2018 年，区域可达性指数排序位次上升的地区有北京、天津、上海、湖北、湖南、浙江、重庆、福建、辽宁、广东、青海、广西、吉林、海南。这些地区可达性水平在全国 31 个省份范围内变得相对更好。排序位次下降的地区有安徽、湖北、江西、江苏、河北、山东、陕西、山西、四川、宁夏、内蒙古、云南。这些地区区域可达性水平在全国 31 个省份范围内变得相对更差。不变的地区为河南、贵州、甘肃。

从变化幅度来看，全国 31 个省份区位条件随着高铁的开通运行均得到优化，2018 年相对于 2000 年而言区域可达性指数变化率的值越大，表明区位优化速度越快。根据区域可达性变化率的大小依次将 31 个省份分为可达性改善程度“高、中、低”三类地区。其中，第一类地区为可达性改善程度较高的地区，包括北京、天津、上海、重庆、青海、河北、湖南、海南、江西、贵州、河南，区域可达性指数变化率区间为 3.011～3.636；第二类地区为可达性改善程度中等的地区，包括福建、浙江、湖北、辽宁、广东、安徽、江苏、广西、陕西、四川，区域可达性指数变化率区间为 2.654～2.993；第三类地区为可达性改善程度较低的地区，包括山东、吉林、甘肃、新疆、山西、内蒙古、云南、黑龙江、宁夏、西藏，区域可达性指数变化率区间为 1.671～2.589。

全国 286 个地级及以上城市中，2000 年可达性指数最低的拉萨市为 1.491，区域可达性指数最高的郑州市为 5.696，极差为 4.205；2018 年区域可达性指数最低的克拉玛依市为 3.626，最高的郑州市区域可达性指数为 26.163，极差为 22.537。其中，最低区域可达性指数从 2000 年的 1.491 提高到 2018 年的 3.626，提高了 143.92%；最高区域可达性指数从 2000 年的 5.696 提高到 2018 年的 26.163，提高了 359.32%；平均区域可达性指数从 2000 年的 3.848 提高到 2018 年的 14.603，提高了 279.50%。从 2000 年到 2018 年区域可达性指数的显著提高，表明我国铁路客运网络的整体可达性得到了全面优化提升。区域可达性指数的提高大幅度提升了各地区的吸引力和空间便捷性，促进了劳动力在空间的加速流动。但对不同的城市而言，受铁路网密度、结构和站点等级的影响，城市之间可达性水平及提升幅度仍然存在较大差距。

从可达性指数变化幅度来看，全国 286 个地级及以上城市的区位条件随着铁路的提速和高铁的开通运行得到优化。区域可达性指数变化率的值越大，表明区位优化速度越快。按照区域可达性指数变化率从大到小排序，排名前十位的为西安市、渭南市、宝鸡市、成都市、石家庄市、长春市、四平市、北京市、洛阳市、哈尔滨市，区域可达性指数变化率区间为 3.630～3.711；排名后 10 位的为牡丹江市、白山市、双鸭山市、赤峰市、绥化市、朝阳市、通化市、抚顺市、辽源市、伊春市，区域可达性指数变化率区间为 1.359～1.373。

总的来说，随着高铁的开通运行，我国铁路客运网络的整体可达性得到大幅优化，同时存在地区之间差距逐渐拉大的问题。我国区域可达性与地区经济发展水平、铁路发展水平等初始条件密切相关，同时，由于交通运输方式和劳动力市场存在空间外溢性，区域可达性与劳动力市场空间格局也会受到地区间空间相关性的影响。

## 第三节　劳动力市场空间格局变化及空间自相关性

### >>一、劳动力市场空间格局平衡性的变化<<

#### (一)劳动力市场容量

唐纳德·博格的推拉理论认为，一般情况下自然条件优越、经济较发达的地区能够提供更多更好的就业机会，吸引劳动力集聚。而劳动力集聚又可以产生积极的集聚效应，使集聚地区获得更优质的条件和持续的经济增长动力，即为“拉力”。反之，自然资源匮乏、经济落后的地区就业机会少，劳动力资源流失，进一步造成地区经济发展滞后，即为“推力”。劳动力的流动受到迁入地和迁出地的经济环境、社会环境、制度环境以及自然环境等多种因素影响①，在迁入地的拉力和迁出地的推力共同作用下实现。我们利用2000—2018年我国286个地级及以上城市的全部从业人员数②，分析随着我国高铁的开通运行劳动力空间格局的变化。将全国286个地级及以上城市按照是否开通高速铁路分为高铁城市（实验组，共204个）和非高铁城市（对照组，共82个；详见图9-14），2000—2018年我国高铁城市与非高铁城市全部从业人员数增长趋势如图9-3所示。

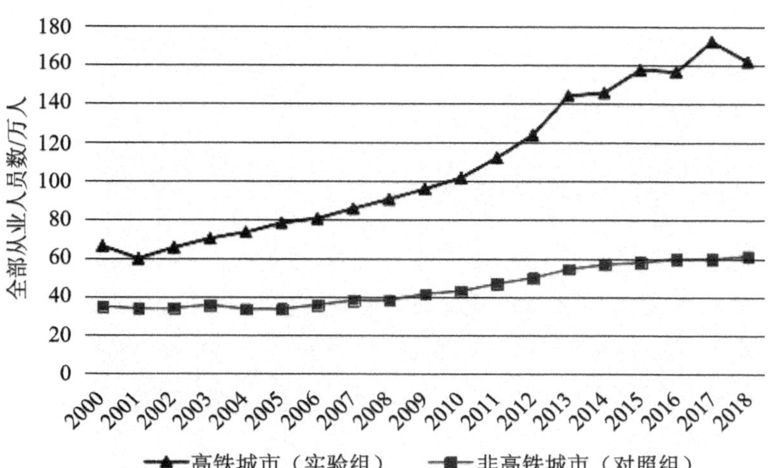


**图9-3　全国286个地级及以上高铁城市与非高铁城市全部从业人员数增长趋势**

如图9-3所示，从时序上看，高铁城市与非高铁城市的全部从业人员数呈现波动上升的趋势，且高铁城市的全部从业人员数始终高于非高铁城市。从全部从业人员数量增长来看，自2008年高速铁路陆续开通运行以来，有高铁的城市全部从业人员数呈现显著增长趋势，非高铁城市增长幅度较小。随着高铁的不断建设与完善，高铁城市间可达性不断提升，高铁的开通运行给高铁开通城市带来巨大的地区吸引力，吸引劳动力聚集，带动了地区经济的增长。

2000年我国尚未开通高速铁路，全部城市从业人员数的均值为58.25万，全部从业人员数排名在前十位的城市分别为上海、北京、湛江、宜春、揭阳、重

---

①　张耀军、岑俏：《中国人口空间流动格局与省际流动影响因素研究》，载《人口研究》，2014(5)；刘晔、王若宇等：《中国高技能劳动力与一般劳动力的空间分布格局及其影响因素》，载《地理研究》，2019(8)。

②　“全部从业人员数”为单位从业人员数与私营和个体从业人员数之和，根据历年《中国城市统计年鉴》数据计算所得。

庆、吉安、肇庆、哈尔滨、天津，其中上海排位第一，为 754.51 万人；全部从业人员数排在后十位的城市包括保山、池州、鹰潭、金昌、固原、崇左、定西、嘉峪关、防城港、丽江，其中排位最后的丽江为 7.42 万人。2008 年是我国高速铁路的首次开通年。在观测的 286 个地级及以上城市中，在这一年共有 10 个城市开通高速铁路，分别为北京、天津、南京、合肥、滁州、池州、济南、青岛、淄博、潍坊，全部从业人员数均值为 248.41 万。2018 年，有 204 个城市开通运行高铁，全部从业人员数均值为 132.78 万。全部从业人员数排名在前十位的城市分别为北京、上海、重庆、深圳、成都、苏州、杭州、东莞、南京、天津。其中，北京 1 569.6 万人。这些城市多为早期就开通运行高铁的城市。2018 年全部从业人员数排在后十位的城市分别为鸡西、丽水、张家界、莱芜、鹤岗、固原、雅安、嘉峪关、铜川、中卫。其中，中卫全部从业人员数 6.23 万人，包括中卫在内的 6 所城市尚未开通运行高铁。

## （二）产业-就业结构偏离系数

产业结构之间的就业分布能够对产业结构的变迁产生影响，同时，劳动力在不同产业间的相互流动能够对产业结构产生影响，二者的协调发展才能促进经济健康发展。高速铁路能够促进产业聚集，形成劳动力就业结构的调整和优化，选取三次产业的结构偏离系数①衡量高铁影响下地区三次产业结构与就业结构的协调程度，计算方法如下所示：

$$D_{ji}=\frac{L_{ji}}{L_i}-\frac{GDP_{ji}}{GDP_i},$$

式中，$D_{ji}$表示 $i$ 地区第 $j$ 次产业的产业-就业结构偏离系数；$L_{ji}$表示 $i$ 地区第 $j$ 次产业就业人数②；$L_i$表示 $i$ 地区劳动力就业总人数；$GDP_{ji}$表示 $i$ 地区第 $j$ 次产业生产总值；$GDP_i$表示 $i$ 地区国内生产总值；$i=1$，2，…，286，分别表示 286 个地级及以上城市；$j=1$，2，3，分别表示三次产业③。根据产业-就业结构偏离系

① 黄洪琳：《中国就业结构与产业结构的偏差及原因探讨》，载《人口与经济》，2008(4)；樊士德、姜德波：《劳动力流动、产业转移与地区协调发展——基于文献研究的视角》，载《产业经济研究》，2014(4)。

② 历年《中国城市统计年鉴》报告的分三次产业从业人员数为“按产业划分的年末城镇单位就业人员(人)”。本文应用历年《中国城市统计年鉴》报告的“按产业划分的年末城镇单位就业人员构成(%)”数据考量劳动力分三次产业就业人数占比。

③ 第一产业包括农、林、牧、渔业；第二产业包括采矿业、制造业、电力、热力、燃气及水生产和供应业、建筑业；第三产业包括农、林、牧、渔专业及辅助性活动，开采专业及辅助性活动，批发和零售业，交通运输、仓储和邮政业，住宿和餐饮业，信息传输、软件和信息技术服务业，金融业，房地产业，租赁和商务服务业，科学研究和技术服务业，水利、环境和公共设施管理业，土地管理业，居民服务、修理和其他服务业，教育、卫生和社会工作，文化、体育和娱乐业，公共管理、社会保障和社会组织。

数定义，$D_{ji}$大于零时，$i$城市$j$产业的就业人数比重大于产业产值比重，表示该产业的劳动生产率较低，该产业中过剩的劳动力需要向其他类型产业转移；当$D_{ji}$等于零时，表示$j$产业就业结构与产业结构处于均衡；当$D_{ji}$小于零时，$j$产业的就业人数比重小于产业产值比重，表示$j$产业劳动生产率相对较高，具备吸取更多劳动力的潜力，可以充分发挥其就业的吸纳能力。

我们统计了2000年和2018年全国286个地级及以上城市分三次产业的产业—就业结构偏离系数。

第一产业中，2000年，286个地级及以上城市当中仅有湛江、赤峰、盘锦等29个城市的偏离系数为正，偏离系数最大的是湛江，为0.370，最小的是克拉玛依，为0.001；其余257个城市的偏离系数均为负，偏离系数最大的是深圳，为—0.003，最小的是菏泽，为—0.487。2018年，286个地级市及以上城市当中仅有盘锦、拉萨、沧州、伊春、黑河、牡丹江、呼伦贝尔、白山、双鸭山、鹤岗、海口、上海这12个城市的偏离系数为正。偏离系数最大的是盘锦，为0.277；最小的是上海，为0.002。北京、深圳、东莞等274个城市的偏离系数为负，偏离系数最大的是北京，为—0.001；最小的是绥化，为—0.277。第二产业中，2000年，伊春、淮北、淮南等119个城市的偏离系数为正。偏离系数最大的是伊春，为0.279；最小的是珠海，为0.001。佳木斯、佛山、大连等166个城市的偏离系数为负，偏离系数最大的是佳木斯，为—0.001；最小的是玉溪，为—0.351。乌海偏离系数为0。2018年，南通、东莞、泰州等140个城市偏离系数为正，偏离系数最大的是南通，为0.365；最小的是黄石，为0.002。昭通、拉萨、吴忠等145个城市为负，偏离系数最大的是黄山，为—0.001；最小的是海口，为—0.511。武汉偏离系数为0。第三产业中，2000年，菏泽、驻马店、商丘等239个城市的偏离系数为正，偏离系数最大的是菏泽，为0.472；最小的是马鞍山，为0.002。攀枝花、珠海、哈尔滨等47个城市的偏离系数为负，最大的是攀枝花，为—0.002；最小的是拉萨，为—0.237。2018年，昭通、乌兰察布、咸宁等217个城市的偏离系数为正，偏离系数最大的是昭通，为0.421；最小的是江门，为0.003。莱芜、鞍山、漳州等69个城市的偏离系数为负，偏离系数最大的是莱芜，为—0.001，最小的是攀枝花，为—0.343。总的来说，2000—2018年，全国286个城市中第一产业的偏离系数大部分为负；第二产业偏离系数为正和为负的城市数量各占一半；第三产业目前虽然偏离系数为正的占绝大多数，但偏离系数为负的城市数量有所增长，生产率不断提高，吸纳劳动力的潜力增强。

## >>二、劳动力市场空间格局的空间自相关性<<

空间自相关性是指一些变量在同一个分布区内的观测数据之间潜在的相互依

赖性，是检验某一现象与其相邻空间单元的显现是否相关联的指标。全局相关性分析是对研究对象在整个区域空间分布情况下的总体描述，一般用全局莫兰指数(Moran's $I$)来衡量。全局莫兰指数计算如下所示。

$$I=\frac{n\sum_{i=1}^{n}\sum_{j=1}^{n}w_{ij}(x_i-\bar{x})(x_j-\bar{x})}{\sum_{i=1}^{n}\sum_{j=1}^{n}w_{ij}\sum_{i=1}^{n}(x_i-\bar{x})^2},$$

式中，$w_{ij}$为相邻空间权重，$w_{ij}$等于 1 表示区域 $i$ 和 $j$ 相邻，$w_{ij}$等于 0 表示区域 $i$ 和 $j$ 不相邻；$n$ 是研究对象的总数，为 286；$\bar{x}=\frac{1}{n}\sum_{i=1}^{n}x_i$。

全局 Moran's $I$ 的取值范围为$[-1, 1]$。当 $I>0$ 表示具有相同属性的区域聚集在一起，即正相关；当 $I<0$ 表示具有相异属性的区域聚集在一起，即负相关；当 $I=0$ 时，表明不存在空间自相关的关系，样本属性是随机分布的。

局域空间相关性分析是对研究对象在局部区域的空间分布情况的描述，用于检测局部地区是否有相似或相异的观测值聚集，通常用局部莫兰指数来衡量。局部莫兰指数的计算如下所示：

$$I_i=\frac{(x_i-\bar{x})}{S^2}-\sum_{i\neq j}w_{ij}(x_j-\bar{x})。$$

当 $I$ 大于 0 时，表示高值属性的区域被高值所包围，即“高—高聚集”；或者低值属性的区域被低值所包围，即“低—低聚集”。当 $I$ 小于 0 时，表示低值属性的区域被高值所包围，即“低—高聚集”；或者高值属性的区域被低值所包围，即“高—低聚集”。根据定义，莫兰散点图的 4 个象限分别对应于空间单元与相邻单元之间的 4 种局部空间联系形式：第一、三象限表示高、低观测值单元被同是高、低观测值单元所包围的空间联系形式，为相似值的聚集；第二、四象限表示低、高观测值单元被高、低观测值单元所包围的不同观测值的空间联系形式，为空间异常。

2000—2018 年，我国区域可达性变化率与劳动力市场空间格局容量变化的莫兰散点图分别如图 9-4、图 9-5、图 9-6、图 9-7 所示。

图 9-4 显示，拟合线斜率为正，大多数散点分布在第一、三象限。我国区域可达性变化率和新增从业人员①呈现高—高或低—低的空间聚集状态，表明区域可达性改善程度较高的地区，其空间地理相邻地区新增从业人员也较多；区域可达性改善程度较低的地区，其空间地理相邻地区新增从业人员也较少。

① 此处旨在应用莫兰散点图分析全国 286 个地级及以上城市区域可达性变化值与全部从业人员变化值的空间相关关系，故应用“新增从业人员”变量衡量全国劳动力市场空间格局的容量变化，区别于全文应用“全部从业人员数”变量衡量全国劳动力市场空间格局的容量。

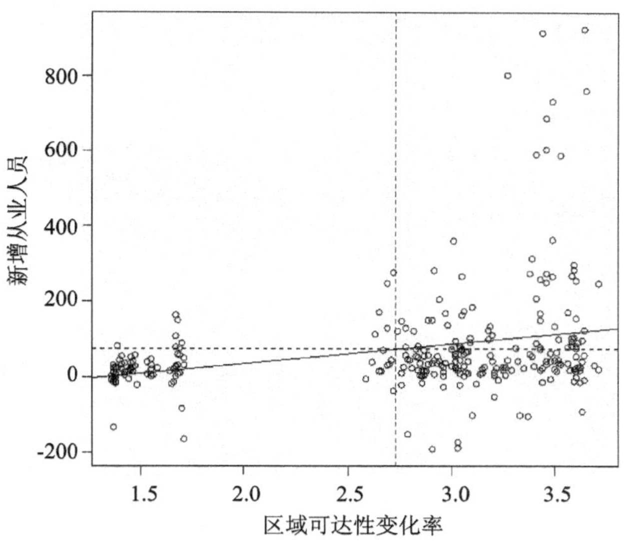


**图 9-4　2000—2018 年全国 286 个地级及以上城市区域可达性变化率与新增从业人员的莫兰散点图**

具体分布为：北京、深圳、重庆、成都、苏州、东莞、上海、杭州、南京、厦门、无锡、南通、佛山、金华、郑州、昆明、西安、福州、武汉、赣州、绍兴、南昌、徐州、长春、南宁、莆田、十堰、驻马店等为高—高关联地区，表示区域可达性高的地区被新增从业人员数多的地区包围，大部分地区属于新增从业人员数为“高”的一类地区。平顶山、泸州、赤峰、河源、吉安、鸡西、铜川、崇明、丽水、黄冈等为低—低关联地区，表示区域可达性改善程度低的地区被新增就业人数少的地区包围，大部分地区属于新增从业人员数“低”的一类地区。泉州、台州、荆州、临沂、盐城、淮安、周口等为低—高关联地区，表示区域可达性改善程度低的城市被新增就业人数多的城市包围。佳木斯、石家庄、渭南、娄底、大庆、中卫、宜春、抚州、哈尔滨、汕头、揭阳、肇庆等为高—低关联地区，表示区域可达性改善程度高的地区被新增就业人数少的地区包围。空间自相关性能够在一定程度上解释地区区域可达性改善程度对周边地区新增就业人员影响的差异，即地区新增就业人员除了受到地区经济发展水平、交通发展水平等因素影响外，也受到地理区位的影响。一个地区的区域可达性水平发展较高、区域可达性改善程度较高，能够带动相邻地区新增就业人员数的增加。

如图 9-5 显示，拟合线基本保持水平，散点分布较为分散，表明我国区域可达性变化率与第一产业就业结构偏离系数变化不存在显著的空间自相关关系。由于第一产业为本地劳动力市场，一个地区的区域可达性改善程度，对空间地理相邻地区的第一产业就业结构偏离系数的影响不明显。

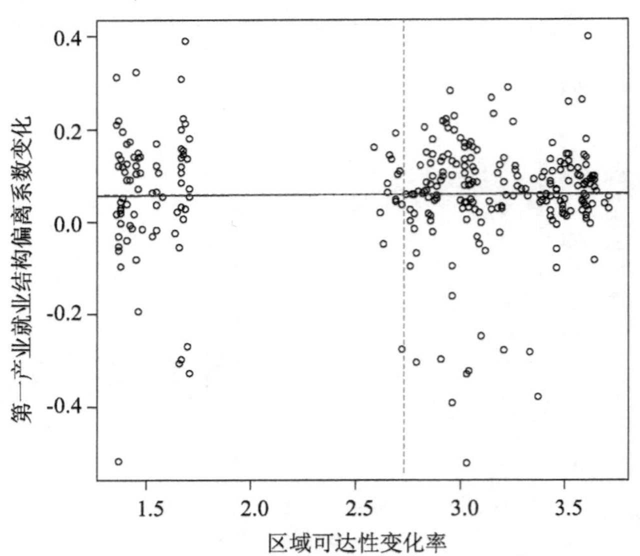


**图 9-5　2000—2018 年全国 286 个地级及以上城市区域可达性变化率与第一产业就业结构偏离系数变化的莫兰散点图**

具体分布为：沧州、钦州、遵义、商丘、苏州、百色、定西、广元、资阳、衡阳、开封、玉林、遂宁、邵阳、鹤壁、安阳、呼和浩特、贺州、云浮、张掖、鄂尔多斯、潮州、永州、扬州、酒泉、唐山等为高—高关联地区，表示区域可达性高的地区被第一产业就业结构偏离系数变化程度高的地区包围，大部分地区属于第一产业就业结构偏离系数变化程度为“高”的一类地区。黄冈、白银、张家口、攀枝花、铜川、荆门、承德、乌海、昭通、阜新、临沧、河源、石嘴山、银川、吉安等为低—低关联地区，表示区域可达性改善程度低的地区被第一产业就业结构偏离系数变化程度低的地区包围，大部分地区属于第一产业就业结构偏离系数变化程度为“低”的一类地区。巴中、伊春、辽源、亳州、安康、商洛、牡丹江、张家界、平顶山、菏泽、拉萨等为低—高关联地区，表示区域可达性改善程度低的城市被第一产业就业结构偏离系数变化程度高的城市包围。兰州、南宁、武汉、岳阳、北京、铜陵、黄石、葫芦岛、玉溪、大庆、益阳、嘉峪关、三亚、上海、宜春、汕头、揭阳、肇庆、北海、抚州、湛江等为高—低关联地区，表示区域可达性改善程度高的地区被第一产业就业结构偏离系数变化程度低的地区包围。总的来说，地区的区域可达性改善，未对相邻地区第一产业就业结构偏离系数产生显著影响。

如图 9-6 显示，拟合线斜率为正，大多数散点分布在第一、三象限，表明我国区域可达性变化率与第二产业就业结构偏离系数变化为正的全局空间自相关关系。地区区域可达性变化率和第二产业就业结构偏离系数变化呈现—高或低—低的空间聚集状态，表明区域可达性改善程度较高的地区，空间地理相邻地区第二产业就业结构偏离系数变化程度也较高；区域可达性改善程度较低的地区，其空间地理相邻地区第二产业就业结构偏离系数变化程度也比较低。

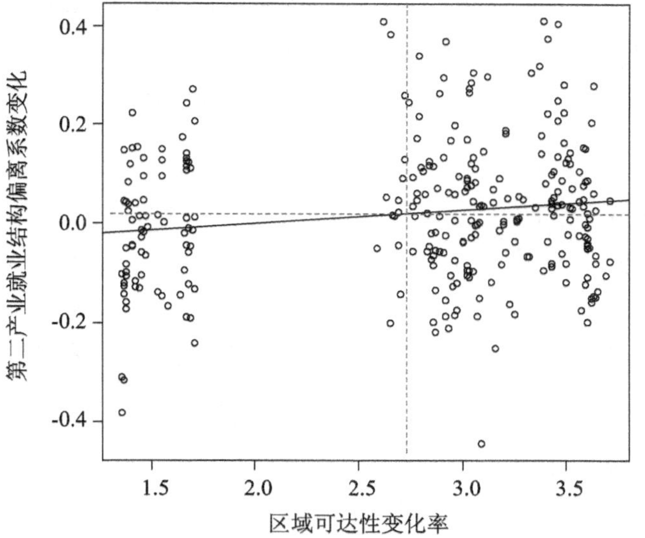


**图 9-6　2000—2018 年全国 286 个地级及以上城市可达性变化率与第二产业就业结构偏离系数变化的莫兰散点图**

具体分布为：金华、东莞、南通、玉溪、抚州、湖州、泰州、大庆、清远、扬州、廊坊、合肥、汕头、嘉峪关、张掖、嘉兴、盘锦、常德、宜春、呼和浩特、常州、莆田、烟台、洛阳、西安等为高—高关联地区，表示区域可达性高的地区被第二产业就业结构偏离系数变化程度高的地区包围，大部分地区属于第二产业就业结构偏离系数变化为“高”的一类地区。伊春、淮北、安康、阜阳、白银、乌海、丽江、六盘水、呼伦贝尔、菏泽、安康、平顶山、泸州、焦作、黑河、石嘴山等为低—低关联地区，表示区域可达性改善程度低的地区被第二产业就业结构偏离系数变化程度低的地区包围，大部分地区属于第二产业就业结构偏离系数变化为“低”的一类地区。黄冈、台州、河源、滨州、宿迁、吉安、大同、赤峰、陇南、濮阳、普洱、连云港、保山等为低—高关联地区，表示区域可达性改善程度低的城市被第二产业就业结构偏离系数变化程度高的城市包围。咸宁、鹤壁、广元、绵阳、黄石、资阳、枣庄、中卫、乌鲁木齐、齐齐哈尔、吉林、遵义、淮南、三明、贵港、石家庄、渭南、宝鸡、辽阳、安顺等为高—低关联地区，表示区域可达性改善程度高的地区被第二产业就业结构偏离系数变化程度低的地区包围。总的来说，地区的区域可达性改善，能够提升其相邻地区第二产业就业结构偏离系数。

如图 9-7 显示，拟合线斜率为负，大多数散点分布在第二、四象限，表明我国区域可达性变化率与第三产业就业结构偏离系数变化为负的全局空间自相关关系。地区区域可达性变化率和第三产业就业结构偏离系数变化呈现低—高或高—低的空间聚集状态，表明区域可达性改善程度较低的地区，空间地理相邻地区第三产业就业结构偏离系数变化程度较高；区域可达性改善程度较高的地区，空间地理相邻地区第三产业就业结构偏离系数变化程度较低。

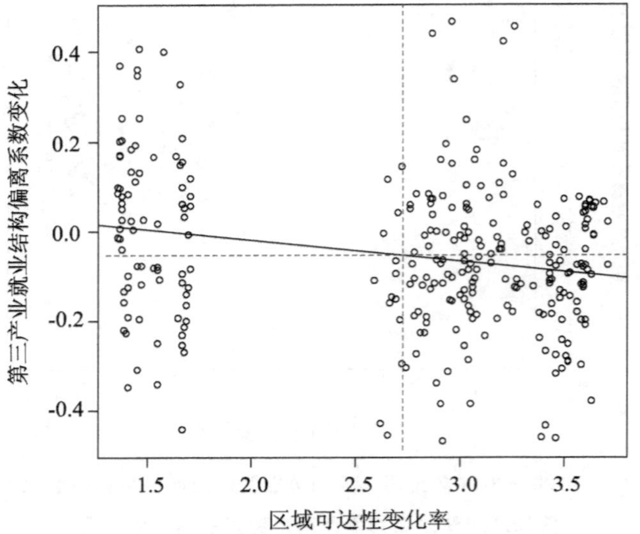


**图 9-7　2000—2018 年全国 286 个地级及以上城市可达性变化率与第三产业就业结构偏离系数变化的莫兰散点图**

具体分布为：河池、崇左、赤峰、昭通、石嘴山、阜新、普洱、拉萨、庆阳、呼伦贝尔、张家口、临沧、吉安、承德、六盘水、黑河、商洛、铜川、牡丹江、河源、鸡西、辽源、乌海、吕梁、自贡、安康等为低—高关联地区，表示区域可达性改善程度低的城市被第三产业就业结构偏离系数变化程度高的城市包围，大部分地区属于第三产业就业结构偏离系数变化为“高”的一类地区。金华、南通、东莞、西安、青岛、衡水、云浮、随州、潍坊、淄博、德州、孝感、新乡、襄阳、遵义、徐州、延安、常德、呼和浩特、安阳、合肥、扬州、泰州、潮州、廊坊、绍兴等为高—低关联地区，表示区可达性改善程度高的地区被第三产业就业结构偏离系数变化程度低的地区包围，大部分地区属于第三产业就业结构偏离系数变化为“低”的一类地区。北海、贺州、乌兰察布、中卫、百色、湛江、来宾、三亚、葫芦岛、张掖、咸宁、铜陵、揭阳、安顺、齐齐哈尔、酒泉、抚州、新余、防城港、广元、营口、鄂尔多斯、雅安、晋中、武汉、石家庄等为高—高关联地区，表示区域可达性高的地区被第三产业就业结构偏离系数变化程度高的地区包围。泸州、平顶山、通辽、南阳、金昌、阜阳、亳州、淮安、盐城、巴中、滨州、攀枝花、宿迁、保山、朔州、丽水等为低—低关联地区，表示区域可达性改善程度低的地区被第三产业就业结构偏离系数变化程度低的地区包围。总的来说，地区区域可达性改善能够降低空间地理相邻地区的第三产业就业结构偏离系数。

## 第四节　高铁对劳动力市场空间格局影响的实证研究

为进一步研究高铁建设对劳动力市场空间格局影响的净效应，本章基于自然选择实验，应用倾向得分匹配倍差法进行因果推断，研究 2000—2018 年我国高铁飞速发展前后，交通改善对劳动力市场空间格局的净影响。

### >>一、模型与变量<<

为研究高速铁路对劳动力市场空间格局的净影响，不仅要考虑高铁开通运行前后劳动力市场空间格局平衡性随时间自然变化而形成的“时间效应”，还要控制高铁开通运行在不同地区间引起的差异这一“政策处理效应”。自然实验评估法能够同时控制政策处理效应和时间效应，在解决因果识别和变量遗漏产生的内生性问题方面具有显著优势。图 9-8 显示，自 2008 年我国正式开通运行高铁以来，首次开通运行高铁的城市数量显著增长。截至 2018 年年底，全国 286 个地级及以上城市中已有 204 个城市陆续首次开通运行了高铁，占我国全部城市的 71.33%。高铁的开通运行为我们提供了一个“准自然实验”。

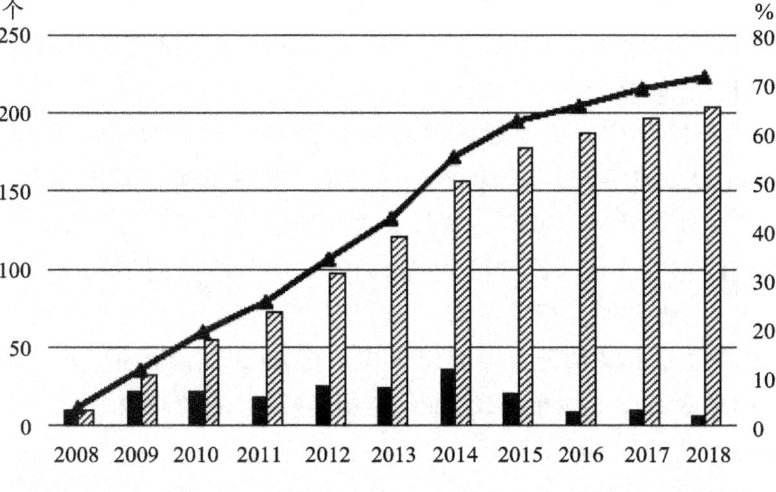


图 9-8　2008—2018 年全国 286 个地级及以上城市首次开通运行高铁情况

同时，高铁对区域劳动力市场的影响存在相互因果识别问题——某地区是否规划或修建高铁并非完全是外生的，即高速铁路站点和线路的选择并非随机。经济发展水平较高、地理位置更重要、地方政府可能更具话语权，或某种区域性功能更强大的地区更有可能设置高速铁路站点和修建高速铁路线路。为避免样本选择性偏差，本报告应用倾向得分匹配法对某城市是否开通运行高铁的自选择效应进行控制。即采用核匹配法(Kernel Matching)确定权重，施加"共同支持"(Common Support)条件，利用人口密度、人均地区生产总值、政府规模、人力资本水平、医疗卫生服水平、资源环境 6 个配对指标，通过 Probit 模型得到某城市开通运行高铁的概率值，为已开通运行高铁的城市匹配可供比较的无高铁配对城市。在此基础上，通过倾向得分匹配倍差法(PSM-DID)评估高铁开通运行对劳动力市场空间格局影响的净效应。

具体模型设定如下所示：

$$Labor_{i,t} = \alpha_0 + \alpha_1 * did_{i,t} + \gamma x_{i,t} + \eta_t + \mu_i + \varepsilon_{i,t},$$

其中，$Labor_{i,t}$为被解释变量，表示第 $i$ 个城市第 $t$ 年的劳动力市场空间格局变量，包括劳动力市场空间容量、劳动力市场空间结构两个维度，分别为全部从业人员数、分三次产业就业结构偏离系数指标。$did_{i,t}$为实验期高铁的虚拟变量，$\alpha_1$为本报告关注的高铁净效应。$x_{i,t}$为一组控制变量，包括：①人口分布和聚集程度，用人口密度测度；②经济发展水平，用人均地区生产总值测度；③政府规模，用政府一般公共预算支出与地区生产总值的比值测度；④人力资本水平，用每万人在校大学生数测度；⑤医疗卫生服务水平，用医疗卫生机构每千人床位数测度；⑥资源环境，用人均园林绿地面积测度。$\eta_t$为时间固定效应；$\mu_i$为城市的个体固定效应；$\varepsilon_{i,t}$为不可观测因素。其中，$\alpha_1$是核心估计参数，表示高铁政策对城市劳动力市场空间格局影响的净效应。

将 2000—2018 年中开通运行高铁的 204 个城市设为实验组，高铁政策虚拟变量赋值为 1；无高铁的 82 个城市设为对照组，高铁政策虚拟变量赋值为 0。同时，由于 204 个地级及以上城市高铁的首次开通运行并非于同一年，考虑到高铁开通运行时间的先后差异，针对每个城市将开通运行高铁当年及以后的时间虚拟变量赋值为 1，高铁开通运行前的时间虚拟变量赋值为 0。获得高铁政策的虚拟变量 $did$，利用变量 $did$ 构造双向固定效应的多期 DID 模型①，来检验高铁的开通运行对全国地级及以上城市劳动力市场空间格局影响的净效应。

样本描述性统计如表 9-5 所示：

---

① 袁航、朱承亮：《国家高新区推动了中国产业结构转型升级吗》，载《中国工业经济》，2018(8)。

表 9-5　样本描述性统计

| 变量 | 实验组 | | | 对照组 | | |
|---|---|---|---|---|---|---|
| | 样本量 | 均值 | 标准差 | 样本量 | 均值 | 标准差 |
| 全部从业人员数 | 3 868 | 106.98 | 150.59 | 1 537 | 44.12 | 31.58 |
| 第一产业就业结构偏离系数 | 3 876 | −10.85 | 8.93 | 1 558 | −11.04 | 11.29 |
| 第二产业就业结构偏离系数 | 3 876 | −2.9 | 11.4 | 1 558 | −6 | 11.62 |
| 第三产业就业结构偏离系数 | 3 876 | 12.87 | 67.86 | 1 558 | 16.95 | 14.68 |
| 人口密度 | 3 858 | 489.56 | 383.87 | 1511 | 265.8 | 245.49 |
| 人均国内生产总值 | 3 850 | 33 395.32 | 32 916.09 | 1 510 | 23 970.52 | 24 511.27 |
| 政府规模 | 3 851 | 0.15 | 0.15 | 1 512 | 0.23 | 0.31 |
| 每万人在校大学生数 | 3 733 | 184.31 | 359.44 | 1 429 | 75.91 | 91.9 |
| 每千人医疗卫生机构床位数 | 3 845 | 3.67 | 1.85 | 1 508 | 3.41 | 1.58 |
| 人均绿地面积 | 3 842 | 39.86 | 61.37 | 1511 | 31.5 | 41.53 |

# >>二、实证结果与分析<<

## (一)基准回归 PSM-DID 检验

共同趋势或平行趋势(Common Trend)假设是双重差分法有效的前提条件，要求剔除高铁外的宏观环境、政策变化等因素干扰。对照组能够作为实验组合适的“反事实”(counterfactual)，即高铁开通运行前，处理组和对照组具备平行趋势。得分倾向匹配后，实验组与对照组全部从业人员数均值的平行趋势图①(见图 9-9)，验证了本研究实验组与对照组城市在高铁开通运行(2008 年)前的平行趋势。

高铁对城市劳动力市场空间格局影响的净效应 PSM-DID 检验结果如表 9-6 所示。

① 以全部从业人员数均值的平行趋势图为例，分三次产业就业结构偏离系数平行趋势图在此省略。

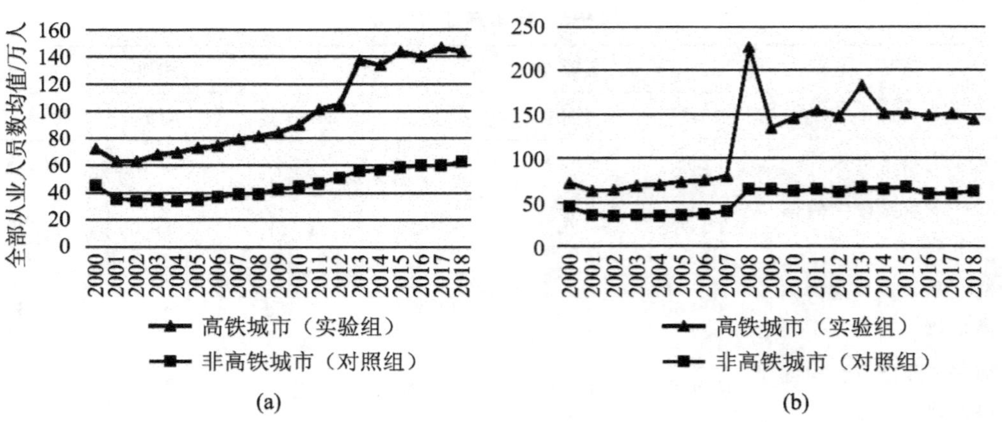


**图 9-9　得分倾向匹配后实验组与对照组全部从业人员数均值的平行趋势图**

说明：(a)将 2000—2018 年 286 个地级及以上城市按照 2008 年起有无高铁划分为实验组和对照组；(b)将 2000—2018 年 286 个地级及以上城市从 2008 年起按照高铁开通的不同时间逐年划分为实验组和对照组。

**表 9-6　2000—2018 年全国 286 个地级及以上城市高铁对劳动力市场空间格局影响的 PSM-DID**

| 变量 | 全部从业人员 | 第一产业就业结构偏离系数 | 第二产业就业结构偏离系数 | 第三产业就业结构偏离系数 |
|---|---|---|---|---|
| 高铁净效应 | 29.576*** | 0.437 | 2.799*** | −6.116** |
| | (5.122) | (0.411) | (0.832) | (2.966) |
| 控制变量 | 是 | 是 | 是 | 是 |
| 时间效应 | Yes | Yes | Yes | Yes |
| 地区效应 | Yes | Yes | Yes | Yes |
| *cons* | −29.490 | −15.782*** | −6.430*** | 23.360*** |
| | (29.206) | (0.897) | (1.727) | (2.577) |
| $N$ | 4 938 | 4 938 | 4 938 | 4 938 |
| $R^2$ | 0.341 | 0.294 | 0.153 | 0.014 |

注：①括号中为 t 值；②＊、＊＊、＊＊＊分别表示在 10%、5%和 1%显著性水平下显著；③采用以地区为聚类变量的聚类稳健标准误。

表 9-6 显示，相较于未开通运行高铁的城市，高铁的开通运行对有高铁城市劳动力市场空间格局产生了显著影响。其中，高铁的开通运行显著增加了地区劳动力市场的从业人员数。高铁的时空收缩效应为人口迁移和劳动力流动提供了巨大支撑，高铁开通运行的城市区域可达性得到显著改善，吸引了更多人员就业。分产业看，高铁的开通运行未对第一产业就业结构偏离系数产生显著性影响；显著增大了第二产业就业结构偏离程度，第二产业就业结构偏离系数为正，表明从业人员过剩；显著降低了第三产业就业结构偏离程度，第三产业就业结构偏离系

数为负，表明第三产业具备吸纳更多劳动力的能力。研究表明，高铁开通运行能促进各城市第二产业饱和劳动力向第三产业转移，有助于产业结构的提升和第三产业发展，推动城市从传统工业转型为以旅游、商务等为主的服务业发展，带动区域各产业的协调发展。

## (二)稳健性检验

1. 变换高铁政策时间

在高铁开通运行时间不同的处理上，参照董艳梅等(2016)、Shaw et al. (2014)和张俊(2017)的研究方法[①]，2012 年首次开通运行高铁的城市比重约为 50%，将 2012 年设定为政策实施年份，即 2000—2011 年为非实验期，时间虚拟变量赋值为 0；2012—2018 年为实验期，时间虚拟变量赋值为 1。在实验组和非实验组的处理上，选取 2012 年及以前开通运行高铁的城市作为实验组，高铁虚拟变量赋值为 1；始终未开通运行高铁的城市为对照组，高铁虚拟变量赋值为 0。为排除 2012 年后逐渐开通运行高铁的城市干扰，将这些城市删除。将高铁政策时间设定为 2012 年，高铁对劳动力市场空间格局影响的 PSM-DID 估计结果如表 9-7 所示。表 9-7 稳健性检验(1)结果显示，高铁开通运行对劳动力市场格局影响的净效应结果与基准回归一致，本研究结论稳健。

2. 反事实检验

高铁开通运行对城市劳动力市场空间格局的影响，可能存在其他相关政策和因素影响。为检验基准模型回归结果的稳健性，对高铁净效应做反事实检验，即考察未实际开通运行高铁时，虚拟变量 *did* 对劳动力市场空间格局的影响。若虚拟变量对劳动力市场空间格局产生了显著性影响，说明政策效果可能得益于其他政策的实施，基准模型所得出的结论可能是不可信的。将高铁开通运行的时间提前至本报告起始时间 2000 年，根据 DID 方法的要求，须同时存在个体的实验期与非实验期，因此删除实际于 2008 年开通运行高铁的 10 个城市。将高铁政策时间设定为 2000 年，高铁对劳动力市场空间格局影响的 PSM-DID 估计结果如表 9-7 所示。表 9-7 稳健性检验(2)显示，高铁开通运行对劳动力市场空间格局各类指标的影响均不显著，证明了本章结论的稳健性。

---

① 董艳梅、朱英明：《高铁建设能否重塑中国的经济格局——基于就业、工资和经济增长的区域异质性视角》，载《中国工业经济》，2016(10)；Shaw, S. L, Z. Fang, and S. Lu., 2014, "Impacts of High-Speed Rail on Railroad Network Accessibility in China", *Journal of Transport Geography*, 40: 112-122；张俊：《高铁建设与县域经济发展——基于卫星灯光数据的研究》，载《经济学(季刊)》，2017(4)。

**表 9-7　2000—2018 年全国 286 个地级及以上城市高铁对劳动力市场空间格局影响的稳健性检验**

| 变量 | 稳健性检验(1)：将 2012 年作为政策年 | | | |
|---|---|---|---|---|
| | 全部从业人员 | 第一产业就业结构偏离系数 | 第二产业就业结构偏离系数 | 第三产业就业结构偏离系数 |
| 高铁净效应 | 50.465***<br>(8.471) | 1.126<br>(0.729) | 2.914**<br>(1.414) | −4.190***<br>(1.503) |
| 控制变量 | 是 | 是 | 是 | 是 |
| 时间效应 | Yes | Yes | Yes | Yes |
| 地区效应 | Yes | Yes | Yes | Yes |
| *cons* | −48.877<br>(33.932) | −17.039***<br>(1.071) | −6.661***<br>(2.007) | 23.801***<br>(2.126) |
| $N$ | 3 040 | 3 040 | 3 040 | 3 040 |
| $R^2$ | 0.434 | 0.319 | 0.150 | 0.283 |
| 变量 | 稳健性检验(2)：将 2000 年作为政策年 | | | |
| | 全部从业人员 | 第一产业就业结构偏离系数 | 第二产业就业结构偏离系数 | 第三产业就业结构偏离系数 |
| 高铁净效应 | 0.351<br>(4.240) | 0.245<br>(0.523) | −0.084<br>(0.880) | −1.346<br>(1.517) |
| 控制变量 | 是 | 是 | 是 | 是 |
| 时间效应 | Yes | Yes | Yes | Yes |
| 地区效应 | Yes | Yes | Yes | Yes |
| *cons* | −32.728<br>(31.546) | −16.257***<br>(0.915) | −6.646***<br>(1.796) | 24.627***<br>(3.038) |
| $N$ | 4 793 | 4 793 | 4 793 | 4 793 |
| $R^2$ | 0.316 | 0.295 | 0.143 | 0.013 |

注：①括号中为 $t$ 值；②*、**、***分别表示在 10%、5%和 1%显著性水平下显著；③采用以地区为聚类变量的聚类稳健标准误。

## (三)动态时间边际效应检验

基准回归平均处理效应无法展示高铁开通运行影响劳动力市场空间格局的时间变动趋势。为进一步检验高铁政策对劳动力市场空间格局的动态边际影响，在基准回归模型中引入时间虚拟变量，did2009、did2010、did2011、did2012、did2013、did2014、did2015、did2016、did2017 和 did2018 分别为本章关注的分时期的实验期高铁政策虚拟变量，检验结果如表 9-8 所示。

**表 9-8　2000—2018 年全国 286 个地级及以上城市高铁对劳动力市场空间格局影响动态边际效应**

| 变量 | 全部从业人员 | 第一产业就业结构偏离系数 | 第二产业就业结构偏离系数 | 第三产业就业结构偏离系数 |
|---|---|---|---|---|
| did2009 | 2.750<br>(10.208) | −0.408<br>(0.898) | 3.187**<br>(1.464) | −4.430<br>(11.962) |
| did2010 | 9.871<br>(8.442) | −0.829<br>(0.743) | 4.573***<br>(1.211) | −5.603<br>(9.892) |
| did2011 | 19.350**<br>(7.558) | −0.111<br>(0.665) | 4.475***<br>(1.084) | −6.425<br>(8.856) |
| did2012 | 19.380***<br>(6.791) | 0.069<br>(0.597) | 4.252***<br>(0.974) | −6.170<br>(7.957) |
| did2013 | 44.710***<br>(6.980) | 0.552<br>(0.614) | 1.800*<br>(1.001) | −0.452<br>(8.179) |
| did2014 | 32.584***<br>(6.379) | 0.613<br>(0.561) | 2.270**<br>(0.915) | −2.460<br>(7.475) |
| did2015 | 38.343***<br>(6.653) | 0.878<br>(0.585) | 0.629<br>(0.954) | −1.757<br>(7.796) |
| did2016 | 39.493***<br>(6.720) | 1.104*<br>(0.591) | 2.379**<br>(0.964) | −4.157<br>(7.874) |
| did2017 | 43.003***<br>(7.099) | 0.507<br>(0.624) | 2.496**<br>(1.018) | −4.427<br>(8.319) |
| did2018 | 32.148***<br>(7.053) | 0.646<br>(0.620) | 3.607***<br>(1.012) | −26.475***<br>(8.265) |
| 控制变量 | 是 | 是 | 是 | 是 |
| 地区效应 | Yes | Yes | Yes | Yes |
| *cons* | −32.576***<br>(5.982) | −15.781***<br>(0.526) | −7.812***<br>(0.858) | 24.364***<br>(7.010) |
| $N$ | 4 960 | 4 960 | 4 960 | 4 960 |
| $R^2$ | 0.335 | 0.266 | 0.141 | 0.015 |

注：①括号中为 $t$ 值；②*、**、*** 分别表示在 10%、5%和 1%显著性水平下显著；③采用以地区为聚类变量的聚类稳健标准误。

表 9-8 结果显示，自 2008 年各城市逐年开通运行高铁后，高铁政策实施的第 3 年起，高铁开通运行对劳动力市场从业人员数产生显著正向影响，在高铁政策实施第 5 年正向影响效应达到最大值。分产业看，第一产业就业结构偏离系数从高铁政策实施后的第 4 年由负转正，但不显著；高铁政策实施后第一年，高铁开通运行对第二产业就业结构偏离系数产生显著正影响；高铁政策实施后，高铁开通运行对第三产业就业结构偏离系数产生负影响，第 10 年变得显著。总的来说，高铁开通运行对于劳动力市场从业人员数和第二产业就业结构偏离程度产生迅速且

显著的影响，而对第三产业就业结构偏离程度的正向影响具备较长时期的滞后性。

## 第五节　高铁对东中西部劳动力空间格局影响的异质性研究

### >>一、东中西部交通改善情况比较<<

将 286 个地级市及以上城市按照东部、中部、西部三大区域划分。利用各城市区域可达性指数及区域可达性变化率求取求均值，得到表 9-9 中的 2000 年、2018 年东中西部城市区域可达性指数和区域可达性变化率。

**表 9-9　2000 年和 2018 年东中西部平均区域可达性指数及区域可达性变化率**

| 地区 | 2000 年区域可达性指数 | 2018 年区域可达性指数 | 绝对提升幅度 | 区域可达性变化率 |
|---|---|---|---|---|
| 东部 | 3.903 | 15.308 | 11.406 | 2.90 |
| 中部 | 4.318 | 16.544 | 12.226 | 2.74 |
| 西部 | 3.208 | 11.427 | 8.219 | 2.52 |

表 9-9 数据显示，2000 年、2018 年区域可达性指数最大的均为中部地区，分别为 4.318、16.544；最小的西部地区区域可达性指数分别为 3.208、11.427。从绝对提升幅度和区域可达性变化率来看，2000 年、2018 年按东中西部划分的平均区域可达性指数的绝对提升幅度和区或可达性变化率也很显著，且存在一定差异。从绝对提升幅度来看，中部地区最大，为 12.226；东部次之，为 11.406；西部最小，为 8.219。从区域可达性变化率来看，按照区域可达性变化率由大至小排序，分别为东部、中部、西部，区域可达性变化率依次为 2.90、2.74、2.52。从 2000 年到 2018 年这个较长时间跨度分地区来看，经济发达地区区域可达性绝对提升幅度较大，位于铁路网络边缘或终端可达性较差地区的区域可达性提升幅度相对缓慢。

### >>二、东中西部劳动力市场空间格局比较<<

#### (一)劳动力市场容量

2000 年、2018 年东中西部高速铁路开通城市数量、区域可达性均值、全部从业人员数及其占全国从业人员数的比重如表 9-10 所示。

**表 9-10　2000 年、2018 年东中西部开通高铁城市数量、全部从业人员数及占全国比重**

| 地区 | 2000 年 | | | | 2018 年 | | | |
|---|---|---|---|---|---|---|---|---|
| | 高铁城市数（个） | 区域可达性均值 | 全部从业人员（万人） | 全部从业人员占全国比重（%） | 高铁城市数（个） | 区域可达性均值 | 全部从业人员（万人） | 全部从业人员占全国比重（%） |
| 东部 | 0 | 3.903 | 8 139.09 | 48.86 | 82 | 15.308 | 20 224.74 | 53.26 |
| 中部 | 0 | 4.318 | 5 423.07 | 32.55 | 72 | 16.544 | 10 067.06 | 26.51 |
| 西部 | 0 | 3.208 | 3 097.40 | 18.59 | 50 | 11.427 | 7 682.33 | 20.23 |
| 合计 | 0 | — | 16 659.57 | 100 | 204 | — | 852.14 | 100.00 |

表 9-10 数据显示，2000 年全国尚未开通运营高速铁路，全部从业人员数量由多到少排序，依次为东部、中部、西部，全部从业人员数分别为 8 139.09 万人、5 423.07万人、3 097.40 万人，占全国从业人员比重分别为 48.86%、32.55%、18.59%。2018 年，按照开通高速铁路城市数量由多到少将东中西部排序，依次为东部、中部、西部；全部从业人员数量由多到少排序，依次为东部、中部、西部，分别为 20 224.74 万人、100 677.06 万人、7 682.33 万人，占全国比重分别为 53.26%、26.51%、20.23%。2000 年和 2018 年东中西部全部从业人员数的排名未发生改变，2018 年高速铁路开通数量与从业人员数的排名相同，按照由多到少排序均为东中西的排位，且开通运行高铁更早更多的东部地区从业人数占全国的比例明显提高。由此可知，除各城市经济因素外，高速铁路开通增加了对劳动力的吸引力，带动了全部从业人员数量的增加。

## (二)产业-就业结构偏离系数

2000 年和 2018 年全国东中西部分三次产业的产业-就业结构偏离系数及区域可达性如表 9-11、表 9-12、表 9-13 及图 9-10、图 9-11、图 9-12 所示。

**表 9-11　2000 年和 2018 年东中西部第一产业-就业结构偏离系数及区域可达性**

| 地区 | 2000 年 | | 2018 年 | |
|---|---|---|---|---|
| | 第一产业-就业结构偏离系数均值 | 区域可达性均值 | 第一产业-就业结构偏离系数均值 | 区域可达性均值 |
| 东部 | －0.112 | 3.903 | －0.068 | 15.308 |
| 中部 | －0.145 | 4.318 | －0.080 | 16.544 |
| 西部 | －0.176 | 3.208 | －0.107 | 11.427 |

表 9-11 的数据显示，2000 年，东中西部的第一产业-就业结构偏离系数均为负数。偏离系数最大的是东部，为－0.112；最小的是西部，为－0.176。2018

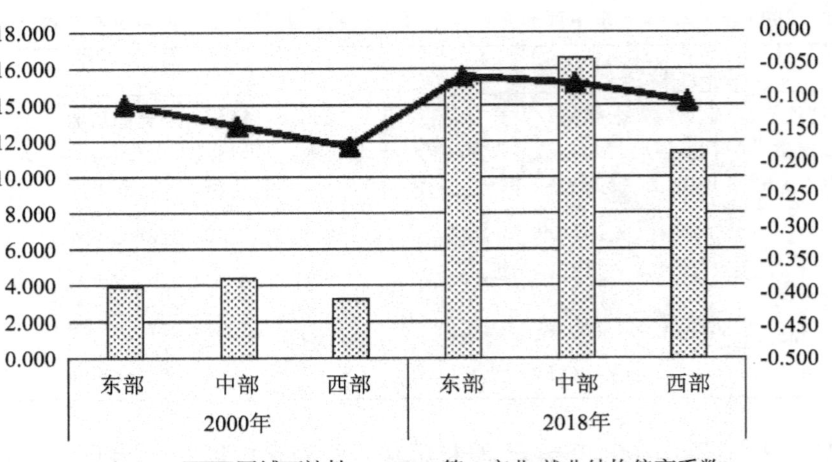


图 9-10　2000 年和 2018 年东中西部第一产业-就业结构偏离系数及区域可达性

年，东、中、西部的第一产业-就业结构偏离系数均值相比于 2000 年有所提高，但仍为负数。偏离系数最大的仍是东部地区，为－0.068；最小的仍然是西部地区，为－0.107。

表 9-12　2000 年和 2018 年东中西部第二产业-就业结构偏离系数及区域可达性

| 地区 | 2000 年 | | 2018 年 | |
|---|---|---|---|---|
| | 第二产业-就业结构偏离系数均值 | 区域可达性均值 | 第二产业-就业结构偏离系数均值 | 区域可达性均值 |
| 东部 | －0.025 | 3.903 | 0.039 | 15.308 |
| 中部 | －0.015 | 4.318 | －0.010 | 16.544 |
| 西部 | －0.051 | 3.208 | －0.067 | 11.427 |

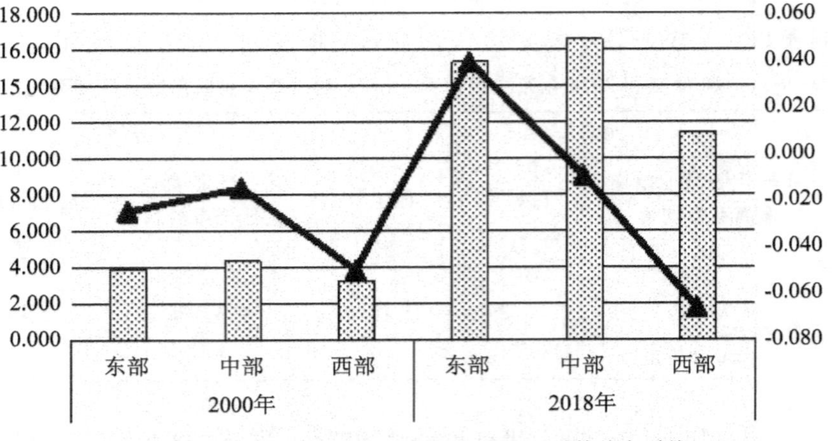


图 9-11　2000 年和 2018 年东中西部第二产业-就业结构偏离系数及区域可达性

表 9-12 数据显示，2000 年，东中西部的第二产业-就业结构偏离系数均值均为负数，偏离系数最大的中部为－0.015，最小的西部为－0.051。2018 年，东部地区第二产业-就业结构偏离系数均值变成正数，为 0.039；中部和西部仍为负，分别为－0.010、－0.067。这说明，我国第二产业在中部、西部地区吸纳劳动力的潜力较高，东部地区第二产业劳动力数量趋于饱和。

**表 9-13　2000 年和 2018 年东中西部第三产业-就业结构偏离系数及区域可达性**

| 地区 | 2000 年 | | 2018 年 | |
|---|---|---|---|---|
| | 第三产业-就业结构偏离系数均值 | 区域可达性均值 | 第三产业-就业结构偏离系数均值 | 区域可达性均值 |
| 东部 | 0.136 | 3.903 | 0.028 | 15.308 |
| 中部 | 0.158 | 4.318 | 0.090 | 16.544 |
| 西部 | 0.136 | 3.208 | 0.165 | 11.427 |

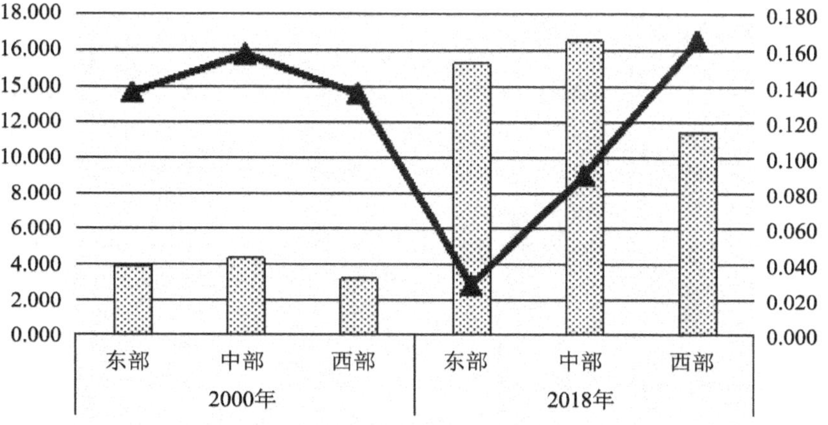


**图 9-12　2000 年和 2018 年东中西部第三产业-就业结构偏离系数及区域可达性**

表 9-13 数据显示，2000 年，东中西部的第三产业-就业结构偏离系数均值均为正，偏离系数均值最大的中部地区为 0.158，最小的东部和西部地区均为 0.136。2018 年，东中西部的第三产业-就业结构偏离系数仍均为正，但绝对值有所下降，按照偏离系数均值由大到小排序，分别是西部、中部、东部，分别为 0.165、0.090、0.028。这说明，第三产业吸纳更多劳动力的潜力正在释放。

## >>三、高铁对东中西部劳动力市场空间格局影响的异质性研究<<

区位条件是影响劳动力市场空间格局平衡性的关键因素。我国东中西部地区长期存在社会经济的不均衡，一般而言，具备优势区位条件的地区往往具有获取要素资源便捷、交易成本较低、人流信息流较密集等地理优势。将 286 个地级及以上城市划分为东部、中部和西部三类地区，研究高铁政策对地区劳动力市场空间格局平衡性的影响的区域异质性，结果如表 9-14 所示。

**表 9-14　2000—2018 年全国 286 个地级及以上城市分东中西部的高铁净效应 PSM-DID 结果**

| 区域 | 变量 | 全部从业人员 | 第一产业就业结构偏离系数 | 第二产业就业结构偏离系数 | 第三产业就业结构偏离系数 |
|---|---|---|---|---|---|
| 东部 | 高铁净效应 | 24.197*** | −0.938 | 2.077 | −10.298 |
| | | (7.392) | (0.672) | (1.358) | (9.043) |
| | *cons* | 9.395 | −15.365*** | −6.164* | 42.881* |
| | | (20.650) | (1.707) | (3.134) | (24.954) |
| | $N$ | 1 548 | 1 548 | 1 548 | 1 548 |
| | $R^2$ | 0.485 | 0.398 | 0.266 | 0.023 |
| 中部 | 高铁净效应 | 16.003*** | 1.379* | 1.789 | −3.239** |
| | | (4.021) | (0.820) | (1.286) | (1.257) |
| | *cons* | 26.445* | −17.423*** | −5.539*** | 23.120*** |
| | | (15.614) | (1.608) | (1.824) | (2.486) |
| | $N$ | 1 820 | 1 820 | 1 820 | 1 820 |
| | $R^2$ | 0.385 | 0.254 | 0.189 | 0.366 |
| 西部 | 高铁净效应 | 29.092 | 1.679** | 0.864 | −2.312 |
| | | (19.105) | (0.671) | (1.577) | (1.551) |
| | *cons* | −35.138 | −26.947*** | −5.400 | 32.321*** |
| | | (62.052) | (3.308) | (6.367) | (5.890) |
| | $N$ | 1 328 | 1 328 | 1 328 | 1 328 |
| | $R^2$ | 0.141 | 0.379 | 0.229 | 0.226 |
| 控制变量 | | 是 | 是 | 是 | 是 |
| 时间效应 | | Yes | Yes | Yes | Yes |
| 地区效应 | | Yes | Yes | Yes | Yes |

注：①括号中为 $t$ 值；②*、**、***分别表示在 10%、5%和 1%显著性水平下显著；③采用以地区为聚类变量的聚类稳健标准误。

表 9-14 结果显示，相较于未开通运行高铁的城市，高铁的开通运行显著增加了我国东部和中部地区从业人员数，其中高铁对东部劳动力市场容量影响的净效应大于对中部劳动力市场容量影响的净效应。可以理解为，高铁开通运行带来的时空收缩效应，极大促进了劳动力向东部地区流动，中部地区次之，西部地区则未形成从业人员数的显著增加。高铁可能会产生一种虹吸效应，大都市比边缘

小城市从高铁发展中获得更大收益。从劳动力市场空间格局的结构来看，对于第一产业就业结构而言，高铁开通运行对中部和西部第一产业就业结构偏离程度产生显著正影响，其中西部地区净效应更大，表明高铁的开通运行能够有效转移中部和西部地区第一产业的剩余劳动力。对于第三产业就业结构而言，高铁开通运行对中部地区第三产业就业结构偏离程度产生显著负影响，表明中部地区第三产业就业未饱和，生产率较高，能够有效吸纳其他产业剩余劳动力转移。

## 第六节　研究结论与政策启示

### >>一、研究结论<<

高铁作为我国城市之间重要的交通基础设施，能够有效改善地理区位，极大地促进城市之间人员流动和商品交易，进一步推动劳动力市场、产业结构和经济协调发展。本报告采用 2000—2018 年全国 286 个地级及以上城市宏观数据，研究了我国以高铁为代表的交通改善与劳动力市场空间格局的关系，主要研究结论如下。

第一，高铁的开通运行提升了城市的区域可达性。全国 286 个地级及以上城市平均可达性指数从 2000 年的 3.848 提高到 2018 年的 14.603，提高了 279.50%。近 19 年全国高速铁路网络的飞速建设，给城市地理区位条件带来巨大改善。

第二，相较于始终未开通运行高铁的城市而言，已开通运行高铁的城市具有更高数量的从业人员和相对更加协调的产业就业结构，特别是，高铁开通运行显著提升了第三产业吸纳劳动力的潜力。

第三，区域可达性变化率与劳动力市场从业人员数存在正的空间自相关性，区域可达性变化率与劳动力市场第一、二、三产业就业结构存在正的空间自相关性。

第四，高铁的开通运行对劳动力市场空间格局平衡性产生显著的净效应，其中，高铁对于劳动力市场从业人员数和第二产业就业结构的影响快速显现，对第三产业的影响存在一定的滞后性。

第五，从区域异质性角度，相较于未开通运行高铁的城市而言，高铁的开通运行显著增加了我国东部和中部地区从业人员数，对中部和西部第一产业就业结构偏离程度产生显著正向影响，对中部地区第三产业就业结构偏离程度产生显著负影响。

## >>二、政策启示<<

### (一)高铁建设促进劳动力流动与就业

在劳动力市场中，劳动力的流动和就业离不开既定的时间和空间范畴，具有一定时空属性。而交通基础设施的发展水平，能够直接影响劳动力就业的空间范围与实效，以及社会劳动分工。高铁带来的时空收缩效应极大地提升了劳动力市场资源配置效率，改变劳动力市场空间格局，使得各地区的地理区位和就业机会发生改变。劳动者不再受限于本地劳动力市场的局限，跨地区生产和经营活动大幅提升。就宏观角度而言，我国地区间城市化和经济发展水平不均衡，不同地区劳动力的就业选择也不均衡。不断推进交通基础设施建设，改善劣势地区的区位条件，能够有效地促进劳动力市场空间格局的平衡性。

### (二)高铁网络建设促进就业结构合理化

从分三次产业的劳动就业结构来看，不同产业吸纳劳动就业能力具有差异，就业结构也不一定与其生产效率相对应。产业就业结构的合理化，是指产业就业结构比例趋向协调，能够促进产业协调、就业持续发展的过程。本研究表明，高铁的开通运行能够为产业就业结构平衡性产生显著性影响，促进劳动就业、资源生产要素的合理配置，促进生产效率提高。我国城市特征多样，产业门类众多，各区域产业结构状况不同。① 各个地方城市应注意发展地方特色，形成区域间的产业互补，形成协同效应，进而推动产业结构升级，促进社会、经济、劳动力市场等关联系统的内在联系和协调发展。

### (三)高铁网络建设促进区域均衡发展

高铁建设能够突破已有的区域边界限制，促进与周边地区交流合作，增强区域竞争力和城市地位。同时，高铁的开通运行不断吸引城市特定功能的集聚，带来产业集群效应，使得其他城市的要素向集群城市聚集，呈现出产业结构和劳动力市场的虹吸效应。然而，没有集群的城市则变得更加缺乏竞争优势。我国西部地区目前仍处于劣势，高铁网络的建设能够促进区域经济活动再分配，提升节点城市的区位优势，改善城乡之间的产业、就业发展不平衡，创建多中心的经济网络格局，改善我国东中西部发展的差异性。要促进城市发展与高铁建设相结合，以交通运输体系为基础，鼓励沿线城市打造高铁综合经济的发展模式。

① 赖德胜：《新经济：就业结构转型升级的新动能》，载《中国劳动保障报》，2018(3)。

# 第十章

# 新基建对劳动力市场空间分布的影响

因国际贸易摩擦和新冠疫情的来袭，中国的外部经济环境严峻，同时国内又面临着人口红利消失和新旧动能转换的问题。2020 年对于国内消费不足、投资乏力、经济下行和产业结构急需变革等一系列问题，国家首次明确新型基础设施建设(新基建)范围，大力推进新基建，转向高质量发展。在新一轮的科技革命中，产业结构升级与“两新一重”建设会为消费者创造新的消费环境，从而引导投资，促进消费升级，形成国内大循环。而国内大循环的良好运转也会促进外部贸易环境改善。投资是拉动经济增长的“三驾马车之一”，中国目前正处于经济和社会转型的重要阶段，由新基建等引起的投资对于促进消费、产业升级、科技发展以及缓解就业压力都有重要作用。本章主要分析新基建对劳动力空间分布的影响，并以成都市为案例分析新基建对于中国不同城市间劳动力空间分布格局的影响。

## 第一节　新基建的内涵

区别于传统基建，新基建主要发力于科技端。传统基建主要是指铁路、公路、桥梁、水利工程等大建筑，而新基建是指立足于科技端的基础设施建设，主要包括 5G 建设、特高压、城市轨道交通、充电桩、大数据中心、人工智能、工业互联网七大领域。2020 年，国家发展改革委将更多的领域纳入新基建，首次明确新基建的范围大概分为三类。一是信息基础设施。其主要是指基于新一代信息技术演化生成的基础设施，比如，以 5G、物联网、工业互联网、卫星互联网为代表的通信网络基础设施，以人工智能、云计算、区块链等为代表的新技术基础设施，以数据中心、智能计算中心为代表的算力基础设施等。二是融合基础设施。其主要是指深度应用互联网、大数据、人工智能等技术，支撑传统基础设施转型升级，进而形成的融合基础设施，如智能交通基础设施、智慧能源基础设施等。三是创新基础设施。其主要是指支撑科学研究、技术开发、产品研制的具有公益属性的基础设施，如重大科技基础设施、科教基础设施、产业技术创新基础设施等。

一直备受关注的新基建在 2020 年正式站上风口，引起社会各界的广泛关注。关于新基建对投资、经济发展、劳动力市场的影响等问题，学术界对此有众多观点。孙早等(2015)利用 31 个省份的 GDP 面板数据分析了基建投资对东中西三个区域的经济增长的影响，发现它们之间呈现“倒 U”形关系，说明只有适度的投资才会发挥更好的效果，否则会产生抑制作用或者产能过剩。① 刘晔等(2019)研究了高技能劳动力与一般劳动力空间分布的决定因素，得出两类劳动力总体布局是高技能劳动力大部分集中在东南地区，而一般劳动力分散在西北地区。② 郭朝先等(2020)围绕新基建的内核——“数字基建”以及新基建的“六新”特征研究了新基建赋能中国经济高质量发展的路径以及要处理好的关系。③ 郭凯明等(2020)研究发现，新基建可能会促进资本对劳动的代替，同时可能会更大幅度提高资本密集型产业的产出，从而促进资本密集型产业对劳动力密集型产业的替代。④ 刘艳红等(2020)在新基建的建设过程中也存在着一些不容忽视的问题，如关键核心技术能力不足，技术路线不确定风险，网络和信息安全、投融资机制等，需要推进“产学研深度融合”。⑤

## 第二节　新基建的空间分布与特征

### >>一、新基建的空间分布<<

新基建发力于高新技术，运用信息化、科技化的手段建设基础设施，其涉及领域非常广泛。但囿于篇幅，本节仅从 5G 建设、大数据中心和工业互联网等信息基础设施角度分析新基建对劳动力市场空间分布的影响。

---

① 孙早、杨光、李康：《基础设施投资促进了经济增长吗——来自东、中、西部的经验证据》，载《经济学家》，2015(8)。

② 刘晔、王若宇、薛德升等：《中国高技能劳动力与一般劳动力的空间分布格局及其影响因素》，载《地理研究》，2019(8)。

③ 郭朝先、王嘉琪、刘浩荣：《“新基建”赋能中国经济高质量发展的路径研究》，载《北京工业大学学报(社会科学版)》，2020(7)。

④ 郭凯明、潘珊、颜色：《新型基础设施投资与产业结构转型升级》，载《中国工业经济》，2020(3)。

⑤ 刘艳红、黄雪涛、石博涵：《中国“新基建”：概念、现状与问题》，载《北京工业大学学报(社会科学版)》，2020(7)。

## (一)5G 建设

在新冠肺炎疫情来袭之时，线上教育、智慧医疗、新闻媒体、在线 VR 看房等技术的应用都在彰示 5G 与各行各业的紧密关系。如今 5G 建设正处于一个关键时期。作为新基建的重要环节，国家采取措施大力扶持 5G 发展，推动高科技普及应用，促进产业快速转型，推动经济高质量发展。

从区域分布来看，东部地区的优势更加突出。从图 10-1 中可以看出，5G 基站的建设主要集中在广东、浙江、江苏等东部沿海一线城市，而甘肃、宁夏、新疆、西藏等西部偏远地区的 5G 基站建设较少，中部地区城市的 5G 建设相比东西部城市居中等水平。

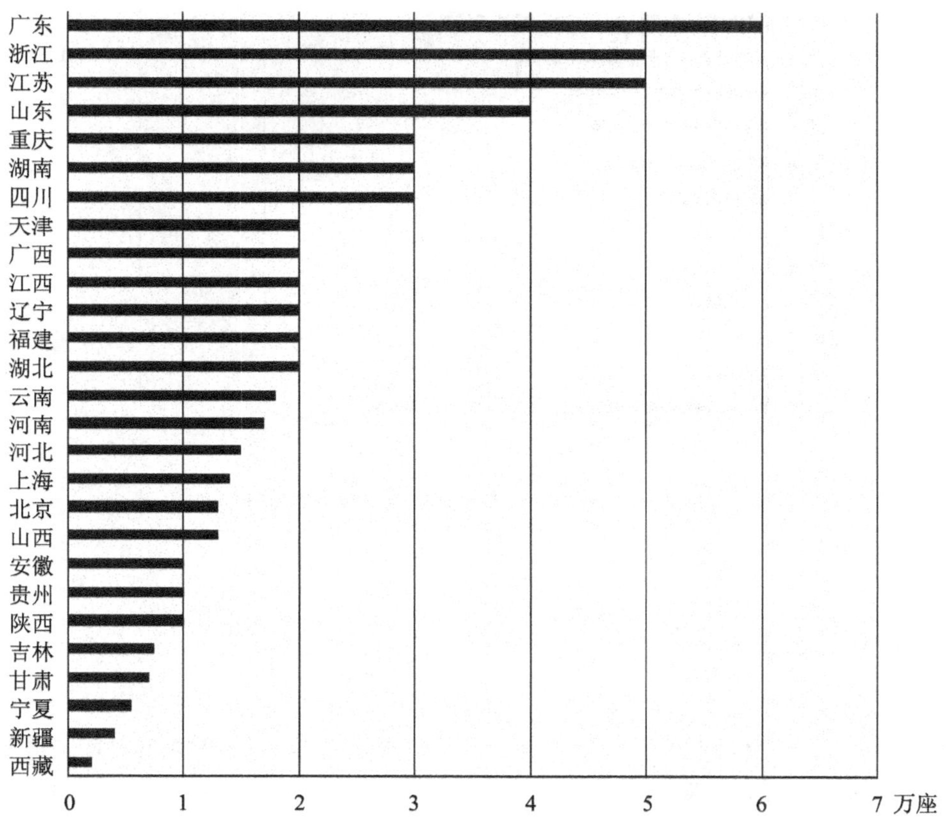


**图 10-1　2020 年 28 个省(自治区、直辖市)5G 基站建设目标数量区域分布**

数据来源：赛迪产业大脑。

注：港澳台除外，且黑龙江、海南、青海未有公开数据。

## (二)大数据中心

21 世纪是一个大数据信息时代，中央也多次强调加强数据中心建设，可见其在新基建中的地位。全国有三大基地八大节点，三大基地分别位于北京、贵州和内蒙古。北京的重要性不言而喻，贵州有独特的地理优势成为全国数据中心基地，苹果、微软、华为等公司落户于此。此外，内蒙古的大数据发展也具有区域优势。

从图 10-2 也可以看出，北上广的区域分布所占比例较高，内蒙古所占的比例也较高。由此可见，大数据中心的建设不仅仅要考虑到区域产业优势、人才优势和科技进步程度，还要考虑地区自然资源等区域优势。

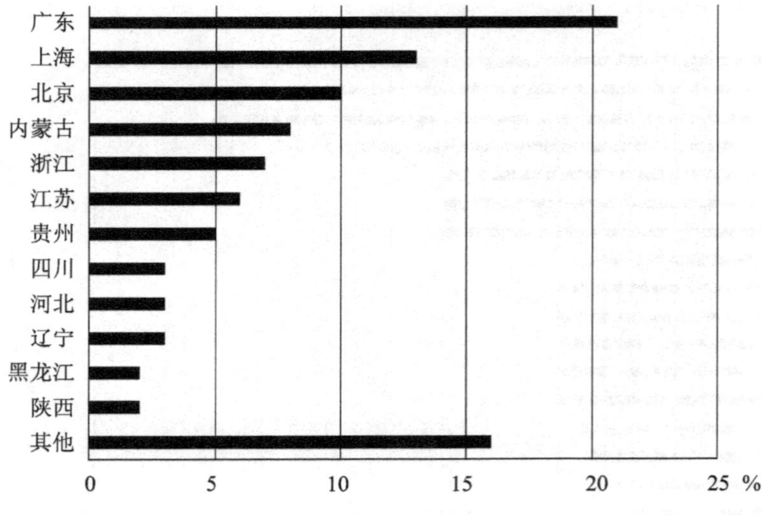


**图 10-2　2019 年中国大型数据中心区域分布**

数据来源：赛迪产业大脑。

## (三)工业互联网

工业互联网面向制造业数字化、网络化需求，将工业系统和互联网结合起来智能发展。它比起传统工业更加复杂，但是也更加高效，能更快地实现资源的有效配置。与 5G 和大数据相结合的工业互联网，在新一轮科技革命中起着更重要作用。

从图 10-3 可以看出，北京、江苏、上海、浙江、广东、山东这几个城市的工业互联网平台数量较多。北京优势巨大，平台数量所占比重高达 20%，其他几个城市也因本地的核心优势搭建了互联网平台。总的来说，东部地区工业互联网的发展还是快于其他地区的发展。

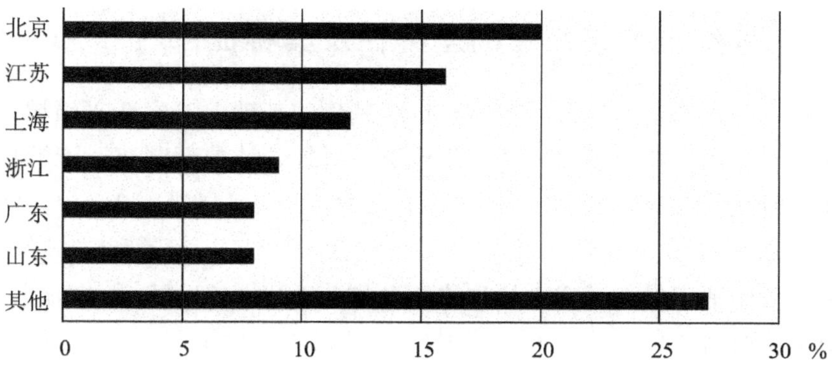


**图 10-3　全国工业互联网平台区域分布**

数据来源：赛迪产业大脑。

# 二、新基建的特征

## (一)传统基建的空间分布及其特征

2008 年经济危机，国家为了稳定经济、改善民生、调整经济结构采取了一系列政策，如“4 万亿”的投资计划，加强了传统基建，促进经济发展。从图 10-4 可以看出，投入铁路、公路、机场等重大基础设施项目的资金占比达 38%，加快了哈大、武广、南广等铁路的建设。

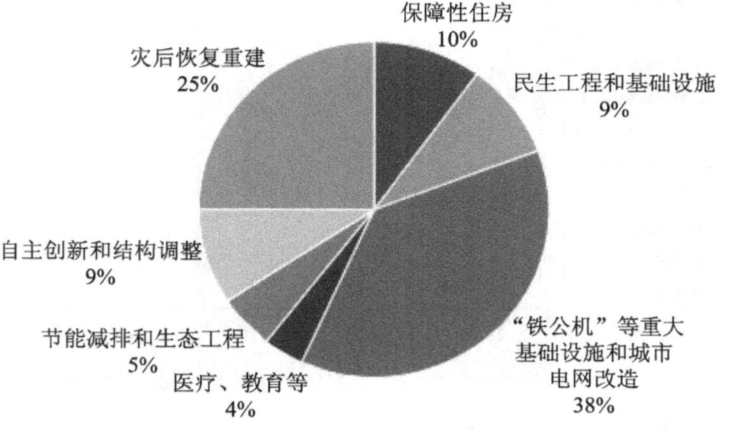


**图 10-4　2008 年的“4 万亿”投资计划**

数据来源：中华人民共和国国家发展和改革委员会网站。

## (二)新基建与传统基建的差异性及其特征

新基建主要以创新为动力，在结合传统基建的基础上探索新兴领域，更依靠技术，同时对技术人才要求比较高。投资于高科技领域的新基建，能够提高生产率，更适应时代的变化，成为中国经济增长的新引擎。在图 10-5 中，河北、山东、广东等东部省份新基建占比较高，分别为 43.5%、35%和 34.1%。安徽、山西、河南等中部省份新基建占比次之，分别为 22%、21.8%和 20.5%。云南、贵州、四川等西部省份占比较低，分别为 5.9%、5.4%和 3.6%。

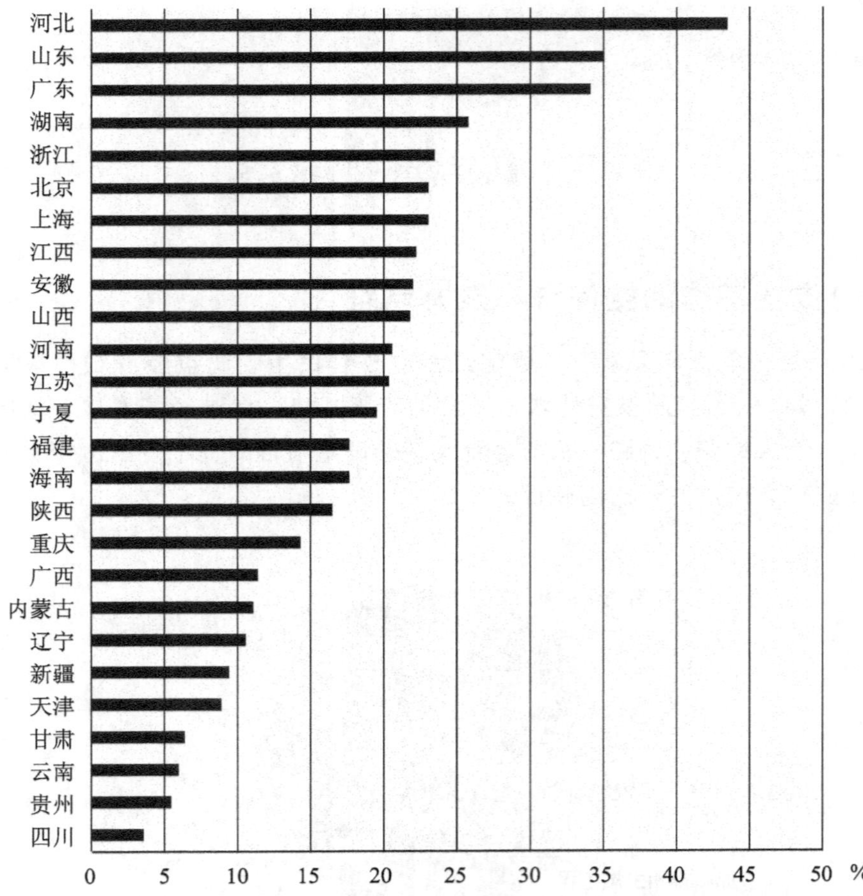


**图 10-5　中国各省(区、市)新基建项目数量占比分布情况**

数据来源：赛迪顾问、前瞻产业研究院。

从图 10-6 可以看出，东部地区占比为 40.7%，中部地区占比为 37.4%，西部地区占比为 21.7%，东北地区占比为 0.2%。所以，东部地区占据绝对优势，且发展势头强劲；西部地区有一定后发优势，而且就业需求较大，形成一种东部引领、中西协调的格局。

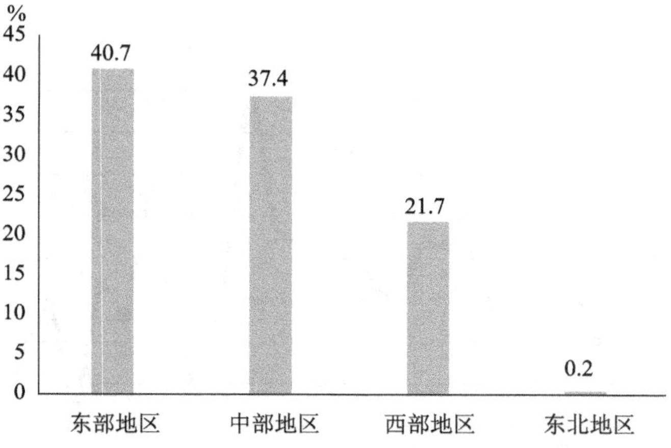


**图 10-6　现有公开的新基建项目数量各区域占比**

数据来源：赛迪产业大脑。

注：港澳台除外，且黑龙江、吉林、湖北、青海、西藏未有公开数据。

# 第三节　新基建对劳动力市场及其空间分布的影响

## >>一、新基建对劳动力市场的影响<<

随着科技变革步伐的加快，先进技术的应用可能会使不同工作岗位的劳动力技能要求更高，在传统基建中，更多的是发展劳动密集型产业，需要较多的低技能人才；而在新基建中，很多产业发展融入了高新技术和智慧系统，提供了更多的需要高技能人才的岗位。因此，在这个发展过程中，各地区各行业关于新基建的专项规划会影响就业岗位的变化，进而影响劳动力的流动。

### (一)从劳动力分布角度考察

首先，从劳动力分布角度考察。如图 10-7 所示，相对于其他省份，河北、江苏、山东、河南、广州、四川劳动力所占比例较大；而海南、西藏、宁夏劳动力所占比例较小。从这个人口分布可以看出：劳动力所占比例较大的这些城市经济比较发达，吸引外省的劳动力流入；劳动力占比较小的城市大都处于西部地区，劳动力外流现象严重。

### (二)从地区行业发展角度考察

从地区行业发展角度考察。如图 10-8 所示，江苏、山东、广东等沿海一带

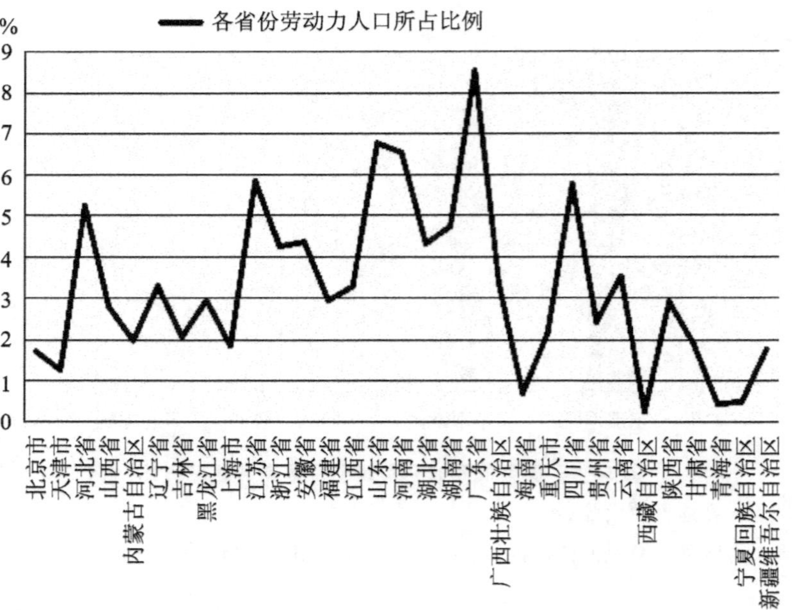


**图 10-7　2018 年各省份劳动力人口所占比例**

数据来源：国家统计局。

注：选择 2018 年 15～64 岁人口抽样调查数据计算所得。

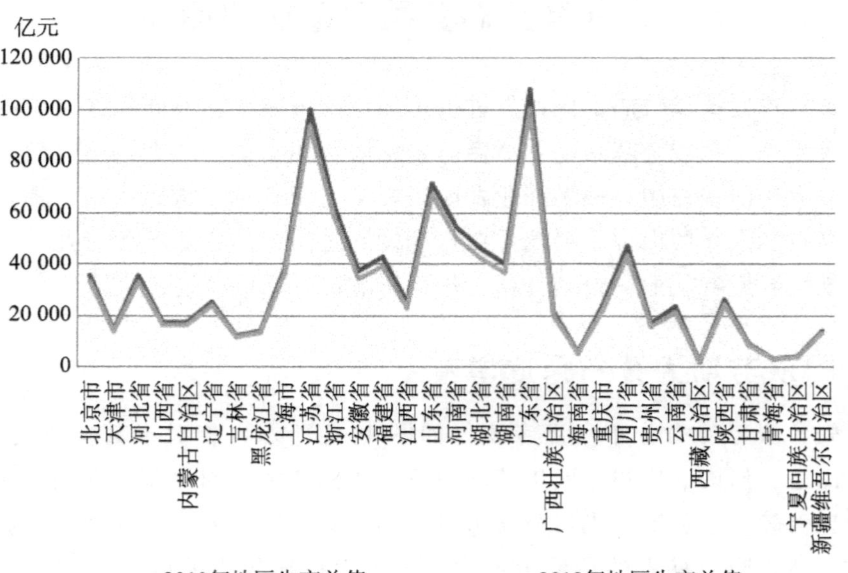


**图 10-8　2018 年和 2019 年各省份地区生产总值**

数据来源：国家统计局。

的地区生产总值较高，产业发展较快，能够提供更多的就业机会，会吸引更多的劳动力人才的流动。四川虽然位于西部地区，但是在新一轮的科技革命中积极响应国家战略布局，紧跟新基建步伐，为城市建设带来新的机遇。第三产业的发展更需要高技能人才，从图 10-8 和图 10-9 的对比中可以看出，第三产业的发展能够为一个地区的 GDP 增长提供较大贡献。从图 10-9 也可以看出，各省份第一产业的增加值相差不多，但是第三产业比较发达的北京、江苏、广东等省份一直是对高技能劳动力人才吸引比较大的地区。

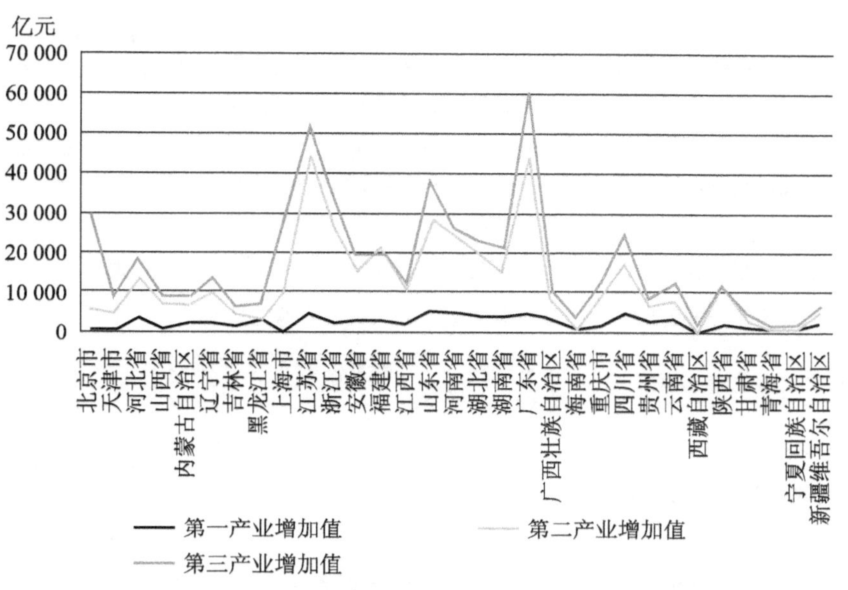


**图 10-9　2019 年各省份第一、二、三产业的增加值**

数据来源：国家统计局网站。

## (三)从资源与技术引进角度考察

以大数据中心为例，如表 10-1 所示，中国 2016 年先后获批建设了 8 个国家级大数据综合试验区。这将带动一个地区的经济快速发展。贵州大数据综合实验区是首个国家级大数据综合试验区，已经成为中国最重要的数据中心基地，同时以其本土优势资源为核心，引进了大量的高科技人才和技术。近些年，京津冀、珠三角、上海一直都是颇具吸引力的地区，国家大数据中心的发展将会在以后的劳动力市场竞争中为其提供更多优势，发展技术密集型产业，建立发达的高科技园区。河南省是一个人口大省，同时郑州有着优越的地址位置，河南省国家大数据综合试验区的建立也将会为劳动者提供更多的就业机会。

另外，重庆、沈阳、内蒙古由于自身地理位置等原因，在人才竞争上的优势不明显，国家大数据中心的建设会增加人才吸引力和就业机会。所以，新基建会以科技化、智能化、数字化的发展融合地区优势为一个地区吸引高技能人才，进而促进劳动力的流动。

**表 10-1　我国国家级大数据综合试验区定位及建设目标**

| 国家级大数据综合试验区 | 建设目标 |
| --- | --- |
| 贵州大数据综合试验区 | 全国数据汇聚应用新天地、综合治理示范区、产业发展聚集区、创业创新首选地、政策创新先行区 |
| 京津冀大数据综合试验区 | 国家大数据产业创新中心、国家大数据应用先行区、国家大数据创新改革综合试验区、全球大数据产业创新高地 |
| 珠三角国家大数据综合试验区 | 全国大数据综合应用引领区、大数据创业创新生态区、大数据产业发展集聚区，抢占数据产业发展高地，建成具有国际竞争力的国家大数据综合试验区 |
| 上海国家大数据综合试验区 | 打造国家数据科学中心、亚太数据交换中心和全球"数据经济"中心，形成集数据贸易、应用服务、先进产业为一体的大数据战略高地 |
| 河南省国家大数据综合试验区 | 大数据创新应用和产业发展水平走在全国前列 |
| 重庆国家大数据综合试验区 | 建成国内重要的大数据产业基地 |
| 沈阳国家大数据综合试验区 | 东北地区大数据集聚区，形成立足沈阳、辐射辽宁、带动东北的市场布局 |
| 内蒙古国家大数据综合试验区 | 擦亮内蒙古自治区"中国数谷"的对外名片 |

数据来源：赛迪产业大脑。

## >>二、新基建对劳动力市场空间布局的影响<<

### (一)劳动力市场分布及其流动

*1. 劳动力总体分布格局及流动特征*

从 20 世纪 80 年代至今，中国流动人口规模先后经历三个阶段。前两个阶段流动人口规模的增长速度较快。但是 2010 年以后，一方面，可能由于计划生育等政策使劳动力人口增速下降，社会步入老龄化；另一方面，调节区域平衡发展等措施拉动各地区经济的发展，提供更多就业机会，使流动人口增长速度明显下降(见表 10-2)。

**表 10-2　全国流动人口规模的变动**

| 时间 | 全国流动人口规模变动特征 |
| --- | --- |
| 第一阶段(20 世纪 80 年代初到 90 年代初) | 流动人口规模从 1982 年的 657 万人增加至 1990 年的 2 135 万人，年均增长约 7% |
| 第二阶段(1990 年到 2010 年) | 流动人口规模以更快的速度增长，从 1990 年的 2 135 万人增加至 2010 年的 22 143 万人，年均增长约 12% |

续表

| 时间 | 全国流动人口规模变动特征 |
| --- | --- |
| 第三阶段(2010 年至今) | 增长缓和，2010—2015 年的流动人口增长速度明显下降，年均增长约 2% |

数据来源：《中国流动人口发展报告 2018》。

2. 东部劳动力分布及流动特征

虽然东部地区劳动力分布多，但是从图 10-10 可以看出，流动人口的变化主要集中在浙江和广东，而其他省份较少。

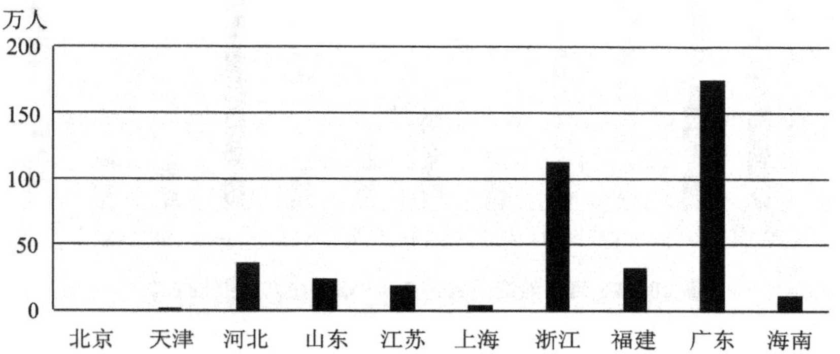


**图 10-10　东部地区各省份 2019 年常住人口数量变动**

数据来源：国家统计局。

3. 中部劳动力分布及流动特征

相比较于东部地区，从图 10-11 可以看出，中部地区各省份的流动人口变动比较均匀分散。虽然单个省份的变动都比东部地区浙江、广东更少，但是整体来看中部地区人口变动总量较大，人口向沿海地区大规模流动的局面已经有所改变。

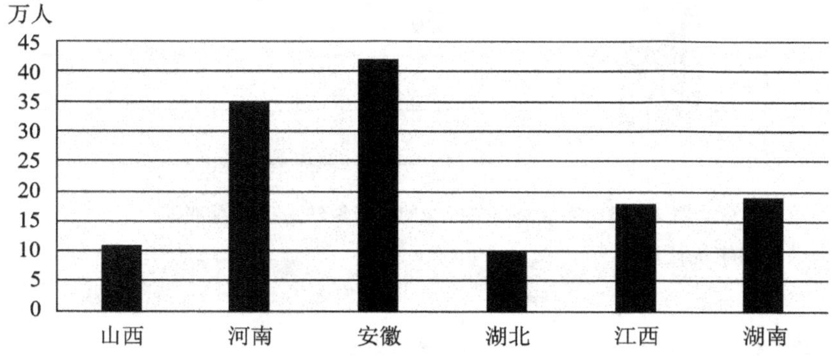


**图 10-11　中部地区各省份 2019 年常住人口数量变动**

数据来源：国家统计局。

4. 西部劳动力分布及流动特征

西部地区一直有着地域广、人口少的特征。近些年来，随着西部大开发及其他政策，劳动力人口的流动开始向中西部扩散，不再集中于东部地区。但如图 10-12 所示，还是有很多地区诸如西藏、青海需要国家大力支持其产业发展。

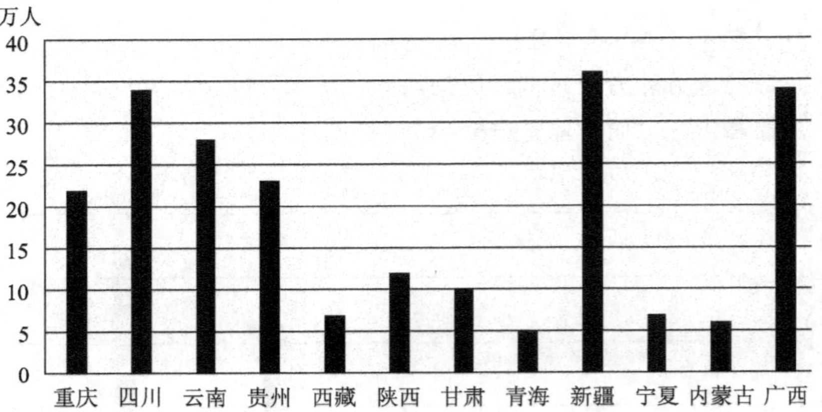


**图 10-12　西部地区各省份 2019 年常住人口数量变动**

数据来源：国家统计局。

5. 东北地区劳动力分布及流动特征

如图 10-13 所示，可以清晰地观察到东北三省都是人口流出省，特别是黑龙江省流出人口最多。同时，这三个省份的劳动力占比不高，所以充分利用本土优势推进产业发展，抓住新基建机遇就显得尤为重要。

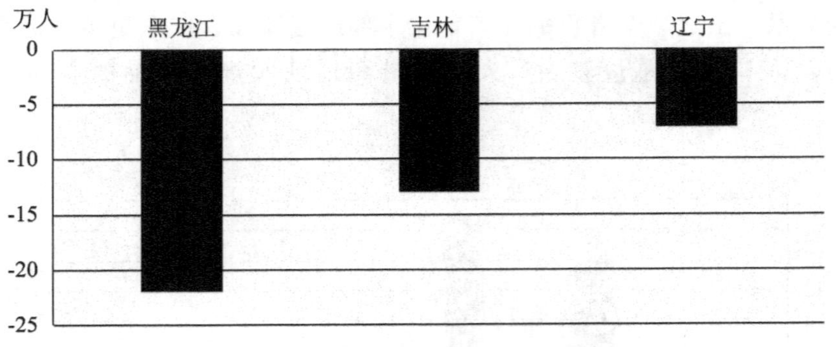


**图 10-13　东北地区各省 2019 年常住人口数量变动**

数据来源：国家统计局。

## (二)新基建对劳动力空间分布的影响

新基建是在国家内需不足、疫情冲击和外部经济环境复杂的背景下提出的，会对劳动力市场空间布局产生较大的影响。

短期来看，国内经济面临投资乏力、内需不足等问题，劳动力没有过多的选择就业的机会，特别是一些低技能人才的就业机会更小。新基建结合传统基建，利用数字化转型，为各地区的发展带来科技和人才，会为劳动力市场提供更多的就业机会。在就业总量方面，新基建可以为人们提供更多的就业机会，提升就业率。在传统基建中，更多依靠的是政府投资；但是在新基建实施过程中，企业会扮演更重要的角色。从劳动力分布和流动的现状来看，人口更多地从农村和小城市向大都市圈、城市群迁移，一些中小城市和区域优势不明显的人口增长面临停滞甚至净流出的问题。在短期内，新基建会对各地区之间的劳动力流动产生影响，积极落实新基建政策发展经济的城市可能会更吸引劳动力，特别是高科技人才。此外，新基建的投资会带动产业由需要劳动密集型人才向需要技术密集型人才转型，继而使劳动力市场结构发生转变。

从中长期的角度来看，传统基建的发展更多的是劳动密集型产业，新基建政策的提出将推动产业结构转型升级。机器可以代替一些低技能工人做比较简单的劳动，相应的社会对高技能人才的需求就更大。长此以往，劳动者就会更愿意提升自己的技能，以获得更多的就业机会，最后劳动力市场的结构以及布局就会发生巨大的变化。

## 第四节　案例分析：成都市的新基建项目与劳动力市场

### >>一、成都市的传统产业发展状况<<

成都市位于西部地区，在上一轮的基础设施建设中无太大优势。从表 10-3 可看出，从 2011 年到 2017 年成都市第一、二、三产业的增长速度缓慢。另外还有一个比较明显的特征，成都市第二、三产业的发展增速甚至出现了下降的趋势。

**表 10-3　2011—2017 年成都市地区生产总值增长/%**

| 年份 | 第一产业 | 第二产业 | 第三产业 |
| --- | --- | --- | --- |
| 2011 | 3.7 | 19.8 | 12.4 |
| 2012 | 3.8 | 15.6 | 11.5 |
| 2013 | 3.6 | 12.2 | 8.8 |
| 2014 | 3.4 | 9.8 | 8.6 |
| 2015 | 3.9 | 7.2 | 9.0 |

续表

| 年份 | 第一产业 | 第二产业 | 第三产业 |
| --- | --- | --- | --- |
| 2016 | 4.0 | 6.7 | 9.0 |
| 2017 | 3.9 | 7.5 | 8.9 |

数据来源：《成都统计年鉴》。

## >>二、新基建中成都市抓住的机遇<<

### (一)新基建中的发展模式

新基建是建设智慧城市的重要抓手，在新一轮的科技革命中，为了落实国家战略目标和实现自身发展目标，成都市布局“四张网”：基础信息网、枢纽交通网、智慧能源网和科创产业网。

在新基建中，成都市是中国大数据中心八大节点城市之一和国家新一代人工智能创新发展试验区，还是全国首批5G试点城市，和重庆建立成渝地区双城经济，对未来城市的发展产生全方位、深层次的影响。

### (二)地区产业经济发展评估

成都市加快实施的1000个重点项目中，城市轨道交通、大数据中心、人工智能等新基建项目占比较大。以5G基站建设为例，《成都市5G产业发展规划纲要》指出到2020年成都要在全国率先实现5G规模商用；到2022年，建成5G基站4万个以上，建成5个以上国家及省级5G产业创新平台。从表10-4可看到，成都市中心城区现有的基站数量和新增规划的基站数量，现有基站数量17 783个，规划新增51 875个，一共计划69 658个，大约是成都现有基站数量的四倍。

**表 10-4　2019 年成都市中心城区 5G 基站规划数量一览表/座**

| 地名 | 现有基站数量 | 新增规划基站数量 | 合计 |
| --- | --- | --- | --- |
| 金牛 | 1 721 | 2 601 | 4 328 |
| 锦江 | 1 015 | 1 295 | 2 310 |
| 武侯 | 1 656 | 1 681 | 3 337 |
| 青羊 | 1 008 | 1 662 | 2 670 |
| 成华 | 1 416 | 2 948 | 4 364 |
| 高新区 | 1 439 | 4 747 | 6 186 |
| 天府新区直辖区 | 1 453 | 6 582 | 8 035 |

续表

| 地名 | 现有基站数量 | 新增规划基站数量 | 合计 |
|---|---|---|---|
| 龙泉驿 | 1 584 | 9 095 | 10 679 |
| 双流 | 1 397 | 10 155 | 11 552 |
| 青白江 | 8 94 | 3 675 | 4 569 |
| 新都 | 1 568 | 3 104 | 4 672 |
| 郫都 | 1 478 | 2 141 | 3 619 |
| 温江 | 1 148 | 2 189 | 3 337 |
| 合计 | 17 783 | 51 875 | 69 658 |

数据来源：《成都市新型基础设施建设专项规划》。

## (三)新基建对成都市就业人员的影响

在前面已经论述过新基建对劳动力人口流动及劳动力市场分布的影响，此处以成都市为例，通过人口变动及就业人员变动分析新基建对成都市就业人员的影响。

1. 流入流出变化

从图 10-14 中可以看到，从 2010 年到 2015 年成都市的年末总人数浮动不大，基本保持在 1 200 万人的水平，增长速度较慢；在 2015 年之后，尤其是在 2019 年，成都市年末总人数明显增长，超过了 1 600 万人。新基建对成都来说是个巨大机遇，成都和重庆借此机会快速发展成渝地区双城经济。在 2019 年的全国流入人口的城市排名中，成都位居第三，这个排名打破了一线和新一线泾渭分明的能级层次，显示出了成都对人才的吸引力。

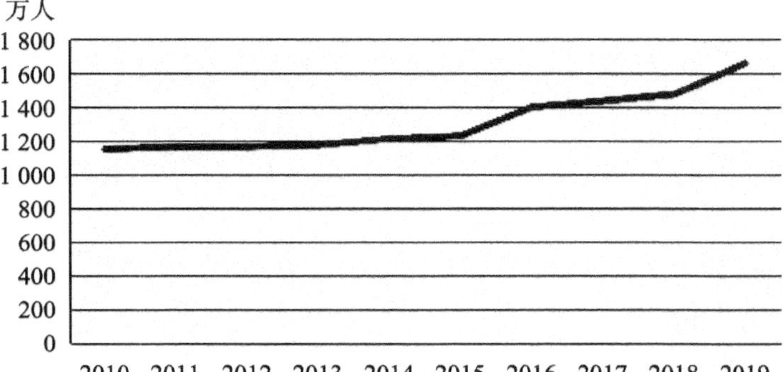


**图 10-14　2011—2019 年成都市年末总人数**

数据来源：国家统计局网站。

2. 就业变化

根据成都市国民经济和社会发展统计公报(见图 10-15)，近几年成都市就业人数增幅比较大。新基建会为成都传统产业增加新动能，促进新兴产业发展，为成都吸引高技能人才。同时，这也是一个双向的选择，成都相继出台了多个城市发展规划，面对高追求、高目标、高质量发展诉求，相应的也会对人才质量提出要求，进而影响就业技能和结构。

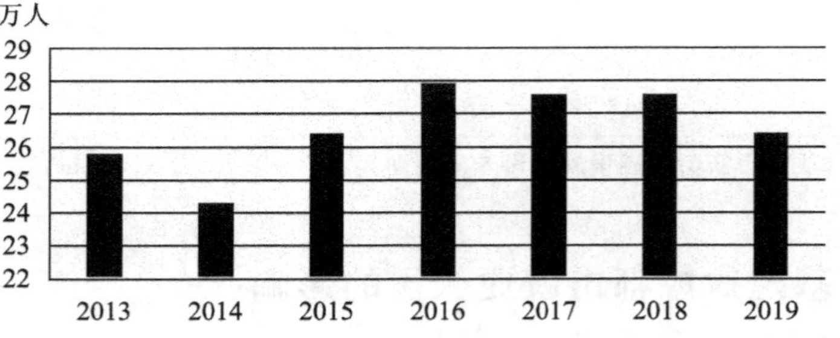


**图 10-15　2013—2019 年成都市城镇新增就业人数**

数据来源：2017 年和 2019 年的成都市国民经济和社会发展统计公报。

总之，新基建与传统基建不同。它有新的发展模式，更靠近产业端，主要依靠社会资本的驱动，在这个过程中企业会扮演更重要的角色。无论是 5G、大数据等信息化的发展激励人们提升工作技能，还是城市轨道和铁路等交通设施质量的提升，都会引起劳动力市场的结构与布局新变化。因此，地方政府应当充分利用新基建的机遇，把人才尤其是高层次人才引进作为工作重点，着力培养适应新基建用工需求的高技能人才。同时，要重点培育有科研实力和实践基地的重点本科院校和高职院校，促进高等院校和高科技企业的衔接，做好教育供给侧改革。

# 第十一章

# 乡村振兴视域下农民工返乡创业质量影响因素研究

基于鄂、渝、湘、黔4省16县1 131名农民工返乡创业者问卷调查数据分析显示，当前农民工返乡创业者平均年龄为39.8岁，以男性、已婚者为主，返乡创业领域主要为批发与零售业、住宿与餐饮业，返乡创业平均带动2.49人就业。女性农民工返乡创业者月收入为男性的83.57%。采用单一指标创业质量评测法计量研究表明，性别、文化程度、务工经历、创业年限、职业技能水平、干部朋友、亲朋创业、“互联网＋”创业、返乡创业政策等对当前农民工返乡创业质量具有显著性影响。农民工返乡创业者受教育年限每提高一年，返乡创业质量提高2.6%，务工经验每增加一年，返乡创业质量增加6.4%。“互联网＋”返乡创业者的创业质量比非“互联网＋”创业者高25.8%。对返乡创业政策越知晓，其返乡创业质量相对越高。实施更加积极的返乡创业财税金融政策，加大返乡创业技能培训与教育，完善返乡创业服务体系等，有利于推动实现更高质量返乡创业、乡村全面振兴和城乡融合发展。

## 第一节　引言

实施乡村振兴战略，是党的十九大作出的重大决策部署，是新时代做好“三农”工作的总抓手①。乡村振兴离不开既熟悉农村现实情况、又有城市现代产业部门工作经验的返乡劳动力，而返乡劳动力的创业规模和创业质量直接关系到乡

① 叶敬忠：《乡村振兴战略：历史沿循、总体布局与路径省思》，载《华南师范大学学报(社会科学版)》，2018(2)；李周：《农民流动：70年历史变迁与未来30年展望》，载《中国农村观察》，2019(5)。

村经济能否实现振兴[①]。近年来，政府密集出台了支持农民工等返乡创业就业政策，如《关于支持农民工等人员返乡创业的意见》《关于实施开发农业农村资源支持农民工等人员返乡创业行动计划的通知》《关于支持返乡下乡人员创业创新促进农村一二三产业融合发展的意见》《关于加强政银企合作扎实推进返乡创业工作的通知》《关于促进乡村产业振兴的指导意见》《关于进一步推动返乡入乡创业工作的意见》《关于推动返乡入乡创业高质量发展的意见》《扩大返乡留乡农民工就地就近就业规模实施方案》等，极大促进了各类劳动力返乡创业积极性。据农业农村部2019 年 11 月份的统计测算，全国返乡入乡创业创新人员已达 850 万人，其中农民工占七成以上，预计“十四五”期间将实现翻番。新时期，更多高质量返乡创业活动还对化解新冠肺炎疫情就业冲击[②]、精准扶贫和解决相对贫困[③]、就地就近转移就业[④]、农村职业教育变革[⑤]、乡村治理有效[⑥]、城乡融合经济(Rurbanomics)与新型城镇化[⑦]等都有重大价值。鉴于此，基于鄂、渝、湘、黔 4 省 16 县 1131 名农民工返乡创业者问卷调查数据，本章对乡村振兴战略背景下农民工返乡创业质量的现状特征、影响因素、决定机制等进行较为系统的规范分析与实证分析，以期为新时期下推动实现更高质量返乡创业，促进乡村全面振兴和城乡融合发展提供政策决策参考。

## 第二节　文献综述

国外学者对农村外出劳动力回流以及回流创业研究起步较早，代表学者有 Stark、Dustman[⑧] 等。国内“农民工返乡创业”一词最早出现于 1994 年[⑨]。学术界

---

① 王轶、熊文、黄先开：《人力资本与劳动力返乡创业》，载《东岳论丛》，2020(3)。

② 赖德胜、陈建伟、苏丽锋：《充分发挥地方政府在稳就业中的作用》，载《学习时报》，2020-03-25。

③ 袁方、史清华：《创业能减少农村返贫吗？——基于全国农村固定观察点数据的实证》，载《农村经济》，2019(10)。

④ 庄晋财、尹金承、庄子悦：《改革开放以来乡村创业的演变轨迹及未来展望》，载《农业经济问题》，2019(7)。

⑤ 石丹淅：《新时代农村职业教育服务乡村振兴的内在逻辑、实践困境与优化路径》，载《教育与职业》，2019(20)。

⑥ 沈费伟：《乡村技术赋能：实现乡村有效治理的策略选择》，载《南京农业大学学报(社会科学版)》，2020(2)。

⑦ 陈志钢、周云逸、樊胜根：《全球视角下的乡村振兴思考》，载《农业经济问题》，2020(2)。

⑧ Stark, O., 1991, “The migration of labor”, Oxford: Basil Blackwell; Dustmann, C, et al., 1996, “Return migration: the European experience”, *Economic Policy*, 22(11): 213—250.

⑨ 王郁昭：《“民工潮”推动“创业潮”》，载《中国国情国力》，1994(7)。

对农民工返乡创业概念的界定主要分为现象描述与理论概括两类。其中，现象描述概念界定更为常见，指农民工外出务工一段时间后拥有一定的技术、资金和信息等优势资源，返回户籍所在地创办中小企业或其他资源开发、利用的投资行为①。在具体返乡创业质量研究中，现有文献主要从四个方面展开：返乡创业者的特征分析；返乡创业质量内涵与构成要素；返乡创业行为与绩效影响因素；政策建议研究。

第一，返乡创业者的特征分析。(1)返乡劳动力的创业倾向。Dustmann、Tezcan 等②研究从德国回流的一代和二代土耳其农村劳动力时发现，超过50%的返乡者在返乡四年内选择了自主创业。Gubert 等、Batista 等③在对摩洛哥、莫桑比克等回流劳动力创业研究中也有相似结论。林龙飞和陈传波④研究显示，我国3/4 的返乡农民工有创业倾向。Steven⑤ 基于美国县级数据分析表明年轻的返乡移民更会选择创业。(2)返乡创业的行业选择。刘苓玲和徐雷、罗竖元⑥发现返乡创业领域主要为批发零售业、餐饮住宿服务业和建筑业等。(3)返乡创业的类型分析。王岚和李佳等研究显示，当前我国返乡农民工创业以生存型创业为主，机会型创业较少。

第二，创业质量的理论定义与测度。(1)理论定义。Venkataraman、Ma 和

---

① 王西玉、崔传义、赵阳：《打工与回乡：就业转变和农村发展—关于部分进城民工回乡创业的研究》，载《管理世界》，2003(7)；张秀娥、张峥、刘洋：《返乡农民工创业动机及激励因素分析》，载《经济纵横》，2010(6)。

② Dustmann，C，et al.，2002，"The optimal migration duration activity choice after re-migration"，*Journal of Development Economics*，67(2)：351-372；Tezcan，T.，2019，"Return home? Determinants of return migration intention amongst Turkish immigrants in Germany"，*Geoforum*，98(1)：189-201.

③ Gubert，F，Nordman，J.，2011，"Return migration and small enterprise development in the Maghreb"，in Plaza，S，Ratha，D.，"Diaspora for Development in Africa"，Washington：The World Bank；Batista，C，et al.，2014，"Return migration，self-selection and entrepreneurship in Mozambique"，NOVAFRICA Working Paper Series.

④ 林龙飞、陈传波：《返乡创业青年的特征分析及政策支持构建——基于全国 24 省 75 县区 995 名返乡创业者的实地调查》，载《中国青年研究》，2018(9)。

⑤ Steven，D，et al.，2019，"Rural entrepreneurship and migration"，*Journal of Rural Studies*，66(2)：30-42.

⑥ 刘苓玲、徐雷：《中西部地区农民工返乡创业问题研究——基于河南、山西、重庆的调查问卷》，载《人口与经济》，2012(6)；罗竖元：《返乡创业质量与农民工就地市民化——基于湖南、安徽与贵州三省调查数据的实证分析》，载《南京农业大学学报(社会科学版)》，2018(6)。

Todorovi① 认为高质量创业能给社会整体福利带来永久性改善，技术型创业是典型高质量创业。(2)创业质量测度。创业是一个基于微观决策并嵌入区域环境的动态过程。创业质量既受创业者素养、机会与资源影响，又与创新创业环境有关。② 学者们对具体创业质量的内涵界定存在不一致性，因此测度创业质量的方式也存在较大差异性。Wall 等从企业经营效益指标，Audretsch 等采用新建企业率，Naman 等、齐玮娜和张耀辉、何兴邦则使用企业雇佣人数等来测度创业质量。③

第三，返乡创业行为与绩效的影响因素。主要包含两个方面：(1)宏观因素影响分析。王立娜、周宇飞等④分别考察了“双创”战略和新农村文化等对返乡创业质量影响。(2)微观因素分析。汪三贵等、赖德胜和陈建伟⑤等阐释了人力资本、社会资本对返乡创业质量的影响。石智雷等、周广肃⑥还分析了共产主义信仰、务工经历对返乡创业绩效影响。此外，还有文献分析了信贷风险与代际传承对返乡创业影响⑦。

第四，政策建议研究。鉴于返乡创业多重社会价值，因此，李敏⑧认为加大

---

① Venkataraman, S., 2004, “Regional transformation through technological entrepreneurship”, *Journal of Business Venturing*, 19(1): 153-167; Ma, J, Todorovi, W., 2012, “Understanding the role of entrepreneurial quality and national culture on the economic development”, *International Journal of Entrepreneurship and Small Business*, 16(3): 299-313.

② Baumol, J. 1996, “Entrepreneurship: productive, unproductive, and destructive”, *Journal of Political Economy*, 11(1): 3-22.

③ Wall, T, D, Michie, J, Patterson, M, et al., 2004, “On the validity of subjective measures of company performance”, *Personnel Psychology*, 57(1): 95-118; Audretsch, D, B, Keibach, M, C., 2004, “Entrepreneurship and regional growth: an evolutionary interpretation”, *Personnel Psychology*, 14(5): 605-616; Naman, L, Slevin, P., 1991, “Entrepreneurship and the concept of fit: a model and empirical tests”, *Strategic Management Journal*, 14(2): 137-153; 齐玮娜、张耀辉：《区域环境差异与创业质量的“马太效应”：基于动态面板模型的 SYS-GMM 检验》，载《经济管理》，2015(7)；何兴邦：《创业质量与中国经济增长质量——基于省际面板数据的实证分析》，载《统计与信息论坛》，2019(12)。

④ 王立娜：《“互联网＋”背景下农民工返乡创业的契机、挑战与对策》，载《理论导刊》，2016(6)；周宇飞、兰勇、贺明辉：《新农村文化对农民工返乡创业行为的影响》，载《西北农林科技大学学报(社会科学版)》，2017(1)。

⑤ 汪三贵、刘湘琳、史识洁、应雄巍：《人力资本和社会资本对返乡农民工创业的影响》，载《农业技术经济》，2010(12)；赖德胜、陈建伟：《人力资本与乡村振兴》，载《中国高校社会科学》，2018(6)。

⑥ 石智雷、谭宇、吴海涛：《返乡农民工创业行为与创业意愿分析》，载《中国农村观察》，2010(5)；周广肃、谭华清、李力行：《外出务工经历有益于返乡农民工创业吗?》，载《经济学(季刊)》，2017(2)。

⑦ 李长生、黄季焜：《异质性信贷约束对农民创业绩效的影响》，载《财贸经济》，2020(4)。

⑧ 李敏：《大众创业背景下农民工返乡创业问题探究》，载《中州学刊》，2015(10)。

农村电商基础设施和信息化平台建设有助于返乡创业更好发展。汪昕宇等①则强调，动态优化财税金融政策、创业培训与服务体系等有利于推动返乡创业可持续发展。

从上述代表性文献看，已有文献研究内容较为全面，涵盖了农民工返乡创业概念、创业者特征、创业行为决策与创业质量影响因素、政策建议等，为本研究提供了良好的研究基础。不过，总体上还需补充和发展：(1)现有研究多以发达国家为研究对象，中西劳动力市场条件与状况不同，研究结论很难用于解释新时代中国农民工返乡创业质量问题。(2)西方传统的研究多隐含着创业活动是基于机会驱动、创新和产生新价值的机会型创业假设，而当前我国返乡劳动力创业以生存型创业为主。创业活动的异质性和创业绩效不确定性导致了理论假设与现实的背离(“创业悖论”)，已有研究并不能解释这一问题。(3)现有研究缺乏对农民工群体返乡创业质量的理论阐释和量化分析，因此对农民工返乡创业质量作用机制和主要影响因素分析还存在不一致认识。(4)现有文献关于促进农民工返乡创业质量提升及可持续发展的建议缺乏针对性，也滞后于当前返乡创业实践。本研究力图解答上述问题。

## 第三节　理论分析和研究假设

### >>一、人力资本对农民工返乡创业质量的影响<<

人力资本理论认为，人力资本投资可分为学校正规教育、在职培训、成人教育、健康以及工作迁移。其中，教育、培训和健康是最主要的人力资本投资形式。人力资本理论关于教育生产能力和配置能力的论述为理解和评价返乡创业质量提供了重要理论支撑。具体而言，教育生产能力是指在其他要素不变时，受教育程度每增加一单位边际产量的增加值，教育配置能力是指使既定资源得到最有效配置从而使产出价值增加的能力②。创业是一种思考、推理和行为方式，它为机会所驱动。因此，人力资本水平越高的创业者，不仅能够及时洞察和识别创业机会，而且还善于结合自身禀赋和外部条件，充分开发和利用创业机会，从而获得较大的个人效用，并产生明显的社会效益，如创业带动更多人就业等，其深层

① 汪昕宇，等：《返乡农民工从机会型创业意愿到创业行为的转化机制——基于创业情境的叙事研究》，载《北京联合大学学报(人文社会科学版)》，2020(2)。

② Schultz，T，W.，1992，“The value of ability to deal with disequilibria”，*Journal of Economic Literature*，1975，13(3)：827-846.

次原因就在于创业者因拥有较高人力资本水平而具备了更高的生产经营管理能力和处理不均衡的能力。这些能力是体现个体创业能力的关键，进而提升了创业者的创业收入与创业绩效，也给社会整体福利带来永久性改善。据此，本文提出：

$H_1$：人力资本水平对农民工返乡创业质量有正向影响；

$H_{1a}$：受教育年限对农民工返乡创业质量有正向影响；

$H_{1b}$：务工经历或年限对农民工返乡创业质量有正向影响；

$H_{1c}$：职业技能水平对农民工返乡创业质量有正向影响。

## >>二、社会网络对农民工返乡创业质量的影响<<

Larson① 认为创业是发现机会并为此开发实现该机会所需要的资源的过程，这个过程需要创业者构建并维持社会网络。社会网络理论认为人与人之间存在一种特殊的关系结构。这种关系包括以血缘或信任维持的亲朋关系、建立在商业性质基础之上的市场交易关系及其他关系，其联系着各种资源和信息，是个体获取资源和信息以及外部支持的有效途径。强弱联结、社会资本、结构空洞是社会网络理论三大核心理论。通过这种由一系列的社会联系(social ties)或社会关系(social relations)构成的、具有相对持久的稳定的社会网络，可以帮助创业者获取资金、信息、技术、市场以及情感等支持。社会网络至少从四个方面影响农民工返乡创业行为及创业绩效：一是可以减少农民工返乡创业流动性约束；二是提供更多的社会资源、信息，减缓农民工返乡创业过程中的信息不对称及交易成本；三是较容易学到通用的和专业的返乡创业运营技能，降低经营风险；四是塑造良好的返乡创业文化与氛围，其不仅影响着返乡创业者的创业感知和创业机会，还影响着他们对创业失败的社会认同，在心理上和情感上正向激励创业者②。据此，本文提出：

$H_2$：社会网络对农民工返乡创业质量有正向影响；

$H_{2a}$：乡科级干部朋友数量对农民工返乡创业质量有正向影响；

$H_{2b}$：亲人朋友创业对农民工返乡创业质量有正向影响。

## >>三、政策支持对农民工返乡创业质量的影响<<

返乡创业是亲社会行为，深受环境与政策支持影响。政策支持对积极引导和

① Larson, A., 1992, "Network dyads in entrepreneurial settings: a study of the governance of exchange relations", *Administrative Science Quarterly*, 37(1): 76-194.

② Welter, F., 2011, "Contextualizing entrepreneurship: conceptual challenges and ways forward", *Entrepreneurship Theory and Practice*, 35(1): 165-184.

促进创业活动具有非常重要作用，具有“扶上马送一程”效应，它关系到创业活动规模和质量。政策支持对农民工返乡创业质量的影响主要反映在两个方面：一是给予政策性扶持，如税费减免、贷款贴息等，有助于降低创业成本和运行风险，促进返乡创业活动良性发展；二是提供“清障搭台”性的服务性支持，如简化行政审批程序、优化信用评级制度、提供技术指导与培训、搭建销售平台等，有利于促进返乡创业的可持续发展。这些政策支持体系越成熟，农民工返乡创业者越了解，就越能促进更高质量返乡创业。据此，本文提出：

$H_3$：政策支持对农民工返乡创业质量有正向影响；

$H_{3a}$：选择国家重点支持领域返乡创业，其创业质量往往较高；

$H_{3b}$：农民工返乡创业者对创业支持政策越了解，其返乡质量相对越高。

## 第四节　数据、方法与描述分析

### >>一、数据来源<<

本研究数据来源于教育部人文社科项目“新常态下教育与自我雇佣的经验研究”课题组专项问卷调查数据。第一，课题组采用专家决策法设计了农民工返乡创业专题问卷调查。问卷内容涵盖农民工返乡创业者的人口学特征，知识技能结构，创业前工作领域，创业行业，创业带动就业情况，创业技能、收入、工作时间、亲朋创业、干部朋友，维权，创业政策与创业服务，创业困难，创业总体满意度等信息。第二，于 2018 年 7—9 月在湖北、重庆、贵州、湖南(以前是典型劳动力输入省，当前是劳动力返乡代表性区域)4 省 16 个县进行了问卷调查，并进行了典型地区和典型创业行业访谈。共发放调查问卷 1 200 份，回收 1 131 份，有效率 94.25%。样本主要变量信息见表 11-1。

**表 11-1　样本主要变量**

| 主要变量 | 数值 | 月返乡收入/元 |
|---|---|---|
| 年龄 | 39.78 岁 | 8 702.89 |
| 其中： | | |
| 党员 | 9.03% | 8 338.24 |
| 已婚者 | 87.71% | 8 595.09 |
| 男性创业者 | 61.95% | 9 305.05 |
| 创业就业效应与收入均值 | 2.49 人 | 8 702.89 |
| 小学及以下 | 16.11% | 84 26.09 |

续表

| 主要变量 | 数值 | 月返乡收入/元 |
| --- | --- | --- |
| 初中 | 39.91% | 6 642.17 |
| 高中 | 17.08% | 7 142.49 |
| 中技/中专/职高 | 9.91% | 8 150 |
| 大专/高职 | 7.08% | 13 676.25 |
| 大学本科及以上 | 9.91% | 15 355.36 |
| 没有职业资格证书 | 81.50% | 7 664.72 |
| 有初级职业资格证书 | 13.36% | 12 233.77 |
| 有中级及以上职业资格证书 | 5.14% | 16 344.44 |
| 创业年限 | 7.7 年 | 8 674.29 |
| 务工年限 | 8.85 年 | 10 517.39 |
| 种植养殖 | 13.01% | 7 234.48 |
| 批发与零售业 | 18.90% | 6 203.16 |
| 住宿和餐饮业 | 14.48% | 10 984.17 |
| 互联网创业 | 3.45% | 13 325.64 |
| 观光/休闲农业 | 4.25% | 16 245.83 |
| 日工作≤8 小时 | 18.24% | 8 066.10 |
| 日工作 9～12 小时 | 60.94% | 9 279.15 |
| 日工作≥12 小时 | 20.82% | 12 252.18 |
| 支持子女选择继续创业 | 86.81% | 11 268.79 |

由上表可见，当前农民工返乡创业者以青壮年、男性、已婚者为主。务工年限均值 8.9 年，平均创业年限 7.7 年，返乡创业平均带动 2.49 人就业。多数农民工返乡创业者文化程度为初中水平。返乡创业领域主要为批发与零售业、住宿和餐饮业。八成返乡创业者日工作时间高于 8 小时，加班较多。农民工返乡创业前工作主要分布为“生产或加工工人”(23.86%)、“建筑工人”(12.74%)、“生产运输工人”(8.67%)、“服务员”(7.88%)等初级加工、运输和技术水平要求较低的行业，而返乡创业行业则多为产业规模经营、生产性和生活性服务业等第三产业。这表明农民工返乡创业有利于改善区域经济结构优化和经济社会转型发展。

## >>二、研究方法与描述分析<<

目前学者们主要使用三种方法评测创业质量，即单一指标法、多维度指标法和综合指数法三种[①]。其中，单一指标法，主要是指使用单一指标来测度创业质量。单一指标既可以为客观指标，如创业收入，又可以为主观指标，如创业满意度。多维度指标法，是指通过构建若干个不同层级的维度、指标体系来考察某一地区或国家或群体的就业创业质量。综合指数法则是用等权重法、算术平均加权法、主成分法等合成就业创业质量指数来衡量就业创业质量状况。基于本研究目的和数据可得性原则，本研究主要采用了第一种创业质量评测方法探究农民工返乡创业质量。需要进一步说明的是，与采用此类评测方法的现有研究相比，本研究还构建了计量模型并列使用了主、客观指标法对返乡农民工创业质量进行了探究。主、客观单一指标法评测农民工返乡创业质量状况的描述性统计分析如下。

## (一)返乡创业质量的家庭特征分析

客观指标单一评测法结果显示，当前农民工返乡创业收入均值为 8 702.89 元，女性创业者月收入为男性创业者月收入的 83.57%。其中，汉族女性农民工返乡创业月收入为汉族男性农民工返乡创业月收入的 93.24%，少数民族女性返乡创业者对应为少数民族男性的 74.10%。无论是总体上看，还是区分汉族和少数民族，男性和拥有两个小孩家庭的农民工返乡创业者创业质量更高些(见表 11-2)。

主观指标单一评测法结果表明，当前农民工返乡创业者总体上自我效能感较高，为 51.07%(具体包括“满意”和“非常满意”)。其中，男性、已婚的农民工返乡创业者的创业质量要相对好于女性、未婚者对应状况(见表 11-3)。

**表 11-2　客观指标单一评测法的特征对比分析**

| 变量 | 数值 | | |
|---|---|---|---|
| | 总体 | 汉族 | 少数民族 |
| 男性创业者月收入/元 | 9 305.05 | 9 208.19 | 9 401.91 |
| 女性创业者月收入/元 | 7 776.34 | 8 585.89 | 6 966.71 |
| 女性收入占比男性收入/% | 83.57 | 93.24 | 74.10 |
| 家庭一个小孩者/元 | 7 964.71 | 8 848.97 | 7 987.20 |
| 家庭两个小孩者/元 | 9 526.05 | 8 934.64 | 8 880.57 |
| 家庭三个及以上小孩者/元 | 6 076.0 | 8 325.06 | 7 698.66 |

① 石丹淅：《中西部民族地区农民工返乡创业质量及其影响因素——基于三峡区域调查数据的分析》，载《教育经济评论》，2017(6)。

表 11-3 主观指标单一评测法的特征对比分析/%

| 满意程度 | 总体 | 性别 | | 婚姻 | | 民族 | |
|---|---|---|---|---|---|---|---|
| | | 男性 | 女性 | 已婚 | 未婚 | 汉族 | 少数民族 |
| 非常满意 | 7.26 | 6.62 | 7.90 | 7.86 | 6.66 | 8.25 | 6.27 |
| 满意 | 43.81 | 45.81 | 41.81 | 44.25 | 43.37 | 40.98 | 46.64 |
| 一般 | 41.24 | 40.53 | 41.95 | 40.52 | 41.96 | 42.27 | 40.21 |
| 不太满意 | 6.99 | 6.37 | 7.61 | 6.55 | 7.43 | 7.47 | 6.51 |
| 很不满意 | 0.71 | 0.70 | 0.72 | 0.81 | 0.61 | 1.03 | 0.39 |

## (二)返乡创业质量的人力资本特征分析

客观指标单一评测法结果显示，农民工返乡创业收入与其文化程度、职业技能水平和创业年限等有较大的相关性。具体来看，农民工返乡创业者收入与其受教育程度呈近似“U”形曲线分布关系。没有任何职业资格证书者和仅有初级职业资格证书者的返乡创业月收入分别为拥有中级以上职业资格证书者的 46.89%和 74.85%。无论处于哪类文化程度，随着其职业资格水平的提升，其创业收入整体上也将明显上升。相对于无任何职业技能水平者而言，学历程度越高，拥有中级及以上职业资格证书的农民工返乡创业者，其创业收入提升越明显，教育溢价和培训溢价效应显著。农民工返乡创业者的平均年限为 7.7 年，无论处在哪类教育层次，伴随创业年限增加，其返乡创业收入也将随之提高，详见表 11-4。主观指标单一评测法也发现了类似相关性特征。

表 11-4 不同人力资本水平者返乡创业质量对比分析/元

| 受教育程度 | 收入均值 | 职业资格证书 | | | 创业年限 | |
|---|---|---|---|---|---|---|
| | | 没有 | 初级 | 中级及以上 | ≤7.7 年 | >7.7 年 |
| 小学及以下 | 8 426.09 | 7 654.96 | 10 360.73 | 10 449.53 | 8 143.97 | 9 431.68 |
| 初中 | 6 642.17 | 7 820.94 | 7 879.91 | 7 636.69 | 7 625.96 | 8 705.38 |
| 高中 | 7 142.49 | 7 767.50 | 9 210.22 | 9 139.18 | 7 868.55 | 9 278.31 |
| 中技/中专 | 8 150.00 | 7 705.58 | 10 678.46 | 10 730.82 | 7 972.65 | 9 604.65 |
| 大专/高职 | 13 676.25 | 8 047.47 | 12 402.9 | 13 757.48 | 8 188.07 | 10 201.38 |
| 本科及以上 | 15 355.36 | 8 202.29 | 13 210.18 | 15 636.96 | 8 701.48 | 12 121.29 |

## (三)返乡创业质量的社会网络特征分析

数据显示，农民工返乡创业者收入、创业满意度与其过年走动的家庭数量也呈现非线性关系，并非春节等节假日走动、拜年的家庭数量越多，其返乡创业收入和创业满意度越高。这可能在于日常关系维护更多属于消费性支出，需要支付一定的花费，从而抵消其一部分创业收益。农民工返乡创业者收入与拥有当地乡科级及以上级别干部朋友数量呈正向相关关系。亲密的干部朋友越多，返乡创业收入越高，返乡创业满意度也相对较高。其主要原因在于，当前返乡创业区域多位中西部农村或城镇地区，创业资源配置受行政力量影响(或者说引导)较大而受市场驱动作用有限，拥有干部朋友状态属于生产性投入，拥有干部朋友越多，越有可能减少创业过程中信息不对称问题，进而降低创业活动的市场交易费用，提高返乡创业者边际收益，从而创业收益将越高。

**表 11-5　不同社会网络者返乡创业质量对比分析/元**

| 个数 | 过年走动/创业满意度 | 干部朋友情况/创业满意度 | 总体收入均值 |
|---|---|---|---|
| $0\leqslant x\leqslant 5$ | 8 065.57/69.38 | 7 612.20/71.42 | 7 838.89 |
| $5\leqslant x\leqslant 10$ | 8 702.89/86.27 | 8 702.89/80.13 | 8 702.89 |
| $x>10$ | 8 496.90/72.76 | 16 406.25/89.02 | 12 451.58 |

注：创业满意度百分比由“非常满意”和“满意”两种状态加总而得。

## (四)返乡创业质量的政策支持与创业领域特征分析

数据表明，农民工返乡创业者对返乡创业政策知晓度与返乡创业收入、返乡创业满意度都有显著正相关关系，且在不同的具体的返乡创业领域表现出明显一致性规律。具体来看，对返乡创业主要领域和政策了解程度的交叉分析显示，对“互联网＋”创业、乡村振兴战略等越了解，农民工返乡创业倾向和返乡创业收入越高。这与王立娜、周广肃等人的研究发现相似。需要进一步指出的是，尽管农民工返乡创业者在互联网创业、观光与休闲农业领域创业收入较高，但此领域并不是当前农民工返乡创业主要领域，两者累计比重仅占 7.7%。这种“错位效应”为今后新的时期返乡创业政策调整和返乡创业培训与服务完善提供了新方向。

**表 11-6　创业政策知晓度与返乡创业质量相关性分析**

| 政策知晓度 | 收入均值/元 | 创业满意度/% | 创业领域/元 | | | | |
|---|---|---|---|---|---|---|---|
| | | | 种植养殖 | 批发零售业 | 住宿餐饮业 | 互联网创业 | 观光与休闲农业 |
| 十分清楚 | 11 122.67 | 75.31 | 9 365.78 | 8 668.81 | 10 786.28 | 11 103.91 | 12 051.46 |
| 比较清楚 | 8 962.45 | 53.20 | 8 756.58 | 8 267.85 | 9 447.95 | 9 322.26 | 9 203.49 |
| 一般清楚 | 7 927.48 | 42.90 | 7 633.33 | 7 563.78 | 8 552.38 | 8 249.40 | 8 863.93 |
| 从不了解 | 6 023.53 | 26.05 | 6 880.74 | 6 369.07 | 8 466.09 | 7 838.71 | 8 982.42 |

注：创业满意度百分比由“非常满意”和“满意”两种状态加总而得。

# 第五节　模型设定、变选择与计量分析

基于上文对农民工返乡创业质量的描述性分析，我们对返乡创业质量现状及其特征有了较为直观的认识。然而，实践中受农民工返乡创业者群体异质性和创业绩效不确定性影响，使得对返乡创业质量影响因素因果关系的研判，以及对返乡创业质量内在决定机制的探究，还需要进一步借助计量模型给予实证检验。这也有助于提炼出更加具有针对性的政策建议。

## >>一、模型设定与变量选择<<

鉴于本研究使用主、客观并用式单一指标法探究农民工返乡创业质量，因此采用客观指标法测度农民工返乡创业质量的计量模型为标准的和扩展的明瑟收入模型，具体如下。

标准的明瑟收入模型为：

$$\ln(y)=\alpha+\beta_1 EDU+\beta_2 EXP+\beta_3 EXP^2+\varepsilon。$$

其中，$\ln y$ 为返乡创业月收入对数，$EDU$ 表示受教育年限，$EXP$ 表示务工经验年限，$EXP^2$ 为务工经验年限平方，$\alpha$ 和 $\varepsilon$ 分别为截距项和随机干扰项。

扩展的明瑟收入模型为：

$$\ln(y)=\alpha+\beta_1 EDU+\beta_2 EXP+\beta_3 EXP^2+\sum \beta_{3i} X_i+\varepsilon。$$

其中，$X_i$ 包括为扩展后的解释变量集合，具体包括家庭类别特征(如年龄、性别、婚姻、子女数量等)，人力资本特征变量(如教育年限、务工年限、创业年限、职业技能水平等)，社会资本特征变量(如干部朋友数量、亲朋创业情况等)，以及创业环境特征变量(如创业领域、创业政策等)。变量选取与赋值如表 11-7 所示。

采用主观指标法测度农民工返乡创业质量时，由于因变量返乡创业满意度取值具有序列等级特点，我们使用了有序 Probit 计量模型。

**表 11-7　变量选取与赋值**

| 变量类型 | 变量名 | 变量解释 | 变量赋值 |
|---|---|---|---|
| 人口学特征 | Male | 性别 | 男性为 1，女性为 0 |
| | Age | 年龄 | 个体实际年龄 |
| | Marry | 婚姻状况 | 已婚为 1，否则为 0 |
| | Childn | 子女状况 | 当前家庭子女数量 |

续表

| 变量类型 | 变量名 | 变量解释 | 变量赋值 |
| --- | --- | --- | --- |
| 人力资本 | EDU | 教育年限 | 小学及以下为6，初中为9，高中为12，中技/中专为14，大专/高职为15，本科及以上为16 |
| | EXP | 务工年限 | 个体实际务工年限 |
| | $EXP^2$ | 务工年限平方 | 个体实际务工年限平方 |
| | CYNX | 创业年限 | 个体实际创业年限 |
| | ZYJN | 职业技能水平 | 有职业资格证书为1，否则为0 |
| 社会资本 | GBPY | 干部朋友数量 | 个体实际干部朋友数量 |
| | QPCY | 亲朋创业情况 | 有亲朋创业者为1，否则为0 |
| 创业特征 | Indus0 | 批发零售业 | 批发零售业为1，否则为0 |
| | Indus1 | 住宿餐饮业 | 住宿餐饮业为1，否则为0 |
| | Indus2 | 种植养殖业 | 种植养殖业为1，否则为0 |
| | Indus3 | 互联网创业 | 互联网创业为1，否则为0 |
| | Indus4 | 观光/休闲农业 | 观光/休闲农业为1，否则为0 |
| | CYZC | 创业政策 | 从不了解为1，一般清楚为2，比较清楚为3，十分清楚为4 |

## >>二、计量结果分析<<

基于主、客观单一指标评测法的返乡创业质量计量结果详见表11-8。其中，表11-8第3～8列为客观指标单一评测法的返乡创业质量回归结果，表11-8第9～11列为主观指标单一评测法的返乡创业质量系数状况。不难发现，主、客观单一指标评测的总体结果显示(表11-8第3～4列和表11-8第9列)，农民工的人力资本水平、社会网络状况和国家创业政策支持均对当前农民工返乡创业质量都有显著性正向影响，$H_1$、$H_2$、$H_3$得到证实。

具体来看，采用客观指标法测度农民工返乡创业质量的稳健性OLS法计量结果显示，在标准模型下(表11-8第3列)，农民工返乡创业者受教育年限每提高一年，其返乡创业质量便提高6.3%($p<1\%$)。在其他不变情况下，务工经历每增加一年，农民工返乡创业质量便提高6.2%($p<1\%$)，但务工经历与返乡创业质量提升之间存在明显门槛效应，即倒U关系。扩展模型显示(表11-8第4列)，农民工返乡创业者受教育年限对其返乡创业质量提升作用有所下降，减至2.6%($p<1\%$)，而务工经历对其返乡创业质量促进效应进一步增强，升至6.4%($p<1\%$)。此外，创业年限(2.4%，$p<1\%$)、职业技能水平(24.8%，$p<1\%$)、乡

表 11-8　基于主、客观单一指标法的返乡创业质量计量结果与稳定性检验值

| 类型 | 变量 | 客观指标法 OLS 模型 | | | | | | 主观指标法 O-probit 模型 | | |
|---|---|---|---|---|---|---|---|---|---|---|
| | | 总体 | | 汉族 | | 少数民族 | | 总体 | 汉族 | 少数民族 |
| | | 标准 | 扩展 | 标准 | 扩展 | 标准 | 扩展 | 系数 | 系数 | 系数 |
| 人力资本 | EDU | 0.063*** | 0.026*** | 0.075*** | 0.036*** | 0.026* | 0.018* | 0.013* | 0.038*** | 0.020* |
| | EXP | 0.062*** | 0.064*** | 0.042*** | 0.033** | 0.087*** | 0.108*** | 0.041** | 0.038* | 0.004* |
| | $EXP^2$ | −0.002*** | −0.002*** | −0.002** | −0.001* | −0.003*** | −0.003*** | −0.002*** | −0.002** | −0.001* |
| | CYNX | | 0.024*** | | 0.028* | | 0.048*** | 0.014*** | 0.001* | 0.009* |
| | ZYJN | | 0.248*** | | 0.202*** | | 0.326** | 0.076* | 0.104* | 0.092* |
| 社会资本 | GBPY | | 0.018*** | | 0.029*** | | 0.007 | 0.015*** | 0.002* | 0.010* |
| | QPCY | | 0.164*** | | 0.173*** | | 0.099* | 0.145** | 0.018* | 0.093* |
| 创业行业 | Indus0 | | −0.278*** | | −0.313*** | | −0.169* | −0.158* | −0.147* | −0.014* |
| | Indus1 | | 0.452*** | | 0.549*** | | 0.231* | 0.212* | 0.071* | 0.123* |
| | Indus2 | | −0.078 | | −0.128 | | 0.063 | −0.097* | −0.449** | −0.283** |
| | Indus3 | | 0.258* | | 0.168* | | 0.190* | 0.095* | 0.965** | 0.291* |
| | Indus4 | | 0.587*** | | 0.626*** | | 0.473* | 0.079* | 0.028* | 0.081*** |
| 政策支持 | CYZC | | 0.139*** | | 0.118*** | | 0.206*** | 0.396*** | 0.105** | 0.215*** |
| 控制变量 | Male | | 0.273*** | | 0.226*** | | 0.246** | 0.108* | 0.358*** | 0.343*** |
| | Age | | −0.022*** | | −0.013** | | −0.035*** | −0.002* | −0.002* | −0.001* |
| | Marry | | 0.004 | | 0.055 | | 0.187 | 0.118* | 0.221* | 0.079* |
| | Childn | | 0.021 | | 0.011 | | 0.028 | 0.006 | 0.007 | 0.005 |
| | _Cons | 7.586*** | 7.802*** | 7.586*** | 7.671*** | 7.746*** | 8.263*** | | | |
| | $R^2$ | 0.053 | 0.205 | 0.064 | 0.242 | 0.039 | 0.220 | | | |
| | LRchi2 | | | | | | | 144.38 | 92.88 | 85.03 |
| | $PseudoR^2$ | | | | | | | 0.058 | 0.048 | 0.031 |
| | Obs | 1126 | 1099 | 773 | 753 | 352 | 345 | 1 103 | 776 | 353 |

注：(1)“＊＊＊”表示 p<1%；“＊＊”表示 p<5%；“＊”表示 p<10%。(2)O—Probit 模型的边际效应值以“非常不满意”为基准组。

科级干部朋友数量（1.8%，$p<1\%$）、亲人朋友创业（16.4%，$p<1\%$）、互联网创业（25.8%，$p<10\%$）、观光与休闲农业创业（58.7%，$p<1\%$）、创业政策知晓度（13.9%，$p<1\%$）等都对农民工返乡创业质量有明显促进作用。主观指标法测度的返乡创业质量稳健性系数也证实了上述结论，只是具体数值大小不同而已（表 11-8 第 9 列）。综上可见，研究假设 $H_{1a}$、$H_{1b}$、$H_{1c}$，$H_{2a}$、$H_{2b}$，$H_{3a}$、$H_{3b}$得到了进一步验证。

针对现有研究中存在的“创业悖论”问题，为更好研判中国情境下返乡创业质量问题，验证主要影响因素解释力的稳定性，本研究借鉴了代表性文献主要做法，通过进一步区分计量回归汉族和少数民族农民工返乡创业质量的影响因素来展开稳定性检验。

客观指标法测度农民工返乡创业质量结果的稳定性检验详见表 11-8 第 5～6 列。主观指标法测度农民工返乡创业质量结果的稳定性检验详见表 11-8 第 10～11 列。基于数值结果可见，稳定性检验模型中的显著性变量情况与总体模型中主要影响因素基本一致，其具体作用机理不再赘述。

另外，表 11-8 计量回归结果还显示，性别、婚姻、家庭小孩数量对农民工返乡创业质量都有正向促进作用，其中，性别变量对返乡创业质量影响具有较强的稳健性。年龄对农民工返乡创业质量有负向显著性影响。

## 第六节　结论与政策启示

本章基于鄂、渝、湘、黔 4 省 16 县 1 131 名农民工返乡创业者问卷调查数据的描述性统计分析结果显示，当前农民工返乡创业者年龄均值为 39.8 岁，以男性、已婚者为主，返乡创业领域主要为批发与零售业、住宿与餐饮业，八成返乡创业者日工作时间高于 8 小时。女性农民工返乡创业者月收入为男性的 83.57%，有初级职业资格证书的返乡创业者收入为中级以上职业资格证书者的 74.85%。采用主、客观并用式的单一指标法的计量回归结果表明，性别、文化程度、务工经历、创业年限、职业技能水平、干部朋友数量、亲朋创业情况、“互联网＋”创业、创业政策等对当前农民工返乡创业质量具有显著性影响。农民工返乡创业者受教育年限每提高一年，返乡创业质量则提高 2.6%；务工经验每增加一年，返乡创业质量则增加 6.4%；拥有亲朋创业者的农民工比普通返乡创业者的创业质量高 16.4%；“互联网＋”返乡创业者创业质量比非“互联网＋”行业者高 25.8%。对返乡创业政策越知晓，其返乡创业质量越高。农民工返乡创业具有明显的经济效应和社会效应。新时代，促进农民工返乡创业质量提升，既是进一步释放上述效应的战略选择，也是激励更多高素质农民工返乡创业、诱导更多生存型返乡创业有序向机会型返乡创业转变的关键抓手。本文提出如下主要政策建议。

## >>一、实施更加积极的返乡创业政策<<

创业政策既可以激励更多的参与创业，又能进一步为这些创业者提供积极的支持。好的创业政策对创业质量提升的影响十分显著。党的十八大以来，党和国家密集出台了各类返乡创业政策，对激发返乡创业热情和返乡创业活动起到了巨大推力，产生了积极的个人和社会效益。新阶段，返乡创业政策应瞄准新冠肺炎疫情就业冲击、乡村振兴战略、解决相对贫困、新型城镇化等，进一步实施一揽子系统性、整体性、协同性的返乡政策，释放“洼地效应”和返乡创业红利。具体而言，需在切实落实《关于推动返乡入乡创业高质量发展的意见》《扩大返乡留乡农民工就地就近就业规模实施方案》《关于进一步加大创业担保贷款贴息力度全力支持重点群体创业就业的通知》以及国务院《2019 年政府工作报告》等最新政策基础上，做好如下工作：

在返乡创业财税金融政策方面，积极纾困，坚持一手抓财政补贴与税费改革，一手抓融资渠道拓建。一方面，应精准定位返乡创业项目财政补贴范围，细化规范返乡创业的税费征收项目，降低返乡创业的成本；另一方面，针对当前农民工返乡创业者反映最为突出的问题，即流动资金贷款获得难，应及时破解产权抵押程度复杂、有效抵押物范围小的问题，探索实施返乡入乡创业信用贷款政策，开展林权、大型农机具、厂房、生产大棚、渔船抵押贷款和农业保单、生产订单、仓单融资，完善违约处置容忍度等制度设计，允许合理展期，完善乡村金融。此外，建立健全返乡创业项目风险防范和失败补偿机制等，有效降低创业者的各种压力。

在返乡创业产业政策方面，政府应进一步强化对农民工返乡创业项目的政策性引导，科学制定、及时发布、积极宣讲本区域内产业投资项目指南和配套鼓励性产业投资优惠政策。建立包容性更强的返乡创业产业园区，并切实出台针对能吸纳更多农民工返乡创业者入园的倾向性政策细则。

在返乡创业服务支撑体系方面，首先，县域政府须加强向服务型政府转变，加强返乡入乡创业园、创业孵化基地、农村创新创业孵化实训基地等各类返乡入乡创业载体建设，为返乡入乡创业人员提供低成本、全要素、便利化的创业服务。例如，完善创业分类统计制度，加强部门间信息共享，建立较为成熟的在外人才数据库、创新创业项目备选、返乡创客朋友圈或人脉网等。充分利用“云、端、网”为创业企业借智引才，善用政府购买服务机制加强返乡创业服务供给侧改革。其次，坚持和完善统筹城乡的民生保障制度，不断完善农村互联网基础设施、物流设施等信息化支撑体系，降低城乡数字鸿沟，有序推进电商示范县、示范村及数字乡村建设。最后，善用微信微博、广播电视、手机海报等宣传返乡创业政策及成功案例，塑造榜样和示范力量。

## >>二、塑造以人为本的返乡创业培训与创业教育<<

人是创业活动的主体。返乡创业能力是影响返乡创业收入、返乡创业质量的关键变量。要充分挖掘创业技能培训和社会创业教育“增能”“赋能”价值，使返乡农民工“有业创”“创好业”。具体而言，在返乡创业培训和技能培训方面，首先应精准识别农民工返乡创业者创业培训诉求，增加返乡创业培训体系瞄准度和融合度；其次应加大返乡创业培训补贴度和覆盖面，使每位有返乡创业意愿的农民工返乡创业者都能至少接受一次返乡创业培训；最后应积极创新返乡创业培训方式和培训内容，增强培训方式的多元性与便捷性，如理论＋实践、线上与线下、课堂与课外等，凸显培训内容的亲农化和实用性，如生态农业、农耕文化与休闲/观光农业、农村电商项目筹划、运营与风险管理等。此外，还应探索组建专业化、规模化、制度化的创业导师队伍，发挥“师带徒”效应。当前湖北“农民工返乡创业七大行动计划”、重庆“筑巢引凤”工程、湖南“星创天地”项目、贵州“万千百工程”，以及安徽“凤还巢”工程十分有益，值得深度推广。

在创业教育方面，县域政府应加强跨区域协作，统筹地方或区域内人社、农业、工商、涉农科院校所、教育培训机构构建扶志、扶智、扶心、扶技、扶业的创业教育体系，全面重塑符合农民工认知的创业教育思想、办学理念、课程体系、教学方式、实践操作和考核评价体系。与此同时，对条件适宜的返乡农民工，鼓励其到区域内中职中专或高职高专免试就读，并全部纳入免学费范围；选择有代表企业作为农民工返乡创业者不同阶段考察学习的场所，形成闭环创业教育系统。总之，通过多种方式的人力资本投资以及创业实践中干中学和传帮带，稳步提升农民工返乡创业者综合素养，全面塑造农民工返乡创业者的“生产能力”和“配置能力”，引导和激励越来越多的农民工把返乡创业当作新时代“打拼出彩人生的金钥匙”，而非“逃离繁忙都市枷锁的出路”。

# 第十二章

# 人口老龄化与区域劳动力市场发展

近年来，中国人口老龄化进程加快，人口生育率持续下降，劳动年龄人口规模趋于下降，人口结构的老龄化和少子化正在成为制约中国经济社会发展的重要因素。① 国家统计局数据显示，2019 年年末，中国 65 周岁及以上人口为17 699 万人，占总人口的 12.6%。中国发展基金会发布《中国发展报告 2020：中国人口老龄化的发展趋势和政策》，预测到 2022 年左右，中国 65 岁以上人口将占总人口的 14%。从总量上来看，老年人口所占比重和老年人口抚养比正在快速增加；从结构上来看，我国人口老龄化发展并不均衡，不同区域的老龄化速度存在差异。随着劳动力全国范围内流动，大量年轻劳动力由农村流向城市，由欠发达地区流向发达地区，造成人口老龄化的“城乡倒置”与欠发达地区老龄化程度高、发达地区老龄化程度低的“区域倒挂”。② 人口老龄化通过影响劳动力供给、劳动力需求、劳动力市场匹配效率、劳动生产率和产业结构等对区域劳动力市场发展产生重要影响，直接关系到我国区域协调发展和城乡融合发展的进程。

## 第一节　不同区域的人口老龄化特征

国际上一般以 65 岁及以上人口占总人口的比例来衡量人口老龄化程度。在阿根廷召开的第五届全球老龄问题大会上，又将老龄阶段划分为低龄老人时期和高龄老人时期。低龄老人的生活能够自理，社交活动和户外运动能力健全，又被称为“户外活动型老人”。高龄老人由于机体衰老以及疾病的困扰，日常生活自理能力的逐步丧失，甚至卧床不起，又被称为“户内活动型老人”。按照中国现行退

① 李建伟和周灵灵：《中国人口政策与人口结构及其未来发展趋势》，载《经济学动态》，2018(12)。

② 林宝：《人口老龄化城乡倒置：普遍性与阶段性》，载《人口研究》，2018(3)；杨菊华、王苏苏、刘轶锋：《新中国 70 年：人口老龄化发展趋势分析》，载《中国人口科学》，2019(4)；范建双、高骞、周琳：《城乡人口老龄化对城镇化的双边效应》，载《中国人口科学》，2020(2)。

休政策，以 60 岁退休后开始进入老年期对老年人进行划分，60～69 岁人口被称为低龄老年人口，70～79 岁人口被称为中龄老年人口，80 岁及以上人口被称为高龄老年人口。此外，本部分也将老年人口抚养比作为衡量老龄化程度的指标，具体计算方法为 65 岁及以上老年人口数除以 15～64 岁的劳动年龄人口数。

## >>一、人口老龄化总体变化趋势：中国正在加速进入深度老龄化社会<<

新中国成立以来，中国的人口年龄结构从年轻型向成年型过渡，近三十年来开始迈向老年型。65 岁及以上人口占比从 1990 年的 5.6%增加到 2019 年的 12.6%，以每年 2.8%的速度不断增加(见图 12-1)，老年人口抚养比从 1990 年的 8.3%增加到 2019 年的 17.8%，以每年 2.7%的速度不断增加(见图 12-2)。根据联合国的老龄化标准，如果一个国家或地区 65 岁及以上人口达到总人口的 7%，或 60 岁及以上人口达到总人口的 10%，则认为该国或地区进入老龄化社会。中国从 2000 年开始 65 岁及以上人口达到总人口的 7%，正式进入老龄化社会。2008 年之后，人口老龄化进程加快，预计到 2022 年 65 岁及以上人口比例将达到 14%，进入深度老龄化社会，从进入老龄化社会到进入深度老龄化社会仅用 22 年。而日本从老龄化社会到深度老龄化社会用了 26 年，中国将超越日本成为老龄化速度最快的国家。

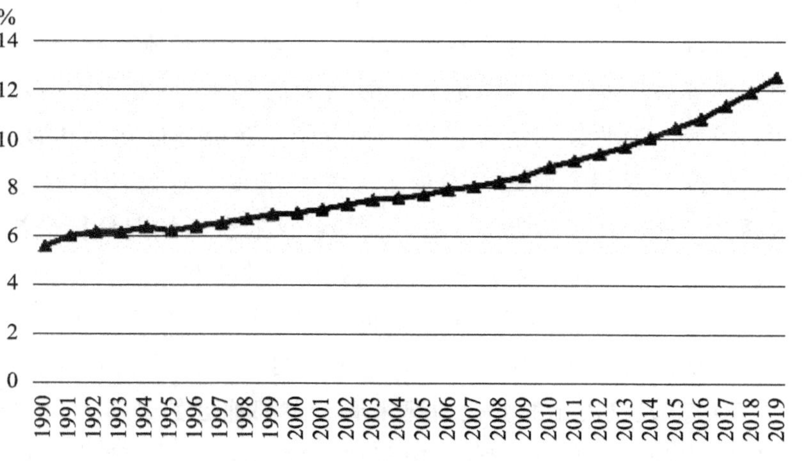


**图 12-1 1990—2019 年 65 岁及以上老年人口占比的变化**

数据来源：国家统计局网站。

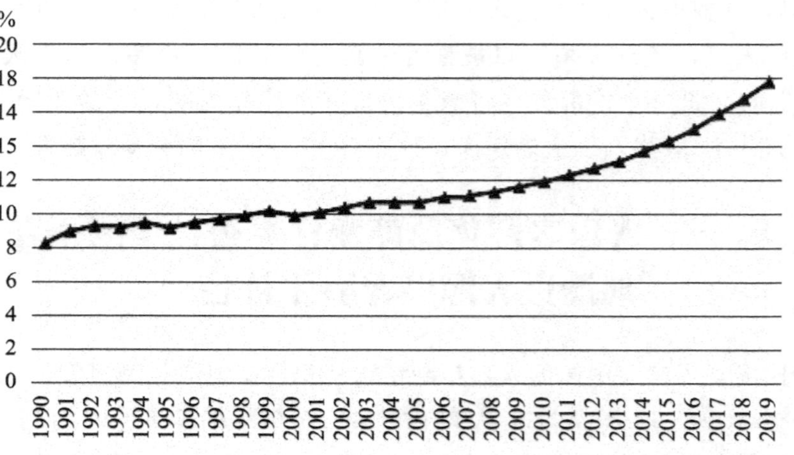


**图 12-2　1990—2019 年老年人口抚养比的变化**

数据来源：国家统计局。

## 二、不同地区人口老龄化趋势：中西部地区追平东部地区，东北地区“未富先老”，总体呈现东高西低，北高南低的特点

2011 年国家统计局出台《东西中部和东北地区划分方法》文件，将我国的经济区域划分为东部、中部、西部和东北部四大区域，东部地区包括北京、天津、河北、上海、江苏、广东、福建、浙江、海南和山东 10 个省份；中部地区包括山西、江西、河南、湖北、湖南和安徽 6 个省份；西部地区包括内蒙古、广西、重庆、四川、云南、贵州、西藏、新疆、青海、宁夏、甘肃和陕西 12 个省份；东北地区包括黑龙江、辽宁和吉林 3 省。此后，该经济区域划分标准被普遍认可和广泛采用。① 因此本文也采用这一分类方法将 31 个省份划分为东部、中部、西部和东北部四大区域，分别计算每个地区的 65 岁及以上人口占比和老年人口占比，以反映不同地区人口老龄化的趋势，结果如图 12-3、图 12-4 所示。

从 65 岁及以上人口占比的变化情况来看，东部地区的老年人口占比从 2000 年的 7.8%上升到 2018 年的 12.2%，中部地区的老年人口占比从 2000 年的 7%上升到 2018 年的 11.7%，西部地区的老年人口占比从 2000 年的 6.5%上升到 2018 年的 11.5%，东北地区的老年人口占比从 2000 年的 6.6%上升到 13.4%。

① 张林、温涛：《中国实体经济增长的时空特征与动态演进》，载《数量经济技术经济研究》，2020(3)。

从老年人口抚养比的变化情况来看，东部地区的老年人口抚养比从2000年的10.9%上升到2018年的17%，中部地区的老年人口抚养比从2000年的10.2%上升到2018年的16.8%，西部地区的老年人口抚养比从2000年的9.5%上升到2018年的16.4%，东北地区的老年人口抚养比从2000年的8.8%上升到17.7%。

整体来看，2000年到2005年，人口老龄化水平在全国范围内呈阶梯状分布，东部地区高于中部地区，中部地区又高于西部地区和东北地区。从2005年开始，东北地区老龄化速度加快，2006年超过西部地区，2007年超过中部和西部地区，2008年又超过东部地区成为全国老龄化程度最高的地区，并在此后一直维持这一趋势。与此同时，一开始老龄化程度较低的中部和西部地区的老龄化程度也不断上升，与东部地区的差距不断缩小，并于2010年开始反超东部地区，此后东中西部的老龄化程度基本相当。到2018年，东北地区老龄化程度最高，其次是东部地区，中西部地区老龄化程度相当，略低于东部地区。一般情况下，经济发展程度越高的地区人口老龄化水平也越高，而我国东北地区和中西部地区的老龄化速度加快在很大程度上是由人口向经济发达地区流出导致的。

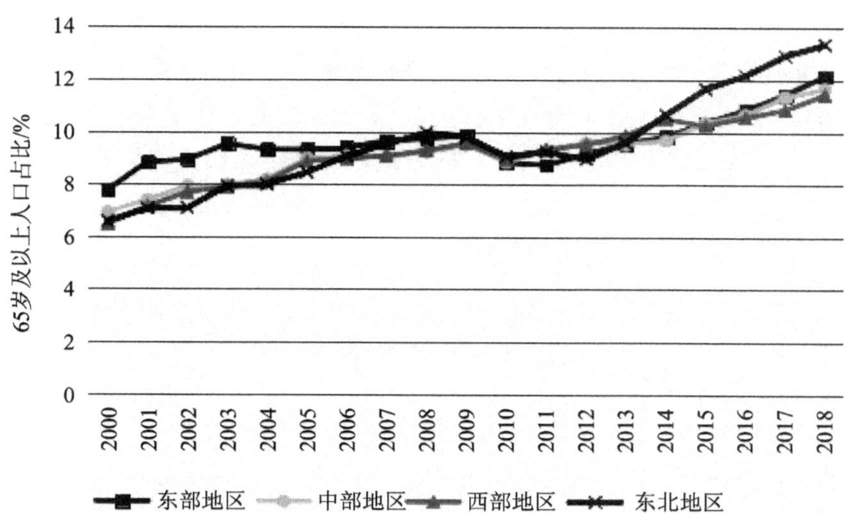


**图 12-3　2000—2018年四大区域65岁及以上人口占比的变化**

数据来源：2001—2019年《中国人口统计年鉴》。

除了四大区域外，近年来中国南北差距不断拉大，受到学者和政策制定者的广泛关注。南北划分一般以全国地理中位线的北纬35°线为界①，以北为北方区域，包括北京、天津、河北、山西、内蒙古、辽宁、吉林、黑龙江、山东、河南、陕西、甘肃、青海、宁夏、新疆15个省份；以南为南方区域，包括除北方

① 李二玲、覃成林：《中国南北区域经济差异研究》，载《地理学与国土研究》，2002(4)。

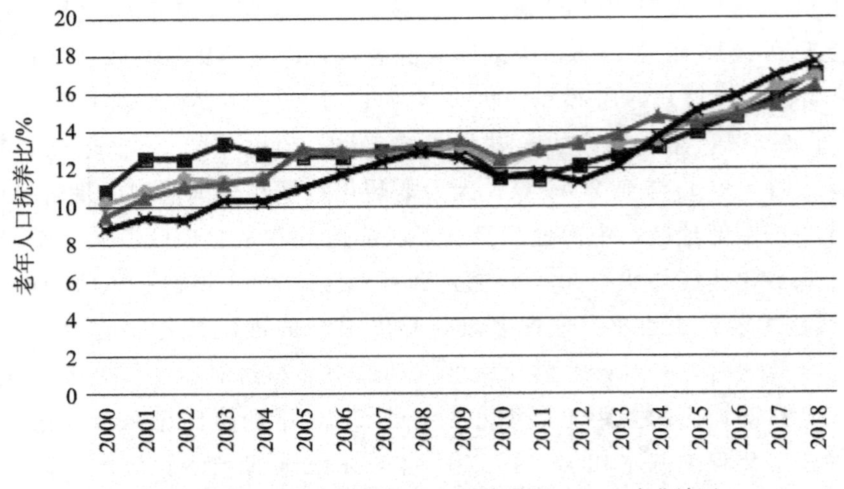


**图 12-4　2000—2018 年四大区域老年人口抚养比的变化**

数据来源：2001—2019 年《中国人口统计年鉴》。

之外的其他 16 个省份。① 本文也根据这一划分方法计算中国南北地区的老龄化程度及其变化趋势，结果如图 12-5、图 12-6 所示。

从 65 岁及以上人口占比的变化情况来看，北方地区的老年人口比例从 2000 年的 6.8%上升到 2018 年的 12.1%，南方地区的老年人口比例从 2000 年的 7.3%

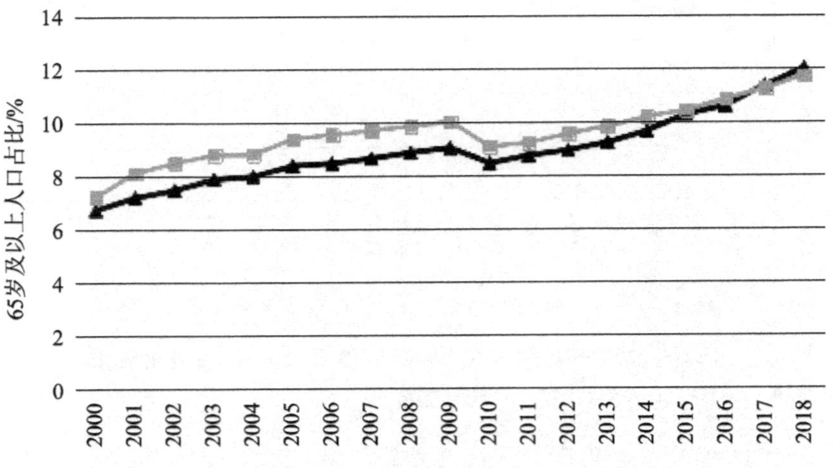


**图 12-5　2000—2018 年南北地区 65 岁及以上人口占比的变化**

数据来源：2001—2019 年《中国人口统计年鉴》。

① 魏后凯、年猛、李功：《“十四五”时期中国区域发展战略与政策》，载《中国工业经济》，2020(5)。

上升到 2018 年的 11.8%。从老年人口抚养比的变化情况来看，北方地区的老年人口抚养比从 2000 年的 9.6%上升到 2018 年的 17%，南方地区的老年人口抚养比从 2000 年的 10.5%上升到 2018 年的 16.7%。

整体来看，南方地区的平均老龄化程度一直高于北方地区，但从 2010 年开始北方地区的老龄化程度加快，与南方地区的差距不断缩小，到 2017 年北方地区的老龄化程度已经超过南方地区。这与东中西和东北四大区域的老龄化分布特征一致，很大程度上是由人口从经济欠发达地区向经济发达地区流出所致。中国的老龄化区域分布呈现出“未富先老”的特征。

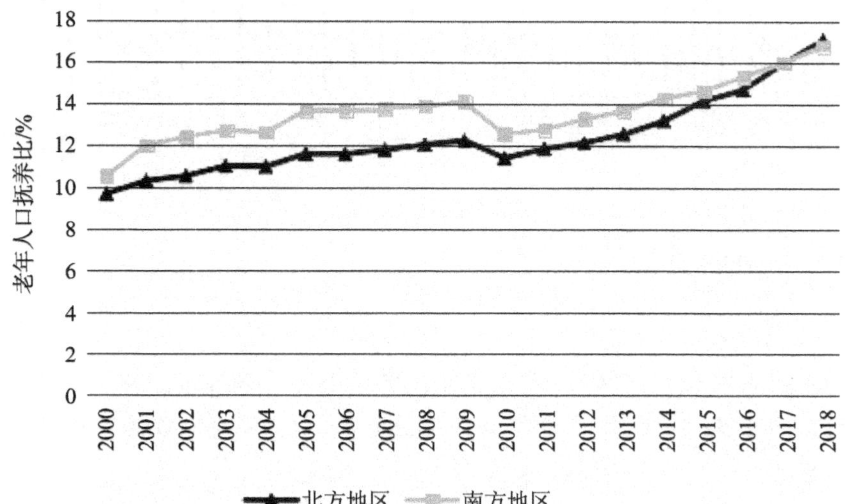


图 12-6　2000—2018 年南北地区老年人口抚养比的变化

数据来源：2001—2019 年《中国人口统计年鉴》。

## >>三、不同省份的老龄化趋势：发达省份老龄化程度较高，部分省份存在发展速度和年龄结构的“倒挂”现象<<

如果用 65 岁及以上人口占比来衡量老龄化程度，2018 年全国老龄化程度最高的五个省份依次是山东、四川、辽宁、上海、江苏，这五个省份的 65 岁及以上人口占比已经超过 14%，意味着其进入深度老龄化社会，2018 年已经有 12 个省的 65 岁及以上人口占比超过 12%。人口老龄化最低的五个省份依次是西藏、新疆、青海、海南和广东(见图 12-7)，其中，广东省作为粤港澳大湾区的腹地，每年吸引大量年轻人前来发展。在全国主要城市中，深圳和广州的人口增量分列 2、3 位，对全省人口增量的贡献率持续保持在 46%以上，这在很大程度上降低了广东省的人口老龄化程度。

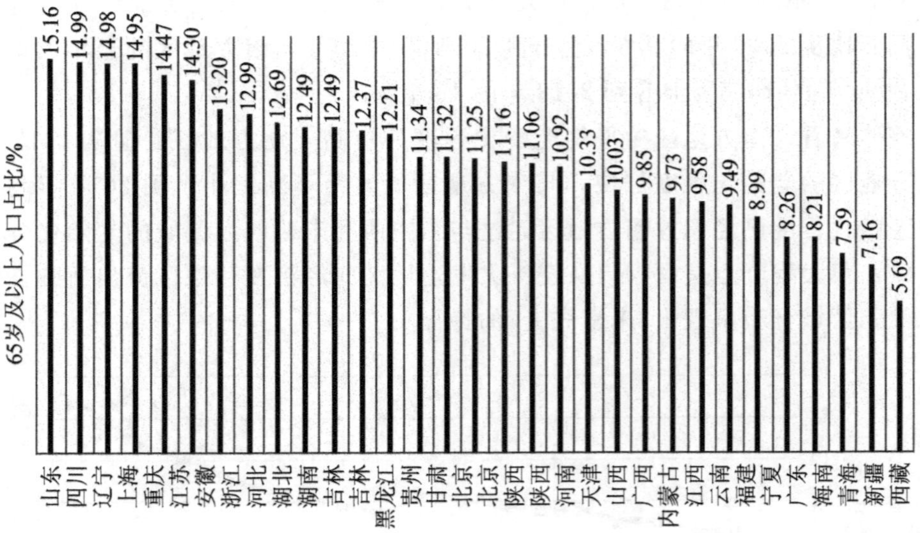

65岁及以上人口占比/%

| 省份 | 65岁及以上人口占比/% |
| --- | --- |
| 山东 | 15.16 |
| 四川 | 14.99 |
| 辽宁 | 14.98 |
| 上海 | 14.95 |
| 重庆 | 14.47 |
| 江苏 | 14.30 |
| 安徽 | 13.20 |
| 浙江 | 12.99 |
| 河北 | 12.69 |
| 湖北 | 12.49 |
| 湖南 | 12.49 |
| 吉林 | 12.37 |
| 吉林 | 12.21 |
| 黑龙江 | 11.34 |
| 贵州 | 11.32 |
| 甘肃 | 11.25 |
| 北京 | 11.16 |
| 北京 | 11.06 |
| 陕西 | 10.92 |
| 陕西 | 10.33 |
| 河南 | 10.03 |
| 天津 | 9.85 |
| 山西 | 9.73 |
| 广西 | 9.58 |
| 内蒙古 | 9.49 |
| 江西 | 8.99 |
| 云南 | 8.26 |
| 福建 | 8.21 |
| 宁夏 | 7.59 |
| 广东 | 7.16 |
| 海南 | 5.69 |

**图 12-7　2018 年各省 65 岁及以上人口占比**

数据来源：国家统计局网站。

表 12-1 为全国 31 个省份 2000 年、2010 年和 2018 年 65 岁及以上人口占比及增长率。从中可以看到，2010 年之后各省份老龄化进程加快，其中山东、河北、吉林、上海、黑龙江、辽宁是老年人口占比增长最快的六个省份，东北三省全部在列，这与前文中四大区域的人口老龄化变化情况是一致的。

**表 12-1　2000 年、2010 年和 2018 年各省 65 岁及以上人口占比/%**

| 省份 | 2000 | 2010 | 2018 | 增长率 |
| --- | --- | --- | --- | --- |
| 北京 | 8.42 | 8.71 | 11.25 | 3.25 |
| 天津 | 8.41 | 8.52 | 10.92 | 3.15 |
| 河北 | 7.05 | 8.24 | 12.69 | 5.54 |
| 山西 | 6.33 | 7.58 | 10.33 | 3.94 |
| 内蒙古 | 5.51 | 7.56 | 9.85 | 3.36 |
| 辽宁 | 7.88 | 10.31 | 14.98 | 4.78 |
| 吉林 | 6.04 | 8.38 | 12.37 | 4.99 |
| 黑龙江 | 5.56 | 8.28 | 12.21 | 4.98 |
| 上海 | 11.46 | 10.13 | 14.95 | 4.99 |
| 江苏 | 8.84 | 10.88 | 14.30 | 3.47 |
| 浙江 | 8.92 | 9.34 | 12.99 | 4.20 |

续表

| 省份 | 2000 | 2010 | 2018 | 增长率 |
|---|---|---|---|---|
| 安徽 | 7.59 | 10.23 | 13.20 | 3.24 |
| 福建 | 6.69 | 7.89 | 9.49 | 2.33 |
| 江西 | 6.27 | 7.60 | 9.73 | 3.14 |
| 山东 | 8.12 | 9.84 | 15.16 | 5.55 |
| 河南 | 7.10 | 8.36 | 11.06 | 3.55 |
| 湖北 | 6.42 | 9.09 | 12.49 | 4.05 |
| 湖南 | 7.47 | 9.77 | 12.49 | 3.11 |
| 广东 | 6.17 | 6.79 | 8.26 | 2.48 |
| 广西 | 7.30 | 9.24 | 10.03 | 1.03 |
| 海南 | 6.74 | 8.07 | 8.21 | 0.21 |
| 重庆 | 8.01 | 11.72 | 14.47 | 2.67 |
| 四川 | 7.56 | 10.95 | 14.99 | 4.00 |
| 贵州 | 5.97 | 8.71 | 11.34 | 3.35 |
| 云南 | 6.09 | 7.63 | 9.58 | 2.88 |
| 西藏 | 4.75 | 5.09 | 5.69 | 1.41 |
| 陕西 | 6.15 | 8.53 | 11.16 | 3.42 |
| 甘肃 | 5.20 | 8.23 | 11.32 | 4.06 |
| 青海 | 4.56 | 6.30 | 7.59 | 2.36 |
| 宁夏 | 4.47 | 6.39 | 8.99 | 4.36 |
| 新疆 | 4.67 | 6.48 | 7.16 | 1.25 |

数据来源：2001—2019 年《中国人口统计年鉴》。

注：最后一列计算的是 2010 年到 2018 年各省份 65 岁及以上人口占比的平均增长率。

进一步地，根据 2018 年 65 岁及以上老年人口所占比重和 2010 年到 2018 年老年人口占比增长率将全国各省的老龄化模式分为四种类型，分别是“高快型”“高慢型”“低快型”“低慢型”(见图 12-8)。“高快型”表示目前老龄化水平较高且老龄化发展速度很快，包括山东、四川、辽宁、上海、江苏、浙江、河北、湖北、吉林、黑龙江、甘肃 11 个省份。“高慢型”表示目前老龄化水平较高但老龄化发展速度相对较慢，包括重庆、安徽、湖南、贵州 4 个省份。“低快型”表示目前老龄化水平还不高但老龄化发展速度很多，包括陕西、河南、山西、宁夏 4 个省份。“低慢型”表示目前老龄化水平不高且发展速度相对较慢，包括北京、天津、广西、内蒙古、江西、云南、福建、广东、海南、青海、新疆、西藏 12 个省份。可见，山东、浙江、江苏、上海等东部沿海发达省份已经率先且加速进入老龄化社会，在经济发展程度较高的省份中，北京、天津和广东的人口结构较为乐观。而东北三省由于人口外流严重，正在加速进入深度老龄化社会，表现出“未富先老”的特征。部分省份存在发展速度和年龄结构的“倒挂”现象，即经济发展程度越低的省份，年轻人口大量外流，人口老龄化越严重，而经济发展水平越高的省份，吸引更多年轻人口流入，在一定程度上降低了人口老龄化的速度。

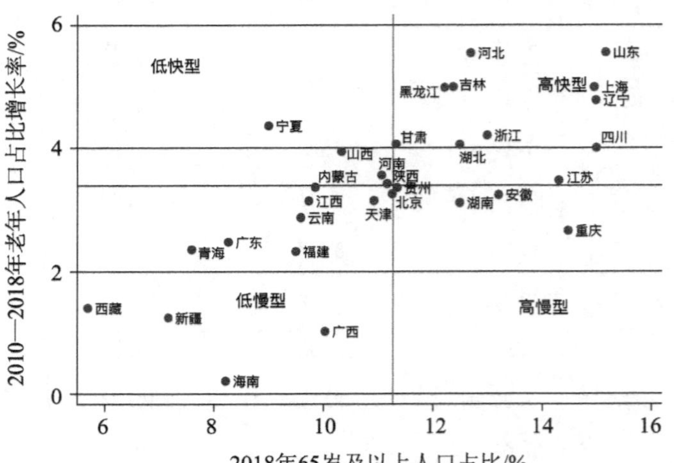


**图 12-8　2010—2018 年各省人口老龄化的四种类型**

数据来源：2001—2019 年《中国人口统计年鉴》。

## >>四、城乡老龄化趋势：农村地区老龄化问题更加严峻，人口老龄化“城乡倒置”现象明显<<

从人口老龄化的城乡分布特征来看，由于中国城市化进程加快，农村青壮年劳动力大量迁移流动到城镇，农村人口老龄化速度和程度都高于城市，体现出人口老龄化“城乡倒置”的特点。2018 年，农村 65 岁及以上人口占比已经达到 13.84%，城市和镇的比例分别为 10.36%和 11.07%，农村地区的老龄化折算系数比城镇地区高出约 3%(见图 12-9)。农村老年人口抚养比高达 20.74%，远高于城市的 13.63%和镇的 15.44%(见图 12-10)。由于农村地区的养老保障、医疗保障和相关服务体系不完善，应对人口老龄化的能力相对较弱，未来农村地区将比城镇地区面临更为严峻的老龄化问题。

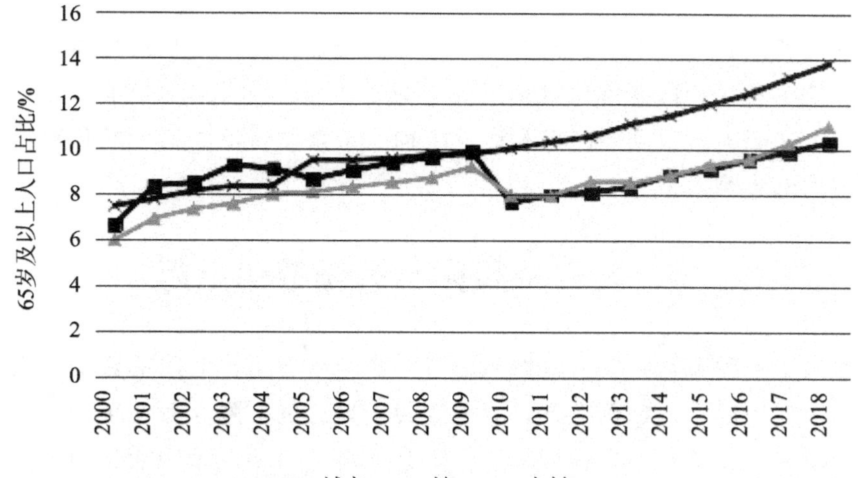


**图 12-9　2000—2018 年城乡 65 岁及以上人口占比的变化**

数据来源：2001—2019 年《中国人口统计年鉴》。

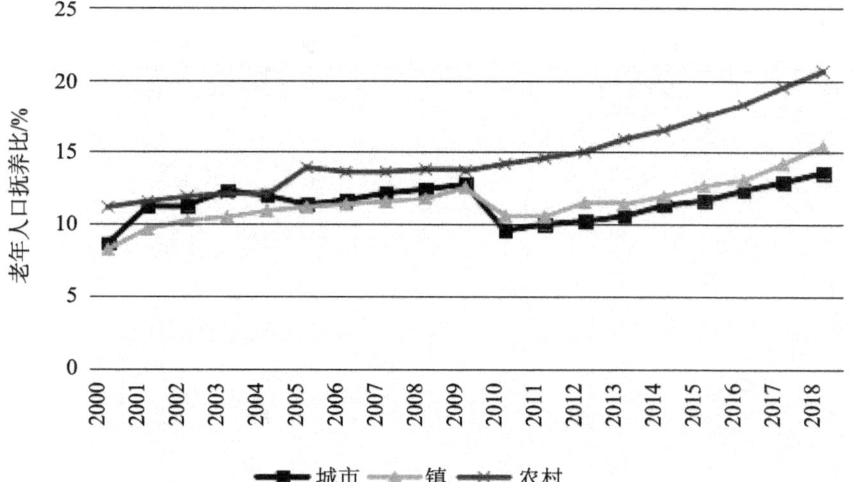


**图 12-10　2000—2018 年城乡老年人口抚养比的变化**

数据来源：2001—2019 年《中国人口统计年鉴》。

## 第二节　人口老龄化对区域劳动力市场的影响

有学者关注到人口老龄化对劳动力市场的影响，但一般是从总体变化趋势进行讨论，较少关注人口老龄化对不同区域劳动力市场的影响。[①] 本部分将从劳动供给、需求、匹配、劳动生产率和产业结构五个角度讨论人口老龄化对不同区域劳动力市场的影响。

### >>一、人口老龄化与区域劳动供给<<

劳动供给受到劳动年龄人口数量、劳动参与率和工作时间的影响。人口老龄化意味着人口中老年人比例上升，劳动年龄人口比例下降，劳动年龄人口增长速度放缓，同时，劳动参与率和劳动时间也会随着人口年龄结构老化而下降，因此人口老龄化会直接对劳动供给产生负面影响。如表 12-2 所示，河北、湖南、安徽、重庆、四川、山东的人口老龄化严重，相应地，这些省份的劳动年龄人口占比较低。而广东、福建、内蒙古、山西的人口老龄化程度较低，相应地，劳动年龄人口占比较高。吉林、黑龙江、辽宁、上海、重庆的人口老龄化程度较高，相应地，劳动参与率较低。

**表 12-2　2018 年各省份人口老龄化程度与劳动供给/%**

| 省份 | 65 岁及以上人口占比 | 15～64 岁劳动年龄人口占比 | 劳动参与率 |
|---|---|---|---|
| 全国平均 | 11.27 | 72.04 | 81.27 |
| 北京 | 11.25 | 78.28 | 73.87 |
| 天津 | 10.92 | 78.81 | 75.04 |
| 河北 | 12.69 | 68.83 | 83.28 |
| 山西 | 10.33 | 74.08 | 70.27 |
| 内蒙古 | 9.85 | 76.88 | 70.62 |
| 辽宁 | 14.98 | 74.87 | 73.44 |
| 吉林 | 12.37 | 75.34 | 73.68 |
| 黑龙江 | 12.21 | 77.23 | 73.39 |
| 上海 | 14.95 | 75.21 | 76.53 |

① 杨雪、侯力：《人口老龄化对经济社会的宏观和微观影响研究》，载《人口学刊》，2011(4)；蒋同明：《人口老龄化对中国劳动力市场的影响及应对举措》，载《宏观经济研究》，2019(12)。

续表

| 省份 | 65 岁及以上人口占比 | 15～64 岁劳动年龄人口占比 | 劳动参与率 |
| --- | --- | --- | --- |
| 江苏 | 14.30 | 71.97 | 82.59 |
| 浙江 | 12.99 | 73.32 | 92.01 |
| 安徽 | 13.20 | 68.21 | 91.35 |
| 福建 | 9.49 | 73.79 | 96.58 |
| 江西 | 9.73 | 69.98 | 82.13 |
| 山东 | 15.16 | 66.83 | 92.30 |
| 河南 | 11.06 | 67.64 | 91.37 |
| 湖北 | 12.49 | 72.16 | 84.70 |
| 湖南 | 12.49 | 68.03 | 80.52 |
| 广东 | 8.26 | 74.83 | 77.09 |
| 广西 | 10.03 | 68.11 | 85.38 |
| 海南 | 8.21 | 72.62 | 89.32 |
| 重庆 | 14.47 | 68.60 | 73.78 |
| 四川 | 14.99 | 68.65 | 86.18 |
| 贵州 | 11.34 | 66.42 | 85.88 |
| 云南 | 9.58 | 72.34 | 86.26 |
| 西藏 | 5.69 | 70.78 | 89.03 |
| 陕西 | 11.16 | 74.46 | 72.81 |
| 甘肃 | 11.32 | 71.09 | 83.50 |
| 青海 | 7.59 | 72.86 | 75.98 |
| 宁夏 | 8.99 | 70.95 | 79.13 |
| 新疆 | 7.16 | 70.22 | 71.49 |

数据来源：根据 2019 年各省份统计年鉴数据，经作者计算得到。

## >>二、人口老龄化与区域劳动需求<<

从劳动力需求来看，随着人口老龄化程度的加深，劳动力供给减少，年轻劳动力变得更加稀缺，导致劳动力成本上升，可能会降低企业的劳动力需求。本文以城镇非私营企业的平均工资水平衡量劳动力成本，以城镇新增就业岗位数量和就业弹性衡量劳动力需求，其中就业弹性为就业增长率与 GDP 增长率的比值。从图 12-11 可以发现，上海、浙江、江苏、四川、重庆、山东的人口老龄化已经显著提高了劳动力成本，尤其是上海的人口老龄化程度和劳动力成本居于全国之首。从各地区的劳动力需求来看，2018 年东北三省和上海的新增就业人数较低(见图 12-12)，这些地区的人口老龄化程度较高，同时，上海、江苏、安徽、浙江的就业弹性较低(见图 12-13)。这表明人口老龄化在一定程度上通过提高劳动力成本降低了企业的劳动力需求。当然，这一规律并不具有全国普遍性，2018 年江苏、四川、山东在老龄化程度较高的情况下依然实现了较高的城镇就业增加。而老龄化程度较高的吉林和黑龙江在 2018 年具有较高的就业弹性，可能由于这两省的 GDP 增长率较低所致。

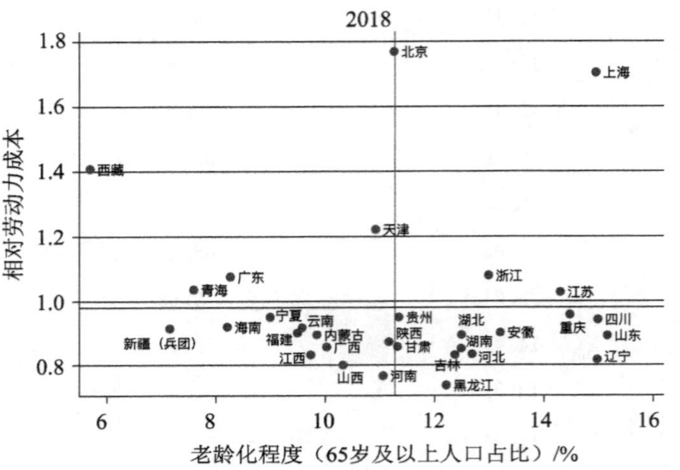


图 12-11　2018 年各省份人口老龄化与相对劳动力成本

数据来源：国家统计局。

注：各省份的相对劳动力成本为各省城镇非私营企业平均工资与全国平均工资之比。

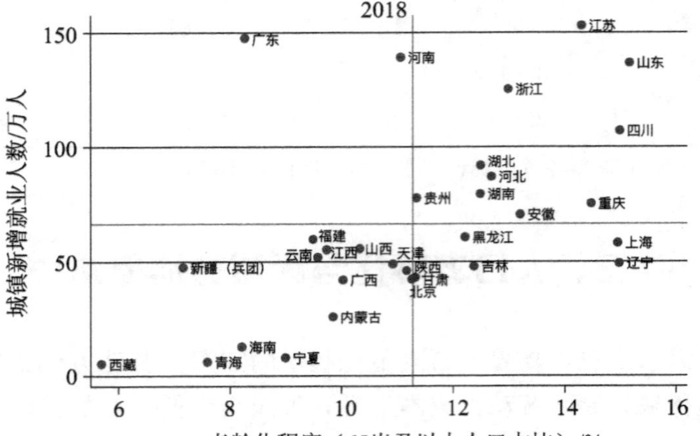


图 12-12　2018 年各省人口老龄化与城镇新增就业人数

数据来源：国家统计局。

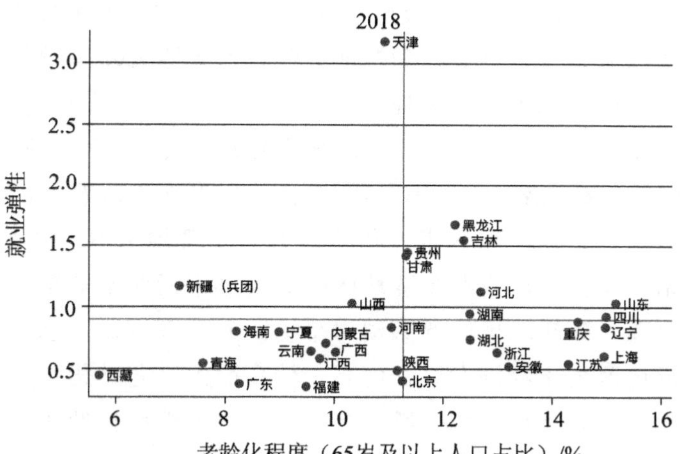


图 12-13　2018 年各省份人口老龄化与就业弹性

数据来源：国家统计局。

## >>三、人口老龄化与区域劳动力市场匹配效率<<

人口老龄化减少了劳动供给，且在一定程度上通过提高劳动力成本降低了企业的劳动需求，可能带来劳动力市场匹配效率下降。本文以城镇调查失业率和求人倍率反映劳动力市场匹配效率。图 12-14 为 2018 年各省人口老龄化与失业率的关系，可以发现，老龄化程度比较高的省份(如吉林、黑龙江、辽宁、上海、四川、山东)的城镇调查失业率高于平均水平，而老龄化程度较低的省份(如广东、

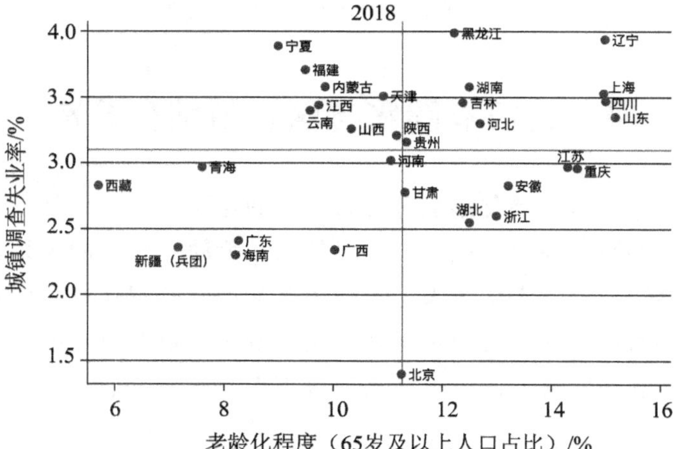


图 12-14　2018 年各省份人口老龄化与失业率

数据来源：国家统计局。

广西、海南等)的城镇调查失业率低于平均水平。这可能是由人口老龄化带来的市场匹配效率下降所致，也可能因为当地劳动力市场匹配效率较低使得人口外流(如东北三省)，从而加剧了老龄化程度。

图 12-15 为根据中国人民大学中国就业研究所《中国就业市场景气报告》得到的 2018 年不同地区求人倍率。考虑了不同季度的季节性因素后，不同地区的求人倍率存在明显差异，东部地区求人倍率最高，中部地区其次，西部地区再次，东北地区求人倍率最低。这说明东部地区的劳动力市场匹配效率较高，求职者求职成功的概率更高，而东北地区的劳动力市场匹配效率较低，求职者求职成功的概率较低。东部地区由于经济发展程度高，较高的人口老龄化水平并未降低求人倍率，而东北地区则呈现出人口老龄化严重同时求人倍率较低的特征。

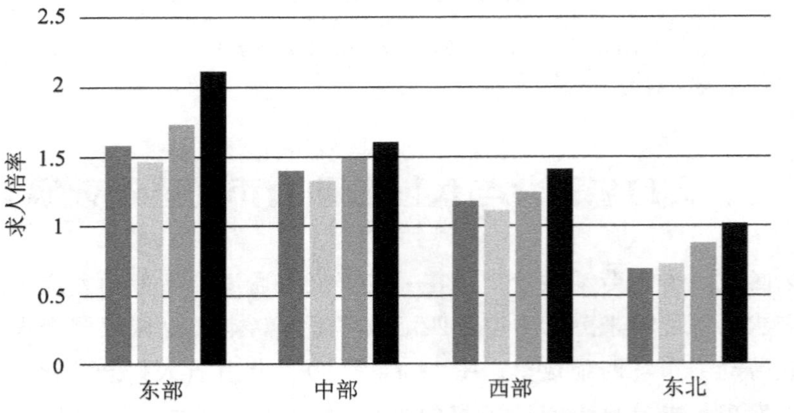


**图 12-15　2018 四个季度不同地区的求人倍率**

数据来源：中国人民大学中国就业研究所网站公布的《中国就业市场景气报告》。

## >>四、人口老龄化与区域劳动生产率<<

劳动生产率是人口老龄化影响劳动力市场的重要方面，也是人口老龄化对经济增长产生影响的直接原因。关于人口老龄化和劳动生产率的关系，目前的研究没有得到一致结论。有学者认为人口老龄化对劳动生产率具有负面影响，原因在于高龄劳动力的身体素质和智力水平处于衰退阶段，存在技能贬值现象，无法适应新的工作环境和技术进步的需求，从而降低劳动生产率。① 另一些学者认为人

① 杨杰、罗云：《中国人口老龄化、技术进步与经济增长的动态影响分析》，载《科技与经济》，2015(3)；周浩、刘平：《中国人口老龄化对劳动力供给和劳动生产率的影响研究》，载《理论学刊》，2016(3)。

口老龄化会诱使企业采用自动化的生产方式以降低劳动力成本，从而提高劳动生产率并促进产业的转型升级。[①] 目前国内大部分学者认为人口老龄化和劳动生产率并非简单的线性关系，而是“倒 U 形”关系。[②] 老龄化初期，人口老龄化程度的加深对劳动生产率的增长具有明显提升作用，但在老龄化程度较高的地区，人口老龄化对劳动生产率的提升作用有所减弱。[③] 由于个体的技能水平在中年达到峰值，低龄老年人口的增加将提高劳动生产率，高龄老年人口增加降低劳动生产率，40 到 49 岁年龄段劳动力对全要素劳动生产率的贡献最大。[④]

本文借鉴范剑勇、孙浦阳等、惠炜和韩先锋[⑤]的方法，以非农产业的国内生产总值除以非农业的就业量来衡量劳动生产率，以 65 岁及以上人口占比来衡量人口老龄化程度，并将劳动人口划分为 40～49 岁、50～59 岁、60～69 岁和 70 岁以上四个阶段，以描述不同程度的人口老龄化和不同年龄人口结构与劳动生产率的关系。

图 12-16 为 2018 年各省份不同年龄人口占比与劳动生产率的关系，去掉了西藏和青海劳动生产率的极端值。如果以 65 岁及以上人口占比衡量老龄化程度，可以发现，当老龄化程度低于 11%时，伴随着老龄化程度加深会出现劳动生产率的提高，代表性省份包括广东、福建、江西、云南、内蒙古、广西、山西。而当老龄化程度高于 11%后，老龄化程度加深会降低劳动生产率，代表性省份包括上海、山东、四川、重庆、辽宁、江苏、浙江、安徽、湖南、河北。虽然本文所用的数据仅为 2018 年的横截面数据，但基本得到与文献中相似的结论，即人口老龄化与劳动生产率呈现“倒 U 形”关系。[⑥]

进一步地，考察低龄老年人口和高龄老年人口占比对劳动生产率的差异化影响，并未发现低龄老年人口占比增加对劳动参与率有明显的正向作用。这也可能

---

① Alers, P., 2005, “Human Capital Growth and Destruction: The Effect of Fertility on Skill Obsolescence”, *Economic Modelling*, 22 (3): 503-520; Cervellati, M and U. Sunde., 2005, “Human Capital Formation, Life Expectancy and the Process of Development”, *American Economic Review*, (95): 1653-1672.

② 李竞博：《人口老龄化对劳动生产率的影响》，载《人口研究》，2019(6)。

③ 冯剑锋、陈卫民、晋利珍：《中国人口老龄化对劳动生产率的影响分析——基于非线性方法的实证研究》，载《人口学刊》，2019(2)。

④ Feyrer, J., 2007, “Demographics and Productivity”, *Review of Economics and Statistics*, 89(1): 100-109.

⑤ 范剑勇：《产业集聚与地区间劳动生产率差异》，载《经济研究》，2006(11)；孙浦阳、韩帅、许启钦：《产业集聚对劳动生产率的动态影响》，载《世界经济》，2013(3)；惠炜、韩先锋：《生产性服务业集聚促进了地区劳动生产率吗?》，载《数量经济技术经济研究》，2016(10)。

⑥ 李竞博：《人口老龄化对劳动生产率的影响》，载《人口研究》，2019(6)；冯剑锋、陈卫民、晋利珍：《中国人口老龄化对劳动生产率的影响分析——基于非线性方法的实证研究》，载《人口学刊》，2019(2)。

受到数据的限制，仅观察 2018 年一年的数据无法进行同一省份的前后对照，而对比不同省份年龄结构对劳动生产率的影响难以排除省份之间的其他差别。

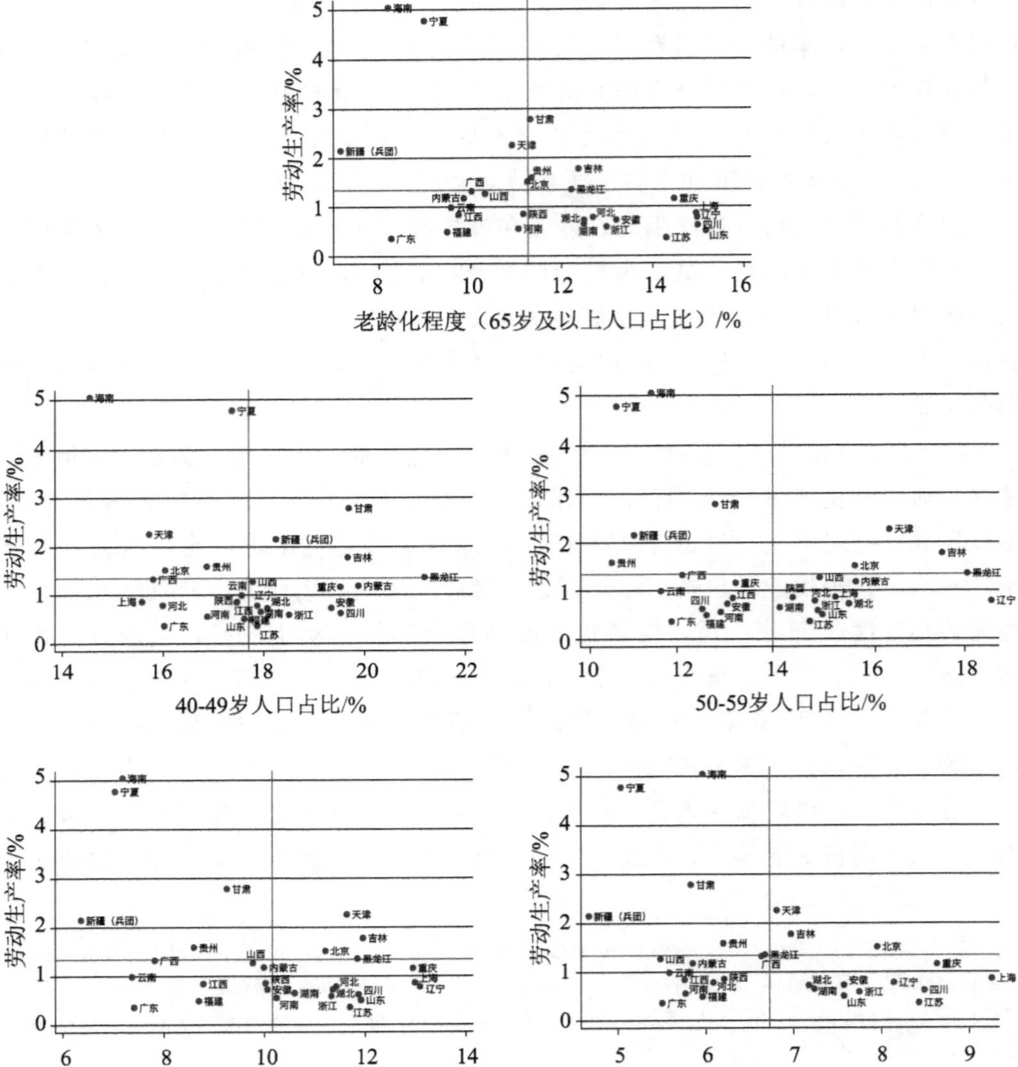


**图 12-16　2018 年各省份不同年龄人口占比与劳动生产率**

数据来源：国家统计局网站。

## >>五、人口老龄化与区域产业结构<<

近年来诸多研究关注人口老龄化对产业结构的影响，并未得到一致的结论。一种观点认为，人口老龄化会促进产业结构升级。一方面，人口老龄化带来需求结构的变动，促进了与人口年龄结构老化相适应的养老服务业的发展；另一方面，人口老龄化使得劳动力成本上升，倒逼企业更多使用资本和技术实现对劳动的替代，从而促进产业结构升级。[①] 另一种观点认为，人口老龄化会阻碍产业结构升级。这是因为人口老龄化会影响劳动力的数量和质量，降低劳动生产率和科技创新水平，社会养老负担和福利支出的增加也会挤出投资。[②]

图 12-17、图 12-18 和图 12-19 为各省份 2018 年的人口老龄化程度与产业结构和产业升级的关系。我们用 65 岁及以上人口占比来衡量人口老龄化程度，以第二产业就业人数占比和第三产业就业人数占比衡量产业结构，参考逯进等[③]的做法，以第三产业就业人数和第二产业就业人数之比衡量产业升级情况。

可以发现，大部分省份的老龄化程度和第二产业就业比例正相关。例如，浙江、江苏、山东、上海等经济发展程度较高的地区，老龄化程度较高的同时第二产业就业人数占比也比较高。与之相反，中西部地区(如青海、宁夏、内蒙古、广西、云南等)具有较低的老龄化程度和第二产业就业占比，而广东、福建、江

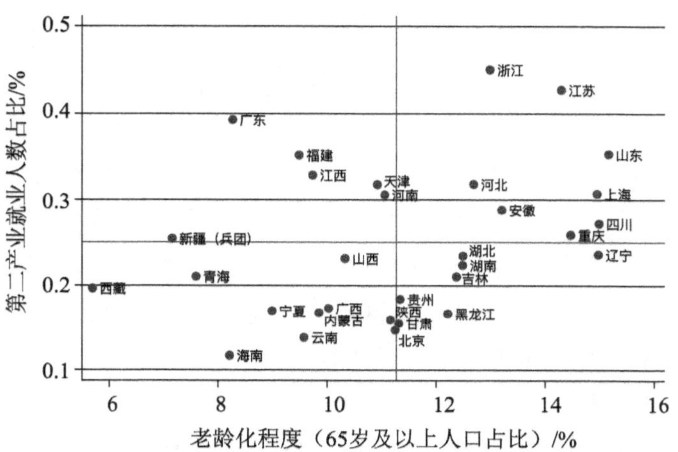


**图 12-17　2018 年各省份人口老龄化程度与第二产业就业人数占比**

数据来源：国家统计局网站。

---

① 陈彦斌：《要素市场改革和国企改革同步才能将要素市场改革落到实处》，载《人文杂志》，2014(10)；汪伟、刘玉飞、彭冬冬：《人口老龄化的产业结构升级效应研究》，载《中国工业经济》，2015(11)。

② 任栋、李新运：《劳动力年龄结构与产业转型升级——基于省际面板数据的检验》，载《人口与经济》，2014(5)；蔡昉、王美艳：《从穷人经济到规模经济——发展阶段变化对中国农业提出的挑战》，载《经济研究》，2016(5)；李杏、章孺、M. W. Luke Chan：《人口老龄化对产业结构的影响——基于 SYS-GMM 的分析》，载《河海大学学报(哲学社会科学版)》，2017(1)；姚东旻、宁静、韦诗言：《老龄化如何影响科技创新》，载《世界经济》，2017(4)。

③ 逯进、刘璐、郭志仪：《中国人口老龄化对产业结构的影响机制——基于协同效应和中介效应的实证分析》，载《中国人口科学》，2018(3)。

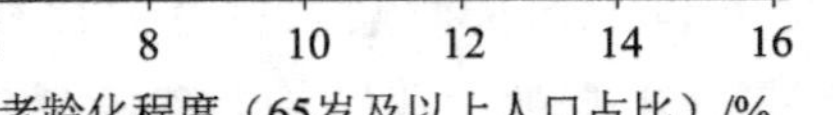

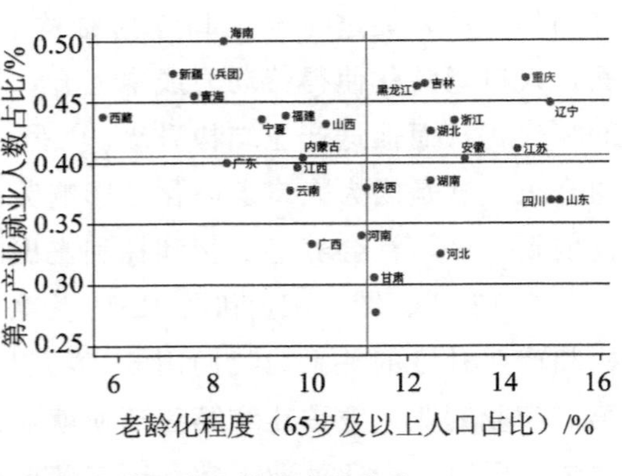


**图 12-18　2018 年各省份人口老龄化程度与第三产业就业人数占比**

注：左图包括全部省份，右图为去掉北京、上海、天津三个直辖市的情况。

数据来源：国家统计局网站。

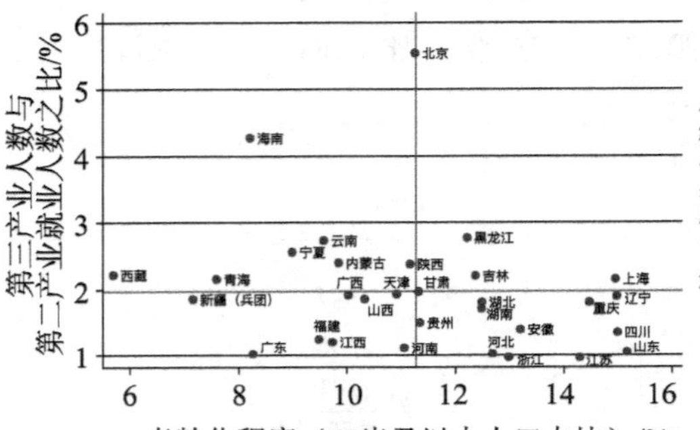


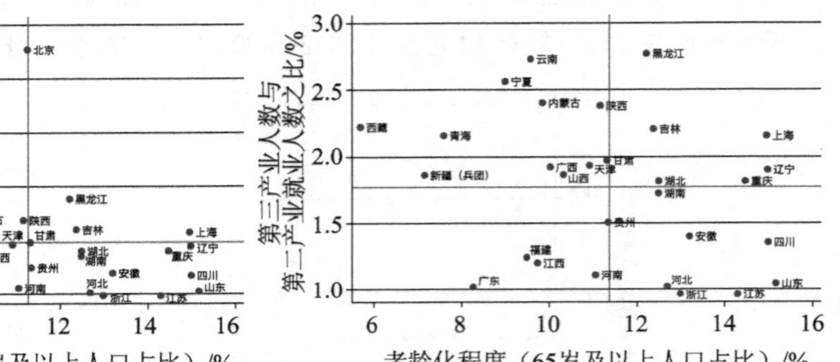


**图 12-19　2018 年各省份人口老龄化程度与产业升级**

注：左图包括全部省份，右图为去掉北京市和海南省的情况。

数据来源：国家统计局。

西和吉林、辽宁、黑龙江等的老龄化程度与第二产业占比负相关。

从第三产业占比和人口老龄化的关系来看，上海和重庆是人口老龄化程度较高而第三产业占比也比较高的省份。在去掉第三产业占比高出平均值较多的北京、上海和天津后，可以发现，人口老龄化程度较高的省份(如吉林、辽宁、黑龙江、重庆、浙江、湖北)的第三产业就业人数占比也比较高，而同样面临人口老龄化的山东、河北、四川却没有较高的第三产业占比。这说明目前各省份在应对老龄化过程中的产业发展并不平衡，部分省份在老龄化催生相关服务行业方面仍有较大的空间。

从人口老龄化和产业升级的关系来看，除了北京、上海、海南等第三产业发展程度高的省份，以及广东、福建和江西三省外，绝大部分省份的人口老龄化程度和产业升级程度负相关。例如，安徽、四川、河北、浙江、江苏、山东六省因为人口老龄化程度较高而阻碍了产业转型升级。

从人口老龄化和社会服务水平的关系来看，各省份存在人口老龄化趋势和养老服务体系建设不平衡之间的矛盾。经济发展较快的东部地区（如浙江、江苏、上海）的社会服务综合指数较高，其养老服务基础设施建设速度也较快，人均养老床位数量较高。而老龄化程度同样较高的东北三省和四川、重庆地区的养老服务设施严重不足，东部与东北和西南地区形成养老服务建设体系的鸿沟。此外，湖南、湖北、四川、辽宁、黑龙江、安徽等省份的人口老龄化已经带来较高的社会服务事业费支出。

## 第三节　人口老龄化背景下区域劳动力市场发展对策

### >>一、大力发展社会经济，夯实经济基础<<

我国正处于加速进入深度老龄化社会的进程中，由于人口老龄化速度不断加快，大力发展我国各区域的经济建设，成为应对人口老龄化高峰问题的根本之策。当前我国经济处于稳步发展阶段，从规模看，2019 年我国 GDP 达到 99.1 万亿元；从增速看，2019 年我国国内生产总值比上年增长 6.1%，明显高于全球经济增速，呈现出增长势头。总体来说，经济增长潜力较大，既有巨大的市场需求和发展空间，又有比较充分的发展要素供给。城市化进程的加快，使我国经济在国际竞争中处于比较有利的地位。由于人口老龄化的加速发展促使社会承担老龄人口供养的压力攀升，我国应该积极应对，不断通过科技创新，提高社会劳动生产率，注重经济发展质量，提升经济的整体竞争性。除此之外，还应着眼于我国经济的创造性和社会发展的活力，实现经济发展的可持续性。夯实现有基础，不断发展，既可以缓解人口老龄化带来的养老问题，也有助于缓解青壮年劳动力以及整个社会的抚养压力。

### >>二、树立积极老龄化观念，发展“银发经济”<<

“未富先老”“未备先老”是老年人口再就业的基本推力。“未富先老”成为我国进入人口老龄化社会面临的特有问题。我国具有一批高素质、高技能的老龄人口，他们具有较高的教育水平和丰富的工作经验，促进此类人群就业可以缓解老龄化带来的问题和矛盾。要通过创造更多与老龄人口相匹配的工作岗位，鼓励老年人就业。例如，推动老年就业市场的建立，保障就业体系与法律的接轨，建立相关服务机构以及引导舆论和观念。通过分析老年人作为人力资本的优势和劣势，开发其进入劳动力市场的新途径。在不挤占青壮年就业机会的前提下，遵循老年人自愿准则，设立一些更加适合老龄人口的就业岗位，带动这一群体进入合适的领域和场所实现再就业。老龄化群体具备丰富的工作经验和阅历，是社会重要的组成部分，也是社会发展和社会建设的重要力量。因此，要充分挖掘老龄人口的价值，适时调整老龄人口进入劳动力市场的年龄界限，开发适当的工作岗位，充分调动老龄人口继续从事劳动、参与社会建设的积极性，增强其进入劳动市场的可能性，发挥其独特的创造力。

## >>三、完善就业政策，调整产业结构<<

逐步完善区域内的劳动就业政策，积极推动针对老年人就业的支持政策，开启针对老年人的职业技能培训。充分体现并强调企业履行社会责任，引导劳动者树立正确就业观念。同时，还特别明确要发挥社会组织和劳动者等各方的社会责任。此外，应不断提升高层次人才的待遇。通过就业政策的调整，促进劳动力进入市场，增强劳动力的供给，缓解人口老龄化为劳动力市场带来的压力和冲击。不断优化就业环境，不断提高薪资待遇，以此吸引优质劳动力进入市场，充分发挥青年劳动力的价值，促进社会经济发展，以便应对人口老龄化带来的经济压力。对于产业结构的调整，依托区域间产业结构的升级和优化，包括传统产业的改造升级，并注重新兴产业的培育，加快产业向高端、智能、绿色和服务的方向转型，推动新旧动能的接续和转换。同时，要加强企业科技创新。将技术创新能力作为发展目标，深化科技体制的改革，围绕产业链来部署创新链，以科技创新作为产业发展的支撑力。依靠创新提高劳动生产率，既能降低企业劳动力成本，又可增加岗位和劳动力的需求，实现促进就业的目标。

## >>四、加强养老服务体系建设，扶持养老服务产业<<

我国目前处于人口老龄化快速发展期，不同区域间和区域内的人口老龄化趋势和程度存在不平衡和差异，尤其是城乡倒置的老龄化现象的出现，推动社会养老保障体系的加快建设。面对区域间发展不均衡的现状，重中之重是通过政策等手段减少区域之间养老服务水平的差距。从政府的角度来说，要通过推出优惠政策、扶持措施、政务服务等为产业提供专业的落地实施环境。加大对于人口老龄化程度较高、经济水平发展较低的地区的政策扶持。从企业的角度来说，要制定出与地域环境、经济水平和人口状况相统一的服务项目，形成养老服务产业，并将其标准化、科学化。此外，针对农村地区的养老保障、医疗保障和相关服务体系不完善等问题，要加大农村地区养老服务产业的资金和资源投入，逐步缩小城乡老龄人口养老保障水平的差距。广泛推进养老服务康养全产业链条发展，需要国家和社会合力应对。政策扶持以及社会资金的参与，不但可以带来新产业、新机遇，还可以缓解尚处于就业年龄人群的抚养压力，化解人口老龄化带来的经济发展压力。

# 第十三章

# 国际人才流入的区域特征研究

改革开放 40 多年以来，中国逐步深入参与具备特定技能的国际人才竞争，吸引了大批优秀的国际人才流入，弥补了国内劳动力的不足，也推进了创新型国家建设。2019 年 4 月，国际人才交流大会在深圳召开，外国专家和海外高层次人才代表 8 500 多人参会①。科技部 2019 年度决算报告显示，科技部用于引进人才费用达 7 000 余万元；2019 年度举办发展中国家培训班数量 82 个，对外学术交流与合作活动 500 余次。在习近平新时代中国特色社会主义思想的指引下，越来越多的留学人员选择学成后回国，投身祖国建设事业，形成一支不可低估的高水平人才队伍。国家统计局数据显示，2017 年，我国学成回国留学人员达到 48.09 万人，同比增长了 11%，相当于 2010 年的 2.6 倍，增势迅猛。近年来，学成回国留学人员与出国留学人员的比值基本趋近 4∶5。2020 年初新冠肺炎疫情暴发以来，中国发挥制度优势，依托现代化的治理体系和治理能力，基于科研实力和专业技能，加强与世界卫生组织和有关国家的疫情通报和信息共享，为保障世界公共卫生安全做出了积极贡献。经此一役，中国的国际形象和地位得到了进一步的提升，未来将有更多的国际人才了解中国，认可中国，向往中国。可以大胆预测，2020 年后中国的国际人才流入将出现更大幅度的增长。乐观之余，我们也应当看到，中美关系当前正处于关键的十字路口，中美战略竞争已涵盖政治、经济、文化等诸多领域，预计会对美国人才来华形成一定的壁垒。2019—2020 年，受中美关系和新冠肺炎疫情的影响，中国赴美留学的学生越来越少，但也有更多毕业后留美工作的高新技术人才和应届毕业学生倾向回国发展。未来，要让国际人才能够在中国特色社会主义建设的创新事业中充分施展才华。

时代背景下，如何提高国际引智层次、质量与效率，是在深化人才发展体制机制改革、加快创新型国家建设阶段急需回答的问题。值得注意的是，很多研究

---

① 中国国际人才交流大会网站，http://ciep.sznews.com/node_307306.html，访问日期：2020-09-01。

表明，国际人才流动受到地区地理位置、自然条件、经济发展水平、高等教育发展水平、科技创新能力、社会文化环境、基础设施、人才政策倾斜等因素的影响，有较大的不平衡性，存在着区域差异。我国的东部、中部、西部和东北地区在以上各要素方面的不均衡发展，导致了国际人才引致在数量和质量上的差异。部分地区经济技术基础雄厚，能够吸引较多的国际人才，并较好地消化和利用国际人才所带来的技术，对当地发展产生了更为积极的作用。而有的地区对国际人才的吸引力不足，自身的经济发展和技术进步进程尚且缓慢，由于国内人才外流而面临着人力资本损失，对国际人才的技术扩散更不能充分吸收和利用，存在着一定的门槛效应。本章节的研究，希望能够直观地反映出中国以及中国内部各地区国际人才流入的历史过程与事实特征。从中，我们也将能直观看到突发事件、人才政策的冲击效应，东部、中部、西部和东北地区在国际人才引进过程中的不均衡发展，进而创新本就复杂的人才政策制定，同时服务于创新驱动政策、区域协调发展政策和对外贸易政策的联动协调。

## 第一节　国际人才流入的基本情况及区域特征

现有研究中关于各省份国际人才流入量的度量，普遍采用的代理变量有国外留学生在校生人数、海归人数，以及境外来中国大陆工作专家人数。这其中，外国留学生来华的主要目的是学习，对国内经济社会发展的作用存在时间滞后性；中国各地区回流的留学生数据无法直接获取，研究中大多参考张勇等(2009)构建基础设施指数以及李平等(2011)构建海归引力综合权数法，计算每个省份留学生人员归国引力指数，研究结果有待商榷。而境外来华专家和参加科技活动的专家一般是国际人才中具有专业知识和技术能力，具有工作经验和相关领域社会关系的高层次人才，通常具有更直接的技术外溢效果。综合考虑，本章研究的国际人才指我国境内除国际组织以外的各种类型企业、事业、行政单位、社会团体以及大型建设项目聘用的外国和港澳台专家，数据来源于《2014—2015 境外来中国大陆工作专家统计调查资料汇编》。

### >>一、国际人才流入总量呈增长态势，但增速放缓<<

图 13-1 可以看出，2002—2015 年，中国聘用境外专家的数量总体呈增长态势，但增速放缓。2015 年境外来中国大陆工作的专家人数达到 62.35 万人，约为 2002 年的 1.8 倍。其中，2006 年、2008 年境外专家流入出现负增长，而国家也在这两年出台吸引国际人才的相关政策。2006 年开始推行的“高等学校学科创新引智计划(简称“111 计划”)，以及 2008 年推行的“外专计划”，在此后年份有效拉

动了人才流入规模的增长，也为创新发展注入了新的动力。2013—2015 年，来华境外专家规模增速放缓，2014 年增幅为 1.06%，2015 年增幅仅为 0.71%，对此，国家采取措施，精准发力。2016 年可以被定义为我国人才引进改革与创新的元年。《关于深化人才发展体制机制改革的意见》(2016)指出，要视野够宽、站位够高，实行更积极、更开放、更有效的人才引进政策，更大力度实施海外高层次人才引进计划，敞开大门，不拘一格，柔性汇聚全球人才资源。未来 5 年，中国极有可能迎来"进大于出"的人才历史拐点，从世界最大人才流出国转变为主要的人才回流国。

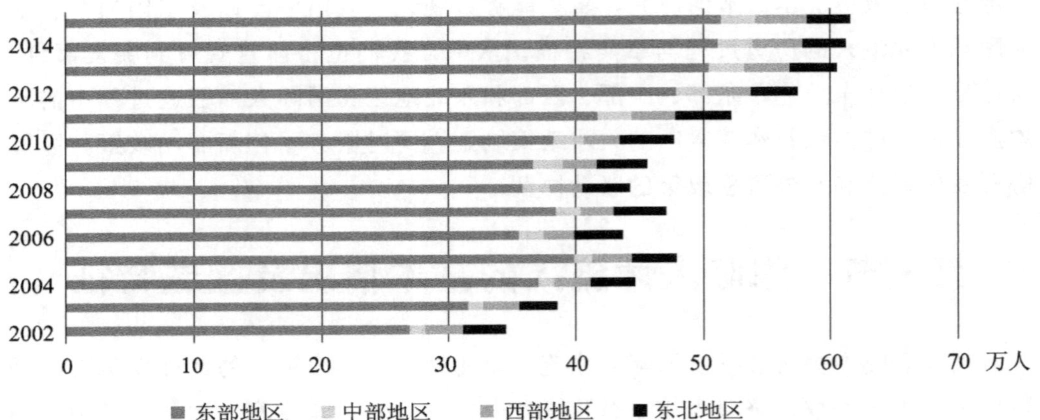


**图 13-1　2002—2015 年境外专家来华人数(按地区划分)**

数据来源：根据国家统计局、国家外国专家局的数据整理而得。

## >>二、国际人才流入区域分布差异显著，变化趋势不一<<

从境外来中国大陆工作专家的区域分布看，东部地区聘请境外专家数量最多，占比约 80%，自 2013 年以来呈小幅增长。其中，广东、江苏和上海是东部地区聘用境外专家最多的 3 个省份。东北地区与西部地区聘请境外专家占比次之，约为 6%。近年来，西部地区聘请境外专家数量增幅较大，增长最多的省份是四川省和重庆市；同时，西部地区中有我国的民族 8 省区，包括内蒙古、新疆、广西、宁夏、西藏 5 个自治区和贵州、云南、青海 3 个少数民族人口较多的省，其增长相对乏力。东北地区则有所波动，大多年份出现不同程度的下降，尤以辽宁省减少最多。中部地区聘请境外专家占比最少，为 4%～5%，其中聘用境外专家最多的省份是湖北省。近年来，中部地区同样增幅趋缓，贡献主要来自安徽省和湖南省。

从 2002—2015 年分地区的境外专家平均增长率情况看，超过平均线的地区是中部地区和东部地区，分别为6.6%和5.4%；西部地区引进境外专家整体增长率为2.9%；东北地区的引智增长率为0.9%，在四大区域中处于偏低水平，未来可结合“农业现代化”“老工业基地振兴”发展战略和“一带一路”倡议内容发挥区域优势进一步拓展引智范围。

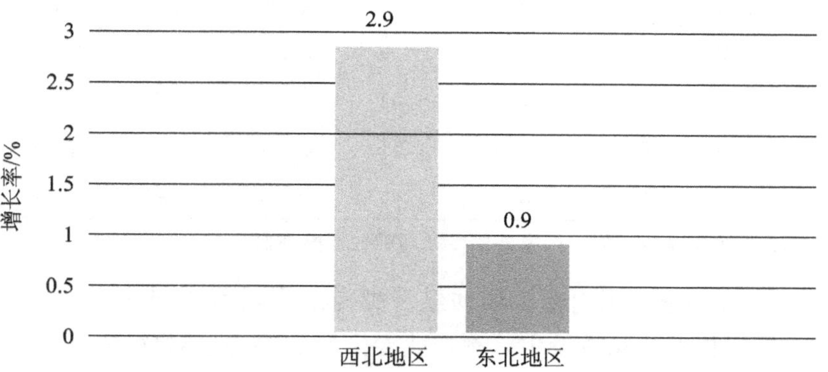


**图 13-2　2012—2015 年境外专家来华人数平均增长率(按地区划分)**

注：全国平均增长率为4.8%。

数据来源：根据国家统计局、国家外国专家局的数据整理而得。

## 第二节　各类国际人才流入情况及区域特征

2012—2015年，从境外专家行业分布情况，经济技术管理类境外专家人数大幅下降，但总体占比仍高于教科文卫类专家；从来中国大陆专家来源地看，相较于港澳台专家，外国专家数量增长明显；从专家性别看，女性专家数量稳步增长，但占比仍旧不高；从专家聘用期限来看，2014年以来长期专家数量较往年大幅减少，短期专家占比反超。

### >>一、经济技术管理类专家占比过半，但降势明显<<

根据境外专家聘用单位或所在单位的行业属性和国家外国专家局的有关规定，境外专家包括境外经济、技术和管理类专家，境外教科文卫类专家两类，具体数据如表13-1所示。近年来，受国际、国内经济形势影响，外商投资、国外项目设备引进等都受到了一定程度的冲击。这在经济技术管理类境外专家的聘用上也有所体现，此类境外专家大幅下降，但总体占比仍高于教科文卫类专家。

表 13-1　2012—2015 年不同地区境外来华专家按行业分布人数/万人

| 地区 | 2012 年 | | 2013 年 | | 2014 年 | | 2015 年 | |
|---|---|---|---|---|---|---|---|---|
| | 经济技术管理 | 教科文卫 | 经济技术管理 | 教科文卫 | 经济技术管理 | 教科文卫 | 经济技术管理 | 教科文卫 |
| 全国 | 34.88 | 22.39 | 36.72 | 23.71 | 33.28 | 27.85 | 31.54 | 28.01 |
| 东部地区 | 31.37 | 16.45 | 33.02 | 17.36 | 30.27 | 20.82 | 28.45 | 20.84 |
| 中部地区 | 0.79 | 1.71 | 0.88 | 1.82 | 0.84 | 1.91 | 0.83 | 1.94 |
| 西部地区 | 1.18 | 2.20 | 1.13 | 2.54 | 1.04 | 2.82 | 1.11 | 2.92 |
| 东北地区 | 1.54 | 2.03 | 1.69 | 1.99 | 1.13 | 2.30 | 1.15 | 2.31 |

数据来源：根据国家统计局、国家外国专家局的数据整理而得。

2014 年，境外来中国内地工作的经济类专家降幅达 9.28%，2015 年降幅为 2.87%。在经济技术专家总量中，制造业专家数量保持绝对优势。分行业看，下降最多的行业也为制造业。但值得注意的是，在经济类专家逐年下降的整体趋势下，信息传输、软件和信息技术服务业所聘用的境外专家快速增长，2015 年增速达到 18.38%，可能源于国家对高新技术产业引进境外人才的政策导向和支持力度。根据图 13-3，从地区分布来看，2012—2015 年，境外经济、技术和管理类专家在东部地区和东北部地区流入人数先升后降，2014 年达到最高点，而后有所下降；在中部和西部地区则比较平稳，可能的原因在于东部和东北地区的外向型经济特点，受整体经济波动的影响更大。

与此同时，随着各地英语教育改革的推进、教育行政部门聘用外教岗位等新政策的出台、国家医疗行业对外资的进一步开放、文化艺术产业国际化的进一步升级，我国对科教文卫领域境外专家的需求刚性逐渐增加，科教文卫类境外专家的人数也在稳步增长。在教科文卫类境外专家中，占比最多的是教育行业的专家，占比将近 80%，这几年也增长最快。其次是科学研究和技术服务业，占 16%～17%。值得关注的是，可能受国外经济低迷、国内经济下行，以及雾霾等环境因素的影响，这一类境外来华专家人数也连续两年呈下降态势。根据图 13-3，从地区分布来看，境外来中国大陆工作的教科文卫类专家不论是整体或是各个地区，都有显著增长，其中 2014 年普遍增速最快，其中以东部地区、东北地区尤甚，增速分别为 20%和 15%，原因可能在于这些地区经济发展水平较高、崇文重教之风兴盛，对教育领域的外国专家更具吸引力。

经济技术管理类专家分布图

| 地区 | 2012年 | 2013年 | 2014年 | 2015年 |
|---|---|---|---|---|
| 东北地区 | | | | |
| 西部地区 | | | | |
| 中部地区 | | | | |
| 东部地区 | | | | |

教科文卫类专家分布图

| 地区 | 2012年 | 2013年 | 2014年 | 2015年 |
|---|---|---|---|---|
| 东北地区 | | | | |
| 西部地区 | | | | |
| 中部地区 | | | | |
| 东部地区 | | | | |

**图 13-3　2012—2015 年境外专家来中国大陆人数按行业分布气泡图①**

数据来源：根据国家统计局、国家外国专家局的数据整理而得。

## >>二、长期专家比例逐渐下降，已跌过半<<

据图 13-4 所示，2014 年、2015 年长期专家人数较往年大幅下降，2014 年实现长、短期专家占比逆转，2015 年滑落至 46.97%，长、短期专家人数比例出现明显向短期专家倾斜的趋势。换言之，海外专家来华的流动性大大增加，短期项目逐渐占主导地位，境外专家访华和知识共享加速，形成一个时间跨度更短的交流

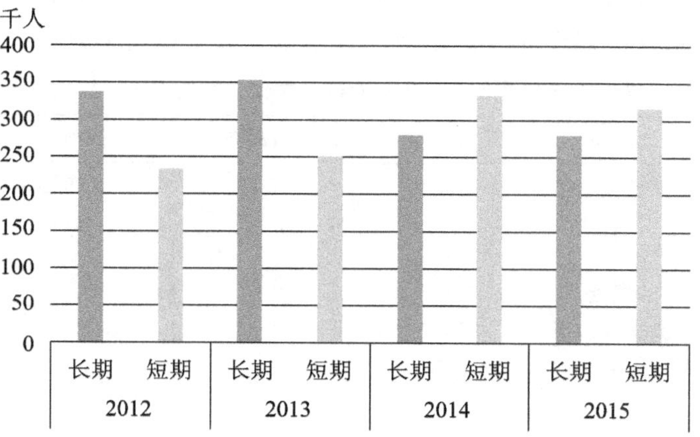


**图 13-4　2012—2015 年来华境外专家的长短期分布**

数据来源：根据国家统计局、国家外国专家局的数据整理而得。

① 气泡图大小仅呈现图内数据比例，两图间不具可比性。

周期，无疑为我国接纳国际人才注入了更大的活力。

表 13-2 展示了不同地区长期境外来华专家的占比。可见，相较于其他地区，东部地区的长期专家比例最高，于 2012 年、2013 年高达约 63%；在 2014 年、2015 年的整体下跌情况下，仍然稳定占所有境外专家人数的一半。西部地区的长期专家人数占比较低，仅为约 1/4，2014 年、2015 年呈现了逆趋势增长，提高了 2%。中部地区和东北地区的长期专家人数占比较为稳定，维持在 40%左右，一直低于同年的全国平均值。

**表 13-2　2012—2015 年境外来华长期专家占比——按地区分类/%**

| 年份 | 全国 | 东部地区 | 中部地区 | 西部地区 | 东北地区 |
|---|---|---|---|---|---|
| 2012 | 58.77 | 62.98 | 46.34 | 25.29 | 42.79 |
| 2013 | 58.39 | 62.74 | 41.94 | 25.59 | 43.93 |
| 2014 | 45.94 | 48.08 | 39.84 | 27.23 | 40.06 |
| 2015 | 46.97 | 49.54 | 37.82 | 27.85 | 39.93 |

数据来源：根据国家统计局、国家外国专家局的数据整理而得。

根据现有的数据，对 2012—2015 年境外来华长期工作的专家进行分组考察。按这 4 年平均学位分布，大部分专家为大学及以下，占比 74%，硕士、博士整体比例偏低，分别占比 18%和 8%。表 13-3 展示了按地区划分后的境外专家学历分布。东部地区绝大部分专家为大学及以下学历，数量上在 2014 年、2015 年有明显减少；中部、西部地区的学历分布类似，大学及以下学历的境外专家约为硕博学历境外专家的 2 倍，且四年间没有显著变化；东北地区 2012 年、2013 年的硕博学历境外专家人数高于大学及以下学历境外专家人数，但在随后两年，人数骤减，可能源于地区发展放缓对高层次产业领军人才、科研专家的吸引力下降。

**表 13-3　2012—2015 年境外来华长期专家的学位分布情况——按地区分类/万人**

| 地区 | 学位 | 2012 年 | 2013 年 | 2014 年 | 2015 年 |
|---|---|---|---|---|---|
| 全国 | 大学及以下 | 25.70 | 26.88 | 20.56 | 20.83 |
| | 硕士 | 5.87 | 6.23 | 4.89 | 5.26 |
| | 博士 | 2.11 | 2.21 | 2.63 | 2.87 |
| 东部地区 | 大学及以下 | 23.71 | 20.56 | 18.29 | 18.53 |
| | 硕士 | 4.79 | 5.09 | 4.14 | 4.53 |
| | 博士 | 1.62 | 1.70 | 2.14 | 2.34 |
| 中部地区 | 大学及以下 | 0.74 | 0.68 | 0.72 | 0.67 |
| | 硕士 | 0.27 | 0.27 | 0.24 | 0.23 |
| | 博士 | 0.16 | 0.18 | 0.14 | 0.15 |

续表

| 地区 | 学位 | 2012 年 | 2013 年 | 2014 年 | 2015 年 |
|---|---|---|---|---|---|
| 西部地区 | 大学及以下 | 0.55 | 0.58 | 0.60 | 0.64 |
| | 硕士 | 0.22 | 0.25 | 0.25 | 0.25 |
| | 博士 | 0.09 | 0.12 | 0.20 | 0.23 |
| 东北地区 | 大学及以下 | 0.71 | 0.79 | 0.96 | 0.98 |
| | 硕士 | 0.58 | 0.62 | 0.26 | 0.25 |
| | 博士 | 0.24 | 0.22 | 0.16 | 0.15 |

数据来源：根据国家统计局、国家外国专家局的数据整理而得。

如表 13-4 所示，对 2012—2015 年境外来华长期工作的专家，按工作岗位分类，东部地区的境外专家多为高级管理人员，中部、西部、东北地区的境外专家较多担任教学职务。这与地区的经济社会发展水平以及吸引国际人才的政策导向有一定的关联。

**表 13-4　2012—2015 年不同地区长期境外来华专家——按工作岗位分布人数/万人**

| 地区 | 岗位 | 2012 年 | 2013 年 | 2014 年 | 2015 年 |
|---|---|---|---|---|---|
| 全国 | 高级管理人员 | 13.63 | 14.60 | 10.76 | 11.15 |
| | 高级技术人员 | 5.16 | 5.50 | 3.91 | 4.40 |
| | 教学岗位 | 6.67 | 6.88 | 6.46 | 6.27 |
| | 科研岗位 | 0.46 | 0.51 | 0.65 | 0.75 |
| 东部地区 | 高级管理人员 | 13.14 | 14.02 | 10.01 | 10.41 |
| | 高级技术人员 | 4.76 | 5.04 | 3.48 | 3.90 |
| | 教学岗位 | 4.69 | 4.91 | 4.58 | 4.48 |
| | 科研岗位 | 0.37 | 0.42 | 0.52 | 0.59 |
| 中部地区 | 高级管理人员 | 0.15 | 0.17 | 0.19 | 0.18 |
| | 高级技术人员 | 0.15 | 0.16 | 0.12 | 0.12 |
| | 教学岗位 | 0.72 | 0.68 | 0.65 | 0.61 |
| | 科研岗位 | 0.04 | 0.03 | 0.03 | 0.04 |
| 西部地区 | 高级管理人员 | 0.16 | 0.19 | 0.23 | 0.23 |
| | 高级技术人员 | 0.11 | 0.14 | 0.14 | 0.15 |
| | 教学岗位 | 0.46 | 0.48 | 0.50 | 0.51 |
| | 科研岗位 | 0.01 | 0.01 | 0.08 | 0.10 |

续表

| 地区 | 岗位 | 2012 年 | 2013 年 | 2014 年 | 2015 年 |
|---|---|---|---|---|---|
| 东北地区 | 高级管理人员 | 0.18 | 0.21 | 0.33 | 0.34 |
| | 高级技术人员 | 0.14 | 0.16 | 0.17 | 0.22 |
| | 教学岗位 | 0.79 | 0.81 | 0.72 | 0.68 |
| | 科研岗位 | 0.04 | 0.05 | 0.02 | 0.02 |

数据来源：根据国家统计局、国家外国专家局的数据整理而得。

## >>三、女性专家数量稳步增长，占比仍旧较低<<

由表 13-5 可见，境外来华专家中，男性专家人数远超女性专家，女性专家占比基本维持在 16%左右；从绝对数量上来看，女性专家人数在 2012—2015 年增幅较稳定。

按地区分类可见，中部地区的女性专家占比虽有逐年递减趋势，在 2012—2015 年均明显高于全国平均值；西部地区的女性专家占比于 2014 年增长 3 个百分比后，稳定在 20%；东部地区和东北地区的女性专家占比一直稳定在 16%左右，与全国平均值持平。

**表 13-5　2012—2015 年境外来华女性专家占比——按地区分类/%**

| 年份 | 全国 | 东部地区 | 中部地区 | 西部地区 | 东北地区 |
|---|---|---|---|---|---|
| 2012 | 15.61 | 15.17 | 22.03 | 16.93 | 15.71 |
| 2013 | 16.11 | 15.77 | 21.65 | 17.48 | 15.43 |
| 2014 | 15.28 | 14.74 | 18.45 | 20.21 | 15.27 |
| 2015 | 16.47 | 16.12 | 17.81 | 20.17 | 16.34 |

数据来源：根据国家统计局、国家外国专家局的数据整理而得。

# 第三节　国际人才来源情况及区域特征

从来中国大陆(内地)工作专家来源地看，相较于港澳台专家，外国专家数量上升趋势明显，尤其体现在东部地区。

## >>一、外国专家数量上升趋势明显，东部地区最为突出<<

2012—2015 年，来自外国的专家人数明显多于来自港澳台的专家。2015 年，来自外国的专家有 49.33 万人，相比于 2012 年增长约 5.7 万人；来自港澳台的专家有 12.26 万人，有 1.3 万轻微下降，具体情况如图 13-5 所示。4 年间，来自港澳台的专家平均占全部来中国大陆(内地)专家的 22%左右，数量可观。香港、澳门作为我国的特别行政区，回归以后从各个方面着手积极建立与祖国的联系，其中就包括高层次人才和科研项目的交流互通。香港和澳门坐落着享誉全球的高等学府，不少学子学成后来内地工作与生活。与此同时，港澳优秀青年学者和高层次技术人才也大量涌入内地，贡献专业知识和高级劳动力，享受我国针对港澳众多“优秀人才入境计划”中的优渥待遇。台湾近年来经济发展欠佳，优秀人才西进大陆发展已经成为一种趋势。我国厦门市等沿海省市带头执行了人才引进方面的惠台政策，通过积极宣传发展规划、拓宽台湾学生就业渠道、适当放宽录用标准、给予台湾人才特殊补贴等措施，有效地吸纳了大量台湾优秀人才来大陆工作。

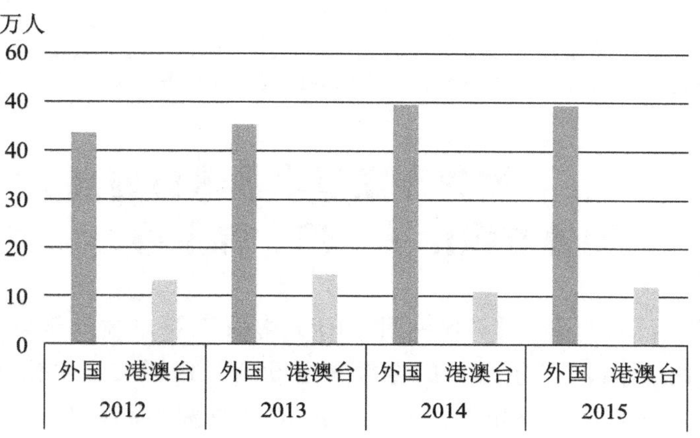


**图 13-5 2012—2015 年来中国大陆(内地)专家的来源地分布**

数据来源：根据国家统计局、国家外国专家局的数据整理而得。

表 13-6 展示了 2012—2015 年全国、东部、中部、西部及东北地区来中国大陆(内地)专家的来源分布。可见，东部地区的港澳台专家占比在所有地区间最高，2014、2015 年的港澳台专家人数占比相较前两年有些许下降；中部、西部地区的境外专家来源分布比例类似，且 4 年间港澳台专家的人数较稳定。东北地区的境外专家绝大多数来自外国，每年仅有 1 500～2 000 名港澳台专家前往东北地区工作，与地区间的地理距离和文化差距有一定关系。总而言之，东部地区不论对外国专家或港澳台专家的吸引力都更大，原因可能在于发达省市的个人发展机遇更多，生活品质更高。

**表 13-6　2012—2015 年来中国大陆(内地)专家来源情况——按地区分类/万人**

| 地区 | 来源地 | 2012 | 2013 | 2014 | 2015 |
|---|---|---|---|---|---|
| 全国 | 外国 | 43.66 | 45.68 | 49.87 | 49.33 |
| | 港澳台 | 13.60 | 14.78 | 11.26 | 12.26 |
| 东部地区 | 外国 | 35.07 | 36.59 | 40.66 | 40.01 |
| | 港澳台 | 12.75 | 13.80 | 10.43 | 11.31 |
| 中部地区 | 外国 | 2.19 | 2.32 | 2.50 | 2.50 |
| | 港澳台 | 0.31 | 0.38 | 0.25 | 0.27 |
| 西部地区 | 外国 | 3.00 | 3.22 | 3.43 | 3.56 |
| | 港澳台 | 0.38 | 0.45 | 0.42 | 0.47 |
| 东北地区 | 外国 | 3.40 | 3.54 | 3.27 | 3.26 |
| | 港澳台 | 0.17 | 0.15 | 0.16 | 0.20 |

数据来源：根据国家统计局、国家外国专家局的数据整理而得。

## >>二、境外专家过半数来自亚洲，国外专家由美、日、韩主导<<

根据图 13-6，取 2012—2015 年四年的平均值来看，境外来华专家超过半数来自亚洲，占比 55%，另有 20%的专家来自欧洲，19%来自北美洲，余下 6%的国际人才来自非洲、南美洲和大洋洲。我国位居亚洲中心，与 14 个国家有陆地地缘联络，与 6 个国家隔海相望。此外，我国自改革开放以来经济发展迅速，逐渐从发展中国家向发达国家的门槛迈进，目前已跻身世界前列。便捷的地理位置和欣欣向荣的发展潜力无疑吸引了众多周边国际人才赴华交流学习，甚至长久定居。位于欧洲和北美洲的老牌发达强国，在高新科技研发和高等教育等领域均明显领先于世界。这些国家的高端人才思想开放，且富于探索精神，使得我国与众多发达国家的人才交流和知识分享越来越紧密。

图 13-7 展示了 2012—2015 年境外专家的来源地分布趋势变化。来自亚洲的境外专家人数自 2013 年起逐年递减。来自欧洲和北美洲的专家人数自 2012 年起逐年递增。来自非洲、南美洲和大洋洲的专家人数甚少，且无明显波动。这在一定程度上说明，境外来华专家层次有所提高。

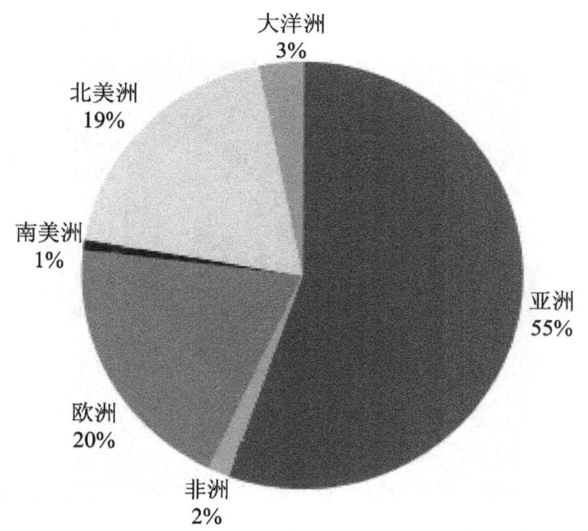


**图 13-6 2012—2015 年平均境外来华专家人数按大洲分类比例图**

数据来源：根据国家统计局、国家外国专家局的数据整理而得。

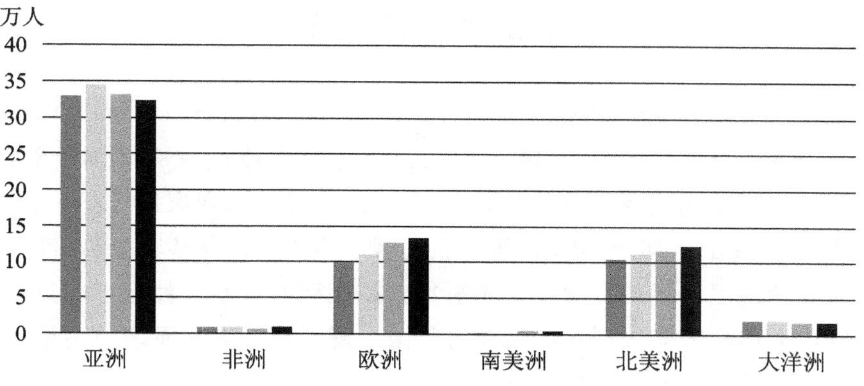


**图 13-7 2012—2015 年境外来华专家人数按大洲分类人数变化趋势**

数据来源：根据国家统计局、国家外国专家局的数据整理而得。

来自美、韩、日三国的专家很大程度上主导着我国的海外人才市场。这是我国与以上三国之间稳定合作关系和人才积极交流的体现，但高达半数的专家数占比也意味着，我国在某些高新技术对以上三国的专家人才有较强的依赖性。要警惕因核心技术不独立而受制于人的可能，特别要注意提高对国际人才技术外溢的吸收能力，提升自主研发实力。

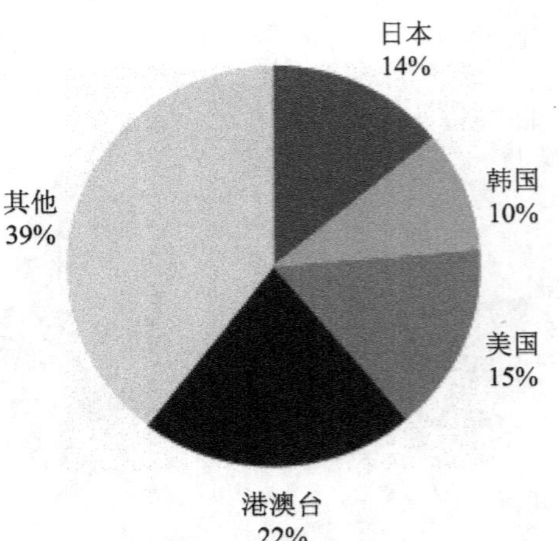


**图 13-8 2012—2015 年平均来中国大陆(内地)专家人数按地区分类比例图**

数据来源：根据国家统计局、国家外国专家局的数据整理而得。

## >>三、相较于 OECD 国家，一带一路国家专家来华人数微少<<

经济合作与发展组织(Organization for Economic Co-operation and Development, OECD)，简称经合组织，是由 38 个市场经济国家组成的政府间国际经济组织，原始成员国多为发达国家。根据国家统计局、国家外国专家局 2014—2015 年的数据，表 13-7 展示了部分 OECD 国家的专家来华情况。可以发现，世界各个地区的顶尖发达国家每年均有大量人才来华，如亚洲的日本、韩国，北美洲的加拿大、美国，大洋洲的澳大利亚，欧洲的英国、德国等。由此而来的高层次技术外溢将成为中国技术创新与发展的强大动力。

**表 13-7 2012—2015 年来自部分 OECD 国家的境外专家人数/万人**

| OECD 国家 | 2012 | 2013 | 2014 | 2015 |
|---|---|---|---|---|
| 日本 | 9.40 | 9.06 | 8.30 | 7.12 |
| 韩国 | 4.18 | 4.41 | 7.97 | 6.77 |
| 比利时 | 0.11 | 0.12 | 0.17 | 0.20 |
| 英国 | 2.01 | 2.29 | 2.70 | 2.77 |
| 德国 | 2.71 | 2.92 | 3.30 | 3.24 |
| 法国 | 1.27 | 1.24 | 1.79 | 1.91 |
| 意大利 | 0.71 | 0.74 | 0.64 | 0.82 |
| 荷兰 | 0.38 | 0.43 | 0.77 | 0.72 |

续表

| OECD 国家 | 2012 | 2013 | 2014 | 2015 |
|---|---|---|---|---|
| 奥地利 | 0.21 | 0.21 | 0.21 | 0.21 |
| 瑞典 | 0.28 | 0.27 | 0.25 | 0.31 |
| 加拿大 | 2.34 | 2.41 | 2.19 | 2.36 |
| 美国 | 8.05 | 8.83 | 9.54 | 9.89 |
| 澳大利亚 | 1.73 | 1.68 | 1.38 | 1.42 |
| 新西兰 | 0.41 | 0.43 | 0.34 | 0.41 |

数据来源：根据国家统计局、国家外国专家局的数据整理而得。

“一带一路”(The Belt and Road)是“丝绸之路经济带”和“21 世纪海上丝绸之路”的简称。2013 年 9 月和 10 月国家主席习近平分别提出建设“新丝绸之路经济带”和“21 世纪海上丝绸之路”的合作倡议。表 13-8 展示了 2012—2015 年部分“一带一路”国家的专家来华情况。其中，马来西亚和新加坡的专家人数明显突出，远超部分 OECD 发达国家，但有降低趋势。越来越多的印度籍专家来华，4 年间人数几乎成倍增长。整体而言，我国接纳“一带一路”国家人才的数量极微少。“一带一路”倡议带来很大机遇，是新型经济全球化的标志，“一带一路”建设中人才的流动是双向的，我们鼓励优秀人才、海归青年企业家来华发展，积极参与国家建设，充分就业与创业激发创新活力与引领作用。

**表 13-8　2012—2015 年来自部分“一带一路”国家的境外专家人数/万人**

| “一带一路”国家 | 2012 | 2013 | 2014 | 2015 |
|---|---|---|---|---|
| 印度 | 5.7 | 6.1 | 9.2 | 9.4 |
| 以色列 | 0.7 | 0.6 | 1.0 | 1.2 |
| 马来西亚 | 10.2 | 12.0 | 5.9 | 6.7 |
| 菲律宾 | 5.3 | 5.4 | 4.2 | 3.6 |
| 新加坡 | 11.6 | 12.8 | 9.8 | 10.1 |
| 波兰 | 1.0 | 1.3 | 1.5 | 1.7 |
| 白俄罗斯 | 0.5 | 0.6 | 0.5 | 0.6 |
| 乌克兰 | 1.3 | 1.3 | 1.6 | 2.0 |

数据来源：根据国家统计局、国家外国专家局的数据整理而得。

## 第四节　当前引智工作中存在的主要问题

改革开放 40 多年来，我国引进国外人才和智力工作始终坚持“派出去”和“请进来”有机结合，大胆吸收和借鉴先进的文明成果、技术和管理经验。境外高层次人才为我国的经济社会发展做出了重要贡献。但不容忽视的是，当前引智工作中还存在着一些问题，在引进专家行业结构、教育层次、地区分布、地缘来源、性别比例等方面还有待改进与提升。

## >>一、从事现代高新产业和高端服务业的专家比重低<<

引进经济技术类专家中，制造业占比过高，从事高新技术产业和高端现代服务业专家比重偏低。以 2015 年为例，从事制造业的专家占经济技术专家总量的 68.70%，而从事信息传输、软件和信息技术服务业的专家为 1.45 万人，仅占经济技术专家总量的 4.40%，从事金融业的专家为 0.39 万人，仅占经济技术专家总量的 1.19%。高新技术产业和高端服务业的特点是知识密集、技术密集，关键技术的开发难度大，对参与人员素质要求高，但具有高经济效益和社会效益。基于高新产业和高端服务业的高起步门槛和对现代技术的高需求，可以认为，若想要发展新型产业，加快传统产业结构更新。跟紧现代文明发展步伐，就必须达到智力密集、开放研究环境、优化政策改革等必需条件。在这过程中，海外技术专家的引入和国外先进科技资源的吸收无疑是重中之重。只有充分借鉴国外的先进经验和管理手段，吸纳全球智力掌握的关键技术，才能真正跟上现代产业转型的全球趋势，在新型经济竞赛中不落于人后。目前，来华的境外专家从事高新技术和高端现代服务业的人数比重较低，经济技术专家引进在支持经济结构转型升级方面的作用有待进一步加强。

## >>二、长期专家中高层人才比例偏低<<

引进的长期专家中，大学(本科)及以下学位的专家占主体地位。2015 年，大学(本科)学位的长期经济技术专家为 14.63 万人，占长期经济技术专家总量的 68.81%；长期专家中具有硕士、博士学位的境外专家占全部长期专家的比重虽上升至 28.18%，但仅是微乎其微的增长。中高层人才的比例代表了海外来华人才的智力深度和对我国科技创新发展贡献能力的高低。如今，在制定政策大力吸引海外专家时，来华专家的数量固然重要，但专家的个人实力更是不可忽视的关键评估准则，学历则是专家能力的显性标签。硕士、博士及以上学历的海外专家所能溢出的技术知识和管理经验对我国的创新型经济发展起正向促进作用，年均 28%的比重实为不足。

## >>三、专家来华地区分布不均衡<<

大多来华的境外专家选择前往东部发达地区发展；在中部、西部和东北地区工作的专家数量级明显小，且人数波动较大，个别年份甚至呈现下降趋势；海外人才来华呈现出“东多西少、南多北少”的现象。以 2015 年为例，中部地区聘请经济技术专家总量为 0.83 万人，仅占全国总量的 2.51%，西部地区仅占全国总量的 3.37%。中西部各省份之间也存在专家数量不平衡的现象。2015 年，四川、重庆分列全国各省份的第 10、14 位，而内蒙古、贵州、甘肃、青海、宁夏等名次较为靠后，西藏自治区连续两年为 0。我国东部地区地理位置优越，经济发展领先，生活质量和科研创新环境都显著优于其他地区，因此能吸引更多的来华境外人才工作甚至定居，更进一步促进了该地区的经济和科技发展。如此循环对于局部地区而言是良性的，但也会导致经济创新发展的地域差异越来越大。科研资源和高级人才分布不均带来的长期隐患不可忽视，国家长期的目标和发展蓝图必然是以国家为整体的。地区发展潜力的差异化有助于前期集中资源定点开发进而辐射周边地区，但如果放任人才资源不均现象的持续扩大，则不利于长期的全国整体进步。

## >>四、专家来源单一尚需进一步丰富<<

以 2015 年为例，来中国大陆(内地)工作的专家主要集中在亚洲地区，占比高达 70%；其中，港澳台专家占全部人数的 22%。若仅考虑经济技术专家的数据，台湾地区 2015 年来大陆(内地)的经济技术类专家 7.03 万人次，占总量的 21.27%，香港地区占总量的 6.13%。除去港澳台地区以及韩国、日本、美国、德国，来自世界其他国家和地区的境外专家占比仅为 30%左右，覆盖面有待进一步拓展。在亚洲以外，除去美国、德国，来自欧洲、北美洲其他发达国家和地区，以及其他发展中国家的专家数量偏少。如果专家来源过于单一化，则可能出现某国或某地区在人才市场上的垄断，技术和知识也将随之被局限，不利于长期发展。我们应当进一步开阔视野，迈出亚洲，积极与其他的国家和地区建立智库、企业的合作联系。通过举办更多世界级的论坛和研讨，吸纳来自不同地区的多元高级人才来华。这不仅有助于我国实时掌握世界前沿科学动态，拓宽本土专家的学习、研究和技术思路，也能大大增强在华工作国际人才的能力深度和视野广度。

### >>五、女性专家占比仍旧偏低<<

截至 2015 年，境外来华专家中的女性专家占比仍然偏低，仅稳定在 16%左右。随着时代的发展和社会观念的转变，越来越多的女性享受到更为公平的教育机会和教育资源。女性高水平人才逐渐在各个领域做出不亚于男性的杰出贡献，她们优秀的科研成果表明，女性专家也成为现代各国开展创新活动、实现经济发展的中坚力量之一。我国制定了一些特别奖项用于表彰和奖励在科学领域取得重大成果的女性青年科学家，如“中国青年女科学家奖”“未来女科学家计划”等，体现出国家对女性高水平学者、女性科研工作者的鼓励和支持。放眼海外，尤其是发达国家中，有更大比例的女性科研学者和技术专家拥有杰出个人能力和过硬技术知识。但受限于社会身份认知、传统偏见和个人安全等担忧和考虑，女性专家很少前往海外谋求发展。这对我国吸引人才策略而言无疑是不小的损失。另外，男性、女性专家人数达到相对的均势有助于营造更加平等、开放、自由的科研创新环境；男女均衡的实现也将传递出“中国对待科研能力和人才智库一视同仁、抛弃成见广纳贤才”的积极信号。

## 第五节　引智工作的政策建议

当前，我国正在大力推进新一轮对外开放，将使“开放的领域更广、开放的程度更深”。在建设更高水平开放型经济新体制的背景下，吸引国际化人才日益成为中国参与国际竞争的重要内容。与此同时，我国的创新型国家建设也进入了攻坚阶段，破解创新人才短缺、技术创新乏力的难题，对于顺利推进党的十九大提出的“到 2020 年进入创新型国家行列，到 2035 年跻身创新型国家前列，到新中国成立 100 年时成为世界科技强国”时间表和路线图至关重要。特别是，在新时期要进一步贯彻“聚天下英才而用之”战略思想，秉承“来得了、待得住、用得好、流得动”的工作思路，实施更加开放的人才政策，为中国可持续创新发展储备更多高端人才，形成新的人口红利。

### >>一、贯彻引智战略，抓住时代机遇<<

要抓住经济全球化带来的国际人才跨国流动契机，消除人才流动障碍，大力引进国际人才。随着中国在科技创新、改革发展、“双一流”大学建设、研发投入、科技成果产出、高等教育质量等方面的持续攀升，中国海外人才回归本土已成不可逆的趋势，中国很有可能复现美国历史上虹吸全球人才的经历①。从现在起，中国就要有谋划“国际人才枢纽”，建立全球人才优势的长远打算。对于教科文卫类专家，结合“双一流”建设和“双高计划”，支持高校实质性引进国外优质教育资源，开展高水平人才联合培养；对于经济技术管理类专家，以高精尖创新中心为平台，促进高端国际人才引进和国际科研合作。重点加强与大国、周边国家、发展中国家、多边组织的务实合作，以“一带一路”合作倡议的开展为契机，与沿线国家互联互通、人才培养，吸引优秀人才，对接发展需求，形成重点推进、合作共赢的国际人才流动局面。

## >>二、优化引智结构，突出引智重点<<

对国际人才进行科学分类管理，探索优化引智结构。一是对重点行业和高精尖紧缺专家予以特殊支持，同时对产能过剩行业的外国工作人员加以限制。注重发挥市场在智力资源配置中的基础作用，权限下放调动用人单位的积极性，填补重点行业对顶级精英专家的需求缺口，节约资源，精准扶持高精尖行业和吸引相关海外专家。二是结合“大众创业、万众创新”，加大对信息、金融、人工智能、数字经济、科研等高新技术、战略性新兴领域聘请专家的支持力度，推动产业结构调整和转型升级。三是提升境外来华人才的层次和考核标准，聘用更高学历、更高层次的境外人才，如诺贝尔奖等国际重大奖项获得者、发达国家院士、世界五百强企业高管等顶级人才等。随着顶尖优秀人才流入境内的不仅是高效的个人生产力，还有重要行业的顶尖技术、丰富的管理经验以及未来更加深入交流合作的潜在可能。

## >>三、平衡引智布局，扶持后进地区<<

关注国际人才引进的地区平衡，降低人才在地区间的流动壁垒。当前，我国东部地区相较于中部、西部和东北地区有着显著的经济优势和更为广阔的发展空间。要结合国家重大战略实施，发挥引智工作的导向作用，针对西部地区资源优势不足、缺乏核心项目支撑以及中部、东北地区传统产能过剩、经济转型升级压力大等情况，着眼于提高自主创新能力，围绕重点领域和重点项目，增加中央财政资金的倾斜，引导地方财政和社会财富，优先准入开发新型科研项目等，以加大对以上地区引进高新技术人才和急需紧缺人才的支持力度。依托自由贸易试验区建设、“一带一路”倡议和区域协调发展的战略机遇，将引智的优势做优、强势

① 刘敏：《疫情之下，人才国际流动去向何方》，载《光明日报》，2020-07-30。

做强、特色做特，并加强对短板的补齐。

## >>四、构建引智平台，开辟合作渠道<<

互联网时代拓宽了交流的途径和平台，也为国际人才引进创造了新的平台与渠道。在巩固传统合作渠道的基础上，发挥驻外机构的联络作用，探索与境外猎头公司、人才中介机构等建立合作，构建人才网络系统等。充分发挥“全球村”格局中海外据点和跨国共享平台的作用，实现信息传播和合作流程的现代化、便捷化，积极融入全球人才网络，掌握国际人才资源分布情况，加强创新合作，形成互利合作共赢的对外人才合作新局面。与此同时，应当拓宽境外人才交流的覆盖面，特别注重从亚洲以外的发达地区，如欧洲、北美洲、大洋洲等吸引高层次人才，甚至从广大发展中国家引进可为我所用的高层次人才，依托中国国际人才交流大会、北京跨国技术转移大会等国际人才会议，进一步丰富专家的来源结构。实现人才来源国的多样化，通过多样化的知识和文化资源营造有利于研发的外部环境。

## >>五、改善引智环境，健全服务体系<<

完善引进人才的制度建设，加快国际人才社区建设，健全高端外专服务体系和绿色服务通道，为境外人才创造便捷、舒适的生活与工作环境。一是进一步缩短境外人才来华交流的循环周期，加快知识的交流和更新，保证我国紧随国际前沿的发展步伐。针对短期来华专家，我国应优化出入境和办理居住证等固定程序，为高层次人才提供特殊学术签证和便捷通道，做到使境外学者“来去自由”。二是提升海外人才在华的生活质量和待遇。例如，在签证、居留、就医、配偶就业、子女入学等方面提供优惠政策；加快探索技术移民立法工作；加强与科技、组织、人事部门的沟通，减少申请经费、人事管理、职务晋升等方面设置障碍。三是加强高层次人才的分类管理，对国外人才工作的统一管理有助于合理调配资源，实现精准管理和优质服务。

# 第三篇

## 劳动力市场空间演变的国际比较

# 第十四章 美国劳动力市场空间演变

产业布局和经济结构的演变是劳动力市场的空间布局演变的最主要因素。进入 21 世纪以来，随着新一轮科技革命、金融自由化和经济全球化的兴起，美国的经济结构和产业结构发生了重大变化，去工业化的态势日趋明显，经济中心向东西海岸集中，中部传统制造业陷入萎缩。与此相对应，美国的就业结构和劳动力市场空间经历着显著的变化。

## 第一节　美国劳动力市场空间演变的主要背景和动因

### >>一、科技革命促进了劳动力市场人才需求的变化<<

以信息技术为核心的第三次科技革命深刻地改变了美国劳动力市场结构。随着信息技术在工业生产中的广泛应用，工业生产的自动化程度和普及程度不断提高。大量简单重复性机械劳动一方面被自动化生产线替代，另一方面陆续转移到发展中国家。信息技术的发展促进了互联网产业和数字经济的发展，对于具备数学、计算机、通信、人工智能等高技能人才的市场需求不断上升，东欧诸国、印度、中国的高技术人才大量进入美国就业市场。这些高技术人才为美国的经济和企业提供源源不断的技术创新，大量占据美国的中高收入就业岗位。互联网产业和数字经济的繁荣带动了一批新兴产业的发展，与此同时，一批传统产业逐渐没落。适合新兴产业的劳动力资源被充分吸纳和使用，这些劳动力多为年轻就业人口；不适合这些新兴产业的传统产业人口失业率不断提高，美国劳动力市场结构性失业的现象日趋明显，即一些劳动者由于不能适应新技术的要求而找不到工作，与一些新兴行业的工作岗位找不到拥有相应技术的劳动者两种情况同时存在。总而言之，随着新技术革命的不断发展，美国劳动力市场对高端人才的需求不断提高，就业市场中高端岗位的比例不断提高，中低端就业岗位的数量和需求不断减少。

## >>二、经济全球化进程加速了美国产业结构和就业结构的变化<<

冷战结束后，经济全球化进入高速发展阶段，随着以信息技术为核心的互联网经济的发展和中国、印度等新兴工业化国家进入全球分工体系，美国的产业结构和经济结构发生着三个方面的显著变化。一是美国传统工业和产业萎缩；二是美国牢牢占据着产业链和价值链的两端，将低端产业和产业链的低价值环节转出国外；三是在服务业美国的经济结构中的比重不断提高。这三个方面的显著变化都对美国的劳动力市场空间产生了深远的影响。纺织、钢铁、建筑和机械制造等传统劳动密集型产业在美国经济中的比重大幅度下降。这些早期美国工业化的支柱产业在今天的比重不断下降。这些传统产业大都属于劳动密集型产业，对就业的带动作用十分明显，它们的衰弱伴随着对劳动力的吸纳能力的相应减弱。与此同时，美国凭借其在高科技领域的领先优势，牢牢控制着产业链中的高附加值环节，技术密集型和资本密集型的产业快速发展。这些产业对高端人才的需求旺盛，但是对中低端的劳动力吸纳能力明显不足。美国的产业结构和就业结构变化的第三个显著特征是服务业在美国经济中的比例远远超过第一、第二产业。以金融、法律、咨询、文化为代表的服务业占据美国 GDP 的较大比例。服务业发达对美国经济产生了十分重要的影响。一方面，服务业快速创造了大量利润，成为资本竞相追逐的领域，发达的服务业为美国在全球范围了攫取了巨额的收益；另一方面，越来越多的劳动力从第一、第二产业进入第三产业，越来越多的美国年轻人不愿意进入工作环境相对恶劣、资源收入相对不高的制造业领域，越来越多的美国企业将资源集中到资本运作部门。这些部门为工业企业创造出比传统制造部门高得多的收益和利润，挤占着传统制造部门的资源，更加追求以股票收益为代表的短期收益。这些变化使得美国劳动力市场“极化”现象日益突出，美国的就业结构逐步出现高收入岗位和低收入岗位的两极分化。与此同时，以东西海岸为代表的科技创新中心逐步代替传统制造业区域成为美国就业市场的主要区域。

## >>三、经济金融化大量减少美国中产阶级就业岗位<<

金融业的过度发展成为近十几年来美国经济和产业发展的显著特征。经济过度金融化造成美国经济和就业市场的畸形发展，进而导致了一系列的负面后果。一是制造业质量的下降和规模的萎缩。虚拟经济的繁荣导致传统制造业利润的大幅度下降，大量制造业被转移出美国。与此同时，高端制造业中的工业巨头如通用电气、波音公司传统工业部门利润率不断下降，工业企业中资本运作部门的利润贡献率不断增加，导致工业巨头企业的企业文化从工程师文化加速向追求股票价格和收益的文化转变，制造业技术进步速度放缓。二是就业吸纳能力的降低。与传统制造业相比，金融业就业吸纳能力明显不足。根据美国劳动局网站的数据显示，在美国全部就业岗位中，20 世纪 40 年代制造业提供的就业岗位高达全部就业岗位的 34%，进入 21 世纪后这一比例已经降到 10%以下，与此同时，贡献美国五分之一 GDP 的金融业却只提供了不到 6%的就业岗位。① 金融业的过度发展，不但无法吸纳低端就业人口，而且导致大量中等收入岗位的消失。就业吸纳能力的下降导致美国中产阶级的数量不断下降，就业极化现象日益明显。三是贫富差距的不断拉大。当前，美国是 OECD 国家中的贫富差距最大的国家之一，美国基尼系数由 1979 年的 31.6%上升到 2016 年的 41.5%，增幅达 31.3%。② 其原因便是金融业的过度发达。基尼系数的不断增加，导致美国社会的矛盾不断加大。当前美国社会主要面临着上下矛盾、左右矛盾、黑白矛盾、内外矛盾等激烈的内部问题，华尔街攫取了巨额资本收益，进一步加剧了社会的不平等，美国引以为傲的庞大的中产阶级逐渐消失，两极分化日益严重。

## >>四、实施再工业化战略意图重振美国实体经济并增加高质量就业岗位<<

2008 年爆发的金融危机充分暴露了美国制造业萎缩对经济的严重影响。为了重塑制造业，2009 年美国政府便发布了《美国制造业振兴框架》，以此为标志开启了长达十年的制造业回流和再工业化努力。美国再工业化战略的核心目标是阻止经济空心化，遏制虚拟经济的快速发展，大力扶持和增加实体经济在国民经济发展中的比例。美国政府及相关智库认为，通过再工业化战略的实施，美国可以实现三个方面的重大目标：一是创造高质量的国内就业机会，二是汇聚综合创新的协同效应，三是确保技术领域的国家安全。围绕实现美国再工业化的三大目标，美国政府连续出台旨在重振制造业的政策法规。2010 年，美国政府出台《2010 年美国制造业促进法案》。该法案是当时美国政府在金融危机爆发后短期内促进制造业发展的重要措施，核心思路是减免企业所得税收扩大出口，提高制造业的收益率，扩大制造业规模，增加就业岗位，增加就业人数。与此同时，美

① 裴祥宇：《金融化背景下美国贫富差距的扩大及其影响》，载《福建师范大学学报（哲学社会科学版）》，2020(1)。

② 数据来源于世界银行。

国政府高度重视高端先进制造业发展，围绕精密加工、智能制造、先进工艺、绿色制造等重点领域和方向，加大投资力度，巩固和提升美国在全球制造业的领先地位。2009 年发布的《美国创新战略——推动可持续增长和高质量就业》明确提出了美国未来重点发展的先进制造业：新能源产业（如页岩油开采）、新能源汽车产业（如以特斯拉为代表的新能源汽车）和医药产业等。以页岩油开采为例，庞大的能源产业链可以增加大量的中低端就业岗位。在促进制造业发展的同时，美国政府聚焦贸易逆差问题，通过扩大制造业产品出口减少贸易赤字，增加就业岗位。美国国会通过《1930 年关税法》修正案，对非市场经济国家进行反补贴、反倾销调查，打击贸易竞争对手。通过加大技术出口管制和封杀竞争对手企业，压缩贸易竞争对手的市场份额，遏制其他国家的产品出口，保护本国制造业。此外，美国政府一度推行 TTP 和 TTIP（后被特朗普废除）协议重塑贸易规则，制定有利于美国制造业出口的规则和标准。美国重塑制造业的再工业化战略取得了一定成效，部分美国制造商陆续将生产基地搬回国内，为美国蓝领工人创造出新的就业岗位，美国制造业就业人口逐年增加，失业率显著降低。

## 第二节　美国劳动力市场空间演变的主要方向及趋势

产业结构的变化和产业转移深刻影响着美国劳动力市场的空间布局。20 世纪 80 年代以前，美国的传统工业区（如五大湖地区）是美国劳动力就业的最重要区域。20 世纪 80 年代以后，随着美国产业结构的调整，以东西海岸为代表的科技创新中心日益成为美国劳动力，尤其是高端劳动力最主要的就业区域，而传统工业区的就业人数不断减少，失业人数和失业率逐年提高。2008 年的美国次贷危机充分暴露了美国产业结构和经济结构的严重缺陷，为了解决美国制造业空心化和经济虚拟化带来的严重经济问题和社会问题，美国大规模启动再工业化战略，美国劳动力市场空间布局再次发生新一轮的调整和布局。

### >>一、传统制造业地区就业总量呈下降趋势<<

当前，美国制造业主要分布在三大地区：一是东北部地区，这里主要聚集着全国的钢铁、机械、汽车、化工等传统重化工业；二是南部高端制造业集聚区，主要包括石化、航空、航天和电子等高端制造业；三是西海岸地区，这一地区集聚了美国的军工、信息技术等高技术产业。这三大制造业中心吸纳了绝大多数的美国制造业就业人口。美国制造业在 1979 年创纪录地提供了 1 950 万个工作岗位，是历年来最多的一次。之后，随着经济全球化加速和制造业的转移，美国制造业吸纳的就业人数再也没有超过这一数字。到2010年次贷危机爆发的第三年，制造业的就业岗位与1979年相比减少了800万个。特朗普上台后，通过一系列旨在恢复制造业的政策，到2018年年末才将这一数字恢复到1 280万个。制造业对就业人数的吸纳不仅在绝对数量上处于逐年下降的趋势，在占比上也出现明显的下降趋势：1979年制造业吸纳就业的人数占总人数的比例达到26.4%，而到了2018年这一比例仅为8%，这意味着美国制造业地区不再是美国劳动力的主要流向。①

制造业地区吸纳就业能力的下降主要有五个方面的原因。一是技术层面，自动化生产技术的广泛使用和信息化能力的大幅度提高使得制造业生产中人工的数量和比例不断地下降。尤其是随着工业机器人、3D打印技术、焊接机器人等生产技术的进步，原先主要由人工完成的工业生产环节逐步被机器所替代。未来随着人工智能、工业互联网在工业生产中的广泛使用，各类生产流程的自动化数字化智能化的水平将进一步提高，无人工厂的普及将使得人工在制造业部门的比例大幅度下降。二是供需层面，劳动力市场极化现象在先进制造业领域的表现也十分突出。随着技术的进步，低技能简单重复的人工岗位需求进一步下降，而既懂技术又懂管理的高技术岗位的需求与日俱增，制造业就业的技术门槛不断提升，能够吸纳大量廉价劳动力的制造业部门将越来越少，制造业就业市场的结构性供需矛盾将更加突出。三是教育层面，美国私立教育和公立教育差异巨大。私立教育面向少数精英层，对学生数理化水平的要求较高，这些从私立学校毕业的学生理工科基础好，数理能力强，在就业市场中处于有利地位，他们往往不愿意进入收入相对较低的制造业部门。与此相反，美国的公立教育对学生的要求不高，学生的理工科能力普遍不足，在技术快速迭代升级的今天难以胜任制造业所需的岗位要求。四是社会观念方面，随着互联网的普及，越来越多的美国年轻人不愿意从事管理严格、循规蹈矩的制造业岗位，他们更愿意从事可以发挥个性，不受约束的工作岗位。五是美国整体制造业的衰弱，美国当前仍旧占据着全球制造业的最高端，但是一些劳动密集型的制造业严重萎缩。以船舶工业为例，船舶行业是典型的劳动密集型、技术密集型和资本密集型产业，对就业的拉动十分明显，但是美国当前船舶工业尤其是民用船舶工业严重萎缩。这些制造业的衰落客观上导致了其对劳动力吸纳能力的不足。

## >>二、就业中心向科技创新中心加速转移<<

随着以信息技术为核心的第三次科技革命的兴起和发展，以硅谷和波士顿为

① 李鑫：《四大原因导致美国制造业就业率下降》，载《中国电子报》，2019(81)。

代表的东西两岸成为美国乃至全球的科技创新中心。高科技产业迅速发展，以微软、英特尔、苹果、高通、英伟达、谷歌等为代表的高科技公司不断涌现，这些高科技公司不但创造出新的商业模式，而且衍生出很多新的产业和业态。其中，硅谷作为信息网络技术和人工智能技术等创新中心，在相关领域带动了一批中小科技企业的发展，创造出众多收入水平较高的就业岗位。在波士顿，依托其在生命科学领域的领先优势，大量的生物科技企业应运而生。据不完全统计，当前在波士顿地区大概集聚了超过 1 000 家生物科技公司。技术的进步加上新兴产业的发展，使得硅谷和波士顿成为资本投资的乐土，也成为美国经济两大核心区域。高科技产业发展带动了其他各类服务业的发展，美国国内和国外的各类人才和劳动力涌入，成为美国吸纳就业尤其是高技术人才最重要的区域。在这些区域从企业到大学再到政府，大力鼓励创业，设立了很多支持创业和就业的公共服务平台。例如，波士顿政府就曾与 IBM 公司共同打造了旨在为创业者提供信息、技术支持、成果转化、企业孵化、法律咨询、法律服务等多项综合服务的 StartHub 平台，该平台在创业者早期创业中发挥了极为重要的作用。美国硅谷和波士顿成为全球领先的科技创新中心，一个重要的原因是高等院校的聚集，这些高等院校既是各类科技创新的创造者，又是各类创新人才和科技人才的贡献者。科技技术进步带来了新兴产业的发展，吸纳了高科技人才；高科技人才的聚集又推动了科学技术进步和高科技产业的发展，形成了产学研用正向反馈的良好生态。在这些地区不断会产生新的产业和就业岗位，吸引着越来越多的年轻人工作和就业，保持长期经济活力。

而与此相对的是以传统五大湖区为代表的工业区，这些区域由于技术陈旧，产品国际竞争力较差，工资收入低，难以吸纳资本投入和高水平人才，进而造成产业升级的滞后，经济规模不断下降，吸纳新增劳动力的能力也大幅下降。值得注意的是，白人蓝领大多集中在美国中部的传统工业区。当前美国保守主义、民粹主义盛行，根本原因之一就是以白人蓝领为代表的中下层阶级在以信息技术为基础的这一轮经济全球化进程中竞争力不足，没有获得期待中的收益，收入水平和生活水平持续下降，进而导致美国国内尖锐的阶级矛盾。

## >>三、美国区域之间收入差距出现持续扩大的趋势<<

美国劳动力市场空间演变最显著的特征和影响表现为区域收入差距的拉大。1990 年之前美国各州之间收入差距一直处于较低水平。随着美国经济结构和产业结构的变化，尤其东西海岸科技创新中心和金融、文化产业的蓬勃发展，传统制造业的萎缩，美国州际收入差距逐渐拉大。例如，反映州际之间人均可支配收入差距的变异系数从 2013 年的 0.12 迅速上升至 2019 年的 0.14，创下 1970 年以来的历史新高，人均可支配收入最高的康涅狄格州与最低的密苏里州，收入差距扩大了 30%，收入差距之比从 2013 年的 1.7 倍上升到 2019 年的 1.9 倍。[①] 这一现象主要是由技术层面和政策层面两个方面的因素造成。在技术层面，随着近年来以工业机器人、智能制造为代表的新的生产技术的出现和广泛应用，制造业中传统人工的比例逐年下降，对高技术技术工人的需求增加，传统工业区和制造业采取新技术的成本较高，无法迅速向新兴产业转型，竞争力不断下降，导致传统制造业逐渐萎缩，工人的收入水平长期得不到提高；在政策方面，美国近年来的新自由主义政策，是联邦政府层面对州际发展差距较大制定的政策。1960 年美国联邦政府曾经出台过《阿巴拉契亚地区开发法》，对缩小州际经济发展水平和收入水平发挥了一定的作用。但是从那以后，美国联邦政府很少出台类似的政策，州际在自由市场竞争下逐渐拉开了经济发展水平和收入水平。

## 第三节　美国劳动力空间集聚分布典型区域研究

美国劳动力市场空间演变背后的折射出美国经济结构和产业结构的调整和变化。例如，Yi Niu、Chengri Ding 和 Gerrit-Jan Knaap(2015)研究美国马里兰州的就业空间分布后提出，区位优势和经济发展水平是劳动力空间演变的主要因素。[②] Bogart、Ferry(1999)[③]和 Giuliano、Redfearn、Agarwal et al. (2007)[④]对美国洛杉矶、纽约、华盛顿、旧金山、芝加哥和波士顿等城市的劳动就业分布的研究表明，都市圈形成和发展是影响劳动力空间布局的最重要因素之一。不同地区的经济发展、产业结构、产业集聚程度的不同决定着就业机会、工资收入和福利水平的不同，进而决定着整个国家劳动力空间分布及其演变。美国拥有旧金山和纽约两大世界级湾区，覆盖洛杉矶、纽约、华盛顿、旧金山、芝加哥和波士顿等多个城市群和都市圈，是美国劳动力空间布局最集中的地区。这里拥有流动性最强、参与程度最高的劳动力市场。号称“金融湾区”的纽约湾区和号称“高科技”湾区的旧金山湾区拥有当前美国乃至全世界最有吸引力的劳动力市场。

---

① 何建武：《美国创新、就业和区域发展方面的新趋势及其启示——美国访学的观察与思考》，载国研网，2020 年 7 月 10 日发布。

② Yi Niu, Chengri Ding and Gerrit-Jan Knaap, 2015, Employment Centers and Agglomeration Economies: Foundations of a Spatial Economic Development Strategy. *Economic Development Quarterly*, Vol. 29(1) 14-22.

③ Bogart, W., & Ferry, W., 1999, "Employment centers in greater Cleveland: Evidence of evolution in a formerly monocentric city", Urban Studies, (36): 2099-2110.

④ Giuliano, G., Redfearn, C., Agarwal, A., et al., 2007, "Employment concentrations in Los Angeles", 1980—2000. *Environment & Planning A*, 39(12): 2935-2957.

## >>一、纽约湾区<<

纽约湾区位于美国东海岸(大西洋海岸)北部，是以纽约市为核心，包括波士顿、费城、巴尔的摩、华盛顿等一批大城市组成的沿海城市群。这一城市群包括美国建国初期最早建立的一批城市，陆地总面积超过 2 万平方公里，人口超过 2 300万，城市化率高达 90%以上，同时也是美国人口密度最大的地区。这里还是美国最先完成工业化和城市化的地区，同时也是美国经济最为发达的地区。区内产业门类齐全、产业配套完善、产业链供应链也十分完善。此外，区内还拥有美国多所知名院校，如哈佛大学、波士顿大学、麻省理工学院，为纽约湾区城市群的发展提供了源源不断的人才资源和科技资源。纽约湾区的高科技产业、制造业、金融业和服务业十分发达，目前主要包括金融保险、文化传媒、光学仪器、新材料、生物医药、机械制造、电子计算机等多个产业集群。此外，纽约是全球金融中心，纽约湾区号称“金融湾区”，著名的华尔街就位于纽约湾区，全世界很多著名企业包括中国的企业都在纽约证券交易所上市。纽约也为全世界的企业和政府提供金融服务。发达的经济吸引了全球的人才。纽约湾区以众多高端人才为支撑，大力推动创新创业，以文化、传媒、娱乐、艺术、广告、咨询等为代表的创意产业在纽约湾区蓬勃发展。在金融业的大力支持下，纽约湾区的实体经济十分发达，为来自全美乃至世界的劳动力提供了类型多样、性质不同的工作岗位，吸引着各类创新人才投身不同的领域。这些人才的加入使得纽约湾区长期保持着旺盛的经济活力，在湾区内大企业、中小企业、小微企业竞相发展，形成了体系完备、相互衔接和配套的产业发展体系。

为了吸引更多的人才进入纽约湾区，区内各个城市都十分重视宜居宜业环境的打造和建设。纽约湾区自形成以来，主要进行了四次大规模的区域布局调整，其主要目的之一就是通过区域功能布局调整一方面促进产业升级，另一方面实现生活环境的改善，为外来劳动者提供高质量的工作岗位和优质的生活环境。例如，波士顿当地政府为了吸引和留住人才特别重视生活配套设施的建设，医院、学校甚至超市建设等被当作提高居住条件的重要举措。纽约是世界著名的移民城市，可以说是全世界的高端移民造就了今天纽约的繁荣，因此纽约湾区特别重视对外来移民(特别是高技术人才)的引进和使用。纽约市作为移民城市充分认识到高技术移民人才在城市发展中的重要作用，通过各类税收优惠政策、投资优惠政策吸引来自全世界的人才。

除了提供宜居的生活条件，为各类人才提供发挥个人特长和理想的舞台成为湾区内各个政府优先考虑的重要事项。针对纽约湾区高等院校密集、高科技人才集聚的特点，湾区高度重视搭建产学研一体化的平台，为各类人才提供类型多样的工作岗位。湾区推动各类大企业和中小企业与大学展开合作，支撑各类创新创业活动的开展，在金融业的大力支持下，各类创意产业蓬勃发展。此外，以麻省理工学院为代表的高等院校十分重视与企业合作，围绕企业在实际研发生产中的存在的问题，搭建产学研平台，推动科技成果的及时转化应用，各类新兴产业迅速发展，提供的就业岗位数量和收入水平保持长期稳定增长，成为美国重要的高素质劳动力的集聚地。

### >>二、旧金山湾区<<

旧金山湾区是与纽约湾区并列的世界级大湾区，同时也是美国乃至全世界最重要的科技创新中心。旧金山湾区主要包括洛杉矶、旧金山、奥克兰、圣何塞等主要城市。其中，洛杉矶是美国重要的工商业、国际贸易、科教、娱乐和体育中心之一，也是美国石油化工、海洋、航天工业和电子业的主要基地之一。洛杉矶还拥有许多世界知名的高等教育机构，如加州理工学院、加州大学洛杉矶分校、南加州大学、佩珀代因大学等。旧金山临近世界著名高新技术产业区硅谷，是世界最重要的高新技术研发基地之一和美国西海岸最重要的金融中心，也是《联合国宪章》的诞生地。旧金山湾区最负盛名的是硅谷和好莱坞。好莱坞是世界电影中心，而硅谷则是世界领先的科技创新中心。旧金山湾区的加州多年来位居美国各州 GDP 排名的首位，围绕硅谷，旧金山湾区形成以高科技为基础、以金融为支撑的发达的创新经济，形成了以人工智能、互联网为典型代表的产业集群。硅谷作为全球领先的科技创新中心，现已成为世界最高端人才和最先进技术的聚集地。据统计，到 2019 年年底，硅谷拥有的诺贝尔奖得主超过 50 位，拥有 1 000 位以上的美国科学院和工程院院士，数万名从事自然科学的博士，40 多万高水平工程技术人员，其中外籍人员的比例也远远超过其他州，成为推动硅谷成为世界科技创新中心的重要力量。在众多高科技人才的努力下，美国涌现出一大批享誉世界的高科技公司。在这些公司共同推动下，美国成为第三次科技革命的领军者，并且在即将到来的“工业 4.0”中继续处于领先地位。

## 第四节　美国劳动力市场空间演变的主要启示

### >>一、科技革命是劳动力市场空间演变的内在动力<<

从美国劳动力市场空间演变的历史来看，每一次的科技和产业革命都是推动劳动力市场空间布局改变的最大动力。19 世纪末 20 世纪初，随着第二次工业革命的兴起，石油、化工、冶金、钢铁、汽车等工业在美国兴起，大量劳动力进入这些部门。底特律的汽车工业、堪萨斯的石油工业为当时的美国提供了大量的就业岗位，美国也凭借在这一轮的工业革命，成为世界头号工业强国。第二次世界大战结束后，随着计算机技术的兴起，美国开始了以信息技术为核心的第三次科技革命，传统的重化工业开始衰弱。冷战结束后，经济全球化开始加速，美国的高科技产业、金融产业、文化娱乐产业高速发展，传统工业区进一步衰弱。与此相对应，工业区不在成为吸纳就业主要方向，以高科技和金融服务业为代表的东西海岸成为美国的经济重心，提供了大量的就业岗位，成为劳动力集聚区，造就了当前美国的劳动力市场空间布局。这一规律对今天的中国劳动力市场发展具有很强的启示意义。必须牢牢把握科学技术创新的决定性作用，紧跟世界科技和产业发展前沿，因地制宜发展新兴产业，促进劳动力市场的平衡发展。

## >>二、产业政策和区域发展政策是调解劳动力市场空间变动的重要举措<<

20 世纪 80 年来以来，美英等西方国家信奉新自由主义的发展理念，开始大规模的私有化，资本在政治经济社会中发挥着越来越大的作用。在资本追求利润的驱使下，美国放弃了利润有限的低端制造业，将大量制造业转移到国外，金融业和服务业快速发展。这一结果虽然使得美国的经济获得了长期的繁荣，但与此同时也增加了经济发展的风险。美国的经济脱实向虚、金融资本利率挤压制造业利润，大量高端人才不愿意从事收入有限的制造业，导致美国贫富差距拉大；大量蓝领白人、中产阶级没有从这一轮经济全球化进程中获益，进而导致当前美国国内区域收入差距、行业收入差距拉大，阶级矛盾异常激烈，社会撕裂。而特朗普政府之前的美国政府坚持不干预的自由放任经济政策，没有从政策和战略层面对这一问题加以纠正。这一惨痛的教训对于今天中国的发展具有重大的借鉴意义。当前，东北老工业基地发展缓慢，导致就业岗位不足，劳动力和人口流动加速，反过来又限制了本地区经济发展。因此，中国必须高度重视产业政策和区域发展政策，使得不同区域之间经济协调发展，实现合理的劳动力市场空间布局。

## >>三、教育对劳动力市场空间演变的作用不可忽视<<

美国劳动力市场最近 20 年空间演变的事实表明，劳动力市场的极化趋势和空间演变形成了叠加效应。东西海岸经济发达，提供高收入的就业岗位的数量多，吸纳高素质人才的能力也强，人口的劳动力处于净流入的状态。与此相对，传统工业区越来越难以提供高收入的就业岗位，劳动力市场的整体素质和水平随之下降，致使经济更加不景气。这一现象客观上导致美国优质的私立教育资源向东西两岸集中，公立教育成为中部地区主要的教育力量。由于美国的私立教育质量往往高于公立教育，这进一步拉大了区域间劳动力素质的差距。改革开放以来，我国经济重点集中在东南沿海，东北、西北等地人才流失严重，西部的教育资源逐步落后于东部沿海地区，客观上促进了我国劳动力市场空间的演化。因此，实现区域间经济的协调发展，必须加大对中西部教育资源的投入，通过提高劳动力素质实现区域间的共同富裕，进而实现劳动力市场的平衡发展。

# 第十五章

# 日本劳动力市场空间演变

关于日本劳动力市场问题的研究有很多，涵盖了终身雇佣制、女性就业的特殊性方面。本章关注日本劳动力市场存在的问题，探索日本劳动力转移状况。一方面，分析日本劳动力从农村到城市的转移历程；另一方面，梳理日本劳动力的国际转移情况。与此同时，我们对日本经济圈的劳动力流动状况进行了介绍，并进一步讨论未来日本劳动力市场走向及其启示。

## 第一节　日本劳动力市场存在的问题

随着经济全球化的推进，日本劳动力市场发生了较大变化，并在这个过程中出现了许多新问题。其中非常突出的一个问题就是人口自然增长率呈现持续降低趋势，它给日本带来十分严峻的挑战。一方面，满足日本经济发展的有效劳动力数量减少；另一方面，日本开始走向老龄化，老龄化程度的加深，意味着日本社会面临着消耗殆尽的储蓄和日渐枯竭的资源。据日本国立社会保障人口问题研究所的估算，从 2007 年开始，日本人口将由 1.277 8 亿人的高峰按年率 0.56%递减，到 2050 年减至 1.005 亿人，到 2100 年减为 6 737 万人。其中，15～64 岁的有效劳动人口将由 1995 年 8 726 万人的高峰，按年率 1%递减，至 2050 年减为 4 980万人，至 2100 年减为 2 776 万人。① 对劳动力资源短缺问题进行深入分析发现，日本主要面临着“少子化”、女性就业障碍和人口老龄化这三个方面的难题。

### >>一、“少子化”带来年轻劳动力减少<<

随着日本经济社会的不断发展，居民的工作消费生活方式发生明显变化。不

① 杨广晖、罗建河：《从封闭到开放：日本劳动力市场的发展及启示》，载《国际经济合作》，2009(9)。

仅如此，社会价值观(如男女关系、家庭观念等)也越来越多样化。在此背景下，日本女性对于婚姻形态的偏好和选择也逐渐发生变化，具体表现为晚婚和未婚的女性越来越多，进而催化了“少子化”现象的产生。“少子化”是指女性一生所生孩子数量的平均值呈现不断下降的现象。从 1899 年有人口动态统计记录以来，日本总人口于 2005 年首次出现了死亡人口高于出生人口的负增长，这意味着日本开始步入人口减少的时代。据《日本未来人口推测》，至 2050 年，现今 20 岁左右的日本女性中，终身不婚的比率将为六分之一，另外，三成以上的女性会选择终身放弃生育。① 结婚形态和婚后生育观的变化使得“少子化”不断深化，在劳动力市场上最突出的表现就是年轻劳动力的减少。

## >>二、女性就业存在严重障碍<<

20 世纪 50 年代，日本政府部门推出了奖励家庭主妇的方针政策，典型表现为创设了配偶者控除制度。根据该制度，当妻子收入水平处于在一定数额之下时，丈夫可以享受在扶养家人方面所交纳的税费优待。对于做临时工的日本家庭主妇而言，其年收入面临着 103 万日元和 130 万日元两道金额限制屏障：对于年收入在 103 万日元以下的家庭主妇，其丈夫可享受年收入减 38 万日元后的额度缴纳所得税的优待，这使得家庭所得税减少；对于年收入在 103 万日元以上的家庭主妇，其需缴纳的税金则面临着大幅度增加。另外一道限制被称为 130 万日元屏障，若家庭主妇年收入额度超过 130 万日元的限额，则会被剔除出丈夫的抚养范围，必须承担缴纳年金和健康保险费的支出。这使得整个家庭收入因此而减少。上述制度的出台本身是为了促使家庭主妇在时间配置的过程中更多选择相夫教子，而在制度实际实施过程中，已婚女性往往是在迎合这种制度的同时尽量避免损失，通过故意缩短劳动时间的方式把收入水平控制在屏障范围之内。纵然对于日本女性而言，在就业方面仍面临着许多不利因素，但是，近年来随着高学历、晚婚、未婚女性群体的增多，选择进入劳动力市场中参与工作的女性依旧具有增加的趋势。从总体上看，日本女性仍然面临着很严重的就业障碍，想要进入劳动力市场中还存在很多阻碍因素。因生育而被迫中断工作，甚至永久性退出职场、做家庭主妇的日本女性群体数量依然不容小觑。在日本，女性就业障碍成为其劳动力不足的原因之一。

① 王碧如：《国际化与日本劳动力流动》，载《现代管理科学》，2007(9)。

## >>三、老龄化致使社会劳动参与率降低<<

人口老龄化在很大程度上影响着日本劳动力市场的稳定和发展。人口老龄化意味着社会劳动参与比重的降低和缺乏劳动能力人口比重的提高，同时，人口老龄化还意味着缺乏看护劳动力，使得女性从家庭劳务中剥离进而参与社会工作的难度加大。根据日本内阁府 2018 年版《老龄社会白皮书》，截至 2017 年 10 月，日本总人口为 12 671 万人，65 岁及以上老年人口为 3 515 万人，占总人口的 27.7%。日本老龄化率 1950 年只有 5%；1970 年达到 7%，进入老龄化社会；1994 年为 14%，进入老龄社会；2007 年达到 21%，进入超老龄社会；2017 年 10 月达到了 27.7%。相反，15～64 岁劳动年龄人口，1998 年为 8 716 万人，达到最高峰，之后一直减少，2013 年为 7 901 万人，首次下降到 8 000 万以下。据预测，日本总人口进入了长期减少的过程，2029 年将减少到 12 000 万人，2053 年将减少到 1 亿以下，2065 年将减少到 8 808 万人。2065 年 65 岁及以上人口占总人口的比例将达到 38.4%，每 2.6 人中就有 1 人是 65 岁及以上的老年人；75 岁以上的人口占总人口的比例将达到 25.5%，每 3.7 人中就有 1 人是 75 岁以上的老年人。而日本出生人数继续下降，2065 年的出生人数将减少到 56 万人。按着这种趋势，0～14 岁少儿人口不断减少，2056 年将减少到 1 000 万人，2065 年减少到 898 万人，只有目前的一半。出生人数的减少也直接影响劳动年龄人口。预计 2029 年劳动年龄人口为 6 951 万人，2065 年将减少到 4 529 万人。随着老年人口的增多，死亡率也在上升。2065 年，人口死亡率将达到 17.7‰，导致总人口的进一步减少。而且 15～64 岁劳动年龄人口和 65 岁及以上老年人口的比例差距越来越大。1950 年针对每 1 名 65 岁及以上老年人口有 12.1 名劳动年龄人口（15～64 岁），2015 年减少到 2.3 名，到 2065 年将减少到 1.3 名，日本人口年龄结构失衡状态将越来越严峻。

为了解决以上劳动力供给短缺的困境，日本政府积极协调劳动力资源在空间上的布局。首先，积极探索农村剩余劳动力资源，促进从劳动力实现城乡转移。其次，重视引入外国劳动力增加国内劳动力的供给，以缓解用工荒难题，并在技术创新的基础上，试图将国内劳动密集型的制造业转移至海外。再次，通过开通高铁“新干线”等方式，加速劳动力在区域间的自由流动，实现劳动力资源的有效空间配置。最后，日本政府在一定程度上开始鼓励女性走出家门进入劳动力市场，从而将劳动力锐减的不良经济影响遏制在最低限度。

## 第二节　日本劳动力的城乡转移

日本农业人口比重较大，第二次世界大战后的初期，日本农村过剩劳动力问题十分严重。一方面，劳动生产率的提高在很大程度上减少了农业劳动力需求；另一方面，土地数量有限，阻碍了扩大农业经营规模的步伐。因此，农业人口过剩现象应运而生。然而，随着工业现代化不断深入和发展，日本逐步实现农业机械化和电气化，在这个过程中进一步解放了农村劳动力，大量农村劳动力开始流入城市中，进入工业、商业、服务业等部门参与工作。城市工业发展过程中的职位空缺和城乡间的工资差异诱导农村劳动力逐渐转移到城市。20 世纪 80 年代，日本就已实现了农村劳动力向城市的顺利转移。2003 年，日本农业劳动人口占比仅约 3.9%，处于欧美发达国家同一水平。

### >>一、日本农业剩余劳动力转移历程<<

与英、美等发达国家相比，受到战争等因素影响，日本工业进入起飞阶段的时间较晚。严格而言，从 20 世纪 60 年代，日本才进入发达国家行列，因此其农村劳动力转移也起步较晚，主要可以分为四个阶段。

#### (一)从明治维新到第一次世界大战结束的启动阶段

1873 年，日本开始实行土地制度改革，为期约 10 年。随着改革的推进，日本基本废除了封建领主土地所有制，近代土地制度得以确立，农民因此从解放出来，拥有了土地买卖和人身职业的自由，使得农民与土地两者之间相脱离的可能性增加。19 世纪 80 年代初，日本农产品价格开始逐年暴跌，加之地税十分沉重，致使大批的农民陷入破产的困境，被迫背井离乡，流入城市。几乎同一时期，日本迎来创业高潮，城市工业规模迅速扩张，有效吸收了大批流入城市的农民。值得注意的是，这一期间，农业劳动力所占比重出现了明显下降的趋势，由 1878—1882 年的 82.3%降至 1920 年的 53.6%。①

#### (二)第一次世界大战以后到 20 世纪 50 年代中期的恢复性转移阶段

第一次世界大战结束后，日本农村劳动力明显放缓了转移速度。在第二次世

① 张兴华：《从国外经验看中国劳动力转移的战略选择》，载《经济研究参考》，2004(81)。

界大战后初期，农村劳动力大军中加入了大批军人和遣返人员，因此份额发生了逆转性的变动。城市人口倒流至农村，农村成为城市失业人口的贮水池，人口空前增多，专业农户数量出现反弹，占比一度超过 55%。据 1944 年的《人口调查》和历年的《国情调查》统计，1944—1950 年，日本农村劳动力急剧增加了 530 万人。20 世纪 50 年代以后，专业农户才日趋减少，劳动力转移进入恢复期。这一时期，日本处于战后经济复兴阶段，对劳动力具有巨大需求。与战争时期相比，人们生活水平稳定且有所提高，社会消费快速增加，战时被迫停业的零售业和商社等消费服务性部门在此阶段成为吸收农业劳动力的主要部门。1950—1955 年，日本的农业劳动力减少了 128 万人，占比从 53%下降到 41%，基本恢复到 20 世纪 40 年代初的水平。

### (三)20 世纪 50 年代中期到 80 年代的大规模转移时期

1955 年，日本经济取得了很大的发展，彻底恢复甚至超过了战前水平。此后，在大量的资本积累和引进外国先进技术的基础上，日本经济在很大程度上更新和扩大了固定资本规模，以实现工业现代化为中心，进入了高速发展时期。1955—1972 年，日本经济实际增长率年均达 9.7%。在短时间内，大量的职位空缺在城市发展中形成，相应地，有很大的劳动力需求，曾经一度甚至出现了劳动力供给不足的现象，这为农村劳动力转移创造了良好的条件。因此，该时期农业就业人口占比在很大程度上减少，1955 年，该比重为 41.0%，到 1980 年时，该比重甚至降到了 10.9%。城乡收入差距的扩大和相关政策的支持均促使农民离开土地，转移到城镇其他产业中谋生。

### (四)20 世纪 80 年代至今的稳定转移时期

20 世纪 80 年代，日本农村就业人口占比已经减少到大约 10%的水平。80 年代以后，日本经济增长速度较慢，到了 90 年代，受到泡沫经济的冲击，日本陷入了长期经济停滞状态。该时期日本城市工业吸收农村劳动力的能力明显减弱，农村劳动力转移规模比较稳定。根据日本农水省 2002 年进行的“农业结构动态调查”显示，与 1980 年和 1990 年相比，2002 年日本农家人口分别减少了 116%和 42.8%。20 世纪 90 年代以来，日本农村人口结构发生了显著变化，主要表现为农业人口锐减的同时，老龄人口激增。据调查显示，与 1990 年和 1995 年相比，2002 年日本农业就业人口占比分别减少了 33.7%和 9.4%。其中，1990 年，65 岁以上就业人口占比为 35.8%，到 2002 年，该比重已经高达 55.4%。该阶段的日本已经基本上实现了农业的现代化进程。在这个过程中，日本不仅面临着农业剩余劳动力向其他非农产业部门转移的问题，还面临着非剩余农业劳动力被非农业部门高收入吸引到非农部门的挑战。①

## >>二、日本农业劳动力转移特点<<

### (一)转移速度最快的发达国家

第二次世界大战后，日本非常重视农业领域的科技创新。日本抓住了机遇，赶在第三次科技革命浪潮的兴起之际启动工业化，并且充分利用科技革命成果大力促进本国农业的发展。与此同时，日本从美国引进大量机械和技术，也为自己开发研制新型机械争取了时间。1955 年，以畜耕犁被 2.5～5 马力的小型动力耕作机取代作为标志，日本拉开了实现农业机械化的序幕。后来随着工业不断地深入发展，小型化且功能强的拖拉机、插秧机以及收割机都陆续普及，日本因此彻底实现了农业机械化，节省了大量劳动力，农业人手不足难题得以有效解决的同时，也加速了农村劳动力转移到其他产业的节奏。与其他发达国家相比，日本是农村剩余劳动力转移速度最快的。法国用了大约 120 年的时间使其农业就业人口占比从 51.7%降到 10.0%，美国用了大约 80 年的时间使其农业就业人口占比从 51.3%减至 9.5%，西德也用了 80 多年的时间才使其农业人口比重从 48.4%减少到 10.2%。然而，日本只用了 30 多年的时间就使其农业就业人口占比从 1946 年的 53.3%降到了 1980 年的 10.9%。

### (二)土地集中与劳动力转移非同步

1946 年，美国开始对战败的日本进行包括农地改革的民主改革，建立起自耕农制度，农民从此拥有了自己的土地，积极性被有效地调动起来，进而促进了农业的恢复和发展。但法律明文禁止土地出租，农户拥有的土地不能转让，这在很大程度上对土地的利用效率造成了影响。虽然 20 世纪 60 年代后日本政府为了促进小型农户劳动力转移至非农部门，鼓励土地流转和规模经营，引导他们将土地集中到专业农户手中，但是并未取得显著效果，或者可以说是收效甚微。此外，大量农民在战后都选择通过兼业的方式增加收入，而并非卖掉自己的土地进而彻底离开农村。基于这种情况，虽然日本农村劳动力具有非常快的转移速度，但是农场规模缩减缓慢，难以实现土地集中。因此，日本农业劳动力转移的一个显著特点就是，劳动力从农业部门转移至非农部门，但农村土地经营规模却没有相应地扩大。1960—1975 年，农业就业人口减半，但是同期农户数却仅仅减少

① 郭亚卿：《论日本农业劳动力的转移》，硕士学位论文，东北财经大学，2004。

了不到20%；1955—2000年，日本农户规模经历了从600万户到227万户的骤降形势，然而，经营1公顷以下土地的农户比重一直保持在一半以上；1960—1985年，日本农户户均农地面积仅有0.22公顷的增加幅度。

### (三)转移方式以兼业为主

兼业化转移是日本农业劳动力转移的最明显特征。兼业化转移，即农户从事非农业生产的同时，不放弃自己在农村的土地经营，以便减少失业风险和提高家庭收入。以农业为主兼顾他业的农户被称为第一兼业农户；以他业为主而以农业为副的农户则被称为第二兼业农户。日本是世界上农业兼业现象最突出的国家之一，兼业收入基本上成为农民收入的主体。1955—1975年，日本农户下降的同时，兼业农户比重却呈现了从65.1%增至87.6%，平均来看，农民的农业收入占比只有26.4%，而非农业收入却占了73.6%；1960—1985年，第二类兼业农户大约增加了40%。对于日本许多农民而言，农业已经发展成为家庭副业。

## 第三节　日本劳动力的国际转移

直到20世纪90年代末，日本都是保持国内劳动力市场封闭性为前提的政策导向，倡导依靠本国人口滋养的劳动力满足经济发展的需要。然而，通过以上分析可知，日本因“少子化”“女性就业难”“老龄化”等因素的影响，面临着严重的本国劳动力供给不足的困境，因此从实际效果上看，所有这些保持日本内部劳动力市场封闭性的政策都未能解决劳动力短缺的危机。20世纪90年代末以后，日本政府开始斟酌是否要开放国内劳动力市场的问题，考虑吸收更多外国劳动力进入本国劳动力市场之中。2005年，日本法务省向内阁正式提交了关于输入外国劳动力的计划书，提倡放宽向本国输入外国劳工的政策。该计划意味着日本长期以来对外封闭的劳动力市场政策走向终结，开放之势已成必然。

### >>一、研修生制度拉开日本开放劳动力市场的序幕<<

20世纪60年代末，日本企业(主要是进驻海外的国际企业和合资企业)单独引进研修生。可以说，日本研修生制度是以教育和培训的国际交流之名，行向本国劳动力市场输入外国劳动力之实，借此来保证本国劳动力市场的封闭性。日本研修生制度被认为是其开放劳动力市场的肇始，从此拉开了逐渐开放劳动力市场的序幕。研修生大多从事的是集中分布在服装制作、金属加工、农耕等行业的“三K工作”，即日本人不愿从事的危险(kiken)、肮脏(kitanai)和吃力(kitsui)的工作。由于早期法律缺陷，外国研修生不能成为正规劳动者，最终导致研修生的权利无法得到保障。基于这样的背景，2005 年，日本开始重新考虑如何实现国内劳动力市场“光明正大”开放、有效引进国外劳动力的问题。2007 年 5 月，日本法务大臣长势甚远提交了“废除研修制度，建立最长为三年的单纯劳动力引进制度”的提案。随后，日本东京入国管理局前局长坂田英德公然倡导彻底废除研修生制度，认为日本现有制度已无法改变本国劳动力市场逐渐萎缩的现状。与此同时，他还提出了未来五十年内引进 1 000 万移民的计划。在解决劳动力短缺问题的过程中，日本除了增加修改移民政策的倾向，还把加强吸引留学生也提上了议程。①

## >>二、日本人口国际化现象<<

### (一)日本外国劳动力雇佣状况

根据日本厚生劳动省发布的外国人在日工作报告，截至 2019 年 10 月末，在日本工作的外国人达到 1 658 804 人。这一数字比前一年增加了 13.6%，也是连续 7 年创下历史新高，具体趋势如图 15-1 所示。从国籍上看，在日工作的外国人最多来自中国和越南，两国加起来超过了 80 万人，几乎占了在日工作外国人的一半。其中，中国有 418 327 人(占总人数的 25.2%)，越南有 401 326 人(占 24.2%)，其次是菲律宾 179 685 人(占 10.8%)，巴西 135 455 人(占 8.2%)，尼泊尔 91 770 人，韩国 69 191 人，印度尼西亚 51 337 人，秘鲁 29 554 人。从增长率上来看，增长最快的国家是越南(增长 26.7%)、印度尼西亚(增长 23.4%)、尼泊尔(增加 12.5%)等。从在留资格来看，包含永住者和日本人的配偶者在内的“长期居留者”占全体总数的 32.1%。“技能实习”占 23.1%，包括留学在内的“资格外活动”的占 22.5%，包括艺术、宗教、报道、研究、高度专业人员在内的“专业、技术领域的在留资格”占 19.8%。而 2019 年 4 月创立的“特定技能”的劳动者数并没有想象中那么多，到 10 月末为止仅为 520 人。②

### (二)日本的人口流出与“归还型移民”

日本人固化的岛国思想催化了其“向内看”的社会意识的形成，一直对于移居

① 杨广晖、罗建河：《从封闭到开放：日本劳动力市场的发展及启示》，载《国际经济合作》，2009(9)。

② 《日本厚生劳动省发布：在日外国人居留，工作报告!》，https://www.sohu.com/a/383850383_769004，访问日期：2020-05-20。

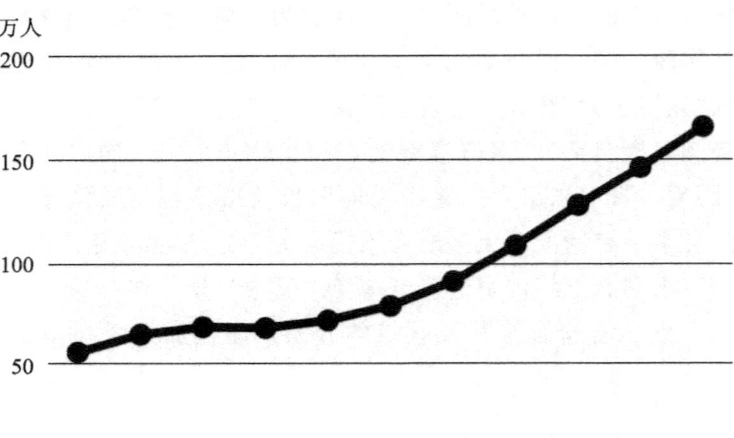


**图 15-1　2009—2019 年日本外国劳动力雇佣状况**

资料来源：日本厚生劳动省发布的外国人在日工作报告。

国外持有比较保守的态度，然而，这种情况正在悄然改变。在全球范围内，日本人的流动和扩散加速了世界各国日系共同体的深化。据日本外务省的统计数据显示，1989 年，侨居海外的日本人有约 59 万，而 2005 年已增至约 91 万，提高了 55%，其中，约 70%居住在北美洲、大洋洲以及中国等东亚国家。伴随着外流人口不断增加的同时，日本的返还型流入人口也呈现出不断上升的趋势。这些人或出于落叶归根的初衷，或出于实际生活工作的需要，同时，背负着既非日本人也非外国人的社会认同再次返回日本，形成介于日本人和外国人之间定位不清的“归还型移民”群体，对日本社会经济和劳动力市场的发展产生影响。

## (三)日本的国际婚姻

第二次世界大战前，日本外出打工的移民以男性为主。1960 年之后，从世界范围看，各国女性劳动移民比重逐渐增加，除了具有全球规模化、加速化和多样化的特征外，女性化倾向也成为移民十分显著的特征。在日本，移民女性化主要表现为菲律宾女性移民规模显著增加。1979 年左右开始，作为余兴艺人(在娱乐场所以唱歌跳舞等演艺来助兴的工作)，日本的菲律宾女性移民逐渐增多，活跃在日本各地俱乐部之中。在这种国际移民背景下，存在于日本男性和菲律宾女性之间的国际婚姻数量一度剧增。1995 年，在国籍分类婚姻总数中，以“日本男性＋菲律宾女性”结合的婚姻形式占比达 34.6%，位居第一；1995—2005 年，在日本婚姻总数中，以“日本男性＋菲律宾女性”结合的婚姻形式占比从 0.907%增长至 1.434%。日本的移民女性化还表现为日本人与日系血统巴西人、中国人的国际婚姻形式的不断增加。与此同时，在日的朝鲜和韩国人也大多选择与日本人结婚。1970—2005年，在国籍分类婚姻中，以“中国女性＋日本男性”结合的婚姻从280件增至11 644件；在日本婚姻总数中，以“中国女性＋日本男性”结合的婚姻形式占比从0.027%增至1.630%。国际婚姻以及混血儿的大批诞生在更大程度上促进了日本劳动力市场的国际化进程。

### >>三、日本劳动力国际流入障碍<<

日本在很长时期内都秉承着单一民族的神话。然而，在经济全球化不断加深和发展的今天，单一民族认同却成了日本社会和经济发展的一个弱点。高额办公经费、英语不普及、国际化教育基础设施滞后等现实问题的存在，使得日本对外国投资家缺乏吸引力。许多学者认为，这与日本长期以来保持本国劳动力市场封闭不无关系。一般而言，拒绝定居型移民入境，往往也反对多元主义，将其视作国家统一认同的威胁，从而导致较强民族主义倾向，使得移民群体走向边缘化或遭受歧视待遇。较十年前而言，2005年，移民至日本定居的外国人增加了大约50%。即便如此，在发达国家中，日本流入移民占人口的比重仍是最低的，处于仅仅1.55%的水平。与其形成非常大的反差，瑞士、德国、英国、美国等国家中这一数据分别为19%、9%、4%和5%。与是否符合国家利益作为标准决定移民接受与否的国家相比，如澳大利亚、加拿大等，日本移民政策还是相当逊色的。不仅如此，在亚洲范围内，日本也远远不及其他各国的外国劳动力输入。据统计，2002年，在驻日外国劳动者总数中，专业技术人员仅占23.5%，其中还有大约70%属于余兴艺人。①

## 第四节　日本都市圈劳动力流动状况分析

20世纪50年代，日本行政管理厅对“都市圈”进行定义，即以一日作为周期，可以接受城市功能辐射的地域范围，中心城市需具有10万人以上的人口规模。20世纪60年代，“大都市圈”被提出，它以中央指定市作为中心城市，或拥有100万人以上的人口规模。与此同时，邻近城市中人口规模有50万人以上的，到中心城市通勤的人口中，与本地人口相比，外围地区人口不少于15%，大都市间的货物运输量在总运输量中所占比重不超过25%。日本主要形成了东京都市圈、大阪都市圈和名古屋都市圈三大都市圈。归根结底，都市圈是以核心城市为中心，周边城市受其辐射影响，最终协调发展的空间社会经济组织形式。其中，对于核心城市而言，人口大规模流入形成较高人口集中程度是其发展过程中呈现的

① 王碧如：《国际化与日本劳动力流动》，载《现代管理科学》，2007(9)。

重要特征。

## >>一、日本都市圈核心城市人口高度集中的影响因素<<

都市圈内人口具有很强的核心城市流入倾向，究其原因，主要有三方面的因素。第一是就业因素。作为都市圈中心的核心城市为劳动者提供了更多就业机会，随着劳动生产率的大幅提高，农业剩余劳动力向城市转移的倾向和需求明显增加，而核心城市的就业机会更多一些，使得劳动者可以有更多的选择，形成其对发展空间和前景的良好预期。第二是收入因素。与都市圈其他城市和地区相比，核心城市可以为劳动者提供较高的收入水平。较大的工资差异会吸引更多劳动力从其他地区或城市转移到核心城市。第三是社会福利因素。核心城市可以为劳动力提供更加良好的社会福利和生活条件，包括教育、医疗、卫生等方面的优势，成为劳动力流向核心城市的又一重要吸引力。当然，这种人口向核心城市转移的趋势在都市圈建设前期表现得更为明显，当都市圈发展进入成熟期后，其人口规模会保持基本稳定状态。然而，都市圈建设前期的大规模人口流动使得核心城市累计形成了较高的人口集聚程度，甚至“过密过疏”。这也是日本都市圈建设和发展过程中一直需要应对的问题之一。

## >>二、日本都市圈建设进程中的劳动力转移变化<<

第二次世界大战后至今，日本都市圈的建设和发展主要可以分为雏形阶段、加速阶段、调整阶段、成熟阶段四个阶段，随着都市圈发展阶段的演进，劳动力转移也相应发生了改变。

### (一)雏形阶段的劳动力转移

在雏形阶段，日本主要围绕核心城市开展都市圈的建设，着力培育增长极。该阶段下，都市圈的空间结构基本成出“点一线”的核心与外围结构，主要表现出核心城市快速增长的特点。基于自然条件、区位优势、经济基础、政策优势等良好因素的影响，核心城市的快速发展形成回波效应，有效吸引劳动力、资本、技术等生产要素纷纷从外围地区转移至核心城市。然而，随着劳动力的大量流入，核心城市人口过度集中、交通拥堵、环境破坏等问题逐渐凸显，且愈演愈烈。为了适应承载力限制，核心城市需向外围地区疏解部分功能。

### (二)加速阶段的劳动力转移

随着经济高速增长阶段的到来，日本都市圈也进入建设加速期。该阶段下，日本都市圈的空间结构呈现出“点—线—面”圈层结构，表现为圈域内由核心向外围核心城市、次核心城市、中小城市以及外围地区的空间布局。核心城市具有明显的郊区化趋势特征，大都市圈的核心城市尤其如此。该阶段劳动力等资源的转移仍然主要流向核心城市，但是，在疏解核心城市部分功能和推动其产业转移的过程中，部分资源也随之呈现出向次核心城市转移的倾向，不过，核心城市仍然处于资源净流入的状态。由于都市圈核心城市、次核心城市在该阶段深化了对劳动力等资源的进一步吸收，致使过密过疏问题也进一步深化，不仅引发了严重的城市问题，还造成人口布局过疏地区丧失经济活力。首都圈中呈现的东京“一极集中”现象就体现了该阶段的典型特征。

## (三)调整阶段的劳动力转移

随着都市圈建设过程中的环境污染、过密过疏、“一极集中”等问题的深化，日本进入了都市圈建设的调整阶段，开始针对加速阶段产生的问题展开研究和治理，主要从三方面做出了努力：一是致力于新增长核心的培育，推动城市的进一步开发；二是调整产业结构和布局，促进“一极集中”困境的解决；三是加大力度治理公害和保护环境。随着以上措施的出台和实施，日本都市圈内人口过密过疏、“一极集中”等现象得到明显改善，劳动力一味向都市圈核心城市转移的趋势得到了一定的遏制。

## (四)成熟阶段的劳动力转移

日本都市圈建设进入成熟阶段后，主要表现出空间结构基本定型、人口和面积趋于稳定的特征。在成熟阶段，核心城市、次核心城市与其他非核心城市处于相互协调发展的模式。在城市建设规划、交通网络构建等方面尤其表现出越发紧密的相互协调程度。以大都市圈为例，在该阶段下，核心城市、次核心城市与其他非核心城市之间呈现出合理有序、多核心、多圈层的空间结构。这种协调发展主要体现通过新干线等交通网络体系的构建、跨区域配置资源、区分不同地区重点产业、形成城市职能侧重差异等方式实现圈域内地区间人口交流和产业协调。与此同时，该阶段的都市圈建设同时兼顾城市开发和乡村发展，引导人口在城乡之间的有效流动，强化城乡沟通和交流。①

提及日本成熟阶段的都市圈建设与发展情况，不得不联系到高速铁路在这个

---

① 孙小明：《战后日本都市圈建设研究》，博士学位论文，吉林大学，2017；王丽：《产业结构与城市空间的变化——日本首都圈规划的演变与效果分析》，硕士学位论文，北京外国语大学，2019。

过程中的作用和影响，即上文所说的日本“新干线”。随着“新干线”的开通，时速200千米以上的高速铁路为日本经济社会的发展带来了翻天覆地的变化，其轨道连接起日本全国范围内的主要城市，在出行能力方面给日本百姓带来了飞跃性的变化。其中，最大的受益城市非作为“新干线”最重要的始发站和终点站的东京莫属。得益于此，本州岛和九州北部主要城市的区域可达性都有了空前提高。“新干线”自其开通以来似乎就开始发挥对以东京为中心的一极集中的日本城市体系的支撑作用。① 通过梳理日本“新干线”的相关研究，不难发现，对于设立“新干线”车站的地区而言，其人口增长率比未开设地区高。例如，中村和上田(Nakamura & Ueda)的研究指出，1980—1985年，在开设了“新干线”车站的6个地区中，有3个地区的人口增长率高于全日人口平均增长率。②

## 第五节　未来日本劳动力市场的走向与启示

时至今日，对于日本而言，通过实行研修生制度“偷偷摸摸地”开放劳动力市场的局面已经事实性地“崩溃”了。当前，日本仍然面临着严峻的“少子化”、女性就业难和老龄化等因素带来的劳动力市场中缺乏适龄劳动力的问题，因此，日本经济发展依然遭受着严重威胁。基于此，我们认为未来日本劳动力市场只能保持着扩大开放范围的基本走向，积极促进各个层次的单纯劳动力以增加本国的劳动力供给。在研究从封闭到开放的日本劳动力市场发展过程中，我们也吸收了很多经验和启示。

首先，重视经济发展过程中“人”作为核心因素在量和质两方面作用的发挥。劳动力的数量和质量之间存在着很大差异，劳动力的质量表现出对劳动力数量具有很强的替代性；反之，劳动力的数量在替代其质量方面表现出较弱的作用。因此，一般而言，劳动力质量的提高更利于一个国家和地区的经济增长和发展。然而，日本劳动力市场的发展历史和经验却在很大程度上也展示了劳动力数量同样具有不容小觑的重要性。劳动力质量和数量两者之间需要相辅相成，不可偏废，必须保证劳动力的质量是在一定数量基础上的“质量”，而劳动力的数量也是在一定质量基础上的“数量”，要保持两者的相对平衡。结合我国实际情况，这也正是“从人力资源大国走向人力资源强国”宏观战略得以提出的理论依据和支撑。

其次，保持可以支撑和维持经济持续增长的人口增长水平。沿着日本劳动力

① 林上、冯雷：《日本高速铁路建设及其社会经济影响》，载《城市与区域规划研究》，2017(2)。

② 龙茂乾、孟晓晨、李贵才：《境外高速铁路经济、空间影响研究进展综述》，载《国际城市规划》，2019(1)。

供给难题的分析思路，可以发现，一个国家或地区的人口增长率如果过度下降，将对其较高经济增长率的维持产生不利影响。伴随人口增长率过度下降而来的是人口老龄化和适龄劳动力供给的短缺，前者过度消耗社会积蓄，而后者抵消劳动生产率增长对促进经济增长的效果，进而经济增长将面临停滞甚至下降的险境。基于此，调整人口规模的计划生育政策本质是优化人口的措施，并非单纯致力于数量方面的控制，因此，在实施与修正过程中，应该充分考虑满足未来经济发展的人口数量需求，以及促进经济可持续发展的合理有效的人口结构。

最后，劳动力国际化和经济全球化是必然趋势。随着经济全球化的不断推进和深化，劳动力作为经济发展的重要因素，必将最终走向国际化与经济全球化。因此，在全球范围内，各国开放劳动力市场只是时间问题。日本长期封闭国内劳动力市场带来致力于解决劳动力供给的各项政策失效的失败经历，有力证明了这一论点。继续扩大劳动力市场的开放范围，积极吸引国外单纯劳动力进入本国以增加劳动力的有效供给，成为未来日本劳动力市场的基本走向。基于此，结合我国劳动力资源相对过剩的基本国情，我们似乎可以找到一条解决途径。如何将我国供给相对过剩的劳动力资源向劳动力供给短缺的日本劳动力市场有效地输出，可以成为当前形势下政府制定和出台相关决策的一个新视角。

# 第十六章

## 欧盟一体化进程中的劳动力市场空间演变

欧盟(European Union)是由 27 个欧洲国家[①]组建而成的经济政治联盟，覆盖了欧洲大陆的大部分地区，人口达 4.5 亿[②]。1957 年 3 月 25 日，为促进贸易国之间的经济联系，比利时、德国、法国、意大利、卢森堡和荷兰六国签署《罗马条约》，于 1958 年 1 月 1 日成立欧洲经济共同体(European Economic Community，EEC)。1973 年英国、爱尔兰、丹麦正式加入后，欧洲共同体由六国扩大为九国。1993 年，根据《马斯特里赫特条约》，欧洲经济共同体正式更名为欧盟(EU)。其后，欧盟历经数次扩张，又有十九个成员国陆续加入。随着 1998 年欧洲央行成立，1999 年欧元启用，2009 年欧洲宪法《里斯本条约》生效，欧盟从最初的纯经济联盟发展成为涵盖气候、环境、安全、对外关系等政策领域的组织。

欧洲一体化是欧盟的主要政策目标之一。从经济一体化开始，到经济与货币一体化的形成，欧盟建立起一个能够使大多数商品、服务、资金和人员都能够自由流动的单一市场(Single European Market，SEM)。根据欧盟数据库(Eurostat)，2019 年欧盟国内生产总值达到 13.9 万亿欧元，人均国民收入为 3.1 万欧元。而在劳动力市场方面，欧盟致力于推动内部成员国之间的劳动力自由流动，推进欧盟公民在各成员国享受就业、社会保障和税收方面的同等待遇等措施，使得劳动力可以在劳动力过剩国家和劳动力短缺国家之间更加有效地分配，促进了欧盟经济的总体增长。然而，新移民问题、数字化和自动化变革、英国脱欧，以及新冠肺炎疫情等都会对未来欧盟劳动力市场一体化产生一定挑战。

---

① 本报告中，无特殊说明"欧盟 28 国"(包含英国)，"欧盟"专指 27 国形成的联盟。

② 数据来源于欧盟统计数据库。

## 第一节　欧盟一体化进程与经济社会发展综述

法国学者法布里斯·拉哈指出，“一体化”本身的词意包含了渐变的融入和协调过程。第二次世界大战结束，往昔发达的资本主义国家内部经济结构遭到严重破坏，欧洲国家共同的发展问题受到关注。最早于 1951 年，法国、德国、意大利、比利时、荷兰和卢森堡六国建立煤钢共同体，以应对战后经济建设。随后，六国于 1957 年签署《罗马条约》建立欧洲经济共同体和欧洲原子能共同体，1965—1967 年《布鲁塞尔条约》将三个共同体合并。到 70 年代初期，英国、丹麦、爱尔兰加入，欧共体第一次扩大，欧洲主要强国基本都囊括在了共同体的机构框架之中。1973—1986 年，希腊、葡萄牙和西班牙加入，欧共体第二、三次扩大，地域面积增加了一半，人口增加 1/5①。1986—1995 年，根据《马斯特里赫特条约》，欧洲经济共同体正式更名为欧盟，并且伴随奥地利、芬兰、瑞典的加入，欧盟(欧共体)成员国扩大到 15 个，面积扩展至 333.5 万平方公里，人口达 3.7 亿②。1995—2004 年，中东欧 10 国加入欧盟，欧盟第五次扩大完成。这次扩大不仅仅是数量和规模上的增长，更打破了原属于苏联势力范围的东欧社会主义国家与西欧资本主义国家之间的对立③。2004—2013 年，罗马尼亚、保加利亚和克罗地亚加入欧盟，欧盟的最后一次扩大完成。2020 年英国经过公投正式脱离欧盟。截至目前，欧盟代表了 27 个欧洲国家组建而成的经济政治联盟。

从经济一体化开始，到经济与货币一体化的形成，欧盟通过政治经济政策逐步建立起一个能够使大多数商品、服务、资金和人员都能够自由流动的单一市场。早在 1957 年，建立欧洲单一市场就作为《罗马条约》主要目标，通过设定包括农业、教育等多个领域内具有约束力的共同政策，促进共同体的持久平衡和稳定。1968 年，关税同盟正式成立，工农业产品区域内共同市场的开放为成员国带来了显著的经济贸易成就。1992 年《单一市场法》正式明确规定欧盟致力于创造的单一市场的要义是保证商品、服务、资本和人员的自由流动④。1993 年《马斯特里赫特条约》规定全部欧洲公民和其家庭成员拥有在欧盟内部迁移和居住的权利，保证劳动力自由流动。此后，针对流动劳动力，欧盟继续制定了就业、社会保障和税收方面的一系列政策推进欧盟公民在成员国内部享受同等待遇。1997

① 李世安、刘丽云：《欧洲一体化史》，147 页，石家庄，河北人民出版社，2003。

② 同上书，151～152 页。

③ 王苹：《欧洲一体化进程中的区域治理研究》，博士学位论文，吉林大学，2011。

④ Krause, Annabelle, U. Rinne, and K. F. Zimmermann., 2018, "European labor market integration: what the experts think", *International Journal of Manpower*, 38(4).

年《阿姆斯特丹条约》生效，在《马斯特里赫特条约》的基础上确定了欧盟财政政策协调规则，监督各国财政运行状况。1998 年欧洲央行在法兰克福成立，1999 年欧元正式发行，欧洲央行负责在欧元区制定货币政策，欧盟实现财政政策和货币政策协调一体化。2008 年年底，欧盟发布《欧洲经济复苏计划》，以应对全球金融危机对欧盟的负面冲击。2009 年欧洲宪法《里斯本条约》生效，欧盟从最初的纯经济联盟发展成区域深度一体化的政治联盟。欧盟成员国内部的紧迫合作和欧盟超国家层面的统一协调政策，是欧盟一体化的共同基石。

欧盟的建立和欧洲一体化进程扩大了商品和服务的市场半径，使得资本、劳动力等各生产要素可以在欧盟内部进行更加有效的分配，促进了欧洲各国的经济增长。根据 Eurostat 数据显示，1995—2007 年，欧盟年均 GDP 增长率为 4.91%，2008—2019 年，受金融危机影响，年均 GDP 增长率为 2.22%。经济的增长也增加了欧盟公民在教育及健康上的福利。2019 年接受高等教育①的欧盟公民比率达到 27.9%，对比 2002 年的 16.3%，这一数据有了明显跃升。同时，拥有基础或基础之上的数字技能的欧盟公民比率达到 56%；2018 年欧盟公民预期健康生活的年份达到 64 年，预期寿命达到 81 岁。

由于一体化促进了资源在各个成员国之间的整合，欧盟过去 20 年间的产业发展趋近于更加平衡。根据 Eurostat 显示的按增加值计算的产业数据，2000—2019 年，欧盟经济的产业构成②没有大幅度变动。占比份额最小的产业是农林渔业，其对经济增长的贡献越来越低，2019 年的数据占比为 1.8%；农林渔业、艺术娱乐业、信息与通信业、金融与保险业和建筑业五类行业的贡献一直不超过 5%。份额绝对值最大的工业和制造业对欧盟经济的贡献呈现下降趋势，房地产业等行业则呈现上升趋势。

同时，经济资源差异也造成欧盟内部各成员国在大框架上的产业结构分工不同。据 Eurostat 的产业增加值数据绘表 16-1，可以看出，产业分布中第一产业占比最高的国家大多集中在东欧，包括保加利亚(3.7%)、爱沙尼亚(3.3%)、克罗地亚(3.4%)、拉脱维亚(4.3%)、立陶宛(3.3%)和罗马尼亚(4.5%)，并且这几个国家的第二产业和第三产业普遍较弱。与东欧形成强烈对比的西欧国家农牧业占比很低，比利时(0.5%)、爱尔兰(1.0%)、荷兰(1.8%)、德国(0.9%)、卢森堡(0.2%)、法国(1.8%)均不超过 2%。虽然农业占比低，但西欧因为平原地形

---

① 此处的高等教育定义来自《国家教育标准分类法》(2011 版)(ISCED 2011)中的高等教育(Tertiary Education levels 5-8)。

② 产业构成分类方式来自 Eurostat，分为 11 个板块：工业(含建筑业)、制造业、批发零售、交通住宿与餐饮业、公共服务业、科技与行政业、房地产业、金融与保险业、信息与通信业、艺术娱乐业、农林渔业。

和温带海洋性气候，农业发达，法国农林渔业产值在欧盟成员国中的贡献却是最高的。同时西欧是工业革命的发源地之一，以制造业为主的工业非常发达，其中工业强国德国在制造业、建筑业的产值分别达到欧盟总产值的 32.1%和 24.5%。而包括西班牙、葡萄牙、意大利等国在内的南欧各国经济发展水平则差异较大，除意大利之外的几个国家工业产值均较低，旅游业是南欧多国的经济支柱。

**表 16-1　2019 年欧盟成员国产业结构①/%**

| 国家/地区 | 第一产业占比 | 第二产业占比 | 第三产业占比 |
|---|---|---|---|
| 比利时 | 0.5 | 21.3 | 78.2 |
| 保加利亚 | 3.7 | 25.9 | 70.4 |
| 捷克 | 2.1 | 34.8 | 63.0 |
| 丹麦 | 1.4 | 23.9 | 74.6 |
| 德国 | 0.9 | 29.8 | 69.3 |
| 爱沙尼亚 | 3.3 | 26.1 | 70.6 |
| 爱尔兰 | 1.0 | 37.6 | 61.4 |
| 希腊 | 4.2 | 17.6 | 78.2 |
| 西班牙 | 2.9 | 22.3 | 74.8 |
| 法国 | 1.8 | 19.3 | 78.9 |
| 克罗地亚 | 3.4 | 24.6 | 72.0 |
| 意大利 | 2.2 | 23.9 | 73.9 |
| 塞浦路斯 | 2.3 | 15.0 | 82.7 |
| 拉脱维亚 | 4.3 | 22.1 | 73.6 |
| 立陶宛 | 3.3 | 28.1 | 68.6 |
| 卢森堡 | 0.2 | 12.5 | 87.3 |
| 匈牙利 | 4.1 | 30.7 | 65.2 |
| 马耳他 | 0.9 | 13.6 | 85.5 |
| 荷兰 | 1.8 | 19.9 | 78.3 |
| 奥地利 | 1.3 | 28.8 | 70.0 |
| 波兰 | 2.5 | 32.8 | 64.7 |
| 葡萄牙 | 2.4 | 21.8 | 75.8 |
| 罗马尼亚 | 4.5 | 31.1 | 64.3 |

① 第一产业为农林渔业，第二产业为包括建筑业的工业，第三产业为除第一产业和第二产业外的所有产业。

续表

| 国家/地区 | 第一产业占比 | 第二产业占比 | 第三产业占比 |
| --- | --- | --- | --- |
| 斯洛文尼亚 | 2.3 | 32.5 | 65.2 |
| 斯洛伐克 | 2.8 | 32.3 | 64.9 |
| 芬兰 | 2.7 | 28.0 | 69.4 |
| 瑞典 | 1.6 | 25.0 | 73.4 |

注：按产业增加值计算得出。

资料来源：Eurostat。

各成员国经济社会发展程度不同和产业结构分工不同，欧洲一体化进程尽管在整体上促进了欧盟的经济发展，但由于资源持续从低收益区域向经济发达区域转移，也在一定程度上拉大了欧盟各成员国之间在经济发展上的差距。据 Eurostat 数据显示，德国、法国、意大利、西班牙、荷兰这五个国家对欧盟 GDP 的贡献达约 70%，其中作为欧盟 GDP 贡献最高的国家，德国和法国在 2019 年分别占比 24.74%和 17.40%；另外，包括斯洛伐克在内的十个成员国对欧盟的总经济贡献却只有约 3%。2008 年美国次贷危机的冲击更是加剧了欧盟各成员国之间的差距。图 16-1 显示了 2000 年以来欧盟及部分成员国 GDP 变动情况(以 2010 年为基准)，可以看到成员国 GDP 均在美国次贷危机期间大幅降低。美国资贷危机过后，深陷欧债危机的希腊至今未走出泥沼，而经济实力强劲的德国、法国在 2011 年即恢复到次贷危机前的水平。

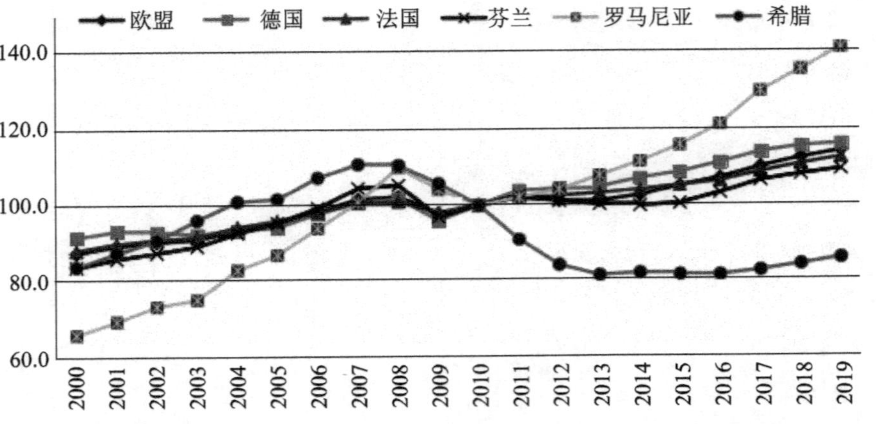


**图 16-1 2000—2019 年欧盟及部分成员国 GDP 变动情况(以 2010 年为基准)**

资料来源：Eurostat。

## 第二节　欧盟一体化进程下的劳动力市场空间演变

伴随着欧盟经济一体化进程，促进劳动力在各国之间的自由流动和劳动力市场一体化成为政策必然选择。欧盟一体化进程下的移民政策最早可以追溯到20世纪50年代初的《巴黎条约》，其规定煤钢共同体的成员国禁止针对移民的报酬和工作条件上的任何歧视。1990年《申根协定》要求申根集团成员国开放边境，允许人口自由流动。1992年《单一市场法》正式明确规定欧盟致力于创造的单一市场的要义之一是保证人员的自由流动。1993年的《马斯特里赫特条约》规定全部欧洲公民和其家庭成员拥有在欧盟内部迁移和居住的权利。1989年颁布的工人基本社会权益明确表示，要为工人的基本生产与生活提供更好的保障。欧盟的社会保障制度在2008年金融危机中显示出了巨大的稳定作用。2010年，欧盟颁布《欧洲2020计划：智慧、可持续、包容增长》将移民就业和社会团结作为主要目标之一。这些政策保证了欧盟内部各成员国之间劳动力自由流动的畅通性，通过在劳动力过剩国家和短缺国家之间更有效地分配劳动力来促进增长，创造更高的经济福利。[①] 同时，劳动力在欧盟内部的自由流动潜在地增加了欧洲社会文化的融合，并加强了欧洲整体的身份认同感，促进了欧盟内部各成员国在劳动力上的均衡。

劳动力市场一体化下，欧盟内部经济与产业结构上的差异吸引劳动力从供给过剩地区向需求过多地区流动，促使劳动力在不同区域重新配置。欧盟的劳动力市场在空间演变上呈现出以下几个主要特征。

### >>一、劳动力主要向西欧发达国家转移<<

根据Eurostat数据显示，2018年欧盟28国[②]有1760万内部移民、150万跨国工作者，其中1 290万处于工作年龄(20～64岁)。欧洲劳动力移民的主要目的地集中在西欧发达国家。所有的欧盟移民约有一半居住在德国或英国，还有四分之一居住在西班牙、意大利和法国。图16-2显示了欧盟28国中拥有有效移民(active movers)最多的十个国家移民数量的百分比变化。2018年，欧盟28国有970万有效移民[③]，其中德国、英国、西班牙、意大利和法国排名前五的国家就

① Zimmermann, Klaus F., 2005, “European labour mobility: challenges and potentials”, *De Economist* 153(4).

② 本报告中所提到的欧盟28国均包含英国。

③ 根据欧盟劳动力调查EU-LFS的定义，任何被雇用或者失业的人都是有效移民。

占据了78%，而排名第一的德国则拥有230万欧盟内部的有效移民。罗马尼亚和波兰是欧盟两个最主要的移民输出国，排在这两个国家之后的是意大利、葡萄牙和保加利亚。值得注意的是，自2012年以来，来自意大利的有效劳动力移民数量持续增加，到2018年这一趋势还在继续，这很可能与经济危机后意大利就业市场的持续低迷有关①。

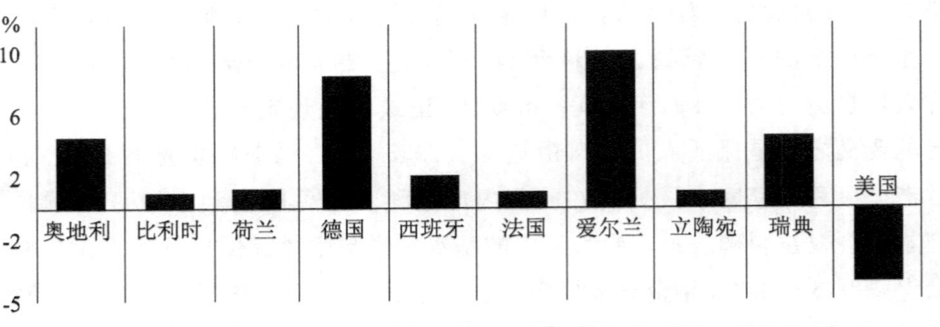


**图 16-2　2017—2018 年欧盟拥有有效移民最多的国家有效移民总量变动**

资料来源：EU-LFS 2018。

从就业部门来看，新移民和本国公民在大多数就业部门的分布情况相似，其中新移民就业主要集中在制造业、批发和零售贸易就业②。其中五分之一的欧盟移民从事的是低技能或基本职业，另外五分之一的人从事高技能职业。从教育程度来看，36%的移民受教育水平较高，40%为中等，23%为较低。如图16-3，欧

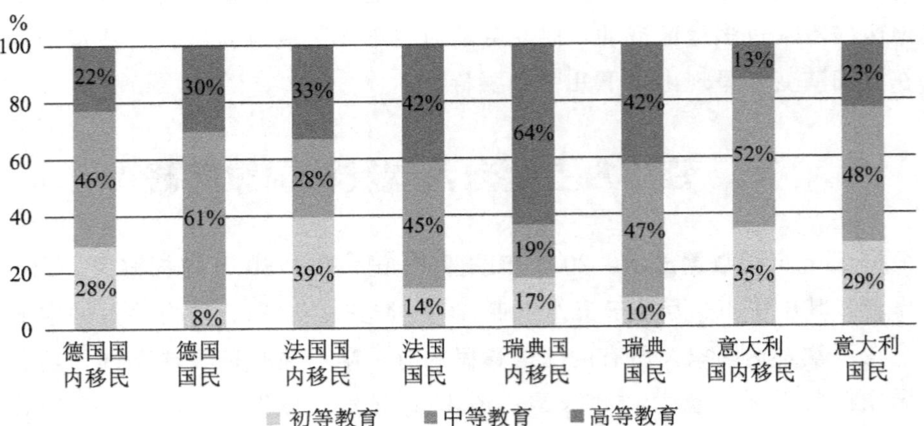


**图 16-3　2018 年欧盟 28 国移民按教育程度划分**

资料来源：EU-LFS 2018。

① European Commission：Annual Report on Intra-EU Labor Mobility，2019.

② European Commission：Annual Report on Intra-EU Labor Mobility，2019.

盟各国内的新移民在教育结构上存在较大差异，北欧国家如瑞典(64%)和丹麦(59%)拥有最高比例的高等教育程度移民。各国在新移民和本国公民在教育结构上的差异也存在较大不同。其中法国和德国在移民和本国国民教育程度上的差异较大，法国有39%的移民只接受过初等教育，而法国国民仅为14%；对于德国，这两项数据分别为28%和8%。

新劳动力移民的就业率普通高于欧盟整体就业率。图16-4所示，几个重要的移民目的地国家中，爱尔兰、英国和卢森堡的移民就业率尤其高。而新移民普遍比本国公民的就业率更高。其中2018年欧盟28国的新移民的就业率为77%，比本国公民高3%。然而，与此同时，新移民的失业率也高于本国公民，其中2018年，移民失业率为7%，比国民失业率高1%。相应地，欧盟新移民的劳动力市场活跃率①也高于本国公民。

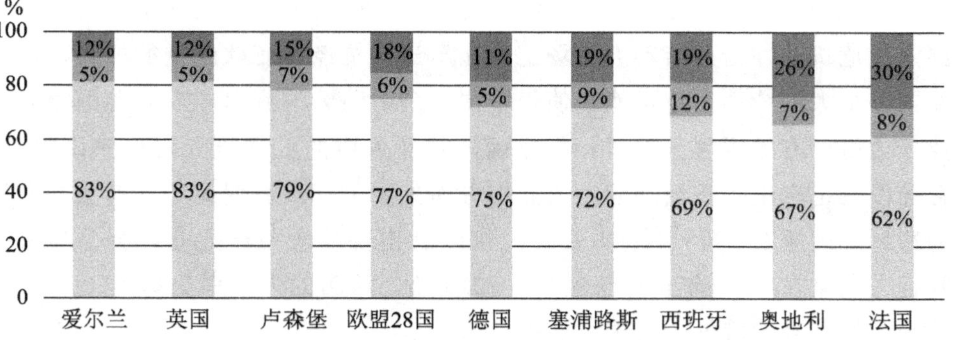


**图16-4　2018年欧盟28国新移民(20～64岁)的劳动力市场活动状态**

资料来源：EU-LFS 2018。

## >>二、欧盟一体化下各成员国就业表现不同<<

欧盟一体化对欧盟各成员国的劳动力就业情况带来普遍积极影响。扩大必然伴随利益分配冲突，所以欧盟针对新成员国的劳动力自由流动设定了较长时间的过渡期用于解决短期内的新成员国和老成员国分配不均问题。② 但是从宏观角度来看，劳动力自由流动对老成员国和新成员国都是双赢的。在政策制定方面，欧盟从超国家层面采取多种措施为协调劳动力供需做出努力。20世纪90年代以来，面临居高不下的失业率，欧盟普遍采取积极的劳动力市场政策，通过教育和技能

① 活跃率指20～64岁人口中正在工作或者积极寻找工作的人的比例。

② 陈洁：《欧盟扩大中的"歧视性差异化"——以东扩中劳动力自由流动的过渡性限制为例》，载《欧洲研究》，2016(5)。

培训等人力资本投资措施来帮助失业人群重新融入劳动力市场，将原先被动的失业治理对策转向主动。[①] 自21世纪初以来，由于劳动力技能的提高和促进性别平等政策等因素，女性参与劳动力市场的比例大幅上升，这使得欧洲所有国家的就业率都有所上升[②]。据Eurostat，整体就业率从2000年的65.7%上升到2019年的73.1%，同期女性就业率从56.9%上升到67.2%。2008年美国资贷危机后，欧盟出台了《欧洲经济复苏计划》，确保劳动力市场的内部流动自由，2009年发布“就业责任共担”，采取便利劳动者流动在内的优先行动方案[③]。这些措施帮助欧盟各国从资贷危机的冲击中恢复。

然而，由于经济社会发展水平和劳动力市场相关政策的不同，欧盟各成员国在内部就业情况上仍然存在较大差异。一方面，东欧等国加入欧盟后就业大幅增加。图16-5展示了欧盟及部分成员国就业率的变化。可以看到，波兰和罗马尼亚在2004年和2007年分别加入欧盟后的就业率均出现了强劲的增长，即使面对美国资贷危机的冲击其劳动力市场也能显示出对抗经济疲软的抵御能力。由于加入欧盟整个大的劳动力市场能够使得本国多余劳动力的流出，东欧等国家内部的就业压力得到有效缓解。同时，来自国外就业人口的汇款流入对促进国内消费、教育等投资也产生了积极影响。失业率方面见图16-6，克罗地亚、希腊、西班牙和葡萄牙等国家在2008年美国资贷危机以后出现较大规模失业，至今尚未完全恢复，失业率在2019年仍处于高位。2019年，希腊的失业率仍高达17.3%，而与此同时经济表现较好的德国失业率仅为3.1%。

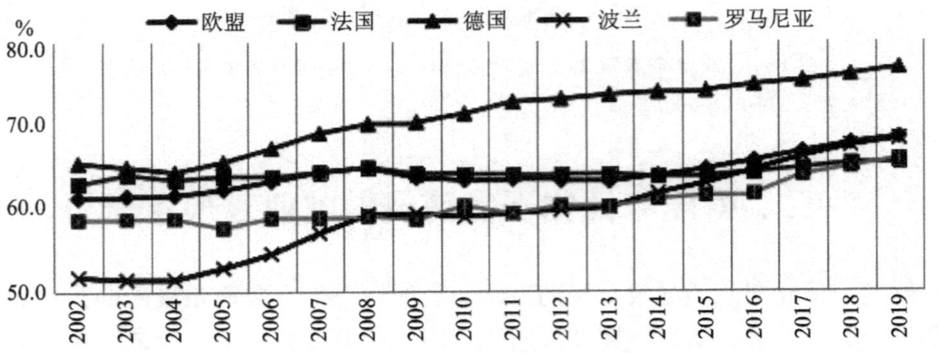


**图 16-5 2002—2019 年欧盟及部分成员国就业率变化**

资料来源：Eurostat。

---

① 赵佳：《东扩和金融危机对欧盟劳动力市场的影响浅析》，硕士学位论文，复旦大学，2010。

② Hoftijzer and Gortazar. Skills and Europe's Labor Market. World Bank Report，2018.

③ 赵佳：《东扩和金融危机对欧盟劳动力市场的影响浅析》，硕士学位论文，复旦大学，2010。

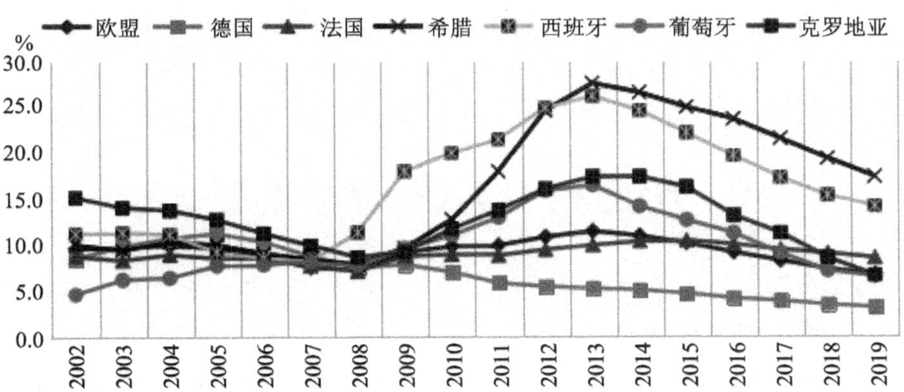


**图 16-6 2002—2019 年欧盟及部分成员国失业率变化**

资料来源：Eurostat。

## >>三、欧盟劳动力市场结构特征明显改善<<

过去的二十余年里，由于产业结构的发展，欧盟劳动力市场结构已经从工业和制造业就业为主转向服务业就业为主，而农业就业的比例大幅下降。① 根据 Eurostat 数据显示，2019 年欧盟劳动力市场中第一产业就业占比仅为 4.5%，较 2000 年的 8.6%下降了近一半。第二产业就业占比为 22.6%，较 2000 年的 26.9%下降了 4.3%，第三产业就业占比从 2000 年的 64.6%上升到 72.9%。其中 2019 年第三产业就业占比超过 80%的国家有比利时(81.4%)、丹麦(80.6%)、法国(80.8%)、卢森堡(80.9%)、马耳他(81.9%)和荷兰(83.6%)。对比 2000 年，第三产业就业最高占比仅为 78.3%(荷兰)。其中东欧国家就业结构改善明显。20 年前第一产业就业占比超 10%的东欧国家中，绝大部分国家都下降到 10%以内：克罗地亚从 2000 年的 14.9%下降到 2019 年的 6.2%，拉脱维亚从 14.6%下降到 7.3%，立陶宛从 18.6%下降到 6.4%，波兰从 20.2%下降到 9.2%，斯洛文尼亚从 11.7%下降到 6.9%。

近年来欧盟解除了高福利制度下的就业抑制，采取了一系列措施对社会保障政策进行改革，如加大各成员国就业政策和社会保障政策的协调力度，形成共同就业政策；改革税收和失业救济政策；调整税后收入和失业救济金之间的替代率等。这些改革措施有效刺激了劳动力供求关系，增加了劳动市场的流动性。相应地，欧盟劳动力市场结构性失业明显下降。② 欧盟的长期失业率从经济危机之后

① Hoftijzer and Gortazar, "Skills and Europe's Labor Market: How Technological Change and Other Drivers of Skill Demand and Supply are Shaping Europe's Labor Market", World Bank Report, 2018.

② European Commission, "Labour market and wage developments in Europe 2019,"2019.

的 2013 年开始稳步下降，2019 年达到 2.8%，达到 2002 年以来的最低水平；2019 年有 26 个成员国(除卢森堡)失业时间在 3～5 个月的人数小于 2013—2018 年的平均水平。

## >>四、劳动力工资与收入差距明显拉大<<

欧盟整体劳动力工资水平和家庭可支配收入一直保持稳定增长，然而欧盟各成员国之间的工资水平差距明显增大。图 16-7 显示了 2008 年和 2018 年欧盟成员国人均月工资(以欧元计算)的变动。可见，近十年，除仍未从危机中走出的希腊，欧盟各成员国的人均工资均保持上涨。经济状况较好的西欧国家增长明显，2018 年人均月工资均超过 3 000 欧元。南欧和东欧国家表现较差，除意大利外，人均月工资均不到 2 000 欧元。同时人均月工资最高的国家丹麦与最低的国家保加利亚的差距进一步拉大。欧盟整体的家庭可支配收入也保持稳步增长，到 2018 年达到 22 631 欧元。同样，欧盟各成员国之间的收入差距明显拉大。图 16-8 展示了欧盟部分成员国在 2008 年、2013 年和 2018 年的家庭人均可支配收入。可以看到，与 2008 年相比，经济强劲的德国、法国在 2018 年的人均可支配收入总量大幅增加，每一年的人均可支配收入总量均超越欧盟平均水平，然而近几年经济表现最差的希腊在 2018 年的家庭人均可支配收入较 2008 年则减少了 21%。

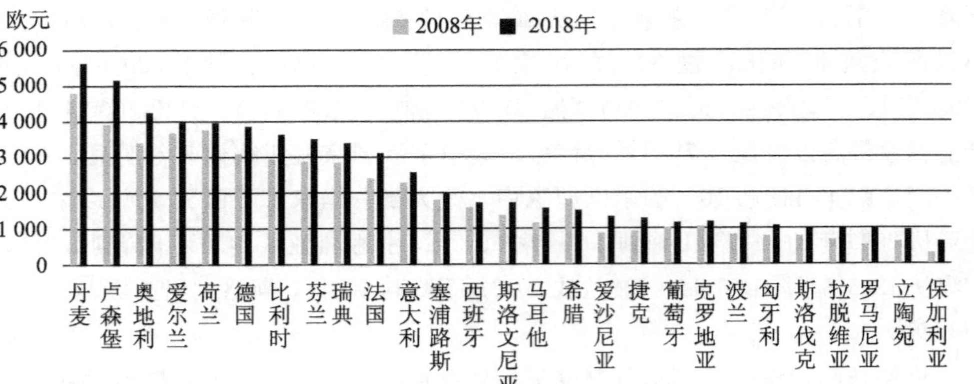


**图 16-7 2008 年和 2018 年欧盟成员国人均月工资**

资料来源：维基百科、经济指标网、Statista。

从欧盟各成员国内部来看，由于 2008 年之后实施的一系列税收和福利制度改革，欧盟成员国内部的不平等程度有所下降。然而，改革措施在不同国家对不同人群的影响不尽相同。有 14 个国家的低收入者获益，但西班牙、葡萄牙和爱尔兰的低收入水平家庭则受到负面影响，德国、荷兰和拉脱维亚的中等收入群体获得的好处相对更多。然而，尽管税收和福利制度的改革减少了贫困，却没有从

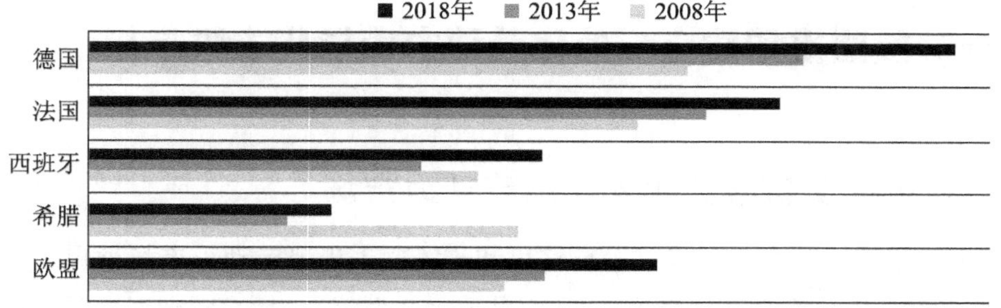


**图 16-8　调整后的家庭人均可支配收入总额**

资料来源：Eurostat。

根本上消除贫困。虽然面临贫困的人数比率出现下降，但低于贫困线的人的收入中值与贫困线之间的差距却几乎在一半的成员国中都有所加深，表明最贫穷的人的生活条件相对恶化。①

## 第三节　改革经验及对中国的启示

为促进欧盟一体化，欧盟委员会制定"单一市场战略"以促进商品、服务以及资本和劳动力等生产资料的自由流动。而劳动力市场一体化是欧洲单一市场建设的关键环节。欧盟自成立以来，积极推动统一劳动力市场建设，在建立以就业为导向的开放劳动力市场和完善劳动力市场配套措施等方面做了诸多努力。自2014年1月1日起，欧盟所有成员国基本实现相互完全开放劳动力市场。欧盟的劳动力市场一体化促进了劳动力的自由流动和合理有效配置，为欧盟经济发展做出重要贡献。

2020年3月30日，党中央、国务院印发《关于构建更加完善的要素市场化配置体制机制的意见》，提出构建更加完善的要素市场化配置体制机制，其中引导劳动力要素合理畅通有序流动成为改革的重要环节。和中国一样，欧盟内部各个区域经济发展和劳动力市场差异较大，并且由于欧盟内部各成员国之间天然存在的经济制度障碍，欧盟在一体化进程中实际上面临更多挑战。因此总结欧洲在劳动力市场一体化上的经验和教训对推动中国劳动力市场进一步改革有所启示。

① European Commission, "Labour market and wage developments in Europe 2019,"2019.

## >>一、欧盟推动建立一体化劳动力市场代表性举措<<

### (一)积极推动新移民融入当地劳动力市场

近年来，欧盟委员会为积极推动新移民和难民融入当地劳动力市场做出诸多努力。2017 年 5 月，欧盟委员会发出“雇主共同融入”倡议，旨在欧洲层面明确雇主在支持难民和其他移民融入劳动力市场方面所做的工作。2017 年 12 月 20 日，欧盟签署了《欧洲融合伙伴关系》，承诺促进难民融入劳动力市场。同时欧盟成立庇护、移徙和一体化基金，为促进劳动力市场一体化的几个跨国项目提供资金。此外，欧盟为了确保移民掌握新语言、承认其教育水平和专业技能、提供工作技能培训等方面做了诸多努力。比如为第三国移民提供多语言欧盟技能档案工具(EU Skills Profile Tool)①援助，有助于清晰展示移民的技能、资格和工作经验，并就进一步的步骤为其提供个性化的建议；建立欧盟实践库(Repository of Promising Practices)②以加强欧盟成员国之间针对难民劳动力问题采取的有效政策之间的学习交流；联合各国政府成立欧洲学徒联盟(European Alliance for Apprenticeships)③，旨在加强欧洲学徒的质量和供应，同时促进学徒的流动性。

### (二)社会保险改革消除劳动力流动制度壁垒

为消除劳动力流动的制度障碍，欧盟积极推动各国社会保险制度改革。在养老保险方面，《欧洲共同体条约》第 48 条的不歧视原则规定，工人有权在任何一个成员国随时工作、寻求就业或退休。经一个成员国授权的养老基金可以在其他成员国的相同条件下运作。同时为了有效地保护移民劳动力的养老保险待遇，欧盟立法规定具体的各种养老保险的转移和延续的方法：一是完全覆盖，工人将拥有至少一个成员国的社会保障，其他社会保险福利也可以得到保证。二是保险记录的连续积累，即劳动者各部分的缴费年限连续折算。三是保险待遇分段折算，职工的养老保险费用是工人的支付期间在每个工作地方养老金的总和④。在医疗

---

① European Commission, “EU Skills Profile Tool for Third Country Nationals,” https://ec.europa.eu/migrantskills/#/，访问日期：2020-05-30。

② European Commission, “Employment, Social Affairs & Inclusion,” https://ec.europa.eu/social/main.jsp?langId=en&catId=1208，访问日期：2020-05-30。

③ European Commission, “Employment, Social Affairs & Inclusion,” https://ec.europa.eu/social/main.jsp?catId=1147，访问日期：2020-05-30。

④ 于晓：《欧盟消除壁垒统一劳动力》，载《中国财经报》，2014-06-19。

保险方面，“欧盟社保法令”包括疾病与生育两部分，并针对在职人员、失业人员、退休人员及上述人员的家属分别加以考虑。此外，该法令还对部分特殊情况，如临时入境旅游人员的医疗保障问题做出了明确规定。与养老保险类似，医疗保险同样设置有累计计算、现金津贴、非现金津贴、欧洲健康保险卡、出国就医等机制，从而对欧盟公民在全欧盟范围内的医疗保险缴纳与报销情况做出了全面的规定。①

### (三)统一专业资格认证帮助专业人员跨境流动

欧洲有超过 5 000 种职业需要特定的资格才能获得专业资格，其中许多规定对专业人员的流动造成不必要的管制障碍，跨境服务的提供还不发达。希望在另一个欧盟国家提供服务的商业服务提供商，如建筑、工程或会计公司，往往面临限制性的法律形式或股权要求。自 2014 年以来，欧盟委员会建立了一个监管行业相互评估的过程，要求欧盟国家评估并可能改革现有框架。2016 年 1 月，欧盟委员会推出了一种新的、全欧盟范围内的专业资格认证数字程序——欧洲职业卡(EPC)②。目前，普通护理护士、物理治疗师、药剂师、房地产经纪人都可以使用这种方法，帮助他们更加容易找到对口专业技能的地方工作。

### (四)信息化建设促进各成员国间劳动力供需匹配

目前，想要在另一个欧盟国家生活工作的移民或者公司很难在网上找到他们需要的信息。即使国家和欧盟服务机构提供了信息和援助，这些信息和援助也是不完整、质量参差不齐的。比如一些欧盟国家的在线程序对其他欧盟国家的用户是不可访问的。为此，2017 年 5 月，欧盟委员会采取了一系列措施，如建立单一数字平台③、建立单一市场工具(SMIT)和改进行政效率等。单一数字平台方便第三国成员更容易找到有关规则、程序和援助服务的信息，也可以通过一个用户友好的界面，以他们能够理解的语言访问国家程序；同时建议各国建立单一市场信息工具(SMIT)。允许欧盟委员会在政策明确的情况下，从市场参与者手中获得及时、全面和可靠的信息；行政方案计划旨在进一步快速而恰到好处地解决在欧盟境内开展跨境业务时遇到的公共行政困难。

---

① 贾晋京、刘仰知：《“欧盟社保”与跨国人才流动》，载《中国经济报告》，2015(8)。

② European Commission, “The Single Market Strategy,” http://www.prcfe.com/web/meyw/2014-06/19/content_1096667.htm，访问日期：2020-05-30。

③ 同上。

## >>二、欧盟劳动力市场一体化遇到的挑战<<

### (一)数字化和自动化变革对劳动力市场相关政策提出新要求

10 月 4 日，欧洲政策研究中心网站发布《劳动力市场与社会政策》报告称，数字化和自动化的发展意味着劳动力市场的稳定性减弱。新型工作的出现使劳动力市场开始调整，对劳动者的技能要求更高，填补技术劳动者的空缺仍然是一项严峻的挑战。欧盟委员会 2019 年的报告显示，劳动力市场存在技能不匹配现象，对教育和培训的投资将是未来几年欧盟的主要政治行动之一。① 欧盟一直努力在为从事新型工作的人提供保护，但这些保护措施的实施也面临一些挑战：对技能的投资会影响欧盟在其他方面的资金分配，因此必须完善就业立法。然而，日趋严格的监管可能阻碍数字化在经济增长和社会创新方面发挥潜力。麦肯锡预测，2030 年，自动化将会普及。要找到足够的、具备所需技能的工人来填补欧洲现有和正在创造的工作岗位，可能颇具挑战性。这同时意味着许多职位将被重新定义，而且大多数职业将会改变。②

### (二)新移民融入当地劳动力市场面临诸多挑战

在提出建立单一欧洲劳动力市场之后的几十年，学者和政策制定者都认为这一目标目前还远未实现。有学者强调太多的流动性可能会给国家造成负面影响并导致社会紧张。③ 欧盟各国之间就人口流动的分歧大都围绕着难民问题和各成员国之间的责任分担机制展开。移民融入失败会给成员国带来负担，同时还会导致极端的政治言论。涌入欧洲的难民和移民给许多城市的服务和基础设施带来了相当大的压力。虽然每个成员国决定自己的融合和就业政策优先事项，但欧盟能够通过引导共同政策方向的软法律工具，支持难民与劳动力市场融合，促进利益攸关方之间的知识交流，并向会员国提供资金④。

---

① European Commission. 2019 Annual Report on Intra-EU Labor Mobility, 2019.

② McKinsey Global Institute, "The Future of Work in Europe: Automation, workforce transitions, and the shifting geography of employment," https://www.mckinsey.com/featured-insights/future-of-work/the-future-of-work-in-europe，访问日期：2020-05-30。

③ Krause, Annabelle, Ulf Rinne, and Klaus F. Zimmermann, " European Labor Market Integration: What the Experts Think,"International Journal of Manpower, 2017.

④ Hooper, Kate, Maria Vincenza Desiderio, and Brian Salant, " Improving the Labour Market Integration of Migrants and Refugees: Empowering Cities Through Better Use of EU Instruments,"Brussels: Migration Policy Institute Europe, 2017.

## (三)英国脱欧增加欧盟内部不稳定因素

英国于 2020 年 1 月正式宣布脱离欧盟。作为欧盟内部影响力最大、经济实力最强的经济体之一，英国脱欧可能带来示范效应，减缓欧盟的自由贸易进程，使欧盟内部不稳定性增加，削弱欧盟在全球的影响力。据 2018 年欧盟委员会的欧洲劳动力调研(EU-LFS 2018)数据显示，英国与欧盟之间的劳动力流动已然放缓，甚至出现负增长。在英国工作的欧盟公民和在欧盟工作的英国公民的身份都将成为经济和政治层面的敏感议题。① 欧盟亟待协调各成员国政策，减缓英国脱欧对欧盟就业市场带来的持续震荡。

## (四)新冠肺炎疫情对劳动力市场造成冲击

据麦肯锡预测，新冠肺炎疫情危机严重影响了欧洲的劳动力市场，就业可能需要数年时间才能回到危机前的水平。② 新冠肺炎疫情危机结束了多年来由强流动性带来的强劲就业增长，这场危机在短期内通过减少工作时间、无薪休假和永久性裁员让欧洲失去了 5 900 万个就业机会，占就业机会总数的 26%。欧洲超过一半的劳动力将面临重大转型，劳动力需求的下降极有可能导致工资和工作时间的下降。由于检疫措施和经济活动的下降，劳动力供应减少，很可能导致工人收入的大量损失。同时，这将转化为更低的消费，破坏商业连续性和经济弹性。此外，收入的减少将对已经接近或低于贫困线的工人产生毁灭性的影响。进一步值得担忧的是，新冠肺炎疫情可能对特定人口群体，如老人和低收入群体产生不成比例的影响，从而加剧不平等。

---

① European Commission. 2019 Annual Report on Intra-EU Labor Mobility, 2019.

② McKinsey Global Institute, "The Future of Work in Europe: Automation, workforce transitions, and the shifting geography of employment," https://www.mckinsey.com/featured-insights/future-of-work/the-future-of-work-in-europe，访问日期：2020-05-30。

# 附 录

表 1 国内生产总值/亿元

| 年份 | 国民总收入 | 国内生产总值 | 第一产业 | 第二产业 | | | 第三产业 | 人均国内生产总值/元 |
|---|---|---|---|---|---|---|---|---|
| | | | | 总值 | 工业 | 建筑业 | | |
| 2000 | 99 066.1 | 100 280.1 | 14 717.4 | 45 664.8 | 40 259.7 | 5 534.0 | 39 897.9 | 7 942 |
| 2001 | 109 276.2 | 110 863.1 | 15 502.5 | 49 660.7 | 43 855.6 | 5 945.5 | 45 700.0 | 8 717 |
| 2002 | 120 480.4 | 121 717.4 | 16 190.2 | 54 105.5 | 47 776.3 | 6 482.1 | 51 421.7 | 9 506 |
| 2003 | 136 576.3 | 137 422.0 | 16 970.2 | 62 697.4 | 55 363.8 | 7 510.8 | 57 754.4 | 10 666 |
| 2004 | 161 415.4 | 161 840.2 | 20 904.3 | 74 286.9 | 65 776.8 | 8 720.5 | 66 648.9 | 12 487 |
| 2005 | 185 998.9 | 187 318.9 | 21 806.7 | 88 084.4 | 77 960.5 | 10 400.5 | 77 427.8 | 14 368 |
| 2006 | 219 028.5 | 219 438.5 | 23 317.0 | 104 361.8 | 92 238.4 | 12 450.1 | 91 759.7 | 16 738 |
| 2007 | 270 844.0 | 270 232.3 | 27 788.0 | 126 633.6 | 111 693.9 | 15 348.0 | 115 810.7 | 20 505 |
| 2008 | 321 500.5 | 319 515.5 | 32 753.2 | 149 956.6 | 131 727.6 | 18 807.6 | 136 805.8 | 24 121 |
| 2009 | 348 498.5 | 349 081.4 | 34 161.8 | 160 171.7 | 138 095.5 | 22 681.5 | 154 747.9 | 26 222 |
| 2010 | 411 265.2 | 413 030.3 | 39 362.6 | 191 629.8 | 165 126.4 | 27 259.3 | 182 038.0 | 30 876 |
| 2011 | 484 753.2 | 489 300.6 | 46 163.1 | 227 038.8 | 195 142.8 | 32 926.5 | 216 098.6 | 36 403 |
| 2012 | 539 116.5 | 540 367.4 | 50 902.3 | 244 643.3 | 208 905.6 | 36 896.1 | 244 821.9 | 40 007 |
| 2013 | 590 422.4 | 595 244.4 | 55 329.1 | 261 956.1 | 222 337.6 | 40 896.8 | 277 959.3 | 43 852 |
| 2014 | 644 791.1 | 643 974 | 58 343.5 | 277 571.8 | 233 856.4 | 44 880.5 | 308 058.6 | 47 203 |
| 2015 | 682 635.1 | 685 505.8 | 60 870.5 | 280 560.3 | 235 183.5 | 46 546.6 | 344 075.0 | 49 992 |
| 2016 | 740 598.7 | 743 585.5 | 63 672.8 | 296 547.7 | 247 877.7 | 49 702.9 | 383 365.0 | 53 935 |
| 2017 | 824 828.4 | 827 121.7 | 65 467.6 | 334 622.6 | 279 996.9 | 55 689.0 | 427 031.5 | 59 660 |
| 2018 | 896 915.6 | 900 309.5 | 64 734.0 | 364 835.2 | 305 160.2 | 61 808.0 | 469 574.6 | 64 644 |

**表 2　各地区国内生产总值/亿元**

| 地区 | 2006 | 2007 | 2008 | 2009 | 2010 | 2011 | 2012 | 2013 | 2014 | 2015 | 2016 | 2017 | 2018 |
|---|---|---|---|---|---|---|---|---|---|---|---|---|---|
| 北京 | 8 117.78 | 9 846.81 | 11 115.00 | 12 153.03 | 14 113.58 | 16 251.93 | 17 879.40 | 19 800.81 | 21 330.83 | 22 968.60 | 25 669.13 | 28 014.94 | 30 319.98 |
| 天津 | 4 462.74 | 5 252.76 | 6 719.01 | 7 521.85 | 9 224.46 | 11 307.28 | 12 893.88 | 14 442.01 | 15 726.93 | 16 538.20 | 17 885.39 | 18 549.19 | 18 809.64 |
| 河北 | 11 467.60 | 13 607.32 | 16 011.97 | 17 235.48 | 20 394.26 | 24 515.76 | 26 575.01 | 28 442.95 | 29 421.15 | 29 806.10 | 32 070.45 | 34 016.32 | 36 010.27 |
| 山西 | 4 878.61 | 6 024.45 | 7 315.40 | 7 358.31 | 9 200.86 | 11 237.55 | 12 112.83 | 12 665.25 | 12 761.49 | 12 802.60 | 13 050.41 | 15 528.42 | 16 818.11 |
| 内蒙古 | 4 944.25 | 6 423.18 | 8 496.20 | 9 740.25 | 11 672.00 | 14 359.88 | 15 880.58 | 16 916.50 | 17 770.20 | 18 032.80 | 18 128.10 | 16 096.21 | 17 289.22 |
| 辽宁 | 9 304.52 | 11 164.30 | 13 668.58 | 15 212.49 | 18 457.27 | 22 226.70 | 24 846.43 | 27 213.22 | 28 626.58 | 28 743.40 | 22 246.90 | 23 409.24 | 25 315.35 |
| 吉林 | 4 275.12 | 5 284.69 | 6 426.10 | 7 278.75 | 8 667.58 | 10 568.83 | 11 939.24 | 13 046.40 | 13 803.14 | 14 274.10 | 14 776.80 | 14 944.53 | 15 074.62 |
| 黑龙江 | 6 211.80 | 7 104.00 | 8 314.37 | 8 587.00 | 10 368.60 | 12 582.00 | 13 691.58 | 14 454.91 | 15 039.38 | 15 083.70 | 15 386.09 | 15 902.68 | 16 361.62 |
| 上海 | 10 572.24 | 12 494.01 | 14 069.86 | 15 046.45 | 17 165.98 | 19 195.69 | 20 181.72 | 21 818.15 | 23 567.70 | 24 965.00 | 28 178.65 | 30 632.99 | 32 679.87 |
| 江苏 | 21 742.05 | 26 018.48 | 30 981.98 | 34 457.30 | 41 425.48 | 49 110.27 | 54 058.22 | 59 753.37 | 65 088.32 | 70 116.40 | 77 388.28 | 85 869.76 | 92 595.40 |
| 浙江 | 15 718.47 | 18 753.73 | 21 462.69 | 22 990.35 | 27 722.31 | 32 318.85 | 34 665.33 | 37 756.58 | 40 173.03 | 42 886.50 | 47 251.36 | 51 768.26 | 56 197.15 |
| 安徽 | 6 112.50 | 7 360.92 | 8 851.66 | 10 062.82 | 12 359.33 | 15 300.65 | 17 212.05 | 19 229.34 | 20 848.75 | 22 005.60 | 24 407.62 | 27 018.00 | 30 006.82 |
| 福建 | 7 583.85 | 9 248.53 | 10 823.01 | 12 236.53 | 14 737.12 | 17 560.18 | 19 701.78 | 21 868.49 | 24 055.76 | 25 979.80 | 28 810.58 | 32 182.09 | 35 804.04 |
| 江西 | 4 820.53 | 5 800.25 | 6 971.05 | 7 655.18 | 9 451.26 | 11 702.82 | 12 948.88 | 14 410.19 | 15 714.63 | 16 723.80 | 18 499.00 | 20 006.31 | 21 984.78 |
| 山东 | 21 900.19 | 25 776.91 | 30 933.28 | 33 896.65 | 39 169.92 | 45 361.85 | 50 013.24 | 55 230.32 | 59 426.59 | 63 002.30 | 68 024.49 | 72 634.15 | 76 469.67 |
| 河南 | 12 362.79 | 15 012.46 | 18 018.53 | 19 480.46 | 23 092.36 | 26 931.03 | 29 599.31 | 32 191.30 | 34 938.24 | 37 010.30 | 40 471.79 | 44 552.83 | 48 055.86 |

续表

| 地区 | 2006 | 2007 | 2008 | 2009 | 2010 | 2011 | 2012 | 2013 | 2014 | 2015 | 2016 | 2017 | 2018 |
|---|---|---|---|---|---|---|---|---|---|---|---|---|---|
| 湖北 | 7 617.47 | 9 333.40 | 11 328.92 | 12 961.10 | 15 967.61 | 19 632.26 | 22 250.45 | 24 791.83 | 27 379.22 | 29 550.20 | 32 665.38 | 35 478.09 | 39 366.55 |
| 湖南 | 7 688.67 | 9 439.60 | 11 555.00 | 13 059.69 | 16 037.96 | 19 669.56 | 22 154.23 | 24 621.67 | 27 037.32 | 29 047.20 | 31 551.37 | 33 902.96 | 36 425.78 |
| 广东 | 26 587.76 | 31 777.01 | 36 796.71 | 39 482.56 | 46 013.06 | 53 210.28 | 57 067.92 | 62 474.79 | 67 809.85 | 72 812.60 | 80 854.91 | 89 705.23 | 97 277.77 |
| 广西 | 4 746.16 | 5 823.41 | 7 021.00 | 7 759.16 | 9 569.85 | 11 720.87 | 13 035.10 | 14 449.90 | 15 672.89 | 16 803.10 | 18 317.64 | 18 523.26 | 20 352.51 |
| 海南 | 1 044.91 | 1 254.17 | 1 503.06 | 1 654.21 | 2 064.50 | 2 522.66 | 2 855.54 | 3 177.56 | 3 500.72 | 3 702.80 | 4 053.20 | 4 462.54 | 4 832.05 |
| 重庆 | 3 907.23 | 4 676.13 | 5 793.66 | 6 530.01 | 7 925.58 | 10 011.37 | 11 409.60 | 12 783.26 | 14 262.60 | 15 719.70 | 17 740.59 | 19 424.73 | 20 363.19 |
| 四川 | 8 690.24 | 10 562.39 | 12 601.23 | 14 151.28 | 17 185.48 | 21 026.68 | 23 872.80 | 26 392.07 | 28 536.66 | 30 103.10 | 32 934.54 | 36 980.22 | 40 678.13 |
| 贵州 | 2 338.98 | 2 884.11 | 3 561.56 | 3 912.68 | 4 602.16 | 5 701.84 | 6 852.20 | 8 086.86 | 9 266.39 | 10 502.60 | 11 776.73 | 13 540.83 | 14 806.45 |
| 云南 | 3 988.14 | 4 772.52 | 5 692.12 | 6 169.75 | 7 224.18 | 8 893.12 | 10 309.47 | 11 832.31 | 12 814.59 | 13 717.90 | 14 788.42 | 16 376.34 | 17 881.12 |
| 西藏 | 290.76 | 341.43 | 394.85 | 441.36 | 507.46 | 605.83 | 701.03 | 815.67 | 920.83 | 1 026.40 | 1 151.41 | 1 310.92 | 1 477.63 |
| 陕西 | 4 743.61 | 5 757.29 | 7 314.58 | 8 169.80 | 10 123.48 | 12 512.30 | 14 453.68 | 16 205.45 | 17 689.94 | 18 171.90 | 19 399.59 | 21 898.81 | 24 438.32 |
| 甘肃 | 2 276.70 | 2 702.40 | 3 166.82 | 3 387.56 | 4 120.75 | 5 020.37 | 5 650.20 | 6 330.69 | 6 836.82 | 6 790.30 | 7 200.37 | 7 459.90 | 8 246.07 |
| 青海 | 648.50 | 797.35 | 1 018.62 | 1 081.27 | 1 350.43 | 1 670.44 | 1 893.54 | 2 122.06 | 2 303.32 | 2 417.10 | 2 572.49 | 2 624.83 | 2 865.23 |
| 宁夏 | 725.90 | 919.11 | 1 203.92 | 1 353.31 | 1 689.65 | 2 102.21 | 2 341.29 | 2 577.57 | 2 752.10 | 2 911.80 | 3 168.59 | 3 443.56 | 3 705.18 |
| 新疆 | 3 045.26 | 3 523.16 | 4 183.21 | 4 277.05 | 5 437.47 | 6 610.05 | 7 505.31 | 8 443.84 | 9 273.46 | 9 324.80 | 9 649.70 | 10 881.96 | 12 199.08 |

表 3 全国人口数及构成

| 年份 | 常住人口数/万人 | 男性人口占总人口比重/% | 女性人口占总人口比重/% | 城镇人口占总人口比重/% | 流动人口数/亿人 |
|---|---|---|---|---|---|
| 2000 | 126 743 | 51.63 | 48.37 | 36.22 | 1.21 |
| 2001 | 127 627 | 51.46 | 48.54 | 37.66 | — |
| 2002 | 128 453 | 51.47 | 48.53 | 39.09 | — |
| 2003 | 129 227 | 51.5 | 48.5 | 40.53 | — |
| 2004 | 129 988 | 51.52 | 48.48 | 41.76 | — |
| 2005 | 130 756 | 51.53 | 48.47 | 42.99 | 1.47 |
| 2006 | 131 448 | 51.52 | 48.48 | 44.34 | — |
| 2007 | 132 129 | 51.5 | 48.5 | 45.89 | — |
| 2008 | 132 802 | 51.47 | 48.53 | 46.99 | — |
| 2009 | 133 450 | 51.44 | 48.56 | 48.34 | — |
| 2010 | 134 091 | 51.27 | 48.73 | 49.95 | 2.21 |
| 2011 | 134 735 | 51.26 | 48.74 | 51.27 | 2.3 |
| 2012 | 135 404 | 51.25 | 48.75 | 52.57 | 2.36 |
| 2013 | 136 072 | 51.24 | 48.76 | 53.73 | 2.45 |
| 2014 | 136 782 | 51.23 | 48.77 | 54.77 | 2.53 |
| 2015 | 137 462 | 51.22 | 48.78 | 56.1 | 2.46 |
| 2016 | 138 271 | 51.21 | 48.79 | 57.35 | 2.45 |
| 2017 | 139 008 | 51.17 | 48.83 | 58.52 | 2.44 |
| 2018 | 139 538 | 51.13 | 48.87 | 59.58 | 2.41 |

**表 4　各地区人口自然增长率/‰**

| 地区 | 2006 | 2007 | 2008 | 2009 | 2010 | 2011 | 2012 | 2013 | 2014 | 2015 | 2016 | 2017 | 2018 |
|---|---|---|---|---|---|---|---|---|---|---|---|---|---|
| 北京 | 1.29 | 3.4 | 3.42 | 3.5 | 3.07 | 4.02 | 4.74 | 4.41 | 4.83 | 3.01 | 4.12 | 3.76 | 2.66 |
| 天津 | 1.6 | 2.05 | 2.19 | 2.6 | 2.6 | 2.5 | 2.63 | 2.28 | 2.14 | 0.23 | 1.83 | 2.6 | 1.25 |
| 河北 | 6.23 | 6.55 | 6.55 | 6.5 | 6.81 | 6.5 | 6.47 | 6.17 | 6.95 | 5.56 | 6.06 | 6.6 | 4.88 |
| 山西 | 5.75 | 5.33 | 5.31 | 4.89 | 5.3 | 4.86 | 4.87 | 5.24 | 4.99 | 4.42 | 4.77 | 5.61 | 4.31 |
| 内蒙古 | 3.96 | 4.48 | 4.27 | 3.96 | 3.76 | 3.51 | 3.65 | 3.36 | 3.56 | 2.40 | 3.34 | 3.73 | 2.4 |
| 辽宁 | 1.1 | 1.53 | 1.1 | 0.97 | 0.42 | −0.34 | −0.39 | −0.03 | 0.26 | −0.42 | −0.18 | −0.44 | −1 |
| 吉林 | 2.67 | 2.5 | 1.61 | 1.95 | 2.03 | 1.02 | 0.36 | 0.32 | 0.4 | 0.34 | −0.05 | 0.26 | 0.36 |
| 黑龙江 | 2.39 | 2.49 | 2.23 | 2.06 | 2.32 | 1.07 | 1.27 | 0.78 | 0.91 | −0.60 | −0.49 | −0.41 | −0.69 |
| 上海 | 1.58 | 3.04 | 2.72 | 2.7 | 1.98 | 1.87 | 4.2 | 2.94 | 3.14 | 2.45 | 4 | 2.8 | 1.8 |
| 江苏 | 2.28 | 2.3 | 2.3 | 2.56 | 2.85 | 2.61 | 2.45 | 2.43 | 2.43 | 2.02 | 2.73 | 2.68 | 2.29 |
| 浙江 | 4.87 | 4.81 | 4.58 | 4.63 | 4.73 | 4.07 | 4.6 | 4.56 | 5 | 5.02 | 5.7 | 6.36 | 5.44 |
| 安徽 | 6.3 | 6.35 | 6.45 | 6.47 | 6.75 | 6.32 | 6.86 | 6.82 | 6.97 | 6.98 | 7.06 | 8.17 | 6.45 |
| 福建 | 6.25 | 6.1 | 6.3 | 6.2 | 6.11 | 6.21 | 7.01 | 6.19 | 7.5 | 7.80 | 8.3 | 8.8 | 7 |
| 江西 | 7.79 | 7.87 | 7.91 | 7.89 | 7.66 | 7.5 | 7.32 | 6.91 | 6.98 | 6.96 | 7.29 | 7.71 | 7.37 |
| 山东 | 5.5 | 5 | 5.09 | 5.62 | 5.39 | 5.1 | 4.95 | 5.01 | 7.39 | 5.88 | 10.84 | 10.14 | 6.08 |
| 河南 | 5.32 | 4.94 | 4.97 | 4.99 | 4.95 | 4.94 | 5.16 | 5.51 | 5.78 | 5.65 | 6.15 | 5.98 | 4.92 |
| 湖北 | 3.13 | 3.23 | 2.71 | 3.48 | 4.34 | 4.38 | 4.88 | 4.93 | 4.9 | 4.91 | 5.07 | 5.59 | 4.54 |
| 湖南 | 5.19 | 5.25 | 5.4 | 6.11 | 6.4 | 6.55 | 6.57 | 6.54 | 6.63 | 6.72 | 6.56 | 6.19 | 5.11 |
| 广东 | 7.29 | 7.3 | 7.25 | 7.26 | 6.97 | 6.1 | 6.95 | 6.02 | 6.1 | 6.80 | 7.44 | 9.16 | 8.24 |

续表

| 地区 | 2006 | 2007 | 2008 | 2009 | 2010 | 2011 | 2012 | 2013 | 2014 | 2015 | 2016 | 2017 | 2018 |
|---|---|---|---|---|---|---|---|---|---|---|---|---|---|
| 广西 | 8.34 | 8.2 | 8.7 | 8.53 | 8.65 | 7.67 | 7.89 | 7.93 | 7.86 | 7.90 | 7.87 | 8.92 | 8.16 |
| 海南 | 8.86 | 8.91 | 8.99 | 8.96 | 8.98 | 8.97 | 8.85 | 8.69 | 8.61 | 8.57 | 8.57 | 8.72 | 8.47 |
| 重庆 | 3.4 | 3.8 | 3.8 | 3.7 | 2.77 | 3.17 | 4 | 3.6 | 3.62 | 3.86 | 4.53 | 3.91 | 3.48 |
| 四川 | 2.86 | 2.92 | 2.39 | 2.72 | 2.31 | 2.98 | 2.97 | 3 | 3.2 | 3.36 | 3.49 | 4.23 | 4.04 |
| 贵州 | 7.26 | 6.68 | 6.72 | 6.96 | 7.41 | 6.38 | 6.31 | 5.9 | 5.8 | 5.80 | 6.5 | 7.1 | 7.05 |
| 云南 | 6.9 | 6.86 | 6.32 | 6.08 | 6.54 | 6.35 | 6.22 | 6.17 | 6.2 | 6.40 | 6.61 | 6.85 | 6.87 |
| 西藏 | 11.7 | 11.3 | 10.3 | 10.24 | 10.25 | 10.26 | 10.27 | 10.38 | 10.55 | 10.65 | 10.68 | 11.05 | 10.64 |
| 陕西 | 4.04 | 4.05 | 4.08 | 4 | 3.72 | 3.69 | 3.88 | 3.86 | 3.87 | 3.82 | 4.41 | 4.87 | 4.43 |
| 甘肃 | 6.24 | 6.49 | 6.54 | 6.61 | 6.03 | 6.05 | 6.06 | 6.08 | 6.1 | 6.21 | 6 | 6.02 | 4.42 |
| 青海 | 8.97 | 8.8 | 8.35 | 8.32 | 8.63 | 8.31 | 8.24 | 8.03 | 8.49 | 8.55 | 8.52 | 8.25 | 8.06 |
| 宁夏 | 10.69 | 9.76 | 9.69 | 9.68 | 9.04 | 8.97 | 8.93 | 8.62 | 8.57 | 8.04 | 8.97 | 8.69 | 7.78 |
| 新疆 | 10.76 | 11.78 | 11.17 | 10.56 | 10.56 | 10.57 | 10.84 | 10.92 | 11.47 | 11.08 | 11.08 | 11.4 | 6.13 |

**表 5　各地登记招聘人数/人**

| 地区 | 2006 | 2007 | 2008 | 2009 | 2010 | 2011 | 2012 | 2013 | 2014 | 2015 | 2016 |
|---|---|---|---|---|---|---|---|---|---|---|---|
| 北　京 | 638 584 | 851 689 | 1 172 429 | 1 222 457 | 1 811 089 | 1 783 262 | 1 621 815 | 1 688 102 | 1 177 778 | 816 251 | 1 055 887 |
| 天　津 | 470 000 | 490 000 | 503 000 | 456 000 | 1 269 704 | 764 657 | 825 277 | 1 025 277 | 1 022 607 | 1 044 951 | 1 146 903 |
| 河　北 | 1 750 338 | 1 567 429 | 1 592 295 | 1 431 692 | 2 171 966 | 2 609 930 | 2 297 523 | 2 296 106 | 2 302 926 | 1 307 537 | 1 179 492 |
| 山　西 | 579 389 | 684 600 | 533 715 | 497 462 | 1 223 766 | 1 143 524 | 1 136 376 | 910 036 | 1 168 752 | 1 274 034 | 1 057 826 |

续表

| 地区 | 2006 | 2007 | 2008 | 2009 | 2010 | 2011 | 2012 | 2013 | 2014 | 2015 | 2016 |
|---|---|---|---|---|---|---|---|---|---|---|---|
| 内蒙古 | 773 610 | 771 187 | 699 797 | 738 945 | 963 659 | 956 092 | 860 058 | 634 344 | 625 747 | 539 440 | 537 706 |
| 辽　宁 | 1 802 345 | 1 939 966 | 1 447 828 | 2 136 523 | 5 197 901 | 3 970 703 | 4 208 548 | 3 955 686 | 2 966 926 | 2 121 508 | 2 695 754 |
| 吉　林 | 739 863 | 698 556 | 731 128 | 916 323 | 983 245 | 1 315 551 | 1 158 514 | 1 046 530 | 946 943 | 807 967 | 693 296 |
| 黑龙江 | 1 142 252 | 1 142 234 | 1 265 857 | 1 305 797 | 1 295 246 | 1 528 955 | 1 515 302 | 1 161 993 | 1 090 455 | 1 027 944 | 957 491 |
| 上　海 | 1 491 300 | 1 563 100 | 1 541 303 | 1 686 661 | 1 682 496 | 1 569 117 | 1 589 998 | 1 576 779 | 1 681 991 | 1 832 456 | 1 408 742 |
| 江　苏 | 3 293 349 | 4 131 597 | 4 455 757 | 5 315 832 | 5 801 115 | 8 617 899 | 7 307 003 | 6 718 952 | 7 183 282 | 6 327 669 | 5 728 710 |
| 浙　江 | 6 915 269 | 7 492 422 | 7 394 207 | 7 778 480 | 5 872 109 | 6 257 409 | 4 601 260 | 5 417 126 | 5 180 286 | 5 004 062 | 4 083 328 |
| 安　徽 | 1 221 495 | 1 359 801 | 1 569 731 | 1 959 489 | 2 470 030 | 2 604 445 | 2 377 935 | 2 761 974 | 2 569 934 | 2 147 434 | 2 172 012 |
| 福　建 | 3 015 375 | 2 889 419 | 3 315 106 | 3 121 718 | 4 074 660 | 3 969 144 | 4 061 271 | 4 419 470 | 5 183 998 | 2 444 584 | 4 393 599 |
| 江　西 | 1 550 376 | 1 577 634 | 1 725 782 | 1 816 231 | 1 791 722 | 1 704 337 | 1 749 294 | 1 765 890 | 2 452 668 | 2 279 870 | 2 016 367 |
| 山　东 | 3 297 990 | 3 345 560 | 3 332 623 | 3 581 204 | 3 490 948 | 4 735 823 | 4 073 346 | 3 746 567 | 3 442 893 | 2 709 033 | 2 575 069 |
| 河　南 | 1 132 536 | 1 132 536 | 1 132 536 | 1 156 390 | 1 333 152 | 1 021 190 | 2 647 812 | 2 499 250 | 1 732 763 | 1 185 800 | 2 012 803 |
| 湖　北 | 1 600 368 | 1 794 829 | 1 604 318 | 1 961 537 | 2 364 222 | 2 409 017 | 2 455 250 | 2 047 746 | 1 942 182 | 1 768 788 | 1 731 730 |
| 湖　南 | 971 165 | 874 442 | 846 215 | 864 365 | 2 369 319 | 2 392 793 | 2 915 336 | 3 720 977 | 1 995 741 | 802 058 | 802 040 |
| 广　东 | 9 906 496 | 12 301 819 | 12 319 538 | 13 483 865 | 8 951 958 | 8 927 992 | 13 339 559 | 5 374 076 | 5 533 418 | 6 405 494 | 6 606 302 |
| 广　西 | 1 323 986 | 1 336 730 | 1 336 037 | 1 492 024 | 2 884 074 | 3 283 531 | 3 085 920 | 2 534 803 | 3 250 224 | 3 480 697 | 2 363 547 |
| 海　南 | 224 734 | 209 319 | 226 033 | 213 893 | 549 580 | 679 545 | 600 625 | 637 684 | 837 055 | 543 946 | 588 098 |
| 重　庆 | 459 868 | 596 275 | 672 864 | 834 654 | 810 778 | 1 104 566 | 1 032 762 | 1 149 679 | 1 199 355 | 1 116 542 | 984 269 |
| 四　川 | 1 540 673 | 1 630 669 | 1 662 824 | 1 830 243 | 1 894 053 | 1 813 938 | 1 879 709 | 1 670 707 | 1 856 888 | 1 335 842 | 1 336 782 |

| 地区 | 2006 | 2007 | 2008 | 2009 | 2010 | 2011 | 2012 | 2013 | 2014 | 2015 | 2016 |
|---|---|---|---|---|---|---|---|---|---|---|---|
| 贵　州 | 267 312 | 349 284 | 329 444 | 445 748 | 645 435 | 1 332 609 | 1 361 539 | 1 510 755 | 1 127 362 | 820 749 | 1 782 453 |
| 云　南 | 741 318 | 656 619 | 609 463 | 670 308 | 722 269 | 869 434 | 640 958 | 614 602 | 647 376 | 569 647 | 744 451 |
| 西　藏 | 35 809 | 30 455 | 28 036 | 25 414 | 28 259 | 23 925 | 25 981 | 41 477 | 37 629 | 39 283 | 52 070 |
| 陕　西 | 1 117 760 | 1 091 139 | 1 306 397 | 1 300 523 | 2 552 466 | 1 561 307 | 1 344 263 | 1 176 452 | 1 006 090 | 1 207 289 | 997 857 |
| 甘　肃 | 335 026 | 390 911 | 383 116 | 392 248 | 498 785 | 494 192 | 514 034 | 437 221 | 382 227 | 386 969 | 391 563 |
| 青　海 | 448 727 | 490 016 | 482 595 | 557 072 | 595 252 | 509 246 | 566 013 | 648 549 | 592 380 | 329 479 | 160 829 |
| 宁　夏 | 248 567 | 401 661 | 386 245 | 512 180 | 534 626 | 364 696 | 337 009 | 212 974 | 205 359 | 167 394 | 202 055 |
| 新　疆 | 476 219 | 614 193 | 463 955 | 751 803 | 578 940 | 747 868 | 828 277 | 468 011 | 393 274 | 372 348 | 449 034 |

**表 6　各地登记求职人数/人**

| 地区 | 2006 | 2007 | 2008 | 2009 | 2010 | 2011 | 2012 | 2013 | 2014 | 2015 | 2016 |
|---|---|---|---|---|---|---|---|---|---|---|---|
| 北　京 | 522 259 | 466 856 | 408 197 | 402 830 | 335 296 | 274 230 | 568 511 | 521 514 | 442 670 | 76 504 | 310 761 |
| 天　津 | 648 000 | 660 000 | 705 000 | 633 000 | 1 530 230 | 947 840 | 988 013 | 988 364 | 988 364 | 1 011 071 | 1 015 086 |
| 河　北 | 1 899 799 | 1 672 612 | 1 557 509 | 1 404 796 | 1 618 187 | 1 907 907 | 1 814 001 | 1 813 667 | 2 149 443 | 1 148 345 | 1 050 780 |
| 山　西 | 608 888 | 716 534 | 530 960 | 482 879 | 1 466 054 | 1 085 112 | 1 304 816 | 831 502 | 1 052 230 | 1 384 436 | 1 071 249 |
| 内蒙古 | 829 738 | 806 759 | 741 530 | 735 274 | 906 762 | 927 652 | 756 806 | 570 338 | 603 925 | 398 251 | 464 200 |
| 辽　宁 | 1 871 184 | 1 956 966 | 1 332 797 | 2 192 477 | 4 406 652 | 2 644 242 | 2 189 781 | 2 874 604 | 2 766 509 | 2 040 554 | 2 597 403 |
| 吉　林 | 885 336 | 882 973 | 918 345 | 964 331 | 981 360 | 1 030 700 | 888 454 | 868 608 | 735 666 | 634 266 | 575 951 |
| 黑龙江 | 1 317 076 | 1 184 384 | 1 335 422 | 1 380 614 | 1 459 037 | 1 583 301 | 1 635 787 | 1 368 924 | 1 314 197 | 1 261 388 | 1 237 739 |
| 上　海 | 1 683 600 | 1 618 700 | 5 226 762 | 5 478 401 | 1 810 600 | 1 628 770 | 1 459 451 | 918 301 | 754 103 | 591 066 | 466 660 |
| 江　苏 | 3 197 075 | 4 164 451 | 4 962 727 | 5 525 029 | 5 027 504 | 7 290 663 | 6 792 138 | 6 303 320 | 6 547 588 | 5 878 972 | 5 394 638 |

续表

| 地区 | 2006 | 2007 | 2008 | 2009 | 2010 | 2011 | 2012 | 2013 | 2014 | 2015 | 2016 |
|---|---|---|---|---|---|---|---|---|---|---|---|
| 浙　江 | 4 969 587 | 4 596 962 | 5 876 872 | 4 910 104 | 2 991 497 | 2 755 162 | 2 694 236 | 2 722 510 | 2 677 587 | 2 860 121 | 2 435 200 |
| 安　徽 | 1 274 679 | 1 305 304 | 1 379 555 | 1 519 926 | 1 667 088 | 1 621 128 | 1 737 780 | 1 850 125 | 2 028 274 | 1 691 619 | 1 715 073 |
| 福　建 | 2 112 122 | 2 222 630 | 2 510 676 | 2 695 673 | 3 075 004 | 2 735 453 | 2 790 036 | 3 005 392 | 4 230 988 | 1 885 044 | 3 490 183 |
| 江　西 | 1 581 784 | 1 448 890 | 1 846 380 | 1 929 917 | 1 162 481 | 1 188 840 | 1 600 013 | 1 609 099 | 1 145 778 | 1 028 797 | 779 765 |
| 山　东 | 3 079 782 | 3 046 311 | 2 712 838 | 2 951 400 | 2 363 231 | 3 358 892 | 3 185 307 | 2 825 251 | 2 547 040 | 2 078 125 | 1 993 516 |
| 河　南 | 1 368 127 | 1 368 127 | 1 368 127 | 1 404 538 | 1 176 372 | 1 324 196 | 2 027 476 | 1 881 280 | 1 239 977 | 1 202 226 | 1 595 913 |
| 湖　北 | 1 638 518 | 1 617 916 | 1 542 966 | 1 822 957 | 1 905 709 | 1 772 259 | 1 871 553 | 1 604 979 | 1 479 378 | 1 374 270 | 1 421 865 |
| 湖　南 | 1 499 047 | 1 516 328 | 1 323 460 | 1 203 840 | 1 886 895 | 1 965 820 | 2 301 372 | 3 134 018 | 1 645 240 | 1 645 240 | 1 645 240 |
| 广　东 | 8 389 827 | 9 179 142 | 10 235 506 | 11 226 180 | 7 306 739 | 6 516 525 | 11 860 390 | 3 044 225 | 3 258 464 | 3 971 046 | 3 117 370 |
| 广　西 | 1 031 069 | 1 226 129 | 1 458 582 | 1 399 853 | 1 686 118 | 1 482 168 | 1 566 623 | 1 450 519 | 1 648 347 | 1 940 680 | 1 377 530 |
| 海　南 | 355 242 | 362 630 | 296 799 | 319 107 | 385 974 | 414 667 | 390 258 | 317 330 | 101 922 | 140 594 | 215 399 |
| 重　庆 | 462 582 | 593 153 | 629 784 | 830 534 | 799 548 | 897 848 | 881 938 | 836 898 | 856 891 | 830 941 | 714 873 |
| 四　川 | 1 407 031 | 1 720 498 | 1 555 995 | 1 753 289 | 1 379 583 | 1 273 189 | 1 273 320 | 1 102 022 | 1 116 626 | 1 040 848 | 1 231 524 |
| 贵　州 | 251 588 | 327 520 | 310 755 | 348 800 | 530 519 | 621 019 | 578 324 | 537 275 | 558 390 | 987 984 | 1 025 687 |
| 云　南 | 760 768 | 668 183 | 671 005 | 620 418 | 617 713 | 490 900 | 485 829 | 477 482 | 560 289 | 559 633 | 612 234 |
| 西　藏 | 31 212 | 34 897 | 31 819 | 31 501 | 39 933 | 32 247 | 26 814 | 37 692 | 36 798 | 47 266 | 35 058 |
| 陕　西 | 1 304 501 | 1 312 857 | 1 542 908 | 1 313 385 | 2 807 764 | 1 457 261 | 1 344 919 | 1 274 495 | 1 328 117 | 1 341 261 | 1 219 120 |
| 甘　肃 | 421 124 | 461 293 | 504 181 | 472 252 | 417 784 | 417 261 | 421 552 | 387 274 | 353 837 | 394 882 | 405 668 |
| 青　海 | 515 840 | 493 966 | 490 220 | 513 684 | 551 486 | 548 327 | 645 716 | 631 884 | 598 615 | 372 587 | 397 557 |
| 宁　夏 | 346 395 | 502 844 | 466 290 | 565 888 | 954 891 | 430 263 | 436 000 | 302 458 | 254 954 | 143 758 | 267 054 |
| 新　疆 | 1 095 185 | 1 249 741 | 845 699 | 1 024 109 | 510 852 | 542 686 | 606 759 | 414 565 | 376 021 | 325 516 | 392 052 |

表 7 就业人员分布及基本情况

| 年份 | 年末第一产业就业人员数/万人 | 年末第二产业就业人员数/万人 | 年末第三产业就业人员数/万人 | 城镇登记失业率/% |
|---|---|---|---|---|
| 2000 | 36 042.5 | 16 219.13 | 19 823.38 | 3.1 |
| 2001 | 36 398.5 | 16 233.73 | 20 164.77 | 3.6 |
| 2002 | 36 640 | 15 681.92 | 20 958.08 | 4 |
| 2003 | 36 204.38 | 15 926.98 | 21 604.65 | 4.3 |
| 2004 | 34 829.82 | 16 709.4 | 22 724.78 | 4.2 |
| 2005 | 33 441.86 | 17 765.99 | 23 439.16 | 4.2 |
| 2006 | 31 940.63 | 18 894.46 | 24 142.92 | 4.1 |
| 2007 | 30 730.97 | 20 186.03 | 24 404 | 4 |
| 2008 | 29 923.34 | 20 553.41 | 25 087.25 | 4.2 |
| 2009 | 28 890.47 | 21 080.18 | 25 857.35 | 4.3 |
| 2010 | 27 930.54 | 21 842.14 | 26 332.33 | 4.1 |
| 2011 | 26 594.16 | 22 543.9 | 27 281.94 | 4.1 |
| 2012 | 25 773 | 23 241 | 27 690 | 4.1 |
| 2013 | 24 171 | 23 170 | 29 636 | 4.05 |
| 2014 | 22 790 | 23 099 | 31 364 | 4.09 |
| 2015 | 21 919 | 22 693 | 32 839 | 4.05 |
| 2016 | 21 496 | 22 350 | 33 757 | 4.02 |
| 2017 | 20 944 | 21 824 | 34 872 | 3.9 |
| 2018 | 20 258 | 21 390 | 35 938 | 3.8 |

**表8　分地区城镇登记失业人员数(年末数)/万人**

| 地　区 | 2006 | 2007 | 2008 | 2009 | 2010 | 2011 | 2012 | 2013 | 2014 | 2015 | 2016 | 2017 | 2018 |
|---|---|---|---|---|---|---|---|---|---|---|---|---|---|
| 北　京 | 10.40 | 10.63 | 10.33 | 8.16 | 7.73 | 8.13 | 8.15 | 7.53 | 7.43 | 7.85 | 7.99 | 8.10 | 7.91 |
| 天　津 | 11.67 | 14.99 | 12.99 | 15.00 | 16.10 | 20.11 | 20.40 | 21.69 | 22.52 | 25.08 | 25.77 | 26.00 | 25.81 |
| 河　北 | 28.69 | 29.30 | 32.24 | 34.50 | 35.14 | 35.99 | 36.83 | 37.22 | 38.31 | 39.41 | 39.73 | 39.92 | 38.04 |
| 山　西 | 15.60 | 16.10 | 17.47 | 21.65 | 20.39 | 21.15 | 21.00 | 21.10 | 24.55 | 25.57 | 26.07 | 26.53 | 24.56 |
| 内蒙古 | 18.00 | 18.46 | 19.92 | 20.14 | 20.81 | 21.83 | 23.13 | 23.80 | 24.77 | 25.87 | 26.71 | 27.08 | 27.04 |
| 辽　宁 | 54.10 | 44.52 | 41.68 | 41.62 | 38.93 | 39.43 | 38.08 | 39.55 | 40.96 | 46.15 | 47.33 | 42.72 | 44.41 |
| 吉　林 | 26.30 | 23.94 | 24.30 | 23.45 | 22.65 | 22.21 | 22.30 | 22.61 | 23.18 | 23.88 | 25.72 | 26.27 | 26.82 |
| 黑龙江 | 31.20 | 31.47 | 32.07 | 31.41 | 36.24 | 35.03 | 41.26 | 41.37 | 39.85 | 40.98 | 39.58 | 39.74 | 39.41 |
| 上　海 | 27.82 | 26.70 | 26.56 | 27.87 | 27.60 | 27.00 | 26.69 | 25.30 | 25.63 | 24.81 | 24.26 | 22.06 | 19.41 |
| 江　苏 | 40.40 | 39.26 | 41.09 | 40.74 | 40.65 | 41.45 | 40.47 | 37.61 | 36.57 | 36.01 | 35.21 | 34.69 | 34.37 |
| 浙　江 | 29.10 | 28.60 | 30.68 | 30.68 | 31.13 | 31.67 | 33.41 | 33.41 | 33.14 | 33.69 | 33.85 | 33.78 | 34.07 |
| 安　徽 | 28.23 | 27.17 | 29.31 | 30.08 | 26.86 | 33.14 | 31.30 | 32.36 | 31.45 | 30.91 | 30.45 | 28.99 | 28.07 |
| 福　建 | 15.13 | 14.85 | 14.96 | 15.19 | 14.49 | 14.64 | 14.55 | 14.70 | 14.35 | 15.41 | 16.26 | 17.15 | 17.33 |
| 江　西 | 25.27 | 24.34 | 26.00 | 27.30 | 26.26 | 24.64 | 25.70 | 27.42 | 29.41 | 29.95 | 31.33 | 32.33 | 35.11 |
| 山　东 | 43.70 | 43.47 | 60.74 | 45.12 | 44.50 | 45.10 | 43.40 | 42.15 | 43.07 | 43.69 | 45.84 | 45.75 | 46.54 |
| 河　南 | 35.40 | 33.07 | 36.51 | 38.46 | 38.16 | 38.41 | 38.30 | 40.24 | 40.01 | 42.46 | 43.58 | 40.67 | 48.60 |
| 湖　北 | 52.56 | 54.10 | 55.07 | 55.25 | 55.65 | 55.12 | 42.26 | 40.17 | 37.88 | 33.43 | 32.91 | 37.07 | 36.14 |
| 湖　南 | 43.30 | 44.38 | 47.01 | 47.81 | 43.22 | 43.14 | 44.13 | 45.65 | 47.29 | 45.10 | 44.94 | 44.46 | 40.35 |
| 广　东 | 36.20 | 36.22 | 38.07 | 39.51 | 39.30 | 38.83 | 39.61 | 37.98 | 36.83 | 36.97 | 37.99 | 37.13 | 36.55 |
| 广　西 | 20.01 | 18.47 | 18.80 | 19.11 | 19.07 | 18.81 | 18.94 | 18.05 | 18.66 | 18.13 | 18.13 | 14.72 | 16.71 |
| 海　南 | 5.20 | 5.41 | 5.64 | 5.30 | 4.77 | 2.85 | 3.63 | 3.94 | 4.25 | 4.76 | 5.06 | 5.47 | 5.51 |

续表

| 地　区 | 2006 | 2007 | 2008 | 2009 | 2010 | 2011 | 2012 | 2013 | 2014 | 2015 | 2016 | 2017 | 2018 |
|---|---|---|---|---|---|---|---|---|---|---|---|---|---|
| 重　庆 | 15.41 | 14.13 | 13.02 | 13.44 | 13.02 | 12.96 | 12.43 | 12.07 | 13.42 | 14.26 | 15.68 | 14.26 | 13.09 |
| 四　川 | 36.10 | 34.53 | 37.86 | 36.28 | 34.56 | 36.93 | 40.67 | 42.87 | 54.36 | 54.64 | 56.26 | 55.78 | 53.31 |
| 贵　州 | 12.12 | 12.13 | 12.47 | 12.34 | 12.18 | 12.51 | 12.56 | 13.66 | 14.09 | 14.49 | 14.78 | 14.90 | 15.06 |
| 云　南 | 13.79 | 14.02 | 14.77 | 15.40 | 15.69 | 15.99 | 17.44 | 18.09 | 19.19 | 19.47 | 20.10 | 19.81 | 20.88 |
| 西　藏 | — | — | — | 2.02 | 2.08 | 1.04 | 1.64 | 1.63 | 1.69 | 1.77 | 1.84 | 1.95 | 2.11 |
| 陕　西 | 21.50 | 20.95 | 20.83 | 21.48 | 21.42 | 20.91 | 19.48 | 21.06 | 22.35 | 22.35 | 22.74 | 23.44 | 24.12 |
| 甘　肃 | 9.69 | 9.51 | 9.43 | 10.28 | 10.72 | 10.78 | 9.80 | 9.30 | 9.71 | 9.48 | 9.77 | 9.65 | 9.95 |
| 青　海 | 3.73 | 3.72 | 3.87 | 4.06 | 4.24 | 4.35 | 4.09 | 4.23 | 4.22 | 4.44 | 4.58 | 4.67 | 4.65 |
| 宁　夏 | 4.20 | 4.42 | 4.77 | 4.80 | 4.76 | 5.22 | 4.61 | 4.69 | 5.00 | 4.94 | 5.10 | 5.07 | 5.39 |
| 新　疆 | 11.60 | 11.70 | 11.77 | 11.86 | 10.99 | 11.12 | 11.85 | 11.90 | 11.21 | 10.28 | 9.66 | 9.99 | 9.55 |

**表 9　分地区城镇登记失业率(年末数)/%**

| 地　区 | 2006 | 2007 | 2008 | 2009 | 2010 | 2011 | 2012 | 2013 | 2014 | 2015 | 2016 | 2017 | 2018 |
|---|---|---|---|---|---|---|---|---|---|---|---|---|---|
| 北　京 | 1.98 | 1.84 | 1.82 | 1.44 | 1.37 | 1.39 | 1.27 | 1.21 | 1.31 | 1.4 | 1.4 | 1.43 | 1.4 |
| 天　津 | 3.6 | 3.59 | 3.6 | 3.6 | 3.6 | 3.6 | 3.6 | 3.6 | 3.5 | 3.5 | 3.5 | 3.5 | 3.51 |
| 河　北 | 3.84 | 3.83 | 3.96 | 3.93 | 3.86 | 3.75 | 3.69 | 3.68 | 3.59 | 3.6 | 3.7 | 3.68 | 3.3 |
| 山　西 | 3.2 | 3.24 | 3.29 | 3.86 | 3.58 | 3.48 | 3.33 | 3.13 | 3.4 | 3.5 | 3.5 | 3.43 | 3.26 |
| 内蒙古 | 4.1 | 3.99 | 4.1 | 3.97 | 3.9 | 3.8 | 3.73 | 3.66 | 3.59 | 3.7 | 3.7 | 3.63 | 3.58 |
| 辽　宁 | 5.1 | 4.28 | 3.9 | 3.87 | 3.63 | 3.68 | 3.55 | 3.35 | 3.38 | 3.4 | 3.8 | 3.8 | 3.94 |
| 吉　林 | 4.2 | 3.92 | 3.98 | 3.95 | 3.8 | 3.7 | 3.65 | 3.7 | 3.4 | 3.5 | 3.5 | 3.52 | 3.46 |
| 黑龙江 | 4.4 | 4.26 | 4.23 | 4.27 | 4.27 | 4.1 | 4.15 | 4.44 | 4.47 | 4.5 | 4.2 | 4.21 | 3.99 |
| 上　海 | 4.4 | 4.22 | 4.2 | 4.26 | 4.35 | 3.54 | 3.05 | 3.98 | 4.06 | 4 | 4.1 | 3.92 | 3.53 |

续表

| 地区 | 2006 | 2007 | 2008 | 2009 | 2010 | 2011 | 2012 | 2013 | 2014 | 2015 | 2016 | 2017 | 2018 |
|---|---|---|---|---|---|---|---|---|---|---|---|---|---|
| 江苏 | 3.4 | 3.17 | 3.25 | 3.22 | 3.16 | 3.22 | 3.14 | 3.03 | 3.01 | 3 | 3 | 2.98 | 2.97 |
| 浙江 | 3.51 | 3.27 | 3.49 | 3.26 | 3.2 | 3.12 | 3.01 | 3.01 | 2.96 | 2.9 | 2.9 | 2.73 | 2.6 |
| 安徽 | 4.25 | 4.06 | 3.92 | 3.92 | 3.66 | 3.74 | 3.68 | 3.41 | 3.21 | 3.1 | 3.2 | 2.88 | 2.83 |
| 福建 | 3.93 | 3.89 | 3.86 | 3.9 | 3.77 | 3.69 | 3.63 | 3.55 | 3.47 | 3.7 | 3.9 | 3.87 | 3.71 |
| 江西 | 3.64 | 3.37 | 3.42 | 3.44 | 3.31 | 2.98 | 3 | 3.17 | 3.27 | 3.4 | 3.4 | 3.34 | 3.44 |
| 山东 | 3.3 | 3.21 | 3.7 | 3.4 | 3.36 | 3.35 | 3.33 | 3.24 | 3.3 | 3.4 | 3.5 | 3.4 | 3.35 |
| 河南 | 3.52 | 3.41 | 3.4 | 3.5 | 3.38 | 3.35 | 3.08 | 3.09 | 2.97 | 3 | 3 | 2.76 | 3.02 |
| 湖北 | 4.22 | 4.21 | 4.2 | 4.21 | 4.18 | 4.1 | 3.83 | 3.49 | 3.1 | 2.6 | 2.4 | 2.59 | 2.55 |
| 湖南 | 4.3 | 4.25 | 4.2 | 4.14 | 4.16 | 4.21 | 4.23 | 4.2 | 4.14 | 4.1 | 4.2 | 4.02 | 3.58 |
| 广东 | 2.6 | 2.51 | 2.56 | 2.6 | 2.52 | 2.46 | 2.48 | 2.43 | 2.44 | 2.5 | 2.5 | 2.47 | 2.41 |
| 广西 | 4.15 | 3.79 | 3.75 | 3.74 | 3.66 | 3.46 | 3.41 | 3.3 | 3.15 | 2.9 | 2.9 | 2.21 | 2.34 |
| 海南 | 3.6 | 3.49 | 3.72 | 3.48 | 3 | 1.73 | 2.01 | 2.17 | 2.26 | 2.3 | 2.4 | 2.33 | 2.3 |
| 重庆 | 4 | 3.98 | 3.96 | 3.96 | 3.9 | 3.5 | 3.3 | 3.4 | 3.46 | 3.6 | 3.7 | 3.35 | 2.96 |
| 四川 | 4.5 | 4.24 | 4.57 | 4.34 | 4.14 | 4.16 | 4.02 | 4.11 | 4.15 | 4.1 | 4.2 | 4.01 | 3.47 |
| 贵州 | 4.11 | 3.97 | 3.98 | 3.81 | 3.64 | 3.63 | 3.29 | 3.26 | 3.27 | 3.3 | 3.2 | 3.23 | 3.16 |
| 云南 | 4.28 | 4.18 | 4.21 | 4.26 | 4.21 | 4.05 | 4.03 | 3.98 | 3.98 | 4 | 3.6 | 3.2 | 3.4 |
| 西藏 |  |  |  | 3.8 | 3.99 | 3.2 | 2.58 | 2.47 | 2.47 | 2.5 | 2.6 | 2.68 | 2.83 |
| 陕西 | 4 | 4.02 | 3.91 | 3.94 | 3.85 | 3.59 | 3.22 | 3.32 | 3.34 | 3.4 | 3.3 | 3.28 | 3.21 |
| 甘肃 | 3.63 | 3.34 | 3.23 | 3.25 | 3.21 | 3.11 | 2.68 | 2.3 | 2.19 | 2.1 | 2.2 | 2.71 | 2.78 |
| 青海 | 3.9 | 3.75 | 3.8 | 3.8 | 3.8 | 3.76 | 3.37 | 3.31 | 3.15 | 3.2 | 3.1 | 3.05 | 2.97 |
| 宁夏 | 4.3 | 4.28 | 4.35 | 4.4 | 4.35 | 4.4 | 4.18 | 4.06 | 4.02 | 4 | 3.9 | 3.87 | 3.89 |
| 新疆 | 3.9 | 3.88 | 3.7 | 3.84 | 3.23 | 3.22 | 3.39 | 3.36 | 3.17 | 2.9 | 2.5 | 2.58 | 2.36 |

**表 10　全国失业保险基金收支情况**

| 年份 | 失业保险基金收入/亿元 | 失业保险基金支出/亿元 | 失业保险基金累计结余/亿元 | 失业保险金领取人数/万人 | 失业保险参保人数/万人 | 失业保险金发放金额/亿元 |
|---|---|---|---|---|---|---|
| 1996 | 45.25 | 27.29 | 86.38 | 330.79 | 8 333.06 | 13.87 |
| 1997 | 46.94 | 36.33 | 96.99 | 319.04 | 7 961.37 | 18.68 |
| 1998 | 68.40 | 51.90 | 133.45 | 158.10 | 7 927.90 | 20.39 |
| 1999 | 125.24 | 91.64 | 159.86 | 109.00 | 9 852.00 | 31.87 |
| 2000 | 160.44 | 123.43 | 195.93 | 190.00 | 10 408.40 | 56.20 |
| 2001 | 187.32 | 156.57 | 226.21 | 312.48 | 10 354.60 | 83.26 |
| 2002 | 215.60 | 186.60 | 253.84 | 439.83 | 10 181.55 | 116.77 |
| 2003 | 249.50 | 199.80 | 303.50 | 414.92 | 10 372.93 | 133.44 |
| 2004 | 290.80 | 211.30 | 385.80 | 418.64 | 10 583.85 | 137.50 |
| 2005 | 340.30 | 206.90 | 519.00 | 362.34 | 10 647.67 | 132.38 |
| 2006 | 402.40 | 198.01 | 724.84 | 326.55 | 11 186.59 | 125.76 |
| 2007 | 471.70 | 217.70 | 979.08 | 286.08 | 11 644.56 | 129.44 |
| 2008 | 585.12 | 253.46 | 1 310.14 | 261.22 | 12 399.85 | 139.53 |
| 2009 | 580.38 | 366.79 | 1 523.61 | 235.27 | 12 715.47 | 145.76 |
| 2010 | 649.78 | 423.26 | 1 749.80 | 209.10 | 13 375.60 | 140.45 |
| 2011 | 923.07 | 432.77 | 2 240.21 | 196.98 | 14 317.07 | 159.85 |
| 2012 | 1 138.92 | 450.58 | 2 929.04 | 204.03 | 15 224.71 | 181.29 |
| 2013 | 1 288.90 | 531.65 | 3 685.86 | 197.05 | 16 416.83 | 203.24 |
| 2014 | 1 379.79 | 614.74 | 4 451.48 | 207.16 | 17 042.57 | 233.28 |
| 2015 | 1 367.79 | 736.39 | 5 082.97 | 226.75 | 17 325.99 | 269.80 |
| 2016 | 1 228.91 | 976.12 | 5 333.33 | 230.37 | 18 088.84 | 309.40 |
| 2017 | 1 112.63 | 893.76 | 5 552.37 | 220.20 | 18 784.18 | 318.20 |
| 2018 | 1 171.13 | 915.31 | 5 816.99 | 223.09 | 19 643.45 | 357.62 |
| 2019 | 1 284.23 | 1 333.16 | 4 625.37 | 228.30 | 20 542.66 | 396.80 |

**表 11　全国就业训练中心结业与就业人数/人**

| 年份 | 结业人数 | 就业人数 | 就业率(就业数/结业数)/% |
|---|---|---|---|
| 2001 | 4 633 170 | 2 809 620 | 60.6 |
| 2002 | 5 034 090 | 3 181 555 | 63.2 |
| 2003 | 5 796 603 | 3 768 636 | 65.0 |

续表

| 年份 | 结业人数 | 就业人数 | 就业率(就业数/结业数)/% |
|---|---|---|---|
| 2004 | 7 155 655 | 4 662 924 | 65.2 |
| 2005 | 7 971 643 | 5 577 680 | 70.0 |
| 2006 | 8 896 578 | 6 488 160 | 72.9 |
| 2007 | 9 184 327 | 7 166 297 | 78.0 |
| 2008 | 8 632 205 | 7 044 980 | 81.6 |
| 2009 | 7 710 226 | 6 607 821 | 85.7 |
| 2010 | 7 257 643 | 5 995 558 | 82.6 |
| 2011 | 7 441 632 | 5 942 559 | 79.9 |
| 2012 | 7 558 849 | 6 925 624 | 91.6 |
| 2013 | 5 840 449 | 4 534 446 | 77.6 |
| 2014 | 5 023 349 | 3 710 579 | 73.9 |
| 2015 | 4 242 993 | 3 178 178 | 74.9 |
| 2016 | 4 084 783 | 2 911 629 | 71.3 |
| 2017 | 3 178 574 | 2 197 610 | 69.1 |

**表 12　全国职业技能鉴定劳动者数量/人**

| 年份 | 获得证书人数 | 初级 | 中级 | 高级 | 技师 | 高级技师 |
|---|---|---|---|---|---|---|
| 2000 | 3 726 619 | 1 553 035 | 1 743 885 | 393 201 | 34 175 | 2 323 |
| 2001 | 4 570 081 | 1 756 881 | 2 236 967 | 523 010 | 49 689 | 3 534 |
| 2002 | 5 562 607 | 2 036 748 | 2 712 382 | 761 195 | 48 852 | 3 430 |
| 2003 | 5 839 222 | 2 124 504 | 2 870 097 | 768 890 | 69 501 | 6 230 |
| 2004 | 7 360 975 | 2 691 946 | 3 516 786 | 975 155 | 140 816 | 36 272 |
| 2005 | 7 857 292 | 2 732 405 | 3 756 905 | 1 133 278 | 195 577 | 39 127 |
| 2006 | 9 252 416 | 3 124 130 | 4 390 924 | 1 440 591 | 260 830 | 35 384 |
| 2007 | 9 956 079 | 3 687 419 | 4 518 674 | 1 429 235 | 274 176 | 46 575 |
| 2008 | 11 372 105 | 4 492 273 | 4 891 989 | 1 606 473 | 318 047 | 63 323 |
| 2009 | 12 320 051 | 5 251 357 | 5 134 383 | 1 516 357 | 336 623 | 81 331 |
| 2010 | 13 929 377 | 5 899 097 | 5 544 598 | 2 097 432 | 316 663 | 71 587 |
| 2011 | 14 820 504 | 6 533 022 | 5 464 700 | 2 464 290 | 286 769 | 71 723 |
| 2012 | 15 487 834 | 6 655 352 | 5 604 790 | 2 760 639 | 336 187 | 130 866 |
| 2013 | 15 366 664 | 6 766 044 | 5 372 332 | 2 728 517 | 376 144 | 123 627 |

续表

| 年份 | 获得证书人数 | 初级 | 中级 | 高级 | 技师 | 高级技师 |
|---|---|---|---|---|---|---|
| 2014 | 15 542 766 | 6 094 580 | 5 707 155 | 3 117 737 | 429 024 | 194 270 |
| 2015 | 15 392 295 | 5 915 465 | 5 831 396 | 3 092 249 | 416 439 | 136 746 |
| 2016 | 14 461 529 | 5 549 708 | 5 481 352 | 2 963 711 | 350 596 | 116 162 |
| 2017 | 11 987 218 | 4 207 073 | 4 541 983 | 2 804 674 | 330 333 | 103 155 |

**表 13　历年农村贫困人口情况**

| 年份 | 农村贫困人口数/万人 | 农村贫困率/% |
|---|---|---|
| 2000 | 46 224 | 49.8 |
| 2005 | 28 662 | 30.2 |
| 2010 | 16 567 | 17.2 |
| 2011 | 12 238 | 12.7 |
| 2012 | 9 899 | 10.2 |
| 2013 | 8 249 | 8.5 |
| 2014 | 7 017 | 7.2 |
| 2015 | 5 575 | 5.7 |
| 2016 | 4 335 | 4.5 |
| 2017 | 3 046 | 3.1 |
| 2018 | 1 660 | 1.7 |
| 2019 | 551 | 0.6 |

**表 14　按职业分就业人员受教育程度(2017)/%**

| 职业 | 未上过学 | 小学 | 初中 | 高中 | 大学专科 | 大学本科 | 研究生及以上 |
|---|---|---|---|---|---|---|---|
| 合计 | 2.3 | 16.9 | 43.4 | 12.8 | 9.4 | 8.0 | 0.8 |
| 单位负责人 | 0.1 | 4.2 | 25.7 | 19.5 | 20.4 | 19.3 | 2.1 |
| 专业技术人员 | 0.4 | 2.5 | 13.7 | 10.0 | 25.0 | 32.6 | 5.0 |
| 办事人员和有关人员 | 0.2 | 3.5 | 19.7 | 15.3 | 24.5 | 24.9 | 1.9 |
| 商业、服务业人员 | 0.8 | 9.0 | 45.4 | 18.6 | 10.8 | 6.1 | 0.3 |
| 农林牧渔水利业生产人员 | 6.5 | 38.4 | 48.4 | 5.2 | 0.4 | 0.1 | 0.0 |
| 生产运输设备操作人员及有关人员 | 0.9 | 13.3 | 58.0 | 13.8 | 5.2 | 2.3 | 0.1 |
| 其他 | 1.1 | 13.1 | 41.6 | 17.0 | 12.5 | 7.6 | 0.3 |

**表 15　国际劳工组织估计的不同收入国家劳动参与率情况/%**

| | | 2010 | 2011 | 2012 | 2013 | 2014 | 2015 | 2016 | 2017 | 2018 |
|---|---|---|---|---|---|---|---|---|---|---|
| 15～24 岁人口 | 高收入国家 | 45.3 | 44.9 | 44.9 | 44.9 | 45.0 | 45.1 | 45.5 | 45.7 | 45.5 |
| | 中高等收入国家 | 50.0 | 49.3 | 48.5 | 47.4 | 46.3 | 45.5 | 44.8 | 44.4 | 43.9 |
| | 中等收入 | 44.9 | 44.0 | 43.1 | 42.3 | 41.5 | 40.8 | 40.0 | 39.5 | 39.1 |
| | 中低等收入国家 | 40.6 | 39.6 | 38.8 | 38.4 | 38.0 | 37.4 | 36.8 | 36.3 | 36.1 |
| | 低收入和中等收入国家 | 46.3 | 45.5 | 44.8 | 44.1 | 43.4 | 42.8 | 42.2 | 41.8 | 41.6 |
| | 低收入国家 | 58.5 | 58.2 | 57.9 | 57.8 | 57.4 | 57.2 | 57.1 | 56.9 | 56.9 |
| 15～64 岁人口 | 高收入国家 | 71.5 | 71.5 | 71.8 | 72.0 | 72.2 | 72.4 | 72.8 | 73.2 | 73.3 |
| | 中高等收入国家 | 71.3 | 71.3 | 71.4 | 71.3 | 71.2 | 71.3 | 71.3 | 71.4 | 71.3 |
| | 中等收入 | 65.8 | 65.5 | 65.4 | 65.3 | 65.2 | 65.1 | 65.0 | 65.1 | 65.0 |
| | 中低等收入国家 | 59.9 | 59.5 | 59.2 | 59.2 | 59.2 | 59.1 | 59.0 | 59.1 | 59.1 |
| | 低收入和中等收入国家 | 66.4 | 66.2 | 66.0 | 65.9 | 65.8 | 65.8 | 65.8 | 65.8 | 65.8 |
| | 低收入国家 | 73.6 | 73.4 | 73.2 | 73.1 | 73.0 | 73.0 | 73.0 | 73.0 | 73.0 |

**表 16　国际劳工组织估计的不同收入国家分性别劳动参与率情况/%**

| | | 2010 | 2011 | 2012 | 2013 | 2014 | 2015 | 2016 | 2017 | 2018 |
|---|---|---|---|---|---|---|---|---|---|---|
| 15～24 岁女性人口 | 高收入国家 | 42.9 | 42.5 | 42.5 | 42.7 | 42.8 | 43.0 | 43.4 | 43.7 | 43.5 |
| | 中高等收入国家 | 43.6 | 42.9 | 42.1 | 41.0 | 39.9 | 39.2 | 38.6 | 38.3 | 37.8 |
| | 中等收入 | 34.1 | 33.1 | 32.2 | 31.5 | 30.7 | 30.2 | 29.6 | 29.2 | 28.8 |
| | 中低等收入国家 | 26.1 | 25.2 | 24.5 | 24.3 | 24.1 | 23.9 | 23.5 | 23.2 | 23.0 |
| | 低收入和中等收入国家 | 36.3 | 35.5 | 34.7 | 34.2 | 33.6 | 33.2 | 32.7 | 32.5 | 32.2 |
| | 低收入国家 | 54.4 | 54.1 | 53.8 | 53.7 | 53.3 | 53.3 | 53.2 | 53.1 | 53.0 |

续表

| | | 2010 | 2011 | 2012 | 2013 | 2014 | 2015 | 2016 | 2017 | 2018 |
|---|---|---|---|---|---|---|---|---|---|---|
| 15～64岁女性人口 | 高收入国家 | 63.7 | 63.8 | 64.1 | 64.4 | 64.8 | 65.1 | 65.6 | 66.2 | 66.3 |
| | 中高等收入国家 | 61.2 | 61.2 | 61.3 | 61.2 | 60.9 | 61.0 | 61.1 | 61.2 | 61.0 |
| | 中等收入 | 49.9 | 49.5 | 49.3 | 49.2 | 49.1 | 49.1 | 49.1 | 49.2 | 49.0 |
| | 中低等收入国家 | 38.0 | 37.4 | 36.8 | 37.0 | 37.1 | 37.2 | 37.3 | 37.5 | 37.5 |
| | 低收入和中等收入国家 | 51.3 | 50.9 | 50.7 | 50.6 | 50.5 | 50.6 | 50.6 | 50.7 | 50.6 |
| | 低收入国家 | 66.1 | 65.9 | 65.7 | 65.7 | 65.6 | 65.8 | 66.0 | 66.1 | 66.1 |
| 15～24岁男性人口 | 高收入国家 | 47.5 | 47.2 | 47.1 | 47.0 | 47.0 | 47.0 | 47.4 | 47.5 | 47.3 |
| | 中高等收入国家 | 56.0 | 55.3 | 54.6 | 53.4 | 52.3 | 51.5 | 50.6 | 50.0 | 49.5 |
| | 中等收入 | 55.1 | 54.2 | 53.3 | 52.4 | 51.5 | 50.6 | 49.7 | 49.1 | 48.7 |
| | 中低等收入国家 | 54.3 | 53.2 | 52.2 | 51.7 | 50.9 | 50.1 | 49.2 | 48.6 | 48.2 |
| | 低收入和中等收入国家 | 55.9 | 55.0 | 54.2 | 53.5 | 52.7 | 51.9 | 51.2 | 50.6 | 50.3 |
| | 低收入国家 | 62.5 | 62.3 | 62.0 | 61.8 | 61.4 | 61.2 | 61.0 | 60.7 | 60.6 |
| 15～64岁男性人口 | 高收入国家 | 79.1 | 79.0 | 79.2 | 79.3 | 79.4 | 79.5 | 79.8 | 80.0 | 80.0 |
| | 中高等收入国家 | 81.3 | 81.3 | 81.3 | 81.3 | 81.2 | 81.3 | 81.3 | 81.3 | 81.3 |
| | 中等收入 | 81.2 | 81.1 | 81.0 | 80.9 | 80.8 | 80.7 | 80.6 | 80.6 | 80.6 |
| | 中低等收入国家 | 81.2 | 81.0 | 80.7 | 80.6 | 80.4 | 80.2 | 79.9 | 79.9 | 79.9 |
| | 低收入和中等收入国家 | 81.2 | 81.1 | 81.0 | 80.9 | 80.8 | 80.7 | 80.5 | 80.5 | 80.5 |
| | 低收入国家 | 81.3 | 81.1 | 80.9 | 80.7 | 80.4 | 80.3 | 80.2 | 80.1 | 80.1 |

表17　国际劳工组织估计的不同收入国家失业率/%

| | | 2010 | 2011 | 2012 | 2013 | 2014 | 2015 | 2016 | 2017 | 2018 |
|---|---|---|---|---|---|---|---|---|---|---|
| 女性失业人数（占女性劳动力的比例） | 高收入国家 | 8.1 | 8.0 | 8.2 | 8.0 | 7.5 | 6.9 | 6.4 | 5.9 | 5.4 |
| | 中高等收入国家 | 5.8 | 5.6 | 5.6 | 5.6 | 5.5 | 5.7 | 6.0 | 6.1 | 6.1 |
| | 中等收入 | 5.4 | 5.3 | 5.3 | 5.3 | 5.3 | 5.6 | 5.7 | 5.7 | 5.7 |
| | 中低等收入国家 | 4.8 | 4.8 | 4.8 | 4.9 | 4.9 | 5.3 | 5.2 | 5.1 | 5.1 |
| | 低收入和中等收入国家 | 5.3 | 5.2 | 5.2 | 5.2 | 5.1 | 5.4 | 5.5 | 5.4 | 5.4 |
| | 低收入国家 | 4.3 | 4.2 | 4.1 | 4.0 | 3.8 | 3.9 | 3.8 | 3.6 | 3.6 |
| 男性失业人数（占男性劳动力的比例） | 高收入国家 | 8.3 | 7.8 | 7.7 | 7.7 | 7.0 | 6.4 | 5.9 | 5.4 | 4.9 |
| | 中高等收入国家 | 6.0 | 5.8 | 5.8 | 5.7 | 5.7 | 5.9 | 6.1 | 6.1 | 6.0 |
| | 中等收入 | 4.6 | 4.6 | 4.6 | 4.6 | 4.6 | 4.7 | 4.8 | 4.7 | 4.7 |
| | 中低等收入国家 | 3.2 | 3.3 | 3.4 | 3.6 | 3.5 | 3.6 | 3.6 | 3.5 | 3.4 |
| | 低收入和中等收入国家 | 4.6 | 4.5 | 4.6 | 4.6 | 4.5 | 4.6 | 4.7 | 4.6 | 4.6 |
| | 低收入国家 | 4.0 | 4.0 | 3.9 | 3.8 | 3.6 | 3.7 | 3.7 | 3.5 | 3.5 |
| 总失业人数（占劳动力总数的比例） | 高收入国家 | 8.2 | 7.9 | 7.9 | 7.8 | 7.2 | 6.6 | 6.1 | 5.6 | 5.1 |
| | 中高等收入国家 | 5.9 | 5.7 | 5.7 | 5.7 | 5.6 | 5.8 | 6.1 | 6.1 | 6.0 |
| | 中等收入 | 4.9 | 4.8 | 4.9 | 4.9 | 4.9 | 5.0 | 5.2 | 5.1 | 5.1 |
| | 中低等收入国家 | 3.7 | 3.8 | 3.8 | 4.0 | 3.9 | 4.1 | 4.1 | 4.0 | 4.0 |
| | 低收入和中等收入国家 | 4.9 | 4.8 | 4.8 | 4.8 | 4.7 | 4.9 | 5.0 | 4.9 | 4.9 |
| | 低收入国家 | 4.2 | 4.1 | 4.0 | 3.9 | 3.7 | 3.8 | 3.7 | 3.6 | 3.6 |

表 18　不同收入国家国际移民情况

| | | 2010 | 2012 | 2015 | 2017 |
|---|---|---|---|---|---|
| 国际移徙者（占人口）/% | 高收入国家 | 12.757 4 | — | 13.561 7 | — |
| | 中高等收入国家 | 1.690 1 | — | 1.927 4 | — |
| | 中等收入 | 1.310 5 | — | 1.389 6 | — |
| | 中低等收入国家 | 0.957 9 | — | 0.907 9 | — |
| | 低收入和中等收入国家 | 1.337 1 | — | 1.404 9 | — |
| | 低收入国家 | 1.575 3 | — | 1.533 5 | — |
| 国际移徙者，总计/人 | 高收入国家 | 144 398 449 | — | 157 682 028 | — |
| | 中高等收入国家 | 42 090 014 | — | 49 264 520 | — |
| | 中等收入 | 67 703 916 | — | 75 308 295 | — |
| | 中低等收入国家 | 25 613 902 | — | 26 043 775 | — |
| | 低收入和中等收入国家 | 76 835 545 | — | 85 510 653 | — |
| | 低收入国家 | 9 131 629 | — | 10 202 358 | — |
| 净移民/人 | 高收入国家 | — | 15 886 583 | — | 14 604 868 |
| | 中高等收入国家 | — | 2 020 906 | — | −1 001 274 |
| | 中等收入 | — | −9 722 223 | — | −11 150 064 |
| | 中低等收入国家 | — | −11 743 129 | — | −10 148 790 |
| | 低收入和中等收入国家 | — | −15 843 728 | — | −14 615 692 |
| | 低收入国家 | — | −6 121 505 | — | −3 465 628 |

**表 19　不同收入国家不同类型出口贸易占比/%**

| | | 2010 | 2011 | 2012 | 2013 | 2014 | 2015 | 2016 | 2017 | 2018 |
|---|---|---|---|---|---|---|---|---|---|---|
| 农业原材料出口（占商品出口） | 高收入国家 | 1.6 | 1.7 | 1.6 | 1.6 | 1.6 | 1.7 | 1.6 | 1.5 | 1.5 |
| | 中高等收入国家 | 1.3 | 1.4 | 1.2 | 1.2 | 1.2 | 1.3 | 1.3 | 1.2 | — |
| | 中等收入 | 1.6 | 1.9 | 1.7 | 1.5 | 1.4 | 1.5 | 1.5 | 1.4 | — |
| | 中低等收入国家 | 2.9 | 3.8 | 3.6 | 2.9 | 2.2 | 2.4 | 2.3 | 2.3 | — |
| | 低收入和中等收入国家 | 1.7 | 1.9 | 1.8 | 1.6 | 1.4 | 1.5 | 1.6 | 1.4 | — |
| 计算机、通信和其他服务（占商业服务出口额） | 高收入国家 | 43.4 | 43.8 | 44.6 | 44.7 | 45.6 | 45.9 | 46.8 | 46.7 | 46.9 |
| | 中高等收入国家 | 29.0 | 40.6 | 39.6 | 39.5 | 41.7 | 41.5 | 42.0 | 43.4 | 44.1 |
| | 中等收入 | 31.6 | 41.2 | 40.4 | 40.4 | 42.1 | 41.9 | 42.2 | 43.2 | 43.3 |
| | 中低等收入国家 | 43.2 | 43.5 | 44.1 | 44.5 | 43.6 | 43.7 | 43.0 | 42.4 | — |
| | 低收入和中等收入国家 | 31.5 | 41.0 | 40.3 | 40.3 | 41.9 | 41.7 | 42.0 | 43.2 | 43.2 |
| | 低收入国家 | 20.6 | 30.5 | 32.0 | 30.2 | 25.1 | 26.9 | 27.3 | — | — |
| 食品出口（占商品出口） | 高收入国家 | 7.5 | 7.7 | 7.9 | 8.1 | 8.2 | 8.7 | 8.9 | 8.4 | 7.3 |
| | 中高等收入国家 | 7.7 | 8.0 | 8.1 | 8.3 | 8.7 | 9.4 | 9.9 | 9.5 | — |
| | 中等收入 | 8.8 | 9.0 | 9.3 | 9.3 | 9.9 | 10.8 | 11.3 | 11.0 | — |
| | 中低等收入国家 | 13.1 | 13.1 | 14.0 | 14.0 | 14.8 | 17.5 | 17.9 | 17.6 | — |
| | 低收入和中等收入国家 | 8.9 | 9.1 | 9.4 | 9.5 | 10.0 | 11.0 | 11.5 | 11.2 | — |

续表

| | | 2010 | 2011 | 2012 | 2013 | 2014 | 2015 | 2016 | 2017 | 2018 |
|---|---|---|---|---|---|---|---|---|---|---|
| 燃料出口（占商品出口） | 高收入国家 | 11.7 | 13.1 | 12.9 | 14.2 | 13.5 | 11.0 | 9.8 | 8.8 | 7.9 |
| | 中高等收入国家 | 21.5 | 20.8 | 20.4 | 21.6 | 19.6 | 15.9 | 15.0 | 16.6 | — |
| | 中等收入 | 23.0 | 22.7 | 22.2 | 23.1 | 21.5 | 16.3 | 15.8 | 17.4 | — |
| | 中低等收入国家 | 29.1 | 30.9 | 29.5 | 29.7 | 29.3 | 18.5 | 19.2 | 20.9 | — |
| | 低收入和中等收入国家 | 23.1 | 22.7 | 22.2 | 23.1 | 21.5 | 16.2 | 15.7 | 17.4 | — |
| 保险与金融服务（占商业服务出口） | 高收入国家 | 11.0 | 10.8 | 10.5 | 10.7 | 10.6 | 10.5 | 10.6 | 10.5 | 10.7 |
| | 中高等收入国家 | 4.0 | 3.8 | 4.2 | 4.8 | 5.2 | 5.4 | 4.5 | 4.3 | 4.1 |
| | 中等收入 | 3.9 | 3.7 | 4.0 | 4.5 | 4.8 | 5.1 | 4.4 | 4.2 | 3.9 |
| | 中低等收入国家 | 3.6 | 3.5 | 3.1 | 3.1 | 2.9 | 3.8 | 3.7 | 3.6 | — |
| | 低收入和中等收入国家 | 3.9 | 3.7 | 4.0 | 4.5 | 4.9 | 5.2 | 4.5 | 4.2 | 3.9 |
| | 低收入国家 | 4.6 | 4.8 | 5.2 | — | 17.2 | 13.5 | — | — | — |
| 制造业出口（占商品出口） | 高收入国家 | 69.4 | 68.4 | 67.7 | 66.9 | 67.4 | 70.0 | 70.0 | 72.6 | 71.5 |
| | 中高等收入国家 | 63.3 | 62.6 | 64.9 | 63.9 | 65.6 | 68.5 | 67.4 | 67.3 | — |
| | 中等收入 | 60.0 | 59.1 | 61.6 | 60.9 | 62.4 | 66.3 | 65.4 | 64.7 | — |
| | 中低等收入国家 | 46.1 | 44.2 | 47.5 | 47.9 | 48.8 | 55.5 | 56.1 | 53.8 | — |
| | 低收入和中等收入国家 | 59.6 | 58.8 | 61.3 | 60.6 | 62.1 | 66.0 | 65.2 | 64.5 | — |

**表 20　不同收入国家不同类型进口贸易占比/%**

| | | 2010 | 2011 | 2012 | 2013 | 2014 | 2015 | 2016 | 2017 | 2018 |
|---|---|---|---|---|---|---|---|---|---|---|
| 农业原材料进口（占商品进口） | 高收入国家 | 1.3 | 1.3 | 1.2 | 1.2 | 1.2 | 1.2 | 1.2 | 1.2 | 1.1 |
| | 中高等收入国家 | 2.4 | 2.7 | 2.4 | 2.3 | 2.2 | 2.4 | 2.3 | 2.4 | — |
| | 中等收入 | 2.4 | 2.6 | 2.4 | 2.3 | 2.2 | 2.3 | 2.2 | 2.3 | — |
| | 中低等收入国家 | 2.2 | 2.4 | 2.1 | 2.2 | 2.0 | 2.1 | 2.1 | 2.1 | 2.0 |
| | 低收入和中等收入国家 | 2.4 | 2.6 | 2.3 | 2.3 | 2.1 | 2.3 | 2.2 | 2.3 | — |
| | 低收入国家 | 1.4 | 1.1 | 1.1 | — | — | — | — | — | — |
| 计算机、通信和其他服务（占商业服务进口额） | 高收入国家 | 43.9 | 44.8 | 45.4 | 45.2 | 46.0 | 46.8 | 46.8 | 46.8 | 47.0 |
| | 中高等收入国家 | 20.3 | 31.1 | 28.9 | 28.8 | 26.7 | 27.8 | 29.0 | 28.2 | 27.5 |
| | 中等收入 | 24.2 | 32.0 | 30.9 | 31.1 | 29.3 | 30.5 | 31.7 | 31.2 | 27.8 |
| | 中低等收入国家 | 38.0 | 35.2 | 38.0 | 39.2 | 38.5 | 40.0 | 41.2 | 41.4 | — |
| | 低收入和中等收入国家 | 24.1 | 31.9 | 30.8 | 31.0 | 29.2 | 30.4 | 31.6 | 31.1 | 27.8 |
| | 低收入国家 | 20.5 | 25.2 | 24.5 | 25.0 | 25.8 | 23.4 | 25.5 | 22.9 | — |
| 食品进口（占商品进口） | 高收入国家 | 7.4 | 7.6 | 7.6 | 8.0 | 8.1 | 8.3 | 8.7 | 8.5 | 8.0 |
| | 中高等收入国家 | 7.0 | 7.0 | 7.1 | 7.6 | 7.6 | 8.0 | 8.4 | 8.4 | — |
| | 中等收入 | 7.5 | 7.8 | 7.7 | 8.0 | 8.1 | 8.5 | 8.8 | 8.9 | — |
| | 中低等收入国家 | 9.2 | 10.3 | 9.6 | 9.1 | 9.6 | 9.9 | 10.4 | 10.3 | 8.1 |
| | 低收入和中等收入国家 | 7.7 | 7.9 | 7.8 | 8.1 | 8.2 | 8.6 | 8.9 | 9.0 | — |
| | 低收入国家 | 17.2 | 15.6 | 14.9 | 15.4 | 15.1 | 15.2 | — | — | — |

续表

| | | 2010 | 2011 | 2012 | 2013 | 2014 | 2015 | 2016 | 2017 | 2018 |
|---|---|---|---|---|---|---|---|---|---|---|
| 燃料进口（占商品进口） | 高收入国家 | 15.8 | 18.2 | 18.7 | 17.9 | 16.1 | 11.1 | 9.2 | 10.8 | 10.8 |
| | 中高等收入国家 | 12.3 | 14.3 | 15.4 | 14.8 | 14.8 | 11.5 | 9.6 | 11.5 | — |
| | 中等收入 | 15.0 | 17.0 | 18.2 | 17.7 | 17.7 | 13.8 | 11.6 | 13.8 | — |
| | 中低等收入国家 | 23.5 | 25.9 | 27.2 | 27.5 | 27.3 | 22.1 | 18.6 | 21.1 | 26.1 |
| | 低收入和中等收入国家 | 15.0 | 17.1 | 18.3 | 17.7 | 17.7 | 13.9 | 11.6 | 13.9 | — |
| | 低收入国家 | 19.7 | 23.3 | 23.0 | 21.9 | 21.3 | 20.4 | — | — | — |
| 保险与金融服务（占商业服务进口） | 高收入国家 | 9.5 | 9.0 | 8.6 | 8.9 | 8.7 | 8.7 | 8.9 | 8.8 | 8.4 |
| | 中高等收入国家 | 10.2 | 8.8 | 8.7 | 8.7 | 7.9 | 6.5 | 6.7 | 6.4 | 6.0 |
| | 中等收入 | 9.8 | 8.9 | 8.4 | 8.5 | 7.6 | 6.4 | 6.7 | 6.5 | 5.9 |
| | 中低等收入国家 | 8.4 | 9.1 | 7.4 | 7.6 | 6.6 | 6.1 | 6.8 | 6.7 | — |
| | 低收入和中等收入国家 | 9.7 | 8.8 | 8.4 | 8.5 | 7.6 | 6.4 | 6.7 | 6.5 | 5.9 |
| | 低收入国家 | 5.6 | 5.9 | 7.0 | 7.3 | 7.3 | 7.4 | 7.6 | 7.9 | — |
| 制造业进口（占商品进口） | 高收入国家 | 68.3 | 66.5 | 66.2 | 67.4 | 69.2 | 74.1 | 75.0 | 74.1 | 74.2 |
| | 中高等收入国家 | 67.8 | 64.2 | 64.3 | 64.3 | 65.3 | 69.9 | 72.0 | 68.8 | — |
| | 中等收入 | 66.0 | 62.1 | 62.2 | 62.3 | 63.1 | 67.7 | 70.1 | 67.1 | — |
| | 中低等收入国家 | 59.9 | 55.0 | 55.8 | 55.7 | 55.6 | 59.6 | 63.7 | 61.6 | 58.7 |
| | 低收入和中等收入国家 | 65.8 | 61.9 | 62.1 | 62.1 | 63.0 | 67.5 | 70.0 | 67.0 | — |
| | 低收入国家 | 56.4 | 54.8 | 53.2 | 53.7 | 55.0 | 57.0 | — | — | — |

**表 21　2010—2013 年 OECD 国家劳动年龄人口比重/%**

| 国家 | 2010 | 2011 | 2012 | 2013 |
| --- | --- | --- | --- | --- |
| 澳大利亚 | 67.4 | 67.2 | 66.9 | 66.7 |
| 奥地利 | 67.5 | 67.7 | 67.6 | 67.4 |
| 比利时 | 65.9 | 65.8 | 65.5 | 65.3 |
| 加拿大 | 69.4 | 69.2 | 68.9 | 68.6 |
| 智利 | 68.7 | 68.7 | 68.7 | 68.7 |
| 捷克 | 70.3 | 69.5 | 68.7 | 68.1 |
| 丹麦 | 65.5 | 65.1 | 64.8 | — |
| 爱沙尼亚 | 67.4 | 67.2 | 66.8 | 66.3 |
| 芬兰 | 66.2 | 65.7 | 65.1 | 64.5 |
| 法国 | 64.7 | 64.5 | 64.1 | — |
| 德国 | 66.0 | 66.1 | 66.1 | 66.1 |
| 希腊 | 66.3 | 65.9 | 65.4 | — |
| 匈牙利 | 68.7 | 68.7 | 68.5 | 68.2 |
| 冰岛 | 66.9 | 66.7 | 66.5 | 66.3 |
| 爱尔兰 | 67.7 | 67.0 | 66.3 | 65.7 |
| 以色列 | 62.2 | 61.8 | 61.6 | 61.2 |
| 意大利 | 66.2 | 65.1 | 63.9 | 65.1 |
| 日本 | 63.8 | 63.6 | 62.9 | 62.1 |
| 韩国 | 72.8 | 73.0 | 73.1 | 73.1 |
| 卢森堡 | 68.3 | 68.5 | 68.9 | 69.0 |
| 墨西哥 | 64.2 | 64.5 | 64.8 | 65.1 |
| 荷兰 | 67.0 | 66.7 | 66.2 | |
| 新西兰 | 66.5 | 66.4 | 66.1 | 65.9 |
| 挪威 | 66.2 | 66.1 | 66.0 | 65.9 |
| 波兰 | 71.3 | 71.2 | 70.9 | 70.5 |
| 葡萄牙 | 66.3 | 66.1 | 65.9 | 66.3 |
| 斯洛伐克 | 72.0 | 71.9 | 71.7 | 71.1 |
| 斯洛文尼亚 | 69.3 | 69.1 | 68.7 | — |
| 西班牙 | 68.1 | 67.7 | 67.4 | 66.9 |
| 瑞典 | 65.1 | 64.7 | 64.2 | — |
| 瑞士 | 68.0 | 67.9 | 67.7 | — |
| 土耳其 | 67.1 | 67.3 | 67.5 | 67.7 |
| 英国 | 66.4 | 65.9 | 65.4 | 65.5 |
| 美国 | 67.1 | 67.1 | 66.8 | 66.5 |

表 22　2012、2014 年 OECD 国家本国人口和移民失业率/%

| 国家 | 2012 | | 2014 | |
| --- | --- | --- | --- | --- |
| | 本国 | 外国 | 本国 | 外国 |
| 澳大利亚 | 5.3 | 5.4 | 6.2 | 6.1 |
| 奥地利 | 3.6 | 8.3 | 4.7 | 10.1 |
| 比利时 | 5.9 | 16.9 | 6.9 | 17.6 |
| 加拿大 | 7.0 | 8.5 | 6.7 | 7.9 |
| 捷克 | 7.0 | 7.8 | 6.2 | 7.0 |
| 丹麦 | 6.8 | 14.7 | 6.0 | 12.3 |
| 爱沙尼亚 | 10.0 | 13.0 | 7.3 | 9.3 |
| 芬兰 | 7.4 | 15.9 | 8.3 | 16.8 |
| 法国 | 9.2 | 16.0 | 9.1 | 16.0 |
| 德国 | 4.9 | 8.7 | 4.5 | 7.9 |
| 希腊 | 23.4 | 33.7 | 25.8 | 34.5 |
| 匈牙利 | 11.0 | 9.0 | 7.8 | 6.0 |
| 冰岛 | 5.7 | 9.7 | 4.7 | 7.6 |
| 爱尔兰 | 14.4 | 17.3 | 11.0 | 13.5 |
| 意大利 | 10.4 | 13.9 | 12.3 | 16.4 |
| 卢森堡 | 3.6 | 6.3 | 4.4 | 7.2 |
| 墨西哥 | 5.1 | 7.4 | 5.0 | 6.8 |
| 荷兰 | 4.5 | 10.6 | 6.1 | 12.0 |
| 新西兰 | 7.0 | 7.6 | 5.9 | 6.3 |
| 挪威 | 2.8 | 6.3 | 2.9 | 7.9 |
| 波兰 | 10.2 | 6.9 | 9.1 | 12.1 |
| 葡萄牙 | 16.1 | 19.4 | 14.2 | 16.9 |
| 斯洛伐克 | 14.0 | 11.6 | 13.3 | 7.4 |
| 斯洛文尼亚 | 8.8 | 10.9 | 9.6 | 13.0 |
| 西班牙 | 22.9 | 35.4 | 22.8 | 33.3 |
| 瑞典 | 6.5 | 16.1 | 6.2 | 16.4 |
| 瑞士 | 3.1 | 7.1 | 3.3 | 7.7 |
| 土耳其 | 8.3 | 11.6 | 10.0 | 12.0 |
| 英国 | 7.9 | 9.1 | 6.1 | 7.1 |
| 美国 | 8.3 | 8.1 | 6.5 | 5.8 |

**表 23　2000—2017 年中国在境外从事劳务合作人员洲际分布情况/人**

| 年份 | 亚洲 | 非洲 | 欧洲 | 拉丁美洲 | 北美洲 | 大洋洲及太平洋岛屿 | 其他 | 合计 |
|---|---|---|---|---|---|---|---|---|
| 2000 | 284 473 | 28 249 | 18 877 | 8 296 | 18 487 | 8 427 | | 366 809 |
| 2001 | 334 300 | 30 001 | 16 490 | 9 250 | 16 579 | 6 289 | 30 | 412 939 |
| 2002 | 320 601 | 31 954 | 20 957 | 11 770 | 17 587 | 6 021 | | 408 890 |
| 2003 | 339 738 | 31 359 | 25 918 | 9 616 | 16 282 | 5 964 | | 428 877 |
| 2004 | 324 072 | 27 847 | 21 774 | 8 639 | 13 084 | 4 259 | | 399 675 |
| 2005 | 344 406 | 25 309 | 26 449 | 7 398 | 11 448 | 3 678 | | 418 688 |
| 2006 | 397 851 | 25 065 | 26 449 | 7 398 | 10 283 | 2 934 | 657 | 470 637 |
| 2007 | 428 397 | 25 584 | 32 581 | 7 392 | 6 737 | 3 563 | 796 | 505 050 |
| 2008 | 398 612 | 21 231 | 33 444 | 5 076 | 5 144 | 2 809 | 794 | 467 110 |
| 2009 | 385 257 | 26 020 | 26 632 | 3 983 | 4 387 | 3 727 | | 450 006 |
| 2010 | 397 694 | 34 380 | 26 466 | 4 379 | 3 726 | 3 179 | 271 | 470 095 |
| 2011 | 420 443 | 29 041 | 27 421 | 4 341 | 3 172 | 3 742 | 249 | 488 409 |
| 2012 | 417 465 | 37 910 | 24 990 | 16 106 | 2 271 | 5 237 | 1 584 | 505 563 |
| 2013 | 396 417 | 45 948 | 15 569 | 17 181 | 1 540 | 5 348 | 608 | 482 611 |
| 2014 | 469 013 | 61 532 | 20 295 | 34 974 | 2 117 | 7 830 | 1 120 | 596 881 |
| 2015 | 487 077 | 68 848 | 20 970 | 29 867 | 2 161 | 8 008 | 1 364 | 618 295 |
| 2016 | 469 996 | 67 438 | 19 962 | 26 473 | 2 743 | 8 461 | 903 | 595 976 |
| 2017 | 474 146 | 55 596 | 20 142 | 39 066 | 3 494 | 9 898 | — | 602 342 |

表 24　2003—2018 年来华留学生按洲别统计情况

| 年份 | 亚洲 | | 非洲 | | 欧洲 | | 美洲 | | 大洋洲 | | 总数/人 |
|---|---|---|---|---|---|---|---|---|---|---|---|
| | 人数/人 | 占比/% | 人数/人 | 占比/% | 人数/人 | 占比/% | 人数/人 | 占比/% | 人数/人 | 占比/% | |
| 2003 | 63 672 | 81.93 | 1 793 | 2.31 | 6 462 | 8.31 | 4 703 | 6.05 | 1 085 | 1.40 | 77 715 |
| 2004 | 85 112 | 76.80 | 2 186 | 2.00 | 11 524 | 10.40 | 10 695 | 9.70 | 1 327 | 1.20 | 110 844 |
| 2005 | 106 840 | 75.73 | 2 757 | 1.95 | 16 463 | 11.67 | 13 221 | 9.37 | 1 806 | 1.28 | 141 087 |
| 2006 | 120 930 | 74.33 | 3 737 | 2.30 | 20 676 | 12.71 | 15 619 | 9.60 | 1 733 | 1.07 | 162 695 |
| 2007 | 141 689 | 72.47 | 5 915 | 3.03 | 26 339 | 13.47 | 19 673 | 10.06 | 1 733 | 0.89 | 195 503 |
| 2008 | 152 931 | 68.43 | 8 799 | 3.94 | 32 461 | 14.52 | 26 559 | 11.88 | 2 749 | 1.23 | 223 499 |
| 2009 | 161 605 | 67.84 | 12 436 | 5.22 | 35 876 | 15.06 | 25 557 | 10.73 | 2 710 | 1.14 | 238 184 |
| 2010 | 175 805 | 66.32 | 16 403 | 6.19 | 41 881 | 15.80 | 27 228 | 10.27 | 3 773 | 1.42 | 265 090 |
| 2011 | 187 871 | 64.21 | 20 744 | 7.09 | 47 271 | 16.15 | 32 333 | 11.05 | 4 392 | 1.50 | 292 611 |
| 2012 | 207 555 | 63.22 | 27 052 | 8.24 | 54 453 | 16.58 | 34 882 | 10.62 | 4 388 | 1.34 | 328 330 |
| 2013 | — | — | — | — | — | — | — | — | — | — | 356 499 |
| 2014 | 225 490 | 59.80 | 41 677 | 11.05 | 67 475 | 17.90 | 36 140 | 9.58 | 6 272 | 1.66 | 377 054 |
| 2015 | 240 154 | 60.40 | 49 792 | 12.52 | 66 746 | 16.79 | 34 934 | 8.79 | 6 009 | 1.51 | 397 635 |
| 2016 | 264 976 | 59.84 | 61 594 | 13.91 | 71 319 | 16.11 | 38 077 | 8.60 | 6 807 | 1.54 | 442 773 |
| 2017 | — | — | — | — | — | — | — | — | — | — | 489 172 |
| 2018 | 295 043 | 59.95 | 81 562 | 16.57 | 73 618 | 14.96 | 35 733 | 7.26 | 6 229 | 1.27 | 492 185 |

# 后　记

本书是我们团队编写的第十本《中国劳动力市场发展报告》，主题是“构建新发展格局背景下的劳动力市场空间演变”。

2020 年是决胜全面建成小康社会和决战脱贫攻坚的关键之年，也是“十三五”规划的收官之年。2021 年，我国将进入“十四五”时期。“十四五”时期是我国全面建成小康社会、实现第一个百年奋斗目标之后，乘势而上开启全面建设社会主义现代化国家新征程、向第二个百年奋斗目标进军的第一个五年，我国将进入新发展阶段，并将加快构建以国内大循环为主体、国内国际双循环相互促进的新发展格局。为此，对内需要贯通生产、分配、流动、消费各个环节，实现经济循环流转和产业关联畅通，对外需要强化开放合作，更加紧密地同世界经济联系互动。《中共中央关于制定国民经济和社会发展第十四个五年规划和二〇三五年远景目标的建议》提出，要坚持实施区域重大战略、区域协调发展战略、主体功能区战略，这毫无疑问将影响劳动力的流动和集聚，影响劳动力市场的空间演变，使实现更加充分更高质量就业面临新的机遇和挑战。事实上，像我国这样的大国，空间的协调发展始终是个需要高度关注的问题。因此，本年度的主题有很强理论价值和现实意义。

2020 年是个特殊之年，遭遇了百年难遇的新冠肺炎疫情。这打乱了经济运行的节奏，也影响了本报告的研究工作。很多激荡点子和讨论进展的会议只能从线下转向线上，我第一次使用腾讯会议室开会，就是为讨论报告主题和思路而召集的，在某种意义上，线上会议、线上办公等是数字经济时代劳动力市场空间演变的一种新的方向。疫情给人们带来了痛苦，其影响在短期内也难以完全消除，我希望在未来的某一时点上，回忆起 2020 年报告的研究和写作时，能够有超越，能更多地想到抗疫过程中大家团结一致、共克时艰所体现出来的暖色。

照例，我首先要感谢团队的各位成员。苏丽锋教授除自己参与写作外，还协助我承担了具体的组织协调工作。2011 年我们编写出版第一本中国劳动力市场发展报告时，苏丽锋还是在读博士生，参与写作了主报告。十年过去了，他已成长为一名教授。对此，我很欣慰，也更感到连续编写报告的另外一种价值。各位作者克服了种种困难，如期完成各自承担的任务，表现出了很强的团队合作精神和战斗能力。各章作者如下：

第一章　赖德胜、苏丽锋、张倩倩

第二章　第一节　陈建伟

　　　　第二节　李飚

　　　　第三节　孙志军、王琦

　　　　第四节　王琦、彭刚

　　　　第五节　石丹淅

　　　　第六节　石丹淅

　　　　第七节　李飚

　　　　第八节　蔡宏波

第三章　李长安、杨智姣

第四章　李飚、孟大虎、高瑞

第五章　田永坡、郭旭林

第六章　黄金玲

第七章　王琦、何勤、李新娥

第八章　高春雷

第九章　唐代盛、刘亚红、王新媛、卜涛

第十章　李飚

第十一章　石丹淅

第十二章　高曼、廖娟

第十三章　韩丽丽、赵方瑜

第十四章　常欣扬

第十五章　高春雷

第十六章　朱敏、徐懿凡

附录　苏丽锋　张倩倩

对在报告研究撰写过程中给予我们支持帮助的领导、专家、学者，我们铭记于心。在此，我要特别提及的有：中国社会科学院荣誉学部委员赵人伟，劳动经济学会会长、中国社会科学院人口与劳动经济研究所所长张车伟，人力资源和社会保障部就业促进司司长张莹、副司长尹建堃，中华全国总工会政策研究室主任吕国泉，国际劳工组织劳动力市场政策高级专家王亚栋，人力资源和社会保障部中国人事科学研究院院长余兴安，人力资源和社会保障部中国劳动和社会保障科学研究院副院长莫荣，国家发展和改革委员会社会发展研究所所长杨宜勇，中国劳动关系学院党委书记刘向兵，中国世界贸易组织研究会副会长、商务部国际贸易经济合作研究院原院长霍建国，对外经济贸易大学副校长洪俊杰，浙江大学资深教授李实，北京大学教授王大树，中国人民大学劳动人事学院院长杨伟国，中国人民大学中国就业研究所所长曾湘泉，首都经济贸易大学劳动经济学院院长冯喜良，中国社会科学院大学经济学院常务副院长高文书，等等。他们不仅为我们出谋划策，还经常参加我们的报告发布会，是我们最倚重的专家团队。

报告能持续编写出版十年，是件不易之事，这凝结着北京师范大学有关领导和专家的无私帮助和支持。我要特别感谢北京师范大学经济与工商管理学院院长戚聿东、党委书记孙志军、副院长蔡宏波，感谢北京师范大学出版集团党委书记兼董事长吕建生、总编辑李艳辉、党委副书记江燕等，他们可以说是有求必应，保证了报告研究、编写、出版和宣传的顺利进行。

最后，我要感谢孟大虎编审和李长安教授，十年来他们一直是这个报告的核心成员，很多其他重大项目和重要成果也都是他们协助我完成的。感谢报告的策划编辑王则灵和责任编辑钱君陶，他们的敬业精神和专业能力使报告能准时出版，并增色很多。感谢诸多媒体朋友的支持，他们妙笔生花，使报告的主要内容能在第一时间为社会所知，增加报告的社会影响力。

赖德胜

2020 年 11 月 10 日